# 楞嚴經聖賢錄
## (合訂版)

附：

《楞嚴經》之「非因緣」義研究

--果濱編著

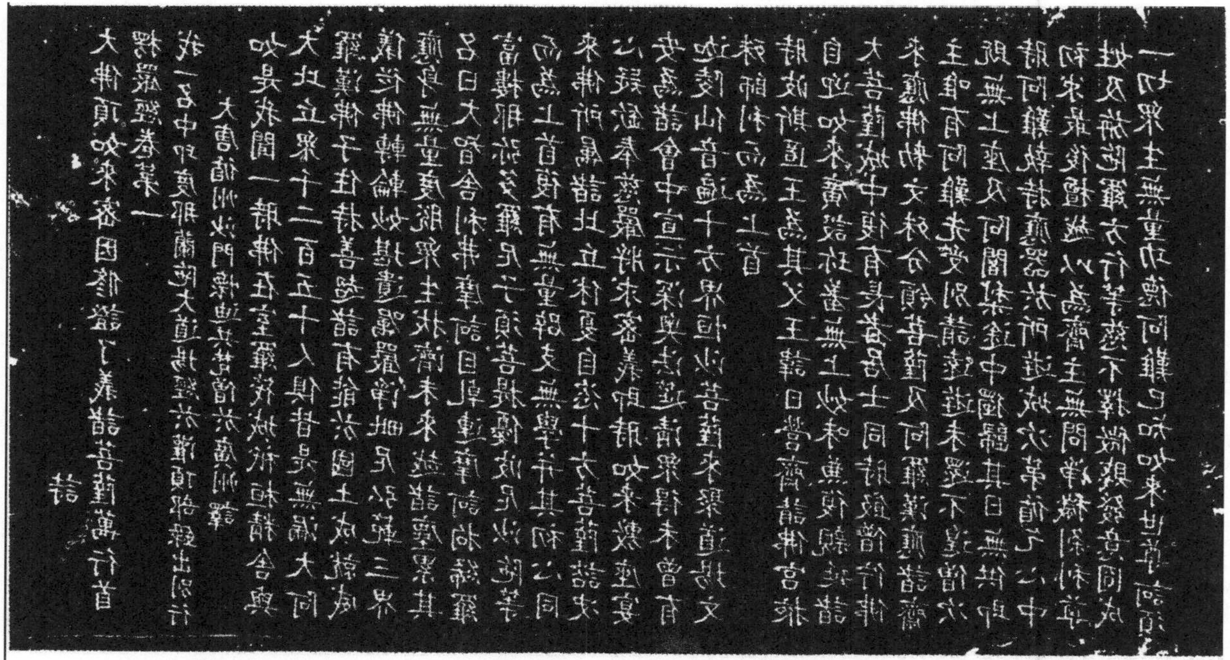

泰山石刻《金剛經》首卷·般若[部]陀羅[尼]經（咒）北齊天保[年間]（公元1033年）

而已哉正因行腳之士自不如是。

楞嚴房融所作

有見楞嚴不獨義深亦復文妙遂疑是丞相房融所

作夫譯經館番漢僧及詞臣居士等不下數十百人。

而後一部之經始成融不過潤色其文非專主其義

也設融自出己意創爲是經則融固天中天聖中聖

矣而考諸唐史融之才智尚非柳韓元白之比何其

作楞嚴也乃超孔孟老莊之先耶嗟乎千生百劫得

遇如是至精至微至玄至極之典不死心信受而生

此下劣乖僻之疑可悲也夫可悲也夫。

# 樂序

　　果濱居士近所集輯之《楞嚴經聖賢錄》，所涉獵蒐證之相關佛籍典冊繁多，從中整理輯錄者龐大宏廣。究其所以者何，考證歷代古德高僧，於入《楞嚴》法海者，頗不乏人；實誠而有驗，應之有徵，斯咸感通，契達理體，袪障臻祥，定慧等圓。故可引人入修學正覺之途，凡自初發心為始，累至等持圓學，皆能掃迷霧而現霓虹，空五蘊而悟真常。

　　若從祖師訂叢林課誦，晨昏定省，內究實義，率先列「楞嚴咒」為首，明眼者即知此乃行人掃翳除盲的入手處；雖只誦全咒，實即全經體性宛現，全咒也即全經了。這部《楞嚴經》是行者在修程中印證諸佛心印的無上寶典，向來受古德參證者的重視了。

　　自古至今，讀誦《楞嚴經》的聖賢大德，不計其數，惜從未有人輯集弘傳者；概其多散載於《佛祖統紀》、《高僧傳》、《傳燈錄》等典藉中，惟缺人手整編集輯而已。果濱居士為現今發心以文字般若弘法的善知識，一心投入且不遺餘力去採擷《楞嚴經》悟證廣宏的菁英，方在對《楞嚴經》證驗上給予有力的見證，不啻對認為《楞嚴經》有疑、偽的人士，一記當頭棒喝。

　　他常過舍傾談知見，遍及社會淫害倫亂，禮喪德失，些許感嘆；也特別談到末法要廣宏《楞嚴經》，以開啟正見慧門。言及至經中啟示禪定中歷經五陰所反映之幻境，非真實際，不會解《楞嚴》就不能破除諸般惑障。如能先以古德在《楞嚴經》上之徵驗，取信於人，或以此之方便法門，引行人入大白傘蓋勝境，是修習《楞嚴》起信之前加行的唯一明徑。

　　今以偈句，表其功德：果濱居士，深契楞嚴；

修心妙義，意涵其中；乃尋古籍，擷錄楞嚴；
古今聖賢，悟入證量；日以繼夜，集輯成書；
此聖賢錄，分訂二冊；法弱魔強，用以流通；
誠而有信，信而有徵；徵而有驗，驗而有證；
破諸疑偽，斷諸魔惑；行人不明，首楞嚴經；
盲附修學，魔障不解；忽爾幻前，妄想執著；
瞥而隨去，輪迴難脫；長閻浩劫，頭出頭沒；
古德無集，難以起信；果濱宏願，大心開士；
今集完稿，付梓之前；諮商請序，序簡偈潔；
以揚經光，稱頌其德；千古萬世，永續流傳；
因入楞嚴，滅諸生死；得解脫竟，大事已了；
四生十類，同登覺岸；普遍弘揚，是為眾幸。

　　　　　三寶弟子樂崇輝序於常不退齋
　　　　　時歲次第二戊寅仲夏夏至吉旦

# 緣起

佛門中常說：「開慧的《楞嚴》，成佛的《法華》」，又說：「自讀《首楞嚴》，從此不嚐人間糟糠味；認識《華嚴經》，方知已是佛法富貴人」。這是漢傳中國佛教界對《楞嚴經》、《法華經》、《華嚴經》的讚歎！尤其是《楞嚴經》，它是被中國佛教大師所讚歎的：「諸佛之慧命，眾生之達道，教觀之宏綱，禪門之要關」（語出元·惟則禪師，《卍續藏》二十一冊頁 738 上—下），也是：「誠一代時教之精髓，成佛作祖之祕要，無上圓頓之旨歸，三根普被之方便，超權小之殊勝法門，摧魔外之實相正印」（語出明·蕅益大師《楞嚴經玄義·卷上》，《卍續藏》二十冊頁 390 下）的一部大乘經典。

其中《華嚴》與《法華》二經皆有傳記，如唐·僧詳撰《法華傳記》、唐·法藏集《華嚴經傳記》、唐·惠英撰、胡幽貞纂《大方廣佛華嚴經感應傳》、宋·宗曉《法華經顯應錄》、宋·元穎《法華續靈瑞集》、高麗·了因《法華靈驗傳》、明·袾宏之《華嚴經感應略記》、清·弘璧之《華嚴感應緣起傳》及清·周克復所撰《法華經持驗記》和《華嚴經持驗記》……等等。這些都是從唐到清的作品，雖《楞嚴經》是這三大部經中最後東渡來華，它譯成的時間是在西元 705 年。從此經譯成後的中國佛教，幾乎無不受此經的影響，舉凡禪、淨、律、密、教等均都涉及此經，諸宗祖師競相注疏，竟多達百家之多，其註疏量當在漢文佛經的前四名內（詳於《文殊大藏經·密教部五》頁 265）。試舉如下：

「賢首宗」以此經來解說「緣起」，如賢首五祖圭峰 宗密大師的《禪藏》，皆是闡明《楞嚴經》之作（見聖嚴法師著《明末中國佛教之研究》頁 434 之載）；賢首七祖北宋·靈光 洪敏大師即撰有《楞嚴證真鈔》；八祖長水 子璿大師講解此經三十餘遍，翰林學士錢公易奏賜紫衣，署號「長水疏主楞嚴大師」（詳於《卍續藏》十六冊頁 834 下），並著有《首

楞嚴義疏注經》二十卷和《首楞嚴經科》二卷。九祖晉水 淨源大師則撰有《首楞嚴壇場修證儀》一卷 (以上諸祖資料參見清‧興中祖旺、景林心錄同集之《賢首傳燈錄》，本書有詳細介紹，詳「賢首宗的楞嚴聖賢錄」)……等。

「天台宗」引為證《摩訶止觀》，更以《楞嚴經》與《法華經》互參，較著名的有傳燈、仁岳、蕅益、靈耀、正相、傳如……等大師。

「禪宗」則以此經為頓超之修證，亦引為開悟的禪話。明朝的曾鳳儀居士「遍採宗語配合經文之後」而證明《楞嚴經》全部經文都與祖師禪機交涉 (詳於《卍續藏》二十五冊頁1)。

「律宗」則以經文之「四種清淨明誨」為戒律的指南，如蕅益、蓮池這兩位重視戒律的大師都著解過《楞嚴經》，乃至憨山、紫柏皆以《楞嚴經》之戒學開示後人。

「密宗」又以《楞嚴經》中的《楞嚴咒》比對其《大白傘蓋陀羅尼》，亦建立「楞嚴壇」，專持《楞嚴咒》。且人則視《楞嚴咒》與《大隨求咒》為佛門兩大咒語。唐末‧永明 延壽大師的「日行百八佛事」中即將此兩大咒收入。唐‧百丈 懷海 (720—814)、北宋‧真歇 清了 (1089—1151)、南宋‧普庵 印肅 (1115—1169) 三位大師更是提倡讀誦《楞嚴咒》，做為禪門日誦必讀的咒語之一。

「淨土宗」則由民初的印光大師將《楞嚴經》中的「大勢至念佛圓通章」納入淨土專書，成為「淨土五經」的第五經。印光大師盛讚《楞嚴經》說：「《楞嚴》五卷末『大勢至菩薩章』，乃淨宗最上開示，祇此一章，便可與淨土四經參而為五，豈有文長之畏哉」(詳於《印光法師文鈔‧上冊》頁85。復永嘉某居士書四)。

　　至於儒家與道家方面，熟讀《楞嚴》、會通《楞嚴》的學者居士，更是大有人在。筆者以為：從《楞嚴經》譯成至今也已近一千三百年，這麼多高僧大德及四眾弟子研讀《楞嚴經》，從《楞嚴經》得到開悟，乃至成佛。這些「聖賢眾」早已超過《法華傳》與《華嚴傳》的人數，可惜至今卻一直未見有人編纂過類似《法華傳》、《華嚴傳》的「楞嚴傳」，於是啓發了筆者編纂《楞嚴傳》的一個心願。故就將此書命名為《楞嚴經聖賢錄》。

# 自序

　　《法滅盡經》上云：「《首楞嚴經》、《般舟三昧》，先化滅去，十二部經尋後復滅，盡不復現，不見文字，沙門袈裟自然變白」（《大正》十二冊 1119 中）。這是說《楞嚴經》將在末法時是第一本先被滅掉的經。筆者以為《楞嚴經》是最後一部東渡來華被譯成的大乘經典，然卻也是末法時第一部先被滅掉的經典，可以說是「來得晚，走得快」，不禁為《楞嚴經》的「命運」感到歎歔。儘管經文如是說，卻仍然抵擋不住那些「疑偽」的末法現象，如從朱熹、梁起超、歐陽竟無開始，近人保賢法師、何格恩、李翊灼、呂澂及從信法師……等等都相率提出《楞嚴》偽經之說。

　　乃至呂澂之《楞嚴百偽》集其大成，如其云：「唐代佛典之翻譯最盛，偽經之流布亦最盛，《仁王》偽也；《梵網》偽也；《起信》偽也；《圓覺》偽也；《占察》偽也。實叉重翻《起信》，不空再譯《仁王》，又偽中之偽也。而皆盛行於唐。至於《楞嚴》一經，集偽說之大成，蓋以文辭纖巧，釋義模棱，與此土民性喜驚虛浮者適合，故其流行尤遍……儒者闢佛，蓋無不涉及《楞嚴》也。一門超出而萬行俱廢，此儱侗顢頇之病，深入膏肓，遂使佛法奄奄欲息，以迄於今，迷惘愚夫，堅執不化者，猶大有人在。邪說不除，則正法不顯，辭以闢之，亦不容己也」（參見《呂澂佛學論著選集》第一冊 370 頁，山東齊魯書社，1991 年）。呂澂可說是近代視《楞嚴經》為偽經的「第一人」，不過近人香港愍生大師則已撰《辨破楞嚴百偽》一書來駁斥呂澂之說。關於《楞嚴經》真偽的問題，筆者另撰有《楞嚴經疑偽之研究》一書，有興趣者可參考，故在此不再討論。

　　公開反對《楞嚴經》者，雖不乏其人，算算也只一、二十人（指有見於學術論著上來算），而讚成護持《楞嚴經》者多達百千餘人，相較之下，支持偽說者仍是「少數人」，雖是少數，但卻足以破壞正法、

毀滅正道。筆者發現疑偽和毀謗《楞嚴經》的學者或法師只是就其「個人知見」而做出種種武斷與片面之詞，也不曾對自己的言論負責。不知讀者是否也發現從來沒有一位疑偽者敢說出：「如果《楞嚴經》是真的，我當墮無間地獄」的保證。

從梁起超、歐陽漸、呂澂、保賢法師……等人無一人敢說。連著作五十萬言反對《大乘起信論》的望月信亨都不敢用生命保證「《大乘起信論》是偽經」。然而護持《楞嚴經》的大師與大居士，以生命做賭注者不乏其人，其臨終往生成就者亦不乏其人，諸如得得肉身不壞者有：宋‧淨覺 仁岳（992—1064）、宋‧孤山 智圓（976—1022）、明‧憨山 德清（1546—1623）及明‧蕅益 智旭（1599—1655）等。得牙齒不壞或舌心俱存者有：宋‧圓悟 克勤（1063—1135）、宋‧密印 安民、元‧楚石 梵琦（1296—1370）……等。這些祖師大德個個皆是讚歎《楞嚴》、擁護《楞嚴》、註解《楞嚴》，解行雙修皆依《楞嚴》。以這些大師的修證還證《楞嚴》之真偽，《楞嚴》真偽之疑，足明矣。這是筆者編纂《楞嚴經聖賢錄》的一個用心處。

《梵網經古迹記‧卷上》曾記載《梵網經》要東渡漢地的事云：「法藏師云：西域有十萬頌六十一品，具譯成三百餘卷，此經序云：可有一百二十卷，又上代諸德相傳云：眞諦三藏將菩薩律藏擬來此，時於南海上船，船即欲沒，省去餘物，仍猶不起，唯去律本，船方得進。眞諦嘆曰：菩薩戒律，漢地無緣，深可悲矣」（《大正》四十冊頁689中）！

或許《楞嚴經》真如虛雲老和尚所說「此經原有百卷，而此土所譯祇有十卷」，是否亦是「漢地無緣，深可悲矣」？般刺密帝三次偷挾，三次被追返，最後以「割臂藏經」偷藏入漢，是否亦是「此國人麤，豈有堪爲菩薩道器」？期望這這本《楞嚴經聖賢錄》能讓《楞嚴經》永久住世，永遠做為一切眾生修行成佛的無上法寶。

「阿難！若有眾生，能誦此經，能持此咒，如我廣說，窮劫不
盡。依我教言，如教行道，直成菩提，無復魔業」！

——《楞嚴經・卷十》

公元 2013 年 10 月 20　果濱序於土城楞嚴齋

# 楞嚴經聖賢錄
## (合訂版)

### 附：《楞嚴經》之「非因緣」義
### 研究

## --果濱 編著

# 編纂介紹

　　這本書從開始收集資料到電腦打字、校稿、排版、造字……等，全部都是「D.I.Y.」作業，本書最早由萬卷樓圖書股份有限公司於 2007 年 8 月發行了「直排式」的《楞嚴經聖賢錄》（上冊），後又於 2012 年 8 月發行「直排式」的《楞嚴經聖賢錄》（下冊）。上下冊前後相隔五年，但承蒙讀者的喜愛，上下冊皆已銷售完畢，大多都中國大陸的《楞嚴經》愛好者所購買，今將本書上下冊重新編輯，改成一般大眾版的「橫排式」，共計 23 多萬字，收錄 509 位修持《楞嚴經》而獲得成就的「賢聖者」，加上本書末後附上一篇 3 萬字的研究論文--《楞嚴經》之「非因緣」義研究，全書總共是 26 萬 2 千多字。筆者相信還有更多有關《楞嚴經》的研究資料仍等待我們去開發，諸如中國大陸各地佛教區的高僧大德，乃至日本、美國、德國、英國等諸大乘佛法的國家，應該都有不少研究《楞嚴經》的「聖賢者」。不過這本《楞嚴經聖賢錄》所收的資料，相信就應該足以帶給四眾弟子來信受《楞嚴經》、修持《楞嚴經》的一個精神依止。

　　本書的章節編排，首先是「歷代祖師對《楞嚴經》之評價」。這裡收錄了歷代較有名、較為人知的高僧大德，節錄他們對《楞嚴經》的評價與開示，後面皆附上詳細出處，以供進一步參考或查證。接下來專論「賢首宗」對《楞嚴經》研究的祖師大德，名為「賢首宗的楞嚴聖賢錄」，計有 37 位。正文部份是以「六大點」來歸類這些《楞嚴經》的「聖賢錄」，分別是「開悟篇」、「義解篇」、「講經篇」、「讀誦篇」、「聽經篇」及「餘事篇」，共收錄 472 位。加上 37 位「賢首宗的楞嚴聖賢錄」，共計 509 位。

　　「開悟篇」計 84 位。以收集由《楞嚴經》而開悟的大德為對像。
　　「義解篇」計 166 位。以註疏《楞嚴經》為主，另外研究《楞嚴經》的也收於此處。

「**講經篇**」計 69 位。以專弘、或曾經講演過《楞嚴經》的為主要
　　　對像。

「**讀誦篇**」計 66 位。以讀誦《楞嚴經》或《楞嚴咒》為主。

「**聽經篇**」計 22 位。以曾經聽習過《楞嚴經》為主。

「**餘事篇**」計 65 位。以書寫或曾引用過《楞嚴經》、或與《楞嚴
　　　經》有一點因緣關係者為主。

　　這些分類也只能說是粗略的分法，因為很多高僧大德不只是
由《楞嚴經》而得「開悟」，亦「講演」《楞嚴經》、「註解」《楞嚴經》，
所以很難選定將之歸於那一篇。所以歸類的問題純粹是「大略」分
法，不必刻意去計較它。

　　每篇之末皆有引典的出處。原則上，儘量皆以《藏經》的資料
為準，所引的經藏有《佛教藏》、《卍續藏》和《大正藏》。在每篇
人物的後面皆附上詳細出處，有時甚至有二、三個出處，筆者也不
煩的將它全附上，因為各個經藏對人物的記載不盡相同，有的有記
載此人物曾研習《楞嚴經》，有的就沒記載，甚至隻字不提，因此
筆者認為附上二、三處出典是有必要的。

　　一來方便互較所引的諸書；二來方便讀者可以去查某人物更
多的資料，以獲得更詳贍的資料。所徵引的資料內容亦以兩頁為原
則，儘量符合「精簡」，太繁瑣的資料均加以簡化。為了符合現代人
閱讀的方便，筆者在每個人名、地名、法號、字號下皆劃上「底線」，
不敢說絕對正確，因為有些資料實在是分別不出到底是人名亦是
地名，這就有勞讀者的「中文」功力了，這也是本書美中不足的地
方之一。另外電腦沒有的字也都進行了「造字系統」，儘量與經藏的
「文字」一模一樣，以保持「原貌」，相信可以讓此書更加完美。底下
附上這 509 位聖賢錄的「名單」統計表：

# 賢首宗的楞嚴聖賢錄：(計 37 位)

| | |
|---|---|
| 1 | 賢首第七世靈光 洪敏法師(圓顯 現法嗣) |
| 2 | 賢首第八世長水 子璿法師(靈光 敏法嗣) |
| 3 | 賢首第九世晉水 淨源法師(長水 璿法嗣) |
| 4 | 賢首第二十一世棲巖 慧進法師(古峰 法嗣) |
| 5 | 賢首第二十三世魯菴 普泰法師(達菴 通法嗣) |
| 6 | 賢首第二十五世月川 鎮澄法師(一江 澧法嗣) |
| 7 | 賢首第二十六世顓思 觀衡法師(月江 澄法嗣) |
| 8 | 賢首第二十九世有章 元煥法師(玉符 顆法嗣) |
| 9 | 賢首第三十世沛天 海寬法師(濱如 洪法嗣) |
| 10 | 賢首第三十世廣御 惟誠法師(有章 元煥法嗣) |
| 11 | 賢首第三十世翠巖 通巒法師(耀宗 亮法嗣) |
| 12 | 賢首第三十世達天 通理法師(有章 煥法嗣) |
| 13 | 賢首第三十一世無量 慧海法師(沛天 寬法嗣) |
| 14 | 賢首第三十一世乾月 明旺法師(沛天 寬法嗣) |
| 15 | 賢首第三十一世量周 海觀法師(沛天 寬法嗣) |
| 16 | 賢首第三十一世如應 妙魁法師(廣御 誠法嗣) |
| 17 | 賢首第三十一世達元 悟性法師(達天 理法嗣) |
| 18 | 賢首第三十一世恒順 常隨法師(達天 理法嗣) |
| 19 | 賢首第三十一世興宗 祖旺法師(達天 理法嗣) |
| 20 | 賢首第三十二世碧潭 澄徹法師(無量 海法嗣) |
| 21 | 賢首第三十二世宗文 淨因法師(乾月 旺法嗣) |
| 22 | 賢首第三十二世印彰 真璽法師(達元 性法嗣) |
| 23 | 賢首第三十二世體寬 通申法師(懷仁 毓法嗣) |
| 24 | 賢首第三十二世崇理 呆鑑法師(興宗 旺法嗣) |
| 25 | 賢首第三十三世天錫 普照法師(碧潭 徹法嗣) |
| 26 | 賢首第三十三世廣安 同泰法師(宗文 因法嗣) |
| 27 | 賢首第三十三世智塵 睿法師(新德 大乘法嗣) |
| 28 | 賢首第三十三世了然 心慈法師(明達 傳法嗣) |
| 29 | 賢首第三十四世在然 了竹法師(瑞光 輝法嗣) |

| | |
|---|---|
| 30 賢首第三十四世浩然 德天法師(宏哲 寬法嗣) | |
| 31 賢首第三十七世秀山 續峰法師(德明 覺天法嗣) | |
| 32 賢首第三十七世慧安 貞泰法師(永常 淳壽法嗣) | |
| 33 賢首第三十八世文成 本實法師(悟靜 本立法嗣) | |
| 34 賢首第三十八世全朗 普志法師(秀山 續峰法嗣) | |
| 35 賢首第三十九世源智 慧明法師(文成 本實法嗣) | |
| 36 賢首第三十九世照蘊 本容法師(福興 續明法嗣) | |
| 37 賢首第四十世慧明 源智法師(月珠 心福法嗣) | |

# 開悟篇：(計 84 位)

| | | |
|---|---|---|
| 1 唐・乾峰大師 | 2 北宋・遇安大師 | 3 北宋・環省大師 |
| 4 北宋・慧洪大師 | 5 北宋・克勤大師 | 6 北宋・遵式大師 |
| 7 北宋・正覺大師 | 8 南宋・淨妙大師 | 9 南宋・吳克己居士 |
| 10 南宋日本・師鍊大師 | 11 南宋・法常大師 | 12 南宋・安民大師 |
| 13 南宋・文禮大師 | 14 南宋・斷橋大師 | 15 南宋・淨端大師 |
| 16 南宋・之善大師 | 17 南宋・祖先大師 | 18 元・月江大師 |
| 19 元・迪元大師 | 20 元・智顏大師 | 21 明・明得大師 |
| 22 明・如嵩大師 | 23 明・傳如大師 | 24 明・覺淳大師 |
| 25 明代高麗・自超大師 | 26 明・石雨大師 | 27 明・淨因大師 |
| 28 明・定興大師 | 29 明・雪庭大師 | 30 明・如慧大帥 |
| 31 明・常潤大師 | 32 明・無一大師 | 33 明・極牧大師 |
| 34 明・端白大師 | 35 明・通微大師 | 36 明・洪上大師 |
| 37 明・元鏡大師 | 38 明・通問大師 | 39 明・天隱大師 |
| 40 明・梵琦大師 | 41 明・普慈大師 | 42 明・梅雪大師 |
| 43 明・道密大師 | 44 明・方念大師 | 45 明・海明大師 |
| 46 明・圓修大師 | 47 明・羅洪先居士 | 48 明・沈咸居士 |
| 49 明・徐昌治居士 | 50 清・大悅大師 | 51 清・淨振大師 |
| 52 清・安淨大師 | 53 清・敏樹大師 | 54 清・發瑞大師 |
| 55 清・諦修大師 | 56 清・盤山大師 | 57 清・道嚴大師 |
| 58 清・彥宗大師 | 59 清・徹了大師 | 60 清・行萬大師 |
| 61 清・行臘大師 | 62 清・淨燈大師 | 63 清・弘敏大師 |
| 64 清・大權大師 | 65 清・諾巖大師 | 66 清・皓月大師 |
| 67 清・三立大師 | 68 清・無隱大師 | 69 清・燈巖大師 |
| 70 清・道瑞大師 | 71 清・海華大師 | 72 清・正會大師 |
| 73 清・萬清大師 | 74 清・本實大師 | 75 清・超乘大師 |
| 76 清・智檀大師 | 77 清・圓惺大師 | 78 清・周垣綜居士 |
| 79 清・施無幻居士 | 80 清・西遞居士 | 81 民國・開導大師 |
| 82 民國・玉成大師 | 83 民國・倓虛大師 | 84 民國・張炳楨居士 |

## 義解篇：(計 166 位)

| | | |
|---|---|---|
| 1 唐‧神湊大師 | 2 唐‧弘沇大師 | 3 北宋‧仁岳大師 |
| 4 北宋‧智圓大師 | 5 北宋‧戒環大師 | 6 北宋‧子璿大師 |
| 7 北宋‧淨源大師 | 8 北宋‧子琦大師 | 9 北宋‧咸潤大師 |
| 10 北宋‧可觀大師 | 11 北宋‧思垣大師 | 12 北宋‧莫伯虛居士 |
| 13 北宋‧曉月大師 | 14 北宋‧令觀大師 | 15 北宋‧法堂大師 |
| 16 北宋‧崇節大師 | 17 北宋‧惟愨大師 | 18 北宋‧道歡大師 |
| 19 北宋‧道巘大師 | 20 北宋‧元約大師 | 21 北宋‧寂惺大師 |
| 22 北宋‧佛日大師 | 23 北宋‧楊彥國居士 | 24 北宋‧胡宿居士 |
| 25 北宋‧王安石居士 | 26 北宋‧明極居士 | 27 北宋‧劉元城居士 |
| 28 北宋‧張平叔<br>（張伯端）居士 | 29 北宋‧鄭夷甫居士 | 30 南宋‧善月大師 |
| 31 南宋‧普瑞大師 | 32 南宋‧宗印大師 | 33 南宋‧正受大師 |
| 34 南宋‧真德秀<br>居士 | 35 南宋‧有朋大師 | 36 宋代日本‧了心<br>大師 |
| 37 金‧李純甫居士 | 38 遼‧非濁大師 | 39 元‧絕岸大師 |
| 40 元‧中峰大師 | 41 元‧弘濟大師 | 42 元‧廣漩大師 |
| 43 元‧允澤大師 | 44 元‧惟則大師 | 45 元代高麗‧智泉<br>大師 |
| 46 元‧孫養拙居士 | 47 明‧善學大師 | 48 明‧圓澄大師 |
| 49 明‧真清大師 | 50 明‧慧進大師 | 51 明‧真可大師 |
| 52 明‧德清大師 | 53 明‧天彰大師 | 54 明‧盡玄大師 |
| 55 明‧興徹大師 | 56 明‧圓輪大師 | 57 明‧德昌大師 |
| 58 明‧通潤大師 | 59 明‧子實大師 | 60 明‧觀衡大師 |
| 61 明‧智旭大師 | 62 明‧傳燈大師 | 63 明‧本源大師 |
| 64 明‧正派大師 | 65 明‧興徹大師 | 66 明‧不語僧大師 |
| 67 明‧正誨大師 | 68 明‧士珪大師 | 69 明‧居頂大師 |
| 70 明‧明河大師 | 71 明‧如相大師 | 72 明‧寶藏大師 |
| 73 明‧大觀大師 | 74 明‧一清大師 | 75 明‧了凡大師 |
| 76 明‧真一大師 | 77 明‧界澄大師 | 78 明‧洪蓮大師 |

| | | |
|---|---|---|
| 79 明‧瞽菴大師 | 80 明‧慧機大師 | 81 元末明初‧清濬大師 |
| 82 明‧大惠大師 | 83 明‧通奇大師 | 84 明‧雲陽大師 |
| 85 明‧萬松大師 | 86 明‧釋禪大師 | 87 明‧無逸大師 |
| 88 明‧音聆大師 | 89 明‧廣莫大師 | 90 明‧三峰大師 |
| 91 明‧密雲大師 | 92 明‧靈述大師 | 93 明‧管志道居士 |
| 94 明‧凌宏憲居士 | 95 明‧李元陽居士 | 96 明‧鍾伯敬居士 |
| 97 明‧王道安居士 | 98 明‧趙觀本居士 | 99 明‧殷邁居士 |
| 100 明‧葉紹袁居士 | 101 明‧陸西星居士 | 102 明‧馮夢禎居士 |
| 103 明‧曾鳳儀居士 | 104 日‧坦山大師 | 105 明末清初‧頂目大師 |
| 106 明末清初‧熊魚山居士 | 107 清‧古巂大師 | 108 清‧真賢大師 |
| 109 清‧元宏大師 | 110 清‧修遠大師 | 111 清‧天逸大師 |
| 112 清‧真傳大師 | 113 清‧海岸大師 | 114 清‧默庵大師 |
| 115 清‧本皙大師 | 116 清‧源徹大師 | 117 清‧光鷟大師 |
| 118 清‧破壁大師 | 119 清‧啞子大師 | 120 清‧寂覺大師 |
| 121 清‧今釋大師 | 122 清‧函昰大師 | 123 清‧今無大師 |
| 124 清‧宏潢大師 | 125 清‧超嶼大師 | 126 清‧無學大師 |
| 127 清‧智銓大師 | 128 清‧智賢大師 | 129 清‧松齡大師 |
| 130 清‧通理大師 | 131 清‧溥畹大師 | 132 清‧戒潤大師 |
| 133 清‧巨翔大師 | 134 清‧元賢大師 | 135 清‧行策大師 |
| 136 清‧心興大師 | 137 清‧旋煥大師 | 138 清‧張風居士 |
| 139 清‧徐伯齡居士 | 140 清‧梁元徵居士 | 141 清‧蔡斑居士 |
| 142 清‧徐波居士 | 143 清‧楊仁山居士 | 144 清‧錢謙益居士 |
| 145 清‧陶氏居士 | 146 民國‧虛雲大師 | 147 民國‧念性大師 |
| 148 民國‧顯慈大師 | 149 民國‧守培大師 | 150 民國‧寶靜大師 |
| 151 民國‧默如大師 | 152 民國‧雪相大師 | 153 民國‧文珠大師 |
| 154 民國‧斌宗大師 | 155 民國‧悟慈大師 | 156 民國‧白聖大師 |
| 157 民國‧圓瑛大師 | 158 民國‧吳致覺居士 | 159 民國‧李圓淨居士 |

| 160 民國·莫正熹居士 | 161 民國·唐一玄居士 | 162 民國·毛凌雲居士 |
|---|---|---|
| 163 民國·李子寬居士 | 164 民國·周叔迦居士 | 165 民國·陸寬昱居士 |
| 166 民國·趙可居士 | | |

# 講經篇：（計 69 位）

| | | |
|---|---|---|
| 1 北宋・普勝大師 | 2 北宋・法燈大師 | 3 北宋・惠泉大師 |
| 4 南宋・無畏法師 | 5 宋・了心大師 | 6 金・悟銖大師 |
| 7 明代日本・鐵眼大師 | 8 明代日本・中津大師 | 9 明・本帖大師 |
| 10 明・性一大師 | 11 明・溥聞大師 | 12 明・寶洲大師 |
| 13 明・雲谷大師 | 14 明・百松大師 | 15 明・如皎大師 |
| 16 明・善真大師 | 17 明・法聚大師 | 18 明・真節大師 |
| 19 明・續乘大師 | 20 明・耶溪大師 | 21 明・洪思大師 |
| 22 明・鎮澄大師 | 23 明代日本・良定大師 | 24 明・本智大師 |
| 25 明・正智大師 | 26 明・能義大師 | 27 明・如幻大師 |
| 28 明・如璽大師 | 29 明・讀徹大師 | 30 明・趙貞吉居士 |
| 31 明・李謙居士 | 32 日・陸琦大師 | 33 清・靈壁大師 |
| 34 清・一真大師 | 35 清・行仁大師 | 36 清・源遠大師 |
| 37 清・洪欽大師 | 38 清・悟一大師 | 39 清・通元大師 |
| 40 清・性寶大師 | 41 清・勝慈大師 | 42 清・成賢大師 |
| 43 清・讀體大師 | 44 清・書秀大師 | 45 清・徹悟大師 |
| 46 清・通智大師 | 47 清・戒隱大師 | 48 清・本心大師 |
| 49 高麗・普幻大師 | 50 清末民初・月霞大師 | 51 民國・寶一大師 |
| 52 民國・諦閑大師 | 53 民國・會泉大師 | 54 民國・靜觀大師 |
| 55 民國・興慈大師 | 56 民國・根慧大師 | 57 民國・海燈大師 |
| 58 民國・靜權大師 | 59 民國・了願大師 | 60 民國・道源大師 |
| 61 民國・淨如大師 | 62 民國・式海大師 | 63 民國・智諭大師 |
| 64 民國・仁光大師 | 65 民國・覺明大師 | 66 民國・明果大師 |
| 67 民國・樂果大師 | 68 民國・慈航大師 | 69 民國・劉洙源居士 |

## 讀誦篇：（計 66 位）

| | | |
|---|---|---|
| 1 唐‧崇慧大師 | 2 北宋‧慶暹大師 | 3 北宋‧處嚴大師 |
| 4 北宋‧思照大師 | 5 北宋‧佛印大師 | 6 北宋‧富弼居士 |
| 7 南宋‧法久大師 | 8 南宋‧居簡大師 | 9 南宋‧真歇大師 |
| 10 南宋‧慧明大師 | 11 南宋‧朱氏居士 | 12 元‧如照大師 |
| 13 元‧中竺大師 | 14 元‧一庵大師 | 15 元‧善柔大師 |
| 16 明‧九峰大師 | 17 明‧田湛大師 | 18 明‧大佑大師 |
| 19 明‧明證大師 | 20 明‧悟蓮大師 | 21 明‧遺聞大師 |
| 22 明‧智度大師 | 23 明‧鮑宗肇居士 | 24 明‧李大猷居士 |
| 25 明‧上宇呂居士 | 26 明‧金正希居士 | 27 清‧來雲大師 |
| 28 清‧道詁大師 | 29 清‧萬仞大師 | 30 清‧超徑大師 |
| 31 清‧翼雲大師 | 32 清‧今沼大師 | 33 清‧續昌大師 |
| 34 清‧續法大師 | 35 清‧大咸大師 | 36 清‧明智大師 |
| 37 清‧常析大師 | 38 清‧顯文大師 | 39 清‧覺海大師 |
| 40 清‧日照大師 | 41 清‧性瑩大師 | 42 清‧悟開大師 |
| 43 清‧源通大師 | 44 清‧了塵大師 | 45 清‧本蓮大師 |
| 46 清‧鄂爾泰居士 | 47 民國‧慧定大師 | 48 民國‧智性大師 |
| 49 民國‧圓信大師 | 50 民國‧印心大師 | 51 民國‧能禪大師 |
| 52 民國‧智筏大師 | 53 民國‧賀國昌居士 | 54 民國‧周明謙居士 |
| 55 民國‧童養正居士 | 56 民國‧齊若農居士 | 57 民國‧鄧含輝居士 |
| 58 民國‧矗雲生居士 | 59 民國‧唐榮康居士 | 60 民國‧張嗜仁居士 |
| 61 民國‧尤智表居士 | 62 民國‧方聖照居士 | 63 民國‧黃德春居士 |
| 64 民國‧徐益修居士 | 65 民國‧陳智奇居士 | 66 民國‧孟幻吾居士 |

## 聽經篇：（計 22 位）

| | | |
|---|---|---|
| 1 明・性慈大師 | 2 明・費隱大師 | 3 明・智明大師 |
| 4 明・通雲大師 | 5 明・無盡大師 | 6 明・明玉大師 |
| 7 明・學蘊大師 | 8 明・福登大師 | 9 明・清蔭大師 |
| 10 清・元徹大師 | 11 清・方誌大師 | 12 清・印正大師 |
| 13 清・省庵大師 | 14 清代朝鮮・義沾大師 | 15 清・天聖大師 |
| 16 清・道奉大師 | 17 清・周昌治居士 | 18 民國・澍培大師 |
| 19 民國・宗律大師 | 20 民國・項子清居士 | 21 民國・楊文林居士 |
| 22 民國・王氏居士 | | |

## 餘事篇：(計 65 位)

| | | |
|---|---|---|
| 1 唐·南嶽 惟勁大師 | 2 唐·東明 遷大師 | 3 唐·陸偉居士 |
| 4 唐末五代·應之大師 | 5 唐末五代·馬裔孫居士 | 6 北宋·千光 瑰省禪師 |
| 7 北宋·洞山 曉聰大師 | 8 北宋·修撰曾會居士 | 9 北宋·王隨居士 |
| 10 北宋·天彭大師 | 11 北宋·清遠大師 | 12 北宋·黃庭堅居士 |
| 13 北宋·杜衍(杜世昌)居士 | 14 南宋·侍郎李浩居士 | 15 南宋·斯受大師 |
| 16 南宋·善榮大師 | 17 南宋·了宣大師 | 18 南宋·覺如居士 |
| 19 遼·耶律楚材居士 | 20 元·識里大師 | 21 元·舍藍藍大師 |
| 22 元·趙魏公 | 23 元·書《楞嚴》經僧 | 24 元·日藏主居士 |
| 25 元代高麗·李資賢居士 | 26 元·琛上人 | 27 明·清琪大師 |
| 28 明·廣詢大師 | 29 明·密行大師 | 30 明·照衣大師 |
| 31 明·大瑞大師 | 32 明·明照大師 | 33 明·智空大師 |
| 34 明·一水大師 | 35 明·雲浦大師 | 36 明·明勳大師 |
| 37 明·胡覺性居士 | 38 明·顧敬修居士 | 39 清·道昉大師 |
| 40 清代朝鮮·有一大師 | 41 清·洞初大師 | 42 清·道實大師 |
| 43 清·德堂大師 | 44 清·若必多吉大師 | 45 清·克圖大師 |
| 46 清·應慈大師 | 47 清·陳寅居士 | 48 清末民初·靜寬法師 |
| 49 清末民初·念性法師 | 50 清末民初·根慧法師 | 51 清末民初·慈舟法師 |
| 52 清末民初·智性法師 | 53 清末民初·了願法師 | 54 民國·大可法師 |
| 55 民國·茗山法師 | 56 民國·大可法師 | 57 民國韓國·金吞虛大師 |
| 58 民國朝鮮·金南泉大師 | 59 民國朝鮮·白龍城大師 | 60 民國·素密法師 |
| 61 民國·靈源大師 | 62 民國·彭德安居士 | 63 民國·宋果定居士 |
| 64 民國·張清臣居士 | 65 民國·胡定覺居士 | |

# 509 位《楞嚴經》聖賢錄統計圖

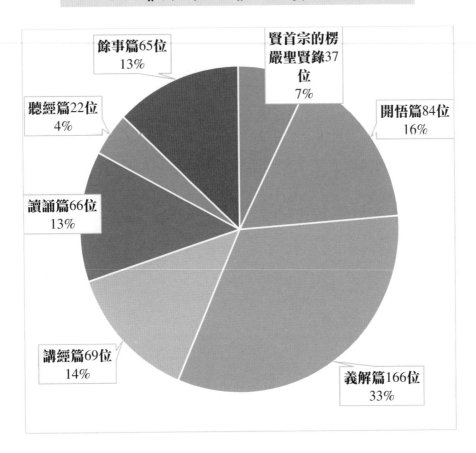

# 歷代祖師對
# 《楞嚴經》之評價

前言:《楞嚴經》於西元 705 年譯成,故以此年之後為記要。

# 唐·百丈 懷海大師之引用:(720—814)

　　是最早將《楞嚴經》與《楞嚴咒》納入叢林之朝暮課誦內容。大師所訂的清規,世稱「百丈清規」,天下叢林無不奉行,為禪宗史上劃時代之功績。

　　—詳於《敕修百丈清規》。《大正藏》第四十八冊頁 1111 中—1159 下。徵引《楞嚴經》文亦見《古尊宿語錄·卷二》,《卍續藏》第一一八冊頁 172 上。

# 唐·馬祖 道一禪師之引用:(709—788)

　　馬祖禪師對《楞嚴經》之引用並不明確,下有二處可證明:

一、馬祖曾見大珠 慧海所撰的《頓悟入道要門》而讚曰:「**越州有大珠,圓明光透,自在無遮障**」(見《景德傳燈錄·卷六》,《大正藏》第五十一冊頁 246 下)。而《頓悟入道要門》內即明確的徵引《楞嚴經》之文(詳見於《頓悟入道要門論·卷上》,《卍續藏》第一一〇冊頁 841 下)。據上文便可推知馬祖亦應知曉《楞嚴經》。

二、《馬祖禪師語錄》中云:「對迷說悟,本既無迷悟,亦不立一切」暗合《楞嚴經·卷三》文:「**此迷無本,性畢竟空。昔本無迷,似有迷覺。覺迷迷滅,覺不生迷**」。又云:「**佛無知見,知見乃魔**」暗合《楞嚴經·卷五》文:「**知見立知,即無明本。知見無見,斯即涅槃**」。

　　—詳見《江西馬祖道一禪師語錄》,《卍續藏》第一一九冊頁 811 下和 816 下。

# 唐・大珠 慧海大師之引用：（約為 709—788）

俗姓朱，世稱大珠和尚、大珠 慧海。生卒年雖不詳，但可確定與馬祖同時代之人。曾遊諸方，參謁馬祖 道一（709—788），曾事奉馬祖六載。馬祖 道一（709—788）評曰「大珠圓明」，世人遂稱之「大珠和尚」。（見《景德傳燈錄・卷六》）。撰有《頓悟入道要門》一卷（收於卍續藏第一一〇冊。原為一卷，現存本則有上、下二卷。下卷又稱《諸方門人參問語錄》，或稱《諸宗所問語錄》。卷尾有四明 妙叶之跋）。大師之《頓悟入道要門》即徵引《楞嚴經》。《頓悟入道要門論》所引的經典有總共有《楞伽經》、《維摩經》、《遺教經》、《楞嚴經》、《佛名經》、《梵網經》、《金剛經》、《涅槃經》、《金光明經》、《華嚴經》、《法華經》等等。（資料詳於《祖堂集・卷十四》、《禪門拈頌集・卷八》、《佛祖歷代通載・卷十四》、《頓悟要門》（岩波文庫））。
——《佛祖歷代通載・卷十四》。《大正藏》第四十九冊頁 609 上。
——徵引《楞嚴經》文見於《頓悟入道要門論・卷上》，《卍續藏》第一一〇冊頁 841 下。

# 唐・烏龍 少康大師之精誦：（？—805）（蓮社宗第五代祖師）

善導大師滅後，慕其遺風者興起倡導淨土法門，尤以法照、少康二師大力提倡，世人乃以「後善導」稱美少康大師。如《宋高僧傳・卷二十五》之「少康傳」載：「時號後善導」（《大正》五十冊 867 下。或見於《淨土往生傳・卷下》，《大正》五十一冊 123 下）。大師其年十五歲即精通《法華》、《楞嚴》等大經。足證其善根之深，亦明《楞嚴經》之不可思議！

**註一**：少康大師十五歲精通《法華》、《楞嚴》之事詳載於《淨土往生傳・卷下》、《往生集・卷一》（《大正》五十一冊 123 中、頁 131 上）。

和《佛祖統紀卷・二十六》(《大正》四十九冊 264 中)。

**註二**：少康大師生於何時未詳，但查蓮宗三祖唐・承遠大師是712—802 年之人，而蓮宗第四祖為唐・法照大師，生卒年亦不詳，但史上卻有載其於大曆元年（766），至彌陀臺發每夏九旬勤修「般舟三昧」之願，同年又受「五會念佛」誦經之法。由以上三祖、四祖之資料推測：少康大師之生年當在《楞嚴經》傳譯之後（705 年）而無疑，亦當生於三祖、四祖之後（若生於其前，則列入第五祖恐不妥）。而其稍後之唐・慧琳國師（737—820）已將《楞嚴經》十卷作梵漢音義處理，故少康大師時代所精誦之《楞嚴經》必為《楞嚴經》無疑，非以前之《首楞嚴三昧經》也。

# 唐・慧琳國師《一切經音義》之引釋：(737—820)

唐・慧琳國師。師事不空三藏，內持密藏，外究儒學，精通聲明與訓詁之學。引用《字林》、《字統》、《聲類》、《三蒼》、《切韻》、《玉篇》、《諸經》、《雜史》，並參合佛意，詳察是非，撰成《一切經音義》百卷，世稱《慧琳音義》。

據《宋高僧傳・卷五》載，其成書年代為貞元四年（788）至元和五年（810），歷時二十餘年（《楞嚴經》於 705 年譯成，距離很近）。慧琳國師精通梵漢，徧讀三藏，目光如炬，善分真贗，於訛偽經藏，多經辨明，抉發隱微，毫不假借，如其《一切經音義・卷二十五》之《大般涅槃經・卷八》書末云：「東晉 義熙十一年，曇無讖法師，於姑臧依龜茲國 胡本文字，翻譯此經，遂與中文音旨不同……龜茲與中天相去遠隔，又不承師訓，未解用中天文字，所以乖違，故有斯錯，哀哉！已經三百八十餘年，竟無一人，能正此失」(《大正》五十四冊 470 下)。慧琳對三百八十餘年來的《大般涅槃經》訛誤處尚能明證，足證其嚴謹治學之功力。而大師對《楞嚴》此部經亦堅決不疑，並於《一切經音義・卷四十二》中親釋《楞嚴經》，並多

次徵引此書，決不懷疑！

—釋《楞嚴經》之文詳於《大正藏》第五十四冊頁 585 中—587 下。

# 唐・神清大師之虔誦：（?—820）

大師昌明（四川 彰明）人，俗姓章，字靈庾，少習儒典，多聞強記，工詩文。於開元寺出家，致力經論史傳，虔誦《法華》、《維摩》、《楞伽》、《佛頂》等經。曾撰《北山參玄語錄》十卷，都計百餘軸，最為南北鴻儒名僧高士之所披翫焉。

—詳《宋高僧傳・卷六》。《大正藏》第五十冊頁 740 下。

# 唐・神湊大師之專弘：（743—817）

大師一生志在《楞嚴經》，行在《四分律》。講法三十年，一盂而食，一榻而居，衣縫枲麻，坐薦槁枯，每夜捧鑪秉燭行道禮佛，徇十二時，少有廢闕。元和十二年示疾，九月二十六日儼然坐終于寺。

—詳於《宋高僧傳・卷十六》。《大正藏》第五十冊頁 807 上—中。

# 唐・圭峰 宗密大師之引釋：（780—841）（賢首宗第五祖）

宗密的《禪源諸詮集》和《禪藏》二書，皆是闡明《楞嚴經》之作。其《禪源諸詮集》收錄禪宗諸家之言句偈頌，別稱《禪那理行諸詮集》，凡百卷，後遇會昌法難（845）與唐末五代之亂而佚失，今僅殘存《都序》，即是本書。

按：據 Jan Yun-hua.P.H.D.Mcmaster university,Canada, Two Problems of Tsung-Mi's（宗密）Compilation of the CH'ANTSANG（禪藏）一書謂：「宗密的《禪藏》已失佚，但其大部份內容，都已收錄於延

壽的《宗鏡錄》中」(見於 1974 年國際東方學者會議紀要第十九卷)。或參見近人聖嚴法師著《明末中國佛教之研究》頁 434 載：「據常盤大定的意見所示：雖然《楞嚴經》於中唐以後，是調和華嚴、天台、密教、禪宗的骨幹，但其具體論證，該是宗密的《禪藏》等著作，以及延壽的《宗鏡錄》等，最具影響力」。

**附錄**：有關圭峰 宗密大師常引證《楞嚴經》之旨的例句：

一、唐·宗密述《大方廣圓覺修多羅了義經略疏注·卷上》
若執「唯識」真實有者，亦是「法執」。《佛頂經》云：「此是前塵，分別影事」等。

二、唐·宗密述《大方廣圓覺修多羅了義經略疏注·卷上》
善男子！當知虛空非是暫有……《佛頂》云：「空生大覺」中。又云：「寂照含虛空」。

三、唐·宗密述《大方廣圓覺修多羅了義經略疏注·卷上》
如空本無華，天唯一月故。《首楞》云：「見聞如幻翳，三界若空華。聞復翳根除，塵消覺圓淨」。又云：「汝身汝心，外洎山河虛空大地，咸是真精妙心中所現物」。

四、唐·宗密述《大方廣圓覺修多羅了義經略疏注·卷上》
然虛空離識，亦非實有。故《首楞》云：「若有一人發真歸源，十方虛空一時銷殞」……《首楞》又云：「聞復翳根除，塵銷覺圓淨。淨極光通達，寂照含虛空。卻來觀世間，猶如夢中事」。

五、唐·宗密述《大方廣圓覺修多羅了義經略疏注·卷上》
「有際」即與「覺性」成異，異則乖於前門……故《首楞》云：「性見覺明，覺精明見。清淨本然，周遍法界」。

六、唐・宗密述《大方廣圓覺修多羅了義經略疏注・卷上》
　　光體無二，無憎愛故。光即眼識，現量所得，故無憎愛。
　　《首楞》云：「其目周視，但如鏡中，無別分析」。

七、唐・宗密述《大方廣圓覺修多羅了義經略疏注・卷上》
　　論云：一切分別，即分別自心。心不見心，無相可得。《首
　　楞》云：「自心取自心，非幻成幻法」。

八、唐・宗密述《大方廣圓覺修多羅了義經略疏注・卷下》
　　一切煩惱畢竟解脫，十縛解對。《佛頂經》云：「根塵同源，
　　縛脫無二。識性虛妄，猶如空華」。

九、唐・宗密述《大方廣圓覺修多羅了義經略疏注・卷下》
　　此初寶明「空海」觀。《佛頂經》云：「同入如來寶明空海」。

十、唐・宗密述《大方廣圓覺修多羅了義經略疏注・卷下》
　　於大涅槃生決定信，永不信餘。《首楞》云：「妙信常住，一
　　切妄想，滅盡無餘」。

十一、唐・宗密述《大方廣圓覺修多羅了義經略疏注・卷下》
　　標指能貪之愛是輪迴之本。《首楞》云：「流愛爲種，納想爲
　　胎。交遘發生，吸引同業。以是因緣，故有生死」。

十二、唐・宗密述《大方廣圓覺修多羅了義經略疏注・卷下》
　　故《首楞》云：「如是貪欲，有名鬼倫，無名天趣。有無相
　　傾，起輪迴性。有無二無，無二亦滅。於佛菩提，方可希
　　冀」。

十三、唐・宗密述《禪源諸詮集都序・卷上之一》(亦名禪那理
　　行諸詮集)

如是開示「靈知之心」，即是「真性」與「佛」無異，故顯示「真心」即「性」教也。《華嚴》、《密嚴》、《圓覺》、《佛頂》(《楞嚴經》)、《勝鬘》、《如來藏》、《法華》、《涅槃》等四十餘部經……據所顯法體皆屬此教。

十四、唐·宗密述《禪源諸詮集都序·卷下之一》(亦名禪那理行諸詮集)

海喻心性，波喻煩惱，影喻功用……即《華嚴》一分及《圓覺》、《佛頂》、《密嚴》、《勝鬘》、《如來藏》之類二十餘部經是也。

十五、唐·宗密注《華嚴法界觀門》

三色不即，空以即空故，何以故？以空中無色，故不即空，會色無體，故即是空……《佛頂》云：「云何是中，更容他物」？

# 唐·黃檗 希運禪師引述：(？—850)

唐代僧。福州閩縣人，姓氏不詳。學通內外，人稱黃檗 希運。曾謁百丈 懷海，並大開心眼，得百丈所傳心印，後於黃檗山鼓吹直指單傳之心要，四方學子雲集而來。諡號「斷際禪師」。禪師語錄廣引《楞嚴經》文。

——詳於《黃檗禪師傳心法要》，《卍續藏》第一一九冊頁八二八上下，或見於《大正藏》第四十八冊頁 382 上。《黃檗斷際禪師宛陵錄》，《卍續藏》第一一九冊頁 844 下、頁 845 上、頁 846 上。

# 唐·玄沙 師備大師之引悟：(835—908)

《宋高僧傳·卷十二》載：「玄沙乘《楞嚴》而入道，識見天

珠」(《大正》五十冊 782 下)。

《景德傳燈錄・卷十八》載：「福州 玄沙 宗一大師，法名師備……閱《楞嚴經》發明心地，由是應機敏捷，與修多羅冥契。諸方玄學有所未決定，必從之請益。至若與雪峰和尚（822—908）徵詰，亦當仁不讓。雪峰曰：『備頭陀其再來人也』」(詳於《大正》五十一冊 343 下—344 上)。其著有《玄沙師備禪師廣錄》凡三卷，詳稱《福州玄沙宗一大師》廣錄，又作《玄沙廣錄》。收於《卍續藏》第一二六冊。

# 唐・乾峰大師之引悟：(約為 850—900 之間)

唐末曹洞宗僧。生卒年不詳。為曹洞宗之祖洞山 良价（807—841）之法嗣，住於越州（浙江），大師以「乾峰一路」之公案與「乾峰二光三病」之法語而知名禪林。有一僧至乾峰處，以《首楞嚴經・卷五》云：「十方薄伽梵，一路涅槃門」之經文，請問「十方諸佛一路涅槃門」究竟在何處，乾峰以拄杖劃一線，答說「在這裏」。此乃表示不須遠求，事事物物之當體皆為佛作佛行、涅槃之一道。(乾峰的公案參見《從容錄・第六十一則》、《無門關》第四十八則、《景德傳燈錄・卷十七》、《五燈會元・卷十三》)。

——《聯燈會要・卷二十三》。《卍續藏》第一三六冊頁 807 上—808 上。

# 唐・景岑 招賢大師之徵引：(不詳，約為 800—900 之人)

唐代禪僧。生卒年不詳。住湖南 長沙山，大宣教化，時人稱為長沙和尚。師機鋒峻峭，與仰山 慧寂（807—883 唐代禪僧）對話中，曾踏倒仰山，仰山謂如大蟲（虎）之暴亂，故諸方稱其為「岑大蟲」。

　　—其引釋《楞嚴經》文見《景德傳燈錄・卷十》。《大正藏》第五十
　　一冊頁 274 下—275 下。

# 唐末五代・雲門 文偃禪師之徵引：(864—949)

　　唐末五代僧。為「雲門宗」之祖。南漢王劉龑敕賜「匡真禪師」。
二年四月十日上表辭王，垂誡徒眾，端坐示寂，世壽八十六，
僧臘六十六。北宋乾德四年（966），太祖復追謚「大慈雲匡真
弘明禪師」。師之機鋒險峻，門風殊絕，世稱「雲門文偃」。
　　—大師徵引《楞嚴經》之文詳見於《雲門匡真禪師廣錄・卷中》。
　　《大正藏》第四十七冊頁 558 中。

# 唐末五代・道丕大師之禮拜：(889—955)

　　師為唐之宗室，俗姓李。天祐三年（906），濟陰王賜紫衣，後
唐莊宗賜號「廣智」。凡大內建香壇應制談論，師多居首席。後
晉天福三年（938），入梁苑為左街僧錄，又任傳法阿闍梨昭
信大師。大師好禮經，於後周世宗時，沙汰僧尼、毀僧寺、化
銅佛。大師力禮《楞嚴經》，二年禮畢，結果毀教滅佛之舉並
未太深，此皆大師禮拜《楞嚴經》之德。大師於顯德二年示
寂，示寂前云：「有首楞嚴菩薩，眾多相迎，令鳴椎俄然而化」。
世壽六十七。
　　—詳於《宋高僧傳・卷十七》。《大正藏》第五十冊頁 819 中。

# 唐末五代・義楚大師之持誦：(生卒不詳，史上載大師於
　　宋開寶年間（968—976）入寂，世壽七十四)

　　大師曾閱藏達三次，撰《釋氏六帖》（又名《義楚六帖》）。禪
居時曾「誦《大悲》、《佛頂》咒俱一億遍」。

**註**：筆者認為此億遍似乎不可能是持「全咒」，應是持「大悲心咒」、「楞嚴心咒」較可能也。

　　　　——詳於《宋高僧傳‧卷七》。《大正藏》第五十冊頁 751 中。

# 唐末‧永明 延壽禪師《宗鏡錄》之引釋：（904—975）
## （蓮社宗第六代祖師）

《宗鏡錄》成書於宋太祖 建隆二年（961）。本書廣收大乘經論六十部，及印度、中國聖賢三百人之著作等彙編而成。其內容詳述諸佛之大意與經論之正宗。全書立論重在頓悟、圓修，所謂「禪尊達摩，教尊賢首」為其中心思想，為昭示禪教一致之修禪要文集。

錢謙益之《楞嚴經解蒙鈔》云：「禪師會三宗學者，集錄大乘經論諸家語錄，撰《宗鏡錄》一百卷，折衷法門，會歸心要，多取證於《楞嚴》，所引古釋即愨、振、沇三家之說也。《長水疏經》裁決要義用《宗鏡》為詮準。而寂音《僧寶傳》，發明永明，撰述以徵心直指為緣起。古師弘法確有淵源，今人習而不察，間有採剟徒取駢偶之詞，資為旁證而已」。又云：「《宗鏡》全序，皆發揚《首楞嚴》宗妙」。

　　　　——詳於《卍續藏》第二十一冊頁 82 下和頁 777 上。

# 北宋‧文遂大師之深究：（生卒年不詳，史載其人於乾德
## 二年 964 遷長慶寺）

文遂禪師，杭州人，嘗深究《楞嚴經》，謁己師述己之所業心得，深符經旨。師云：《楞嚴》豈不是有八還義？遂云：是。師云：明還甚麼？遂云：明還日輪。師云：日還甚麼？遂憮然無對，師誡令其焚其所注之文。自此服膺請益，始忘知解。

　　　　——詳於《大正藏》第四十七冊頁 591 中—下。或見於《景德傳燈

錄‧卷二十五》，《大正藏》第五十一冊頁 411 下。

# 北宋‧汾陽 善昭大師之徵引：(947—1024)

宋代臨濟宗僧。住汾陽太子院，廣說宗要，以三句、四句、三訣、十八唱等機用接化學人，名震一時。師足不出戶達三十年之久，道俗益重，不敢直呼其名，而以「汾陽」稱之。宋仁宗 天聖二年示寂，世壽七十八。諡號「無德禪師」。

——其徵引《楞嚴經》之文詳於《汾陽無德禪師語錄‧卷中》。《大正藏》第四十七冊頁 611 中及 618 下。

# 北宋‧長水 子璿大師云：(965—1038)(賢首宗第八祖)

「《大佛頂密因了義首楞嚴經》者，乃竺乾之洪範，法苑之寶典也。昔能仁以出震五天，獨尊三界，假金輪而啓物，現玉毫而應世，觀四生之受苦也，惠濟庶物，愍群機之未悟也……則斯經也，可以辯識諸魔破滅七趣，謂止及觀，修圓教妙明之心，發眞歸源，證上乘至極之說」。

——《大正藏》第三十九冊頁 823 上。

# 北宋‧孤山 智圓大師云：(976—1022)

「《楞嚴》一經，劇談常住眞心，的示一乘修證，爲最後垂範之典」。

——《佛祖統記‧卷十》。《大正藏》第四十九冊頁 205 上。

**按**：大師為天台宗山外派大師。于乾興元年二月作祭文挽詩，泊然示寂，世壽四十七。遺命以陶器斂遺骸，藏於所居之巖。後十五年，積雨山頹，門人開視陶器，肉身不壞爪髮俱長，唇微開露，齒若珂

玉，乃更襲新衣，屑眾香散其上而重痤之。大師嘗撰《首楞嚴經疏》十卷和《首楞嚴經疏谷響鈔》五卷。以大師肉身不壞之功德還印證《楞嚴經》之真偽，明矣！

# 北宋‧楊岐 方會禪師之徵引：（996—1049）

楊岐 方會禪師乃北宋臨濟宗「楊岐派」之開山祖師。
—其引《楞嚴經》之文見於《楊岐方會和尚後錄》頁647上。《大正藏》第四十七冊。

# 北宋‧晉水 淨源大師云：（1011—1088）（賢首宗第九祖）

「《大首楞嚴經》者，乃九界交歸之要門，一乘冥會之妙道也。徵誦咒則六時圍繞，辨證果則百日宴坐。雖事儀而沖邃，實理觀以融明者也。若夫修三觀而均七大，黜魔境說歷聖位，則近古章句，亦云備足」。
—《首楞嚴壇場修證儀》。《卍續藏》第九十五冊頁1074上。

# 北宋‧法演禪師之徵引：（1024?—1104）

北宋臨濟宗「楊岐派」僧。世稱「五祖法演」。
—其徵引《楞嚴經》之文見於《法演禪師語錄‧卷中》頁659中。《大正藏》第四十七冊。

# 北宋‧圓悟 克勤禪師之徵引：（1063—1135）

北宋代僧。至五祖山參謁法演，蒙其印證。從文照法師學講說，又從敏行授《楞嚴》。與佛鑑 慧懃、佛眼 清遠齊名，世

有「演門二勤一遠」之稱，被譽為叢林三傑。政和初年至荊州，當世名士張無盡禮謁之，與之談論華嚴要旨及禪門宗趣。後又被敕賜紫服及「佛果禪師」之號。

高宗幸揚州時，詔其入對，賜號「圓悟」，世稱「圓悟克勤」。後歸成都昭覺寺。紹興五年示寂，世壽七十三，諡號「真覺禪師」。荼毘舌齒不壞，舍利五色無數（詳於《釋氏稽古略·卷四》，《大正藏》第四十九冊頁882上—中。或見《續傳燈錄·卷二十五》，《大正藏》第五十一冊頁633下—635中）。

弟子有大慧 宗杲、虎丘 紹隆等禪門龍象。曾於夾山之碧巖，集雪竇重顯之頌古百則，編成《碧巖錄》十卷，世稱禪門第一書。一日大師偶見寂音尊者所著的《楞嚴尊頂法論》歎曰：「此真人天眼目也，即施長財，百緡勸發（詳於《卍續藏》第十八冊頁186上）。

——大師徵引《楞嚴經》非常多，詳見於《佛果圓悟禪師碧巖錄·卷四》頁172上。《卷八》頁205上及頁206下—207上。《卷十》頁217中—下（以上皆見《大正藏》第四十八冊）。

又其《圓悟佛果禪師語錄·卷十二》頁768中。《卷二十》頁805下（以上皆見《大正藏》第四十七冊）。

## 北宋·德洪 寂音尊者云：(1071—1128)

「《首楞嚴經》者，開如來藏之要樞，指妙明心之徑路，了根塵之妙訣，照情妄之玄猷。真所謂入一乘之坦途，闢異見之宏略」。

——宋·德洪尊者造論、宋·正受大師會合《楞嚴經合論·卷一》。《卍續藏》第十八冊頁1下。

## 北宋·宏智 正覺禪師所徵引：(1091—1157)

　　——大師廣引《楞嚴經》之事詳於《宏智禪師廣錄‧卷一》頁七上、《卷二》頁 26 中、《卷八》頁 94 上——中及頁 97 下。詳見《大正藏》第四十八冊。

## 北宋‧戒環大師云：（生卒不詳，但其書之跋及序皆云建炎年，即南宋初 1127—1130 年）

　　「論三經大致，無非為一大事因緣，而必先藉《般若》發明，次由《楞嚴》脩證，終至《法華》印可，然後盡諸佛能事序固如是也。然則，導達禪乘決擇正見，莫尚《楞嚴》矣。」

　　——《新續高僧傳‧卷三》。《佛教藏》第一六一冊頁 103—106。

　　「又況二經（指《法華》與《楞嚴》）以智立體，以行成德，放光現瑞，全法界之眞機，融因會果，開脩證之捷逕，凡所設法，意緒並同，二經相宗，亦足見聖人說法始終一貫。果唯一事無有餘乘，旨趣稍馴幸無深誚也。」

　　——《新續高僧傳‧卷三》。《佛教藏》第一六一冊頁 103—106。

　　**按**：釋戒環，溫陵人，而佚其姓字。賦性恬澹，不溺世味，寄身空寂，研精梵誼，深造道妙。嘗病《法華》、《楞嚴》舊釋詞義淵微，初學罕喻，因於禪暇作二經《要解》，而《楞嚴》尤為翔曉。《開元寺志》稱戒環所撰《要解》，皆能痛去名相繁蔓，使人無泥枝葉，入佛知見，直發明秘要寶藏者也。至今學者多宗之，殆不誣也。

## 南宋‧法雲大師《翻譯名義集》引釋：（1088—1158）

　　法雲大師，九歲剃度。政和七年二十九歲（1117），住持松江大覺寺。帝即賜號「普潤大師」。於高宗 紹興十三年（1143），收集資料前後歷二十年，再經增刪整理而成佛教之梵漢辭典，

名《翻譯名義集》。其內容係將佛典中重要梵語二○四○餘辭，類別為六十四篇，而加以解說。各篇開頭均有總論，敘述大意，次出音譯梵文，並一一舉出異譯、出處、解釋。所據資料，除經論外，另又旁採音義、注疏，或由其他之佛教著述（如《宗鏡錄》）轉引而來。此外亦引用世書經史之類，舉出作者姓名、稱某說等等。引用書籍多達四百餘種，作者百餘人。其《翻譯名義集》中對《楞嚴經》多次徵引，亦決不懷疑！

——徵引《楞嚴經》文詳見於《大正藏》第五十四冊頁 1060 下、1072 上、1080 中、1108 中、1112 中、1161 下等。

# 南宋·大慧 普覺禪師之徵引：(1089—1163)

南宋的大慧 普覺禪師（即大慧 宗杲禪師）在答覆孫知縣居士所問的「梵本」問題時，亦曾做出如下的開示：

「既無梵本，便以臆見刊削聖意。則且未論招因帶果毀謗聖教墮無間獄。恐有識者見之，卻如左右（指孫知縣居士此人）檢點諸師之過，還著於本人矣。古人有言：交淺而言一深，招尤之道也……六朝翻譯諸師，皆非淺識之士。翻譯場有譯語者，有譯義者，有潤文者，有證梵語者，有正義者。有唐梵相校者，而左右尚以為錯譯聖意，左右既不得梵本，便妄加刊削，卻要後人諦信，不亦難乎」！（詳《大慧普覺禪師語錄·卷三十》，《大正藏》第四十七冊頁 940 中）

——大慧 普覺禪師之語錄中多次引用《楞嚴經》之文，詳於《大慧普覺禪師語錄·卷十》頁 855 中。《卷十一》頁 856 下。《卷十二》頁 861 下。《卷十六》頁 879 下。《卷十八》頁 886 下。《卷二十二》頁 905 中—下。《卷二十三》頁 907 上。《卷三十》頁 940 中。上述皆見《大正藏》第四十七冊。

# 南宋・萬松 行秀禪師之徵引：（1166—1246）

南宋曹洞宗僧。禪師世稱「萬松老人」，或「報恩老人」。金章宗
明昌四年（1193），帝賜師錦綺大僧衣。著《從容錄》六卷，
傳曹洞宗禪風，又著《請益錄》二卷，二錄迄今風行於禪林，
為禪宗語錄之代表作。另著有《祖燈錄》、《釋氏新聞》、《鳴道
集》、《四會語錄》等。大師引用《楞嚴經》之文非常多，可說
全部六卷皆以《楞嚴經》為主軸，其《從容錄》之第八十八則
公案即是以「楞嚴不見」為主。

—大師徵引《楞嚴經》文詳於《萬松老人評唱天童和尚頌古從容庵
　錄・卷一》頁 228 下—229 九中及頁 234 上—中。《卷二》頁 238
　中、頁 241 上、頁 245 上、頁 248 上。《卷三》頁 255 上、頁 256
　中。《卷四》頁 262 上、頁 264 上—265 中。《卷五》頁 269 中。
　《卷六》頁 280 下—281 中、頁 283 上—中、頁 284 上—下、頁
　291 下—292 上。以上皆見《大正藏》第四十八冊。

# 南宋・虛堂 智愚禪師之徵引：（1185—1269）

宋代臨濟宗「楊岐派」禪僧。浙江 象山人，俗姓陳。號虛堂、
息耕叟。十六歲從普明寺師蘊出家。先後遊學於雪竇、淨慈
等諸師之門下。為宋理宗、度宗歸依師，教化鼎盛。咸淳五年
示寂，世壽八十五。有《語錄》十卷行世。

—禪師徵引《楞嚴經》文詳於《虛堂和尚語錄・卷四》頁 1014 下
　—1015 上。《卷五》頁 1019 下。《大正藏》第四十七冊。

# 元・天如 惟則禪師云：（1284—1354）

「《首楞嚴經》者，諸佛之慧命，眾生之達道，教觀之宏綱，
禪門之要關也。世尊成道以來，五時設化，無非為一大事因

緣。求其總攝化機，直指心體，發宣眞勝義性，簡定眞實圓通。使人轉物同如來，彈指超無學者，無尚《楞嚴》矣」！

——天如 唯則禪師撰《大佛頂經序》。《卍續藏》第九十冊頁 480 上——483 下。或《卍續藏》第二十一冊頁 738 上——下。

## 明·蓮池 袾宏大師云：(1532—1612)(蓮社宗第八代祖師)

昔日有人以《楞嚴經》之真偽來求決於蓮池大師。大師云：

「世有愚人，言佛經皆後代『才人』所作，非眞佛說，此訛也。所云『才人』，不知是何等人，乃能爲此等語言，說此等道理？設若能之，我說是人即名爲佛。且古今『才人』之極，孰有踰於孔 孟者乎？而佛經皆孔 孟所不及道，餘可知矣！其說甚鄙，不足多辯」！

——《蓮池大師全集（七）·正訛集》頁 4078。

曾有人說《楞嚴經》是房融所作，大師嚴斥云：

「有見《楞嚴》不獨義深，亦復文妙，遂疑是丞相房融所作。夫譯經館，番漢僧及詞臣居士等，不下數十百人，而後一部之經始成。融不過潤色其文，非專主其義也。設融自出己意，創爲是經，則融固天中天，聖中聖矣。而考諸唐史，融之才智尚非柳、韓、元、白之比，何其作《楞嚴》也？乃超孔 孟 老 莊之先耶？嗟乎！千生百劫，得遇如是至精至微至玄至極之典，不死心信受，而生此下劣乖僻之疑，可悲也夫！可悲也夫」！

——《蓮池大師全集（六）·竹窗隨筆》頁 3720。

「看教如讀醫書，心地用功如服藥，先明醫書自是正理，學

道人貴在審辨邪正大小偏圓而已，今無暇遍覽，只看《楞嚴》一經亦可。」

——《蓮池大師全集（八）・遺稿三答問》頁 4664。

「《楞嚴》最有次第，故人宜看」。

——《蓮池大師全集（八）・遺稿三雜答》頁 4702。

**按：**大師著有《楞嚴經摸象記》一卷。詳於《卍續藏》第十九冊頁 1—56。

# 明・交光 真鑑大師云：

「是則斯經也，一乘終實，圓頓指歸。語解悟，則密因本具，非假外求；語修證，則了義妙門，不勞肯綮，十方如來得成菩提之要道，無有越於斯門者矣夫」！

——《楞嚴經正脈疏序》。《卍續藏》第十八冊頁 259 上。

「然《法華》與斯經雖皆攝末歸本之真詮，而《法華》但以開其端，而斯經方以竟其說矣！我故嘗敘斯經（楞嚴經）爲《法華》堂奧、《華嚴》關鍵，誠有見於是耳」。

——《楞嚴經正脈疏懸示》。《卍續藏》第十八冊頁 289 上。

「夫諸佛出世，本只爲說《華嚴》，而四十年後，乃稱《法華》爲一大事者，以《法華》於施權之後，復攝諸教歸《華嚴》耳。今斯經前五因緣（指「畢竟廢立、的指知見、發揮實相、改無常見、引入佛慧」等五因緣），圓《法華》不了之公案，啓《華嚴》無上之要關，所謂莫大之因緣，豈小小哉」？

——《楞嚴經正脈疏懸示》。《卍續藏》第十八冊頁 289 上—下。

# 明・紫柏 真可大師云：（1543—1603）

「首楞嚴，此言一切事究竟堅固，一切事究竟堅固，即《法華》
觸事而真也，第名異而實同……倘能悟此，則《楞嚴》與《法
華》字字皆實相頂佛也」。

——《紫柏尊者全集・卷十四》。《卍續藏》第一二六冊頁 875 下——876 上。

「七處徵心心徵心，八還辨見見辨見，

　從教猛風蕩釣舟，一任吹去水清淺」。

　　——《紫柏尊者全集・卷十八》。《卍續藏》第一二六冊頁 956 下。

「十卷楞嚴一柄刀，金牛不見眼中毛。

　試將智刀游心馬，積劫無明當下消」。

　　——《紫柏尊者全集・卷二十》。《卍續藏》第一二六冊頁 993 下。

「我本母生不及養，寸心耿耿實難化。

　期酬至德無所從，慶我離塵為佛子。

　深思婦人婬業重，堅固難拔等須彌。

　須彌可傾婬難斷，津梁苦海須聖力。

　佛說諸經度眾生，皆先戒殺後婬欲。

　先婬後殺惟楞嚴，是故報母應仗此。

　南無無上楞嚴咒，消母淫業如天風。

　片晌之間不可得，戒珠清淨光無缺。

　見佛聞法得自心，一切萬法悉堅固。

　我發此願等法性，見者聞者皆出苦」。

　　　——《紫柏尊者全集》。《卍續藏》第一二六冊頁 975 下。

**按**：大師著有《釋楞嚴經》。詳於《紫柏尊者全集・卷十一》。《卍
續藏》第一二六冊頁 833 下——838 下。

# 明‧憨山 德清大師云：（1546—1623）

「原夫《首楞嚴經》者，乃諸佛之祕藏，修行之妙門，迷悟之根源，真妄之大本」。

　　　　　——《首楞嚴經懸鏡序》。《卍續藏》第十九冊頁58下。

「此經說如來藏性功德無窮，咒乃諸佛心印，印持無盡，顯密雙修，成佛真要，故說不能盡，若依教修行直成菩提，無復魔業，是謂最勝法門也」。

　　　　　——《楞嚴經通議‧卷十》。《卍續藏》第十九冊頁336下。

「《首楞嚴經》者，諸佛如來大總持門，祕密心印，統攝一大藏教，五時三乘、聖凡真妄、迷悟因果，攝法無遺。修證邪正之階差，輪迴顛倒之情狀。了然目前，如觀掌果，可謂澈一心之源，該萬法之致，無尚此經之廣大悉備者。如來以一大事因緣出現世間，捨此別無開導矣……良以此經，摧九界之邪鋒，拆聖凡之執壘，靡不畢見」。

　　　　　——《首楞嚴經通議序》。《卍續藏》第十九冊頁86上—下。

「《首楞嚴》一經，統攝一代時教迷悟修證因果，徑斷生死根本，發業潤生二種無明，名結生相續，頓破八識三分，故設三種妙觀，攝歸首楞嚴大定，是為最上一乘圓頓法門，直顯一真法界如來藏性，稱為妙圓真心」。

　　　　　——《楞嚴通議補遺》。《卍續藏》第十九冊頁337上。

「如來最極之至聖，集凡聖同居之法會，現無量光明之瑞相，演祕密難思之神咒，說微妙難思之法門，斷歷劫生死之愛根，銷五陰邪思之魔業，得見所未見，幸聞所未聞」。

　　——《楞嚴經通議·卷十》。《卍續藏》第十九冊頁 336 下。

**按：**憨山大師一生宣講《楞嚴經》的記錄按其《年譜》中所記，共三次。

於二十九歲即被請講《楞嚴經》，但未說(《年譜》頁 32)。

三十一歲開悟後即展《楞嚴經》印心(頁 35)。

四十一歲著《楞嚴經懸鏡》(頁 54)。

六十九歲以五十日完成《楞嚴經通議》(頁 103)。

七十一歲講《楞嚴經通議》(頁 105)。七十一歲講《楞嚴經》(頁 124)。

七十七歲講《楞嚴經》(頁 128)。

大師最後示現肉身不壞，誠為一大菩薩應世也，後世讚為「肉身古佛中興曹溪憨山祖師」，其對《楞嚴經》之讚歎、護持與印心，豈是虛耶？故吾人應深信《楞嚴經》而無疑也。下面附上大師由《楞嚴經》開悟之事蹟：

「四年，丙子，予三十一歲，發悟後，無人請益，乃展《楞嚴》印證，初未聞講此經，全不解義，故今但以現量照之，少起心識，即不容思量，如是八閱月，則全經旨趣，了然無疑」(見《憨山大師年譜疏》頁 35)。下又記云：「徵聞初祖以《楞伽》四卷印心，今憨祖以《楞嚴》全部印心，先聖後聖，其揆一也」(見《憨山大師年譜疏》頁 37)。其入「楞嚴大定」之境為：「一夕靜坐，夜起，見海湛空澄，洞然一大光明藏，了無一物。即說偈曰：『海湛空澄雪月光，此中凡聖絕行藏，金剛眼突空花落，大地都歸寂滅場』。

歸室中，案頭見《楞嚴經》，忽展開，即見汝心汝身，外及山河虛空大地，咸是妙明真心中物，則全經觀境，了然心目，隨命筆述《楞嚴懸鏡》一卷，燭纏半枝已就，時禪堂在方開靜，即喚維那入室，為予讀之。自亦如聞夢語也……又一夕坐，入身世俱空，海印發光，山河震動境界，得相應慧，有頃，悟入《楞嚴》著緊處，恍然在目，急點燭書之，手腕不及停，盡

五鼓漏，而《楞嚴懸鏡》已竟矣！

侍者出候，見殘燭在案，訝之，嗟乎！凡此並光明藏中事，非可著意揣求。後段事義一符，而辭筆雙妙，並讀之，可悟道，兼可悟文，要識所紀兩則，乃是盧祖作我，非我作盧祖。《楞嚴》印我，非我印《楞嚴》也。愼錄之意如此（見《憨山大師年譜疏》頁 54—55）。

# 明‧幽溪 傳燈大師云：（1554—1627）

「佛之知見也，蓋一代時教，統爲《法華》佛知見而設，獨《楞嚴》一經，明佛知見最親。而謂之意別者，《法華》雖曰諸佛如來爲大事因緣，開示悟入佛之知見，經文初未嘗見一言道及此義」。

——《楞嚴經圓通疏前茅‧卷上》。《卍續藏》第八十九冊頁 492 上。

「此經如來金口親宣，祕在印土，至大唐 神龍間始度支那……智者大師預聞西天有《楞嚴經》，由是西望十八載……如來説之于先，智者闡之于後，智者揭之，于今二經（指《楞嚴經》與《摩訶止觀》），印之于古，一佛一祖，以心傳心，能遵乎此，是爲續佛慧命，毀謗乎此，是爲斷人間佛種，可不愼哉！可不愼哉」！

——《楞嚴經圓通疏前茅‧卷上》。《卍續藏》第八十九冊頁 494 下—495 下。

「大矣哉！《首楞嚴》之爲經也，無法不具，無教不收，狂心若歇，歇即菩提，勝淨妙明，不從人得，謂之華嚴圓頓可也……可謂明心見性之妙門，成佛作祖之祕典也」。

——《楞嚴經圓通疏‧卷一》。《卍續藏》第十九冊頁 403 上。

**按：**大師著有《楞嚴經玄義》四卷、《楞嚴經圓通疏》十卷、《楞嚴經圓通疏前茅》二卷。大師解行相資，莫不雙依《楞嚴經》，台宗之徒並盛讚傳燈是「可以稱《楞嚴》之中興，可以滿大師（指智顗大師）之久望」。（以上皆見傳燈大師《楞嚴經圓通疏·卷一》。《卍續藏》第十九冊頁 401 上—下）。

# 明·蕅益智旭大師云：（1599—1655）（蓮社宗第九代祖師）

「是誠一代時教之精髓，成佛作祖之祕要，無上圓頓之旨歸，三根普被之方便，超權小之殊勝法門，摧魔外之實相正印也」。
—— 《楞嚴經玄義·卷上》。《卍續藏》第二十冊頁 390 下。

「至矣哉！《大佛頂經》之為教也，依妙性而開妙悟，起妙行而歷妙位，成妙果而歸妙性，永超七趣沈淪，不墮修心岐徑，戒乘俱急，頓漸兩融，顯密互資，事理不二，誠教海之司南，宗乘之正眼也……已春，與博山 無異師伯盤桓百日，深痛末世禪病，方乃一意研窮教眼，用補其偏。然遍閱大藏，而會歸處不出《梵網》、《佛頂》二經」。
—— 《楞嚴經文句·卷十》。《卍續藏》第二十冊頁 759 上。

「又復應知，非行之艱，知之更艱。不知而行，墮坑落塹。《佛頂》十卷，最勗修行，而以先開圓解為最初方便。《圓覺經》文殊、普賢二章，亦先開解。《大乘止觀》、《摩訶止觀》等書，無不皆然……《紫柏全集》，幸覓觀之。得此法印，可辨邪正，不被今時邪師所誤矣」！
—— 《靈峰宗論·卷五之二》。《蕅益大師全集》第十七冊頁 10967。

「既未深明道路，又無真師，必洞徹教理，方死參究。雖不能通三藏眾典，《楞嚴》一部，不可不精熟也，譬如獨自遠行，

若不預問路程，斷斷必有錯誤」！

——《靈峰宗論・卷四之三》。《蕅益大師全集》第十七冊頁 10878。

**按：** 大師一生數度講演此經。如其在「重刻大佛頂經玄文自序」中云：「旭未薙髮，曾研此典，每翻舊註，迷悶實多，後因雙徑坐禪，始解文字之縛，復因數番講演，深理葛藤之根」（詳於《蕅益大師全集》頁 11151）。嘗著《楞嚴經玄義》二卷、《楞嚴經文句》十卷、「大佛頂經二十二問」、「楞嚴經二十五圓通頌三十一首」、「楞嚴壇起咒及回向二偈」、「蓮洲書佛頂經跋」、「去病書大佛頂經跋」、「化持大佛頂神咒序」、「大佛頂經玄文後自序」、「重刻大佛頂經玄文自序」、「重刻大佛頂經玄文自序」、「勸持大佛頂經序」等。

# 明・通潤大師云：

「《楞嚴》一經，統萬法為兒孫，攝群經為眷屬。文雖十卷，實大藏之都序也。有志教法者，不可不先讀，又不可不熟讀，熟則心目口齒間，隱隱隆隆，自有入路，不必借人頷頰，拾人涕唾，若果先明經義，回視諸家註疏，涇渭立見。否則為註疏奪心，而經義反晦矣」！

——《卍續藏》第二十二冊頁 272 下。

# 明・柴紫 乘旹大師云：

「此經不獨該通五教，亦且圓攝三宗，蓋《法華》、《華嚴》等經，互貫諸經之堂奧者也。而《楞嚴》一經兼貫《法華》等經之脈絡者也。非遍閱諸經者，詎識此經之微妙？非熟諳此經者，又詎知其為諸經之綱領乎」？

——明・乘旹大師《楞嚴經講錄・卷一》。《卍續藏》第八十九冊頁 890 上。

# 明·鍾伯敬《楞嚴經如說》云：

「《楞嚴經》，儒佛同歸，因果全了」。

——清·淨範之「重刻《楞嚴經如說》跋」。《卍續藏》第二十一冊頁71下。

# 明·戒潤大師云：

「雄文十卷，一線穿珠，理貫事而義貫文，織錦貫花，未足爲喻」。

——戒潤大師《楞嚴貫珠》頁10。

# 明·大韶大師云：

「《楞嚴經》者，如來縱橫妙辯吐納，虛空舌底鋒鋩神奇，變化綿綿密密如空谷響，全體是楞嚴大定，全體是大寂滅海中流出。恣肆汪洋，語言揮灑如激，懸河埋鋒發穎。每變每奇，莫測其淺深；融心融見，迷者之所忙然。心無是非之域，見無是非之境，即心是非雙忘也……」。

——明·大韶大師《楞嚴經擊節》。《卍續藏》第二十二冊頁929上。

# 清·劉道開居士云：

「《法華》爲佛全身，此經爲如來頂，顯斯經爲《法華》中精要之義也」。

——劉道開《楞嚴經貫攝·卷一》。《卍續藏》第二十三冊頁97下。

「《蓮華》、《楞嚴》尤為教乘至寶，然《蓮華》為佛全身，而《楞嚴》為佛之頂，則以此經究竟堅固，始乾慧以迄等覺，莫不因頂薰修，直踏毘盧頂上，為大覺最尊勝之法，蓋作佛之淨梁，而《蓮華》之精要也。開佛知見，舍此蔑由」。

——清·徐元文之「《楞嚴經貫攝》序」。《卍續藏》第二十三冊頁91下。

# 清·夢東 徹悟大師云：(1741—1810)（蓮社宗第十二代祖師）

「首楞嚴者，稱性大定之名也，以如來藏心而為體性，以耳根圓而為入門，以窮極聖位而為究竟，此依藏性之理，起稱性之行，還復證入藏性全體，一經大旨，義靈於斯」。

——夢東 徹悟大師之「跋禪人勇建血書楞嚴經莊嚴淨土」。《夢東禪師遺集·卷下》。《卍續藏》第一〇九冊頁780上。

「花香鳥語圓通性，水綠山青常住心，一部楞嚴渾漏泄，不須低首更沈吟」。——夢東 徹悟大師之「開講楞嚴頌」。

——《夢東禪師遺集·卷下》。《卍續藏》第一〇九冊頁782上。

**按**：夢東禪師嘗著「跋禪人勇建血書楞嚴經莊嚴淨土」、「頌楞嚴經十首」、「楞嚴二決定義」、「楞嚴頓歇漸修說」、「楞嚴知見無見說」等。見《卍續藏》第一〇九冊。

# 清·楊仁山居士云：(1837—1911)

「《楞嚴經》，祕密說，善會通，不可執。注曰：《楞嚴》經文，隱含地球之意，當知佛語，皆是活句，若執此非彼，則自生窒礙矣……邇來地球之說，世人以為實，遂疑佛經所說為非，

而不知《楞嚴經》中，早已隱而言之，經文深密善巧，後人若
會其意，自能行住坐臥，如處虛空，不作質礙想，并不作虛空
想矣」！

——《楊仁山居士遺著‧佛教初學課本注》頁53。

「《楞嚴經》，無法不備，無機不攝，學佛之要門也」。

——《楊仁山居士遺著‧等不等觀雜錄卷二》頁10。

「《起信論》者，馬鳴菩薩之所作也，馬鳴菩薩爲禪宗十二祖，
此論宗教圓融，爲學佛之要典，再看《楞嚴正脈》、《唯識述
記》，《楞嚴》、《唯識》既通，則他經可讀矣」！

——《楊仁山居士遺著‧等不等觀雜錄卷四》頁21。

# 近代禪宗泰斗虛雲老和尚開示：(1840—1959)

「秀才是孔子的罪人，和尚是佛的罪人。也可說：『滅佛法者，
教徒也，非異教也；亡六國者，六國也，非秦也；卒秦者，秦
也，非六國也。』經上所說末法時期的種種衰相到處可見，如
和尚娶老婆，尼姑嫁丈夫，袈裟變白衣，白衣居上座……等。
還有歐陽竟無居士，用他的知見，作《楞嚴百僞說》，來反對
《楞嚴》；遠參法師説《華嚴》、《圓覺》、《法華》等經和《起
信論》都是假的，這都是末法的現象」。

——《虛雲老和尚年譜法彙增定本》頁278—279。

有人也對虛雲老和尚提過，説：「《楞嚴經》有人説是僞造的」
老和尚説：

「這末法怎麼叫末法呢？就因爲有這一班人，弄得魚目混珠，
是非分不清楚，教你這人都迷了，瞎人眼問，令人認不清楚

佛法了。他在那兒把這個真的，他當假的；假的他又當真的了。你看這一些個人，又是這個人寫一部書，人也拿著看；那一個人寫一部書，他也拿著看，真正佛所說的經典，人都把它置諸高閣，放到那個書架子上，永遠也不看。所以這也就看出來眾生的業障是很重的，他若聽邪知邪見，就很相信的；你講正知正見的法，說了他也不信。為什麼呢？就是善根不夠，根基不夠的關係，所以對正法有一種懷疑的心，有一種狐疑不信的心」。

——轉自宣化大師《楞嚴經五十陰魔淺釋》頁 628—630。

「《楞嚴經》此經幾無法不備，無機不攝，究佛學哲學者，均不可不參究」。

——《虛雲老和尚年譜法彙增定本》頁104。

「現在是末法時代，你到那裡訪善知識呢？不如熟讀一部《楞嚴經》，修行就有把握，就能保綏哀救，消息邪緣，令其身心。入佛知見，從此成就，不遭歧路」！

——《虛雲老和尚年譜法彙增定本》頁367。

「以我的愚見，最好能專讀一部《楞嚴經》，只要熟讀正文，不必看註解，讀到能背，便能以前文解後文，以後文解前文。此經由凡夫直到成佛，由無情到有情，山河大地，四聖六凡，修證迷悟，理事因果戒律，都詳詳細細的說盡了，所以熟讀《楞嚴經》很有利益」。

——《虛雲老和尚年譜法彙增定本》頁304。

「方纔有幾位詢問《楞嚴經》意旨，茲乘大眾在此機緣，略說概要。此經原有百卷，而此土所譯祇有十卷。初四卷示見道，第五第六卷示修行，第八第九卷漸次證，最後並說陰魔妄想」。

——《虛雲老和尚年譜法彙增定本》頁 598。民國三十二年一月十

七日在重慶 慈雲寺開示，侍者惟因筆錄，時虛老已一百有四歲。

**按：**虛老一生宣講《楞嚴經》的「史料」，有記載之處謹四次，自己亦親註《楞嚴經玄要》一書，但於雲南事變後佚失（詳見《虛雲老和尚年譜法彙增定本》頁473）。近代高僧宣化老和尚亦曾云：「虛老活了一百二十歲，他一生，旁的什麼經典也沒註解過，只有註解這部《楞嚴經》。註解《楞嚴經》這個稿子，他是很注意地來保存，保存了幾十年，結果以後在雲門事變時，就丟了，這是虛老一生一個最大遺憾的事情。他主張我們身為一個出家人，都應該把《楞嚴經》讀得能背得出來，由前邊背到後邊，由後邊背到前邊，順背倒背，順倒都能背得出來，這是他的主張。那麼我知道虛老一生之中，對《楞嚴經》是特別重視的」。（詳見宣化大師著《楞嚴經五十陰魔淺釋》頁628）。

虛老於光緒二年時三十七歲，於浙江 天童寺聽講《楞嚴宗通》。

光緒二十三年時五十八歲，於揚州 焦山聽通智大師講《楞嚴經》。

光緒二十六年時六十一歲，於陝西 終南山講《楞嚴經》。

光緒三十年時六十五歲，於昆明 筇竹寺講《楞嚴經》。

宣統二年時七十一歲，於滇西 雞足山之護國祝聖禪寺講《楞嚴經》，曾感得古栗生出數十朵優曇華。

民國九年時八十一歲，於祝聖禪寺講《楞嚴經》。

—上面資料依次見於《虛雲老和尚年譜法彙增定本》頁48、57、76，和知定大師之《虛雲老和尚略史》頁20、頁29。

# 近代蓮社宗第十三代祖師印光大師嚴斥云：
（1862—1940）

「接手書知閣下衛道之心，極其眞切。而彼（指歐陽竟無）欲爲千古第一高人之地獄種子，極可憐憫也。《起信論》之僞，非倡於梁任公。乃任公承歐陽竟無之魔說，而據爲定論，以顯己

之博學，而能甄別真偽也。歐陽竟無乃大我慢魔種。借弘法之名以求名求利，其以《楞嚴》、《起信》為偽造者，乃欲迷無知無識之士大夫，以冀奉己為大法王也。其人借通相宗以傲慢古今。凡台賢諸古德所說，與彼魔見不合，則斥云『放屁』。而一般聰明人，以彼通相宗，群奉之以為『善知識』。相宗以『二無我』為主，彼唯懷一『我見』，絕無相宗無我氣分。而魔媚之人，尚各相信，可哀也」。

── (復李覲丹居士書)。《印光法師文鈔三編下‧卷四》頁 940。

「不但世間正人之可為極庸劣人，即古之出格聖賢，亦可為極庸劣人，所以有《法華》、《楞嚴》、《起信》等為偽造之說，若不究是非，唯以所聞者為是，則三教聖賢經典，皆當付之丙丁矣」！

── (復唐大圓居士書二)。《印光法師文鈔三編下‧卷三》頁 733。

「汝之知見，不異流俗，不究是非，但據傳聞以為定據……上而謂《法華》、《楞嚴》、《起信》之為偽者。否則韓退之所謂為史者，述人善惡失實，不有人禍，必有天殃。汝發大菩提心，欲度盡眾生，而謬傳此誣人之語於《海潮音》，得毋汙《海潮音》與傷汝之菩提心乎！以汝謬以光為師，故不禁戒勖，若謂不然，請即絕交」！

── (復唐大圓居士書三)。《印光法師文鈔三編下‧卷三》頁 734。

**按**：由此書信可知，大師對不明是非而宣揚《法華》、《楞嚴》、《起信》為偽者，非常痛心。引史書中說：如果善惡失實，不有人禍，必有天殃！甚至言若不改其謬誣之說，則「請即絕交」！

「凡人總須務實，彼倡異毀謗《楞嚴》、《起信》者，皆以好名之心所致，欲求天下後世，稱彼為大智慧人，能知人之所不

知之虛名，**而不知其現世被明眼視為可憐憫者，歿後則永墮
惡道，苦無出期，名之誤人，有如此者**」。

    ——（復<u>陳士牧</u>居士書九）。《印光法師文鈔三編上·卷二》頁 405。


「**智者作《止觀》，即與《楞嚴》六根功德義相符**，復聞梵僧
稱其合《楞嚴》義，故有拜經祈早來，以證己說之不謬。汝（指
<u>恆慚</u>師）云何不能遽決六根功德優劣乎？**為是自立章程，以屈
智者，作如是說。為是不知所以，妄聽人言，以為如此也。拜
經之事，蓋有之矣**。若云，日日拜，拜多年之說，則後人附會
之詞耳」。

    ——（復<u>恆慚</u>法師書二之第四問）。《印光法師文鈔三編上·卷一》頁
    38。


**按**：由此書信可知昔日有人評<u>智者</u>作《止觀》時，竟不能遽決六
根功德優劣，或認為<u>智者</u>禮拜十八年之《楞嚴經》事乃全出於杜
撰也。<u>印光</u>大師此番之說可為吾人警惕矣！


「**人貴自知，不可妄說過分大話**。觀汝之疑議，看得譯經絕無
其難，只要識得外國文，就好做譯人，譯人若教他譯經，還是
同不懂外國話的一樣。**你要據梵本，梵本不是鐵鑄的，須有
能分別梵本文義、或的確、或傳久訛謬之『智眼』，方可譯經**。
然非一人所能，以故譯經場中許多通家，有譯文者，有證義
者，其預譯場之人，均非全不通佛法之人。汝完全認做為外
國人譯話，正如譯書人識字。『**聖人深奧之文，了不知其是何
意義**』，此種妄話，切勿再說，再說雖令無知識者誤佩服，難
免有正見者深痛惜！光一向不以為悅人耳目而誤人，若不以
光言為非，則守分修持，否則不妨各行各道他日陌路相逢，
交臂而去，不須問你是何人，我是誰」？

    ——（復<u>王子立</u>居士書一）。《印光法師文鈔三編上·卷二》頁 524。

**按**：大師之說正破斥：以《楞嚴經》乃<u>中國</u>人所譯之經而疑偽，以<u>印度</u>外國諸師所譯之經即真經、真佛說。須知「**梵本不是鐵鑄的**」，譯經師也不是「**不通佛法之人**」，譯經師各各精通三藏、精通梵漢，其修持果位證位亦深深不可測，何能以現代人眼光妄說大話，而竟以「**無梵本**」之經為偽耶？而竟以祖師大德所譯之經為邪耶？

「古者凡屬佛書，皆用梵本，光在京曾見《楞嚴會解》、《華嚴疏鈔》流通本，皆梵冊。不但此也，即<u>沈士榮</u>所著之《廣原教論》亦梵本。可知古時佛典概用梵冊也，自方冊流行以後，人皆圖便，遂無論經律著述，皆用方冊，此刻藏緣起」。
　　—（復<u>丁福保</u>居士書四）。《印光法師文鈔三編下・卷四》頁963。

「若欲作大通家，須從通途佛學而論。則《起信論》、《楞嚴經》最為切要，當專攻之。以為自利利人，上求下化之本」。
　　　　—（復<u>汪夢松</u>居士書）。《印光法師文鈔・上冊》頁147。

「<u>上海</u>為全國樞要之地，諸居士欲普布佛化，於講經念佛外，季出林刊以期推廣。今又取深經奧論，以淺顯之語言發揮之。若《起信論》、《楞嚴經指要》，俾初機之人易於領會，庶扞格不入之苦，悉獲因指見月之益，從茲相續刊布，以揚佛日之光。俾一切同人，同悟本具之天真佛性。庶不負如來出世之一大事因緣，而挽回世道人心，亦以是為根據。凡我同倫，各宜資助，以期遍界流通云」。
　　—（《楞嚴經指要》之序文）。<u>印光</u>大師開示。《佛教藏》第一二一冊頁2—3。

**按**：<u>印光</u>大師生平曾講過一次《楞嚴經》，是在1894年<u>南海 法雨寺</u>住持<u>化聞</u>老和尚，敦請<u>印光</u>老法師住錫，開講《楞嚴經》。時<u>會泉</u>法師二十一歲，即是在<u>印</u>老座下聽講《楞嚴》。詳見《會泉大師

簡譜》頁 9。

# 近代天台四十三祖諦閑大師云：(1858—1932)

「此大佛頂法，是十方如來，及大菩薩，自住三昧，是故最尊無上，名之曰大佛頂，亦名第一義諦，亦名勝義中眞勝義性，亦名無上覺道，亦名無戲論法，亦名阿毗達摩，亦名眞實圓通，亦名無等等阿耨多羅三藐三菩提心……皆即表示此最勝之法，所謂依最勝理，說最勝教；依最勝教，起最勝行；依最勝行，還契此最勝理。教行理三悉名大佛頂」。

——《諦閑大師遺集》第五編之「大佛頂經玄義輯略」頁 8—9。台南南天台般若精舍印。77、1。

「斯經高妙極致，非文言句義而能盡述。唯有退藏密機，虛懷仰讚而已，凡後之志學之士，苟能惜人身，得之不易。悟大教，值之倍難，或即生欲發眞歸元者，欲明心見性者，宜應於此一經，盡其心力，赤體荷擔，坐臥經行，澄心體究，語默動靜，反照提撕，其或宿種忽芽，大開圓解，如初春霹靂，蟄戶頓開」。

——《諦閑大師遺集》第一編之「大佛頂經序指味疏」頁 1102—1103。

「大哉教乎！如來金口誠言，祖師悲心詮解，求其妙而得入，深而易悟者，無如憨山大師著釋《楞嚴經》之《通議》也」。

——《諦閑大師語錄》頁 628 之「重刻首楞嚴經通議序」

**按：**大師一生教在《法華》，行在《楞嚴》之本，一生講《楞嚴經》達十三次之多，並著《大佛頂經序指味疏》、「勢至菩薩聖誕開示」及「七處徵心之發隱」。見於《諦閑大師語錄》頁 2、61—72、468—473、952—953、956—963、969、982。台南和裕出版。85 年。

## 近代太虛大師云：（1889—1947）

「此皆辨妄明眞之眞心論，全部經文中，有一貫的中心思想，即是常住眞心，故本經以常住眞心爲基本。『信解』，即明常住眞心之理；『修行』，即除常住眞心之障；『證果』，即證常住眞心之德……惟《楞嚴經》確是佛說，僅根據點有異而已。眾生世界，即是如來成佛眞體，譬如全海成風浪，風浪即在全海，法身成有情無情，則有情無情均即法身。故曰：『情與無情，皆成佛道』」。

——轉引自斌宗法師《楞嚴義燈》頁四。見《斌宗法師遺集》一書。台北中華佛教文獻編撰社。1992、2、19。

「本經於震旦佛法，得大通量（吾別有論，嘗謂震旦佛法，純一佛乘，歷代宏建，不出八宗……約其行相別之，則禪、淨、律、密、淨是也。然一部中兼該禪、淨、律、密、教五，而又各各專重，各各圓極，觀之諸流通部既未概見，尋之一大藏教蓋亦希有，故唯本經最得通量。雖謂震旦所宏宗教，皆信解本經，證入本經者可也），未嘗有一宗取爲主經，未嘗有一宗貶爲權教，應量發明平等普入，觀之不妨互異」。

——太虛大師《楞嚴經攝論》頁7—8。

**按**：大師著有《楞嚴經攝論》及《楞嚴經研究》二書。

## 近代潙仰宗禪師宣化大師云：（1918—1995）

「《楞嚴經》這是佛教裡一部照妖鏡的經，所有天魔外道、魑魅魍魎，一見到《楞嚴經》都現原形了，他無所遁形，什麼地方他也跑不了。所以在過去，智者大師聽說有這一部經，就

向印度遙拜，拜了十八年，以十八年這種懇切至誠的心，求這一部經到中國來。過去的大德高僧，所有這一些有智慧的高僧，沒有哪一個不讚歎《楞嚴經》的。所以《楞嚴經》存在，佛法就存在；《楞嚴經》如果毀滅了，佛法也就毀滅了。怎麼樣末法呢？末法就是《楞嚴經》先毀滅了。誰毀滅的呢？就這一些個天魔外道。這些天魔外道一看見《楞嚴經》，就好像眼中的釘、肉中的刺一樣，坐也坐不住，站也站不穩，所以他必須要創出一種邪說──說是《楞嚴經》是假的。我們做佛教徒應該認識真理，《楞嚴經》上所講的道理，每一個字都是真經真典，沒有一個字不是講真理的。所以我們現在研究這五十種陰魔，更應該明白《楞嚴經》這種重要性，其他這些邪魔鬼怪最怕的就是《楞嚴經》」。

——宣化大師《楞嚴經五十陰魔淺釋》頁 626—628。

「一般的學者，說《楞嚴經》是假的，不是佛說的，又有什麼考證，又有什麼記載。這都是他怕《楞嚴經》，沒有辦法來應付《楞嚴經》的道理。《楞嚴經》中令他們最怕的就是『四種清淨明誨』，這『四種清淨明誨』就是照妖鏡，所有妖魔鬼怪都給照得現原形了。還有『五十陰魔』。這『五十陰魔』把天魔外道他們的骨頭都給看穿了，把妖怪的這種相貌都給認識了。哪一位能把《楞嚴經》背得出來，那是真正佛的弟子。《楞嚴經》在佛法末法的時候，是最先斷滅的。為什麼它斷滅？就因為這一些學者啊，又是什麼教授啊，甚至於出家人，都說它是假的。這種的言論，久而久之，被人以訛傳訛，就認為他們所說的是對的，所以認為《楞嚴經》是假的了，佛教徒也認為它是假的了。久而久之，這個經就沒有了。所謂經典斷滅，也就是這樣子，因為大家不學習，它就沒有了，就這樣斷滅了」。

——宣化大師《楞嚴經五十陰魔淺釋》頁 638。

「所以《楞嚴經》裡所講的道理，是非常正確的，非常有邏輯學的，再沒有比它說得更清楚了。所以整部《楞嚴經》就是一部照妖鏡，照妖鏡一懸起來，妖魔鬼怪都膽顫心驚。我方才所說的話，所解釋的《楞嚴經》和『楞嚴咒』的道理，如果不合乎佛的心，不合乎經的義——如果《楞嚴經》是假的，我願意永遠永遠在地獄裡，再不到世上來見所有的人。我雖然是一個很愚癡的人，可是也不會笨得願意到地獄去，不再出來。各位由這一點，應該深信這個《楞嚴經》和『楞嚴咒』。」

——宣化大師《楞嚴經五十陰魔淺釋》頁640。

「有人讀誦《楞嚴經》，要我盡形壽供養這樣的修道人，我也願意的……有人要學《楞嚴經》，我願意盡形壽來供養這樣的人」。

——宣化大師《楞嚴經五十陰魔淺釋》頁642。

**按：**宣化大師於1946年在天津 大悲院聽倓虛大師講《楞嚴經》。

於1953年在香港 西樂園寺講《楞嚴經》。

於1968年在美國開講九十六天的《楞嚴經》，及舉辦多次的《楞嚴經》研討會。

又於1979年至1987年宣講《楞嚴咒句偈疏解》，此乃繼元‧指空大師及清‧慈雲 續法大師之《楞嚴咒疏》之作，成為中國佛教史以來第三位釋「楞嚴咒」之大師。詳於《宣化老和尚追思紀念專集（一）》頁12—15。台北法界佛教印經會印。1996、8、28。

## 近代天台斌宗大師云：（1911—1958）

「歷代高僧大德，對於《楞嚴經》的批判，確認為佛說的闡明真心常住之真理，誰能有此本領，托於經文，以欺騙天下後世？……所以《楞嚴經》一經，決非唐朝代的佛教徒竊取先

秦思想之所爲，是很明顯的。以上歷代高僧大德，對《楞嚴經》之批判，實在是甚爲平實，由此足知中國的固有文化思想與《楞嚴》的道理，實在較爲接近，視《楞嚴》爲僞書一說，誠不攻自破矣」！

——《楞嚴義燈》頁5。見《斌宗法師遺集》一書。

「《楞嚴經》乃世尊一代法門之精髓，成佛作祖之要道。爲宗、教之指南，性、相之總綱。諸佛依之爲成佛正因，眾生依之爲解脫要訣！在如來三藏聖典中，求其徹底闡明心性，徹底破妄顯眞，使人轉物同如來，彈指超越無學者，楞嚴妙法是矣」！

——《楞嚴義燈》頁15。見《斌宗法師遺集》一書。

**按**：大師生前講《楞嚴經》達三次，著有《楞嚴義燈》一書。

# 近代李炳南居士云：(1889—1986)

「問：清代袁枚說《楞嚴經》大抵是六朝人僞造，故「西域轉無此書」

（見『小倉山房尺牘與程綿莊論《楞嚴經》書』），如何駁正袁說？
（沈鍾五）

答：袁子才只是一文學家耳，於佛學及考據，皆是門外，說之不足輕重。然此經眞僞之辯，佛門大有其人，至今諍議未息，又何必忽臟腑之疾，而專問癬疥耶？

——《李炳南老居士全集·佛學問答類編（上）》頁12下。

「問：《楞嚴經》眞僞之辯亦迄未能決，而觀諸歷代具有大智慧、大神通之高僧大德不乏其人，憑他們的智慧，不能給予正確的答案嗎？（陳平章）？

答：《楞嚴經》眞僞，非無正確解答，只在閱者不能決斷耳。

主張眞者，如各宗之祖師加注解者是，不信其眞，何與加注？主張僞者，多爲一般學者派，摭拾若干資料而懷疑者。此又是見仁見智問題。區區之所知，自古依《楞嚴》而證道者，大有人在，既能證道，何得云僞？豈止此也。而小乘派，又何嘗不偏譏大乘耶？寧信大乘皆非佛說耶？此不過就跡相隨順而辯，若就實說，說眞說僞，皆是戲論。

——《李炳南老居士全集·佛學問答類編（上）》頁 99 下——100 下。

# 賢首宗的楞嚴聖賢錄

# 賢首第七世靈光 洪敏法師(圓顯 現法嗣)

秀州 靈光寺(即精嚴寺)洪敏法師。北宋太宗 太平興國年(976-984)間人也。秀敏師兼通「賢首」而並傳「賢首」,後長水 子璿法師依秀敏師學《楞嚴經》及「賢首教觀」,而獨於《楞嚴》一經尤擅。秀敏師曾撰《楞嚴證真鈔》一書。

—詳《寶通賢首傳通錄·卷上》頁25。

# 賢首第八世長水 子璿法師(靈光 敏法嗣)

大中 祥符六年,翰林學士錢公易奏於朝庭,賜長水 子璿為「楞嚴大師」。建炎中,金人開發其「圓寂塔」,見師竟然「正坐於缸」中,爪髮遶身,全身不壞。金人驚悸之祭,羅列禮拜,再掩之而去。

—詳《寶通賢首傳通錄·卷上》頁26。

又《釋氏稽古略·卷四》載:

> 嘉興 長水法師。名子璿,秀州人。初依本州洪敏法師學《楞嚴經》。至「動靜二相,了然不生」有省。聞滁州 瑯琊 慧覺禪師道望,趨往參見。
> 及門值其陞座,遂問曰:「清淨本然,云何忽生山河大地?」
> 覺厲聲曰:「清淨本然,云何忽生山河大地?」
> 璿當下豁然大悟,擬棄嗣之。
> 覺禪師謂之曰:汝宗不振久矣,宜勵志扶持以報佛恩。璿如教,後住長水,眾幾一千。以「賢首宗」教疏《楞嚴經》十卷。

又《續傳燈錄·卷七》載:

> 秀州 長水 子璿講師,郡之嘉興人也。自落髮誦《楞嚴》不輟。

從洪敏法師，講至「動靜二相，了然不生」，有省。

# 賢首第九世晉水 淨源法師（長水 璿法嗣）

法師諱淨源，字伯長，號潛叟。晉江 楊氏子，故學人以晉水稱之。年二十二，依東京 報慈寺 海達大師得度。初受「華嚴教觀」於五臺 承遷尊者。次受《華嚴合論》於橫海 明覃大師。自北遷南，受《楞嚴》、《圓覺》、《起信》等經論於長水大師，得其領要，遂為其嗣。製有《華嚴》、《圓覺》二懺，及《首楞嚴壇場修證儀》（詳《卍續藏》第九十五冊）。

——詳《寶通賢首傳通錄・卷上》頁 27。

# 賢首第二十一世棲巖 慧進法師（古峰法嗣）

法師，諱慧進，字棲巖，號止翁。山西 霍州 靈石 冷泉里人。姓宋，父母俱好善。師生於元至 正乙未正月七日。從小志慕出家，禮大雲寺 漸翁師剃染，再投於汴梁 古峰法師參學，研究《華嚴》宗旨，傍達「唯識、百法」諸論。久之，意解心通，被推為講師，眾所欽服，遂得「法主」之稱。

元・太宗皇帝知之，遂遣中官馳驛至南京，向棲巖 慧進法師詢問《楞嚴經》大義，結果慧進法師應對稱旨。皇帝大喜，遂賜「紫衣」，命住於天界寺。宣德 紀元 宣宗皇帝賜大師「毘盧冠織金磨衲衣」，詔至宮內，並與多位僧眾對寫「金字」版的《華嚴》、《般若》、《寶積》、《涅槃》四大部經。後又請講《楞嚴》，聽眾萬餘。世壽八十二。僧臘六十二。

——詳《寶通賢首傳通錄・卷上》頁 34。

# 賢首第二十三世魯菴 普泰法師（達菴 通法嗣）

師諱普泰，字魯山，號魯菴，別號野菴。秦人也。出家於山海茶盆山。後隨達菴 廣通師學《華嚴》，得廣通師印心。弘治年間主法興隆寺，大闡《華嚴》、《楞嚴》、《圓覺》諸經疏鈔。四方學者皆集座下，稱普泰師為「京師之泰也」。

自明朝開國以來，「慈恩」一宗絕其師授。一日普泰師行腳時，避雨，至一簷下，聞內有說法聲。聽之，有人在講「相宗」法門。遂入，見一「老翁」為一「老婦」說《唯識論》，普泰師遂拜請聽《唯識論》，因留月餘而去，後乃疑此「老翁」可能非「凡人」也。

普泰師著述有《楞嚴管見》、《八識補註》、《百法論註》。詩文有《野菴集》、《栖閒集》並行於世。

—詳《寶通賢首傳通錄·卷上》頁37。

# 賢首第二十五世月川 鎮澄法師（一江 灃法嗣）

師諱鎮澄，字月川，號空印。金臺 宛平 李氏子。禮西山 廣應寺 引公為師。時一江 灃大正弘《華嚴》，鎮澄師親依門下學參，窮究性相二宗之旨，靡不該練。鎮澄師尤醉心於《華嚴》大教圓頓法門，研習數十年。復得灃大師傳「賢首」宗脈。

鎮澄師說法三十餘年，度生衛法之心，至老彌篤。一日，眾人請說法，師曰：「學者究心為要，多說何為。爾曹勉之，吾將行矣」。中夜竟端坐而逝。時萬曆丁巳六月也。

鎮澄師著述有《楞嚴正觀》、《般若照真論》、《因明》、《起信》、《攝論》、《永嘉集》等。

—詳《寶通賢首傳通錄·卷上》頁38。

# 賢首第二十六世顓思 觀衡法師（月江 澄法嗣）

師諱觀衡，字顓思。別號傘居，直隸 順天府 霸州 趙氏子。生明神宗七年巳卯八月十八日亥時。母夢大士攜童入抱，覺而有娠。披剃於臺山 惠仁大師。後至臺山 獅子窟親近空印大師，觀衡師於此研究經教，廢寢忘食，而於《楞嚴》、《法華》諸經，莫不了然於心。

後參雪浪和尚，次謁雲棲 蓮池大師及憨山大師。凡屬宏宗演教者，莫不見訪，諮決心要。觀衡師一日讀《楞嚴》有省，是夕踏月誦經，忽然大悟，作偈曰：「一夜踏空行，虛空忽爾釋，乃知大覺心，土木與瓦石」。

一日，觀衡師端坐而逝，弟子供奉三日，顏色如生。見者聞者，靡不揮淚。著有《楞嚴四依解》等。

——詳《寶通賢首傳通錄・卷上》頁40。

# 賢首第二十九世有章 元渙法師（玉符 顆法嗣）

師諱元渙，有章其字也。直隸 大名府 開州 藺氏子。於京都 淨土菴 敬心法師薙染。後參學於玉符老人，得玉符老人付為「賢首第二十九世」。元渙師曾閉關於龍王堂，研究《楞嚴》十餘年，後遷移至永祥寺，開講《楞嚴》。元渙師深得《楞嚴》旨，四眾雲集，遠近緇素，皆奉元渙師為「有楞嚴」也，聲名大盛。

雍正十一年十月，師示微疾，醫診而藥之，師曰：「幻藥能留軀乎？」竟不服。弟子請示遺囑，師曰：「三藏十二部，說之森羅萬象，演之於此，不會。予復何言？」遂於十五日巳時，瞑目而逝。

——詳《寶通賢首傳通錄・卷下》頁4。

## 賢首第三十世沛天 海寬法師（濱如 洪法嗣）

師諱海寬，字沛天。直隸 易水 崔氏子。從淨業寺 體公得度。
究心於大乘經典，於四十三年甲申，慕寄幻老人，恭投法座下，不
歷數年間，盡得經論。已丑秋，寄幻老人遂以「賢首宗」旨付囑焉。

康熙四十九年，皇帝命講《楞嚴》尊經。所謂「一音初唱，六
辯呈祥。四辯風生，顯妙心於七處，十方雲集，領眞見於八還」。
莫不恭敬圍繞。自此，師之講經，歲無虛日。

——詳《寶通賢首傳通錄·卷下》頁5。

## 賢首第三十世廣御 惟誠法師（有章 元煥法嗣）

師諱惟誠，字廣御。係三晉人。禮京都 慈因寺 瑞雲法師披剃。
復參永祥法師，世傳永祥師為「有楞嚴」也。壬寅季春，以信衣對
眾囑累，授惟誠師為「賢首第三十世」。自後研究教乘，講演《維摩》
尊經，復閉關三載，看閱《大藏》，道俗感動，檀越雲集。越七載，
復建《楞嚴》講期，六旬道場。

於乾隆二十四年已卯，啓建「龍華道場五十三參」，即於是年冬
月十三日，安詳而逝，世壽六十三。

——詳《寶通賢首傳通錄·卷下》頁7。

## 賢首第三十世翠巖 通巒法師（耀宗 亮法嗣）

師諱通巒，字翠巖，東魯人。禮雞足 觀音菴 弘野老人薙染。
後於雍正辛亥春，始蒙寶通 耀宗老人印可，依止座下，探閱經典。
尤醉心於《楞嚴》、《法華》經。自此後，常為四眾講學不息。夜間

修淨業三昧，數十餘年。功課精進，愈久愈堅，即盛暑嚴寒，未嘗懈怠。

乾隆丁丑正月八日卯時，念佛西歸。世壽七十三。

　　　　　　　　　　—詳《寶通賢首傳通錄·卷下》頁 8。

# 賢首第三十世達天 通理法師（有章 澣法嗣）

師諱通理，字達天，直隸 冀州 新河 趙氏子。十一歲時，曾隨眾誦《法華經》，若宿習然，眾咸異之，以為「再來人」也。復依衍法師聽《楞嚴經》，穎悟超群，解行服眾。復至岫雲參訪洞翁律師，探五篇七聚之文，師資水乳，遂受「南山律」之傳。復參永祥 有祖法師，有祖師於《楞嚴》獨步，學者傳為「有楞嚴」也。通理師深得有祖師之印可，遂傳為「賢首第三十世」。

通理師因常講交光大師之《楞嚴經正脈》，見其文義深奧，遂親撰《楞嚴經指掌疏》，三越寒暑始周。復與西藏聖師章嘉 灌頂國師共論經義，特蒙皇帝恩勅寺通理師為「闡教禪師」之號。「賢首宗」自圭峰禪師後，封賜之典，通理師為「第一人」也，是年註解《圓覺經》，開講大典。

通理師示寂於乾隆壬寅六月十三日亥時，世壽八十有二。僧臘六十三。著有《楞嚴經指掌疏》十一卷。《金剛經新眼疏》二卷。《圓覺經析義疏》四卷。《五教儀增註》五卷。《普門品別行疏》一卷。《心經合釋》一卷。《盂蘭摘要》一卷。

　　　　　　　　　　—詳《寶通賢首傳通錄·卷下》頁 10。

# 賢首第三十一世無量 慧海法師（沛天 寬法嗣）

師諱慧海,無量其字也。直隸 冀州 信都 李氏子。禮清涼寺 忻曇師披剃。好內外典籍,閱之如宿習。研究毘尼,學不二諸大法門。京都學者,莫不尊崇慧海師之名。

雍正甲辰秋,沛天 海寬法師應「大內」之命,開講《楞嚴經》,慧海師往參焉。海寬師見而奇之,曰:「此子堪爲賢首宗之砥柱法門」,遂以「賢首宗」乘付焉。世宗 憲皇帝欽命主慧福法席,朝夕近御。後續資料,未詳。

—詳《寶通賢首傳通錄・卷下》頁 16。

# 賢首第三十一世乾月 明旺法師(沛天 寬法嗣)

師諱明旺,字乾月。京都 宛平 張氏子也。依三教菴 大如法師薙染。慕沛天 海寬老人,歸投座下。雍正甲辰秋,海寬老人應「大內」之命,開講《楞嚴經》,明旺師往參,遂得海寬老人以「賢首」之旨付囑。囑曰:「爾惟教觀雙修,行解兼致。淨意而至,於無意可淨,轉物而至於無物可轉,而後言修證」。

乾隆九年歲次甲子,身有微疾,含笑而逝。

—詳《寶通賢首傳通錄・卷下》頁 16。

# 賢首第三十一世量周 海觀法師(沛天 寬法嗣)

師諱海觀,量周其字也。係直隸 天津府 滄州 周氏。少時,每入廟必禮佛,涕不欲出,父母驚異,心知「非俗」,亦莫能逆其志。年十歲披剃於縣東 東嶽廟 還衷師薙染。甲辰秋,靜默寺 沛天 海寬老人開講《楞嚴經》,海觀師素慕老人,歸依座下。探閱教經,研究性相。海寬老人見其氣度超常,喜之,遂付「賢首第三十一世」。

乾隆癸巳春正月，以目疾辭退歸隱彌勒院。閉關靜修，後念佛西歸。

—詳《寶通賢首傳通錄‧卷下》頁 18。

## 賢首第三十一世如應 妙魁法師（廣御 誠法嗣）

師諱妙魁，字如應。係順天府 宛平縣籍。俗姓魏。禮京都 慈因寺 廣御法師祝髮。乾隆十九年甲戌年，本年 廣仁老人啟建《楞嚴》講期，妙魁師往參。廣仁師見其善根純厚，戒律精嚴，性相了達，堪為法門嫡嗣，遂付為「賢首第三十一世」。

乾隆四十年乙未，妙魁師啟建講《楞嚴經》，聽者大歡喜。

乾隆五十三年十一月十五日，端坐西歸，世壽五十七。

—詳《寶通賢首傳通錄‧卷下》頁 24。

## 賢首第三十一世達元 悟性法師（達天 理法嗣）

師諱悟性，字達元。河南 彰德府 安陽縣 蘇氏子。禮本府 臨章縣 服乾尊宿祝髮。初依瑞應 了緣律師學律，次依西方 不二法師習《楞嚴經》，後於觀音依嵩公老人習《法華》。結冬過夏，因聞遺光 達天老人開講《華嚴》一乘奧典，欣聞大法，發願依止。自是相從，命為座元。繼而聽諸經，習教觀於「賢首」一家之宗。每以講演佛事為命，淨業為自修，歲無虛度。

乾隆三十八年正月，忽覺病業纏身，力不能袪。弟子延醫，悟性師曰：「久藥莫能醫，知是定業，惟念佛以待終焉」。後泊然而逝，時年五十七。

—詳《寶通賢首傳通錄‧卷下》頁 25。

# 賢首第三十一世恒順 常隨法師（達天 理法嗣）

師諱常隨，字恒順。河南 許州府 長葛縣 莘氏子也。十歲依本縣圓覺堂 心如大師祝髮。乾隆巳卯，聞嘉興 達天老人法席最盛，長期啓建講經，因慕其座下。歷聽聞《起信》、《楞嚴》、《法華》。迫三年後，達天老人見其賦性慎密，處眾安詳，不失為法門龍象，遂印可為「賢首第三十一世」。

乾隆五十年，歲暮既望，於二十三日召門弟子，囑之曰：「時當末運，人多懈怠，少奉修持。汝等念報佛恩，勤加精進，時不待人，各自努力」。語畢端坐，瞑目而逝。

——詳《寶通賢首傳通錄·卷下》頁 31。

# 賢首第三十一世興宗 祖旺法師（達天 理法嗣）

師諱祖旺，字興宗，俗陳姓。幼時送關帝廟，依萬善 泰公為師。九歲習功課，十歲便能成誦。十九歲聞達天 通理於嘉興寺啓建諸經講座，特來依止，歷聽《楞嚴》、《法華》，漸有啓悟，於通理師講經期滿，遂印可祖旺師，付之為「賢首第三十一世」。偈曰：「聰明不可恃，人我勿相兢，祖道憑誰旺，宗旨賴爾興」。

乾隆三十四年，祖旺師謄寫《楞嚴新疏》，兼看《大藏》，一生廣演經教。九十二歲示寂。

——詳《寶通賢首傳通錄·卷下》頁 32。

# 賢首第三十二世碧潭 澄徹法師（無量 海法嗣）

師諱澄徹，字碧潭。直隸 順天府 昌平州 李氏子。幼年出家，

復得無量法師付為「賢首第三十二世」。

乾隆十八年，啓建講《楞嚴經》。乾隆二十一年，講演《法華經》。甲申歲，又講《楞嚴經》。至三十二年，於弘恩寺建「龍華會五十三參」，專講《華嚴》。

一日謂門人弟子曰：「無常迅速，生死事大，即於今日，正當閉關，萬緣放下，一心念佛，決定求生淨土」。於是晝夜念佛。

乾隆三十四年正月十三日巳時，念佛而逝。
——詳《寶通賢首傳通錄・卷下》頁39。

## 賢首第三十二世宗文 淨因法師（乾月 旺法嗣）

師諱淨因，字宗文。從慧福 乾月 旺公披剃。以聽教為懷，初參靜默 沛翁老人，於佛法大有契入。平常説法度眾，四眾讚歎。適值戒臺 度博和尚啓建傳戒講經，遂請淨因師至本山講《楞嚴經》，時乾隆三十八年也。

復於四十年，於慧福寺啓建《楞嚴》道場，開講《楞嚴經》，信眾往聽，坐無虛席。無不慕師之德，崇師之慧。自此淨因師講經不輟。

嘉慶五年，淨因師六十六歲，正月二十二日酉時念佛而逝。
——詳《寶通賢首傳通錄・卷下》頁41。

## 賢首第三十二世印彰 真璽法師（達元 性法嗣）

師諱真璽，字印彰。籍係山西 太原府 李氏子。二十歲深厭世俗，發心出家。禮本州 靈巖寺 了悟大師薙染。後詣西岩寺依壽山

和尚聽講《法華》、《楞伽》等經。次依隆一法師聽講《圓覺》、《楞嚴》等經。丙戌之秋,聞嘉興 達元和尚講演教乘,遂往參拜。達元老人見真璽師修持四威儀,曾無放逸,可作末法津梁人,遂以「賢首第三十二世」而印之。

真璽師平日加倍精進,午夜參究《法華》、《楞嚴》等諸經要旨。常開講座,大弘法要。五十六年辛亥春,覺有恙,七月十三日集眾弟子,囑之曰:「凡出家者,當痛念無常,盡力修持,不可為事緣所累。浪死虛生,實所空回,是誰之過歟?慎之慎之」。復端坐念佛化去。

—詳《寶通賢首傳通錄·卷下》頁46。

# 賢首第三十二世體寬 通申法師(懷仁 毓法嗣)

師諱通申,字體寬。山西 太原府 太原縣 西里解村 賈氏子也。乾隆丁丑,父母夜夢一僧由門而入,直造屋頂,次日午時,「頭上足下」而生。父母咸曰:「此子必從僧中來也」。生不茹葷,發言善順,見僧輒笑,欣然欲從。十七歲,父欲與議婚,決志不從,津津然以出家為念。後依映川 遠公薙染。後懷祖 權席法師講演《法華》、《楞嚴》等諸經,通申師一聽入神,大有契悟。

時達翁老人見通申師正信出家,賦性聰敏,遂命懷祖以「賢首」法衣付之,為「賢首第三十二世」。

通申師日以甘苦勤修佛法為己任,四眾讚揚而歸依為弟子者,不可數知,咸謂「菩薩再來」耶!無人我之相,有平等之心,雖榮遇而不羨,得布施而濟貧,勸化信眾念佛修行。

道光十四年春,染微疾,自知時至,有來顧者,只勸念佛。四

月八日，晏坐而逝。

——詳《寶通賢首傳通錄‧卷下》頁 55。

# 賢首第三十二世崇理 呆鑑法師（興宗 旺法嗣）

呆鑑 崇理禪師者，僧中之英，法門之龍象也。生而茂異，長而丰姿。投積善寺 龍泉師披剃。研究毘尼，便通三藏，頃聞香界寺 興宗和尚開實相法門，演一乘法，恭詣聆聽，晝夜修行。興宗和尚察其智慧弘深，辯才無盡，知是「靈山一會再來人也」，遂以「賢首」信衣而囑累之，為「賢首第三十二世」。

呆鑑師日日講經念佛，嘗講《法華》七旬談妙，人皆稱讚。每每升座時，聽眾如雲，觀者如堵，吹法螺，擊法鼓，演法義不減，靈山一會也。所謂為一大事因緣故出現於世，欲令眾生開示，悟入佛知見故。

十三年開講《楞嚴經》，此經乃無上頂法，文該三藏，教攝五時，徹迷悟之根源，究聖凡之要路。七處徵心，了不可得。八還顯見，總歸實際。二十五聖各陳圓通之門，十種仙人不修正覺之謬。參禪之士，不入此法，則正眼不開。探教之徒，不通此經，則重關莫闢。

逮五濁講訖，正當臘月三十日。呆鑑師示眾曰：「五濁講罷待春回，佛頂密因再重開。莫道老僧歇了座，原無一事可干懷」。來年春，示微疾，一心念佛，語四眾：「吾將行矣，各宜老實念佛，他日淨土，好相見也」。遂沐浴更衣，端座而去。

——詳《寶通賢首傳通錄‧卷下》頁 60。

# 賢首第三十三世天錫 普照法師（碧潭 徹法嗣）

　　師諱普照，字天錫。係山東 濟南府 德州 張氏子。薙髮於觀音寺 明林法師。初依恢慈和尚，遍參諸方，於性相頗有契入。後依善緣菴 碧潭老人研究經論，復講演《楞嚴》諸經教。於乾隆甲申「楞嚴會」上付之以教乘，是為「賢首第三十三世」。乾隆三十五年，安詳而逝。

——詳《寶通賢首傳通錄·卷下》頁 58。

# 賢首第三十三世廣安 同泰法師（宗文 因法嗣）

　　師諱同泰，字廣安。誕於乾隆丙寅，籍東魯 曹州府 郭氏子。禮直隸 保定府 青山寺 敬光法師祝髮。後參宗蒙 度老人，學習經教。乾隆巳未，啓宗老人啓建《楞嚴經》講期，聽法者眾，室無所容。座眾雖廣，惟同泰師行解為眾所推服，啓宗老人之《楞嚴》講期將輟，遂付之為「賢首第三十三世」。

　　同泰師承印之後，未敢安於寢食，惟以宏法利生為懷。日日演說經教，自修利他。

　　嘉慶二年五月初七日，拂袖西歸。

——詳《寶通賢首傳通錄·卷下》頁 60。

# 賢首第三十三世智塵 睿法師（新德 大乘法嗣）

　　智塵 睿公和尚。順天府 宛平縣籍。少年薙髮，投師於慈因寺 新德和尚。自此執持禁戒，嚴守毘尼，精進行持。新德和尚見其行止，知是法器，即以信衣付之為「賢首第三十三世」，慈因堂上第四代也。後廣闡「賢首」之宗風，靜坐蒲團，參《楞嚴經》之大定。自

作住持，利濟含識。學者會集，日日親之。

一日忽對眾曰：「百年歲月，一場遊戲耳。我今大限已至，我將行矣，汝等且莫悲泣，當助我念佛」。遂瞑目而去。

—詳《寶通賢首傳通錄・續錄・卷下》頁74。

## 賢首第三十三世了然 心慈法師（明達 傳法嗣）

師諱心慈，字了然。山東 濟南府 德州 樂家莊 張氏子也。自幼脫塵，願於本州關帝廟，依修德法師祝髮。後詣慈因寺 如應和尚座下聽講《觀音別行疏》。暇輒披覽淨土等文。丙辰春，聞延壽寺 明遠和尚講演《法華》、《楞嚴》諸大乘經典。師親承座下，閱歷二載。明達和尚見其深沈，性情堅定，堪為法門之子。因以信衣付之為「賢首第三十三世」。

自後專心修行聽教，為眾講法。後事未詳。

—詳《寶通賢首傳通錄・續錄・卷下》頁74。

## 賢首第三十四世在然 了竹法師（瑞光 輝法嗣）

師諱了竹，字在然。係山東 濟南府 濟陽縣 劉氏子。禮本邑廣福寺 擎天師祝髮得戒。久參當代知識，頗諳三學之旨。乾隆三十五年，歲次庚辰瑞光法師於《楞嚴》講期，以「賢首宗」付焉。至乾隆五十六年，繼席廣慈。身居方丈，形類學人，克勤克儉，不恥下問，精誠如一。

嘉慶六年五月初七日申時而逝。

—詳《寶通賢首傳通錄・續錄・卷下》頁77。

# 賢首第三十四世浩然 德天法師（宏哲 寬法嗣）

　　師諱德天，字浩然。順天府 大興縣 劉氏子。禮本縣慧福寺 宏哲法師祝髮。生具喜相，宛如彌勒，人見欽敬，輒欲皈依。況其聰慧過人，經書滿腹。年二十，依拈花寺 達天和尚聽經念佛，窮究性相宗旨。後日講《法華》、《楞嚴》諸經，開示來學，歡喜信受，故都下皆稱之為「善導」也。

　　嘉慶十六年，代傳毘尼戒法，五十三天道場。復又親授蕭王府恪親王《楞嚴經》，又授成親王《觀音別行疏》。迨師圓寂之日，成親王親供養寶石孔雀寶冠，此皆德天師學行之所感也。

　　　　　　　　　　——詳《寶通賢首傳通錄·續錄·卷下》頁 95。

# 賢首第三十七世秀山 續峰法師（德明 覺天法嗣）

　　師諱續峰，字秀山。順天府 大興縣籍，林氏子。八歲出家，禮普門寺 智寬老和尚薙染。投賢良寺 晟一老和尚座下，一心學律二載。赴虹螺山 資福寺 崑泉老和尚座下聽講《楞嚴經》。光緒十五年赴拈花寺 德明老和尚座下參學經典。德明老和尚知續峰師有聰慧，能耐勞苦，堪為法器，乃於十六年庚寅春，將法衣心印付之，授其為遺光寺住持，為「賢首第三十七世」。

　　民國四年九月二十八日示疾，端坐西逝。

　　　　　　　　　　——詳《寶通賢首傳通錄·續錄·卷下》頁 16。

# 賢首第三十七世慧安 貞泰法師（永常 淳壽法嗣）

　　師諱貞泰，字慧安。順天府 宛平縣籍。生於清同治六年。八歲投本縣德勝門內淨業寺 永祥和尚薙染。初習佛經兼讀儒書，到

處參訪大師。一日往朝<u>五台山</u>，行至<u>中台</u>，一時迷途，幸遇異人指引，由此省悟。復回<u>虹螺</u>，時同保和尚正講《楞嚴文句》，遂投其座下，聽經念佛，得事事無礙。後值<u>永常</u>和尚傳授法卷，印為<u>淨業寺</u>第五代住持，是為「賢首第三十七世」。

民國十五年丙寅十月十八日示寂。

——詳《寶通賢首傳通錄·續錄·卷下》頁 25。

## 賢首第三十八世<u>文成</u> 本實法師（<u>悟靜</u> 本立法嗣）

師諱<u>本實</u>，字<u>文成</u>，<u>河北</u> <u>房山縣</u>籍榮氏子。十歲投本邑<u>海潮庵</u>，禮<u>滿德</u> <u>寬</u>公老人祝髮。攻讀詩書，習學經典。復參方學禪教，入都詣<u>圓廣寺</u> <u>慶然</u> <u>珠</u>公老和尚座下，精研法儀，尋究宗旨，沉心靜默，克守軌律。

<u>光緒</u>三十年甲辰四月二十二日，經<u>悟靜</u>和尚親授印心，是為<u>嘉興</u>第九代，「賢首第三十八世」。後陞座講演《楞嚴經》，粗判五教，領眾行持。所有田園皆自領僧眾，勞苦工作。嘗云：「播種糞除，無時不是用功下手處也」。

一日病體垂危，於民國十三年六月二十二日寅時示寂。雙目數次開合，久之始瞑。

——詳《寶通賢首傳通錄·續錄·卷下》頁 41。

## 賢首第三十八世<u>全朗</u> 普志法師（<u>秀山</u> 續峰法嗣）

愚名<u>普志</u>，字<u>全朗</u>，<u>河北</u> <u>宛平縣</u>籍王氏子。年十三遂投本縣<u>大慧寺</u>，依<u>法光</u>師祝髮。叨蒙<u>華嚴寺</u>師祖<u>悅</u>翁拯拔訓誨，教讀經咒三載之久。<u>宣統</u>二年四月初八日，蒙<u>秀山</u>老和尚提拔，遂將「賢首」

法卷信衣傳授普志師，乃為「賢首第三十八世」也。

每逢結夏安居，普志師專講《法華》、《楞嚴》、《彌陀》、《梵網》、《起信論》、《五教儀》等諸經律論。常為人傳授三皈五戒，居家菩薩戒得戒者，信眾甚多。普志師隨緣應化四方，廣度眾生。何時示寂，未詳資料。

——詳《寶通賢首傳通錄·續錄·卷下》頁49。

# 賢首第三十九世源智 慧明法師（文成 本實法嗣）

師名通印，字崇輝。河北 大興縣籍張氏子也。九歲投本縣大慈庵，禮慶鉢和尚祝髮。攻讀詩書，習學經咒。光緒三十二年冬，詣圓廣寺 慶然老和尚座下，參學禪儀，研究戒律。復參各剎志，願專持《楞嚴經》以祈破妄顯真之言。

民國十一年文成老和尚積勞成疾，溘然西逝，時彼寺中主持無人。蒙諸山長老推慧明師為繼任住持，遂於是年六月二十四日，在文成老和尚靈前接座，是為「賢首第三十二世」。自後廣弘戒法，開經講座，弘度四眾。何時示寂，未詳資料。

——詳《寶通賢首傳通錄·續錄·卷下》頁61。

# 賢首第三十九世照蘊 本容法師（福興 續明法嗣）

師名本容，字照蘊。河北 宛平縣籍，于氏子也。九歲投本縣天齊廟，依體煜和尚薙染，在廟學經讀書。光緒三十三年赴華嚴寺瑞山老和尚座下習學經律，暢演偈咒。二年後，赴虹螺山 資福寺普泉老和尚座下聽講《楞嚴經》，頗有心得。獲普泉老和尚堪成法器之褒。

民國十三年續明老和尚回華嚴寺，本容師往親參學。是年四月續明老和尚親將信衣法卷付本容師，是為「賢首第三十九世」。接法以來，整理廟務，度眾圓滿。何時示寂，未詳資料。

——詳《寶通賢首傳通錄‧續錄‧卷下》頁 62。

## 賢首第四十世慧明　源智法師（月珠　心福法嗣）

師名源智，字慧明。河北省 宛平縣人，孟氏子。五歲即投本縣石景山 天空寺，禮明珠和尚祝髮，習讀詩書，兼持經咒。凡所習學者，莫不應口成誦，大為祖師所珍愛。民國六年四月十二日承月珠老和尚授予法卷。

民國九年春間，拈花寺 全朗老和尚開期講經，源智師即趨座下諦聽《楞嚴》、《法華》諸大乘經典。始發弘願，深研性相原理，廣習大藏律論，知見開發，大有領悟，由是芳聲遠播。

民國二十年，歲次辛未，古曆四月初六日，月珠老人親傳信衣，授源智師為慈因寺住持，是為「賢首第四十世」也。何時示寂，未詳資料。

——詳《寶通賢首傳通錄‧續錄‧卷下》頁 71。

# 開　悟　篇

# 1 唐 · 乾峰大師

　　唐末五代曹洞宗僧，生卒年不詳。為曹洞宗之祖洞山 良价之法嗣，住於越州（浙江），大師以「乾峰一路」之公案與「乾峰二光三病」之法語而知名禪林。有一僧至乾峰處，以《首楞嚴經·卷五》云：「十方薄伽梵，一路涅槃門」之經文，請問「十方諸佛一路涅槃門」究竟在何處，乾峰以拄杖劃一線，答說「在這裏」。此乃表示不須遠求，事事物物之當體皆為佛作佛行、涅槃之一道。此僧後又至雲門宗之祖雲門 文偃之處，請示同一問題，雲門謂其所持之扇子飛至三十三天，正著帝釋之鼻孔，打東海鯉魚一棒，降傾盆大雨。蓋乾峰明示「把定」，雲門明示「放行」，雖採不同之機法，然皆闡明宗旨之奧義。

　　《無門關》之評唱：「把定、放行，各出一隻手扶豎宗乘」（《大正》四八冊299上）。乾峰表面雖明示把定而亦兼有放行，雲門雖示現放行卻含藏把定，二人不期從東西兩方顯示相同之路途，其機用於途中相合一致，是為此公案之要旨。（乾峰的公案參見《從容錄·第六十一則》、《無門關》第四十八則、《景德傳燈錄·卷十七》、《五燈會元·卷十三》）。
——《聯燈會要·卷二十三》。《卍續藏》第一三六冊頁 807 上—808 上。

　　**按：**乾峰禪師深契《楞嚴》，故多闡明《楞嚴》之禪境，其對《楞嚴》所得之公案法語在當時聞名禪林。

# 2 北宋 · 遇安大師

　　釋遇安者，閩之福州人也。溫州 瑞鹿寺僧。其姓字不詳。初出家時習天台教，一日讀《首楞嚴經》至「知見立知即無明本，知見無見即斯涅槃」，忽焉有省。謂此當以知見立讀，知即無明本為句；知見無讀，見斯即涅槃為句。蓋以知見為入道之始，知見無為

證果之終，理想圓通，超然無礙，時稱之「安楞嚴」，謂於此經別有悟處也。

已而往天台，禮韶國師，韶便叩曰：「聞公常課《首楞嚴經》是否？」

安曰：「是。」

韶曰：「是則是，是則非，是更須體究始得。」

安曰：「道是假名，佛亦妄立，十二部教亦是接物利生，一切是妄，何以為真？」

韶云：「唯有妄，故將真對妄，推窮妄性本空，真亦何有？故知妄真總是虛名二字，對治都無實體，窮其根本一切皆空。」

安曰：「既言一切是妄，妄亦同真，真妄無殊，復是何物？」

韶云：「若言何物，亦是虛妄，無相亦無語言道斷。」

安於言下大悟，乃呈偈曰：「推真真無物，窮妄妄無形，返觀真與妄，真妄亦虛名。」遂獲印可。

後往錫仙巖，仍卓庵於大羅之垠坑，所謂白雲庵也。相傳安居此山，每騎虎出入至豁畔，且囑之曰：「女且隱伏，以俟我歸。」或餇之以食，跨而登山。由是風聞西方，從者如歸。嘗有仙子三人同來訪安，曰：「聞師宣揚正法眼藏，度脫迷流，遠來造請，願示津梁。」安云：「有道不離寸步便到家鄉，早已涉程途了也。」仙子三人從茲領悟，欣然禮謝，退於巖際，牽臂入潭，隱而不見。

宋至道元年春，將示疾，呼嗣法蘊仁示之偈曰：「不是嶺頭攜得事，豈從雞足付將來？自古聖賢皆若此，非吾今日為君栽。」付已沐浴更衣，令舁棺至室，良久自入棺。三日門人啓棺視之，見安右脇吉祥而臥，四眾哀慟，安乃再起訶責垂誡，且云：「夢幻俱空，空何所有？此度更啓吾棺者，非吾弟子。」言訖入棺長往。安生於後唐莊宗甲申八月十三日，寂於宋至道元年乙未三月三日，世壽

七十有二云。

—《新續高僧傳·卷三》。《佛教藏》第一六一冊頁 97—99。

**按：**遇安禪師乃生於唐末人，距離《楞嚴經》譯成的時間很近。大師獨從《楞嚴經》開悟，且被時人稱為「安楞嚴」之德號，從其騎虎與仙人求法的事蹟來看，當是一代高悟的大德高僧，其臨終安然之神變，證明大師早已生死自在，變化遊戲神通，亦是《楞嚴》中之賢聖僧也。

# 3 北宋·環省大師

杭州 千光王寺 環省禪師，溫州 陶山人也。姓鄭氏，幼歲出家，精究律部，聽天台文句，棲心於圓頓止觀。後閱《楞嚴》，文理宏濬，未能洞曉，一夕誦經既久就案，若假寐夢中見日輪自空降，開口吞之，自是倏然發悟。差別義門，渙然無滯，後聞國城永明法席隆盛，專申參問，永明唯印前解無別指喻，即以忠懿王所遺衲衣授之表信，後住湖西 嚴淨院，開寶三年衢州刺史翁晟仰重師道，乃開西山創大禪苑，太宗皇帝，改賜寶雲寺額，請師居之，學者臻萃。

師上堂曰：「諸上座佛法無事，昔之日月今之日月，昔日風今日風，昔日上座今日上座，莫道舉亦了說亦了，一切成現好珍重」。師開寶五年壬申七月示疾不求醫，三日前有寶樹浴池現。師曰：凡所有相，皆是虛妄，二十七日晡時集眾言別安坐而逝，壽六十有七，闍維舍利門人建塔。

—《景德傳燈錄·卷二十六》。《大正藏》第五十一冊頁 427 下。

**按：**大師初閱《楞嚴》，覺其義理奧深，未能通曉，但仍不棄捨，努力諷誦，終感異夢，於夢中見日輪自空中而降，大師開口吞之，從此發悟，此乃虔誦《楞嚴》之感應。願諸學人勿因此經艱深而生

退卻，當學環省大師之精進誦讀，必有不可思議之感應也。

# 4 北宋・慧洪大師

（1071—1128）。金鐵勤院 慧洪，字覺範，因閱《楞嚴》，一人發真，十方銷殞，忽悟曰：諸佛心印，本無玄妙，今日始爲無事人矣！遂造河朔 汶禪師所，陳其所見，汶可之，臨終有偈云：「六十春光又八年，浮雲收盡露青天，臨行踢倒須彌去，後夜山頭月更圓。」言已，更衣坐脫。（《清涼山志・卷三》頁19。出於《四大名山志》。台南和裕印）。

又另傳云：慧洪乃宋代臨濟宗黃龍派僧。瑞州（江西 高安）人，俗姓喻（或謂彭、俞），字覺範，號寂音尊者。年十九，試經於東京 天王寺而得度，初名慧洪，能通唯識論奧義，並博覽子、史奇書，書一過目畢生不忘，落筆萬言了無停思，而以詩名轟動京華。後南返，參謁真淨 克文而得法。崇寧（1102—1106）年中，師住持臨川 北禪院，後遷金陵 清涼寺，未久，為僧控以冒籍訕謗，誣陷入獄，丞相張商英、太尉郭天民等為之奏免，准更德洪之名，並賜紫衣。政和元年（1111）頃，張、郭獲譴外謫，有嫉之者，誣指師與二人交通，詔奪袈裟，發配崖州，三年始得歸。同年冬，復拘之於并州獄，踰年獲釋，遂棄僧服入九峰洞山，以文章自娛。其後，將赴湘西，途經南昌，復為道士誣陷下獄，幸遇赦得免，遂入居南臺 明白庵。

靖康元年（1126），蒙賜再度剃髮，恢復慧洪舊名。建炎二年寂於同安，世壽五十八。著述極豐，如《林間錄》二卷、《禪林僧寶傳》三十卷、《高僧傳》十二卷、《智證傳》十卷、《志林》十卷、《冷齋夜話》十卷、《天廚禁臠》一卷、《石門文字禪》三十卷、《法華合論》七卷、《楞嚴尊頂義》十卷、《金剛法源論》一卷等。（資

料詳於《佛祖歷代通載・卷十九》、《嘉泰普燈錄・卷七》、《石門文字禪・卷二十四寂音自序》)。

——《續傳燈錄・卷二十二》。《大正藏》第五十一冊頁620上——下。

——《五燈會元・卷十七》。《卍續藏》第一三八冊頁684上——685上。

**按：**大師雖從《楞嚴》而得開悟，但一生遭遇頗坎坷，先後遭數次誣謗而入獄。其所著之《楞嚴尊頂義》十卷被稍後的圓悟 克勤大師讚歎云：「此真人天眼目也，即施長財，百緒勸發」。惜此書於世不久即不傳，此亦《楞嚴》著疏中一大損失也。

# 5 北宋・克勤大師

（1063—1135）。圓悟大師，宋代僧。四川 崇寧人，俗姓駱，字無著。幼於妙寂院依自省出家。大師偶見慧洪所著之《楞嚴經尊頂義》即歎曰：此真人天眼目也，即施長財，百喙勸發（詳《卍續藏》第十八冊頁一八六上）。復又從文照法師通講說，又從敏行授《楞嚴》。受具足戒後，於成都依圓明學習經論。後至五祖山參謁法演，蒙其印證。禪師與佛鑑 慧懃、佛眼 清遠齊名，世有「演門二勤一遠」之稱，被譽為叢林三傑。

政和初年至荊州，當世名士張無盡禮謁之，與之談論《華嚴》要旨及禪門宗趣。復受澧州刺史之請，住夾山 靈泉禪院。時因樞密鄧子常之奏請，敕賜紫服及「佛果禪師」之號。政和末年，奉詔移住金陵 蔣山，大振宗風。後居於金山，宋高宗幸揚州時，詔其入對，賜號「圓悟」，世稱圓悟 克勤，後歸成都 昭覺寺。

紹興五年示寂，世壽七十三，諡號「真覺禪師」。荼毘舌齒不壞，舍利五色無數。弟子有大慧 宗杲、虎丘 紹隆等禪門龍象。禪師曾於夾山之碧巖，集雪竇 重顯之《頌古百則》，編成《碧巖錄》十卷，

世稱禪門第一書。該書原為其弟子宗杲視為祕傳不授之書，以火焚燬，後世方得以重刊。此外亦有《圜悟佛果禪師語錄》二十卷行世。

（資料詳於《大慧普覺禪師年譜》、《僧寶正續傳・卷四》、《嘉泰普燈錄・卷十一》、《五燈會元・卷十九》、《佛祖統紀・卷四十六》、《佛祖歷代通載・卷三十》）。

——《釋氏稽古略・卷四》。《大正藏》第四十九冊頁 882 上——中。

——《續傳燈錄・卷二十五》。《大正藏》第五十一冊頁 633 下——635 中。

**按：**圓悟 克勤禪師在禪門中的聲望是與與佛鑑 慧懃、佛眼 清遠齊名，世有「演門二勤一遠」之稱，被譽為「叢林三傑」。其對臨終荼毘獲舌齒不壞及五色舍利無數，足證其修持之證量。禪師除讚歎《楞嚴》外，亦多次徵引《楞嚴》經文為禪修之公案，從其《佛果圓悟禪師碧巖錄》中可得知此實。

如《佛果圓悟禪師碧巖錄・卷四》頁 172 上；《卷八》頁 208 上及頁 206 下——207 上；《卷十》頁 217 中——下（以上皆見《大正藏》第四十八冊）。

又其《圓悟佛果禪師語錄・卷十二》頁 768 中及《卷二十》頁 805 下（以上皆見《大正藏》第四十七冊）亦皆見其引證《楞嚴經》之事實。

# 6 北宋・遵式大師

（964—1032）。慈雲 遵式大師，台州 臨海（浙江 寧海）人。俗姓葉，字知白，投天台義全出家，十八歲落髮，二十歲於禪林寺受具足戒，翌年復就守初習律。嘗於普賢像前燃一指，誓傳天台教法。雍熙元年（984），從寶雲寺 義通修學天台宗典籍，盡其奧祕，與同門之知禮成為山家派中心人物。大師二十八歲，入寶雲寺宣講《法華》、《維摩》、《涅槃》、《金光明》等經，並集僧俗專修淨土，有關淨土念佛懺儀之著作極眾。其後，於蘇、杭等地多次講經修懺，學者沛然嚮慕。後復興故天竺寺居之，懺講不絕，從學者恆逾千人。真宗 乾興元年（1022），敕賜「慈雲」之號。

天聖二年（1024），師奏請天台教部編入大藏，並撰教藏隨函目錄，略述諸部大義。師之撰著極夥，除《大彌陀懺儀》、《小彌陀懺儀》、《往生淨土懺願儀》、《金光明三昧儀》等有關懺儀之作外，另有《大乘止觀釋要》、《肇論疏科》、《金園集》、《天竺別集》等專論數十種，及《采遺》、《靈苑》二詩集。以師所撰懺儀甚多，故世稱「百本懺主」，又稱「慈雲懺主」、「慈雲尊者」、「靈應尊者」、「天竺懺主」。宋哲宗、宋高宗時，復分別追贈「法寶大師」、「懺主禪慧法師」之號。

大師曾有「楞嚴三關」之說。昔日有貴官注《楞嚴》，求師印可，師烹烈焰謂之曰：「閣下留心佛法，誠為希有，今先申三問，若答之契理，當為流通，若其不合當付此火」。官許之。師曰：「一、其精妙元性淨明心，不知如何注釋？二、三四四三，宛轉十二，流變三疊，一十百千，為是何義？三、二十五聖所證圓通，既云實無優劣，文殊何得獨取觀音？」其人罔措，師即舉付火中，於是「楞嚴三關」自茲而出（詳於《佛祖統記·卷十》。《大正藏》第四十九冊頁208下）。

仁宗 明道元年十月八日示寂，不用醫藥，唯說法以勉，徒眾十日令請彌陀像以證其終，門人尚欲有禱。以觀音至，師炷香瞻像祝之曰：「我觀觀世音，前際不來後際不去，十方諸佛同住實際，願住此實際，受我一炷之香，或扣其所歸，對以寂光淨土」，至夜奄然坐逝，七日形貌如生。世壽六十九。（資料詳於《釋門正統·卷五》、《鐔津文集·卷十二、卷十五》、《佛祖統紀·卷十、卷二十五》、《佛祖歷代通載卷·二十七》、《四明尊者教行錄·卷一、卷七》、《釋氏稽古略·卷四》）。

——《佛祖統記·卷十》。《大正藏》第四十九冊頁207上——209上。

**按**：慈雲 遵式大師雖為天台教之傳人，亦為「百本懺主」、「慈雲懺主」之高僧，但對《楞嚴》亦有深入之研究，故昔日曾有「楞嚴三關」之美稱。大師研天台、燃指、作百部懺儀、契入《楞嚴》，臨終

有云：「寂光淨土」，圓寂後七日形貌如生，想必已得常寂光淨土之
勝報。

# 7 北宋・正覺大師

（1091－1157），北宋人，著《請益錄》凡二卷，乃宋代正覺
大師拈古，由元代行秀大師評唱。全稱為《萬松老人評唱天童覺和
尚拈古請益錄》，此書收於《卍續藏》第一一七冊。據續藏本，卷
首為《萬松老人評唱天童覺和尚拈古請益錄之序與題》，並附南宋
紹定三年(1280)九月二十八日之自序；與明萬曆三十五年(1607)
十一月少室後參覺虛 性一之序。

次為九十九則古則公案之目錄。卷上收錄五十則，其後為《請
益錄・上卷音義》；《卷下》為第五十一則至第九十九則，卷末收錄
《請益錄・下卷音義》。九十九則古則列舉如下：「文殊過夏、臥輪
伎倆、百丈上堂……楞嚴推心……南泉至莊、洞山鉢袋」。本錄於
明萬曆三十五年由覺虛 性一校閱，生生道人付梓刊行。又本錄無
注疏。(見《禪籍目錄》、忽滑谷快天之《禪學思想史・下卷》)。

——《佛光大辭典》頁 6161。

**按**：宋・正覺大師之《請益錄》已收有「楞嚴推心」之一則禪門公
案，故可知《楞嚴》於當時禪門流行之遍。

# 8 南宋・淨妙大師

釋普濟者，姓楊氏，姚安人。南詔 水目山寺僧。曾與淨妙 澄
同開水目山。山舊無泉，普濟以杖卓之，泉隨湧出，人呼卓錫泉云。
澄本滇池 高氏子，世輔大理 段氏襲爵國公，因讀《楞嚴》至「見
猶離見，見不能及」處有省，竟叩玄凝，獲大解悟，即從剃染。後

開水目山，段氏為建剎，乃贈淨妙之號。

——《新續高僧傳·卷四十九》。《佛教藏》第一六一冊頁 755。

# 9 南宋·吳克己居士

（1140—1214）。吳克己字復之，自號鎧庵居士，居於婺之浦江。嘗苦目疾，或勸令持圓通大士號，從之，疾良已，遂起深信心。讀《楞嚴》，至空生心內，猶雲點太清，豁如發蒙。既讀《宗鏡錄》，久之，有悟入。著《法華樞鍵》，回向極樂曰：**不讀《法華》，無以明我心本具妙法；不生安養，無以證我心本具妙法**。如來諄諄示誨，智者懇懇宏經，佛祖垂慈，初無異轍也。乾道中，寓蘇州，與寶積實公為蓮社，命工繪十界九品圖於兩廡。一示萬法唯心，一指西方徑路，社友鍾離松為之記。嘉定七年冬，終於寶山，遺言以僧禮茶毗。壽七十五。(資料詳於《佛祖統記》、《樂邦文類》)。

——《淨土聖賢錄·卷八》。《卍續藏》第一三五冊頁 347 下。

# 10 南宋日本·師鍊大師

鍊師歷住歡喜光院、白川 濟北庵、三聖寺、圓通寺、南禪寺等剎。晚年，退居東福寺海藏院，世稱海藏和尚。道學兼備，宣揚教禪一致之禪風。師對於日本禪宗的確立，具有相當重要的影響。又，師精通佛學之外，亦長於詩文、儒學，與雪村友梅同為五山文學的傑出禪僧。著有《佛語心論》、《元亨釋書》、《十勝論》、《正修論》、《濟北集》、《元亨釋書》三十卷、《濟北集》二十卷、《禪儀外文集》二卷、《聚分韻略》五卷，及語錄等若干卷等書行世。門下有性海 靈見、龍泉 令淬、檀溪 心涼等人，多有開悟之者。

一日鍊師剃浴趺坐，與眾訣別。眾皆涕泣，乞求遺偈，師手戰抖，不能作字，遂命侍僧書云：「勿啟予手，勿啟予足，脫體現成，

其人如玉。」於是泊然而化。時為貞和二年七月廿四日，世壽六十九，諡號「本覺國師」。荼毗時獲舍利無算，門弟子塔於海藏。（資料請參閱《海藏和尚紀年錄》。《虎關和尚行狀》。《續史愚鈔》卷十七。《延寶傳燈錄》卷十一。《扶桑禪林書目》）。

——《中華佛教百科全書》（六）/師鍊。3533.1。

# 11 南宋·法常大師

　　釋法常，姓薛氏，開封人。嘉興 報恩寺僧，丞相薛居正之後也。宣和七年，始解塵縛，遐思高舉，遂依長沙 益陽華嚴試公鬚鬣髮，受田衣，見者獅王。居必寶社，非法不言，異軌弗顧，深慕大乘，不斥小教。一日閱《首楞嚴經》，乃廓爾義，天淵通法海。自是肆遊淮泗，放浪湖湘。後至台山 萬年，參謁雪巢，一見機語契會，命掌翰牘。未幾請令首眾，為僧入室，殊有風彩。澹然處世，不飾眾緣，室中唯一矮榻，餘無長物。

　　紹興庚子九月望日，語眾曰：「吾一月後，不復留矣！」至十月二十一日，書「漁父詞」於室門曰：「此事《楞嚴》嘗露布，梅花雪月交光處，一笑寥寥空萬古，風甌語，迥然銀漢橫天宇。蝶夢南華方栩栩，斑斑誰垮豐干虎，而今忘卻來時路，江山暮，天涯目送鴻飛去。」書畢就榻，收足而逝。塔於寺西南。（詳《大明高僧傳·卷七》）。

——《新續高僧傳·卷十二》。《佛教藏》第一六一冊頁249。
——《續傳燈錄·卷三十》。《大正藏》第五十一冊頁676中。
——《五燈會元·卷十八》。《卍續藏》第一三八冊頁715下。

　　**按**：法常大師從《楞嚴》而得開悟，臨終前一月即預知時至，往生前所書之「漁父詞」有云：「此事《楞嚴》嘗露布……」，足明大師對《楞嚴》契入之深。

# *12* 南宋‧安民大師

釋安民，字密印，嘉定 米氏子也。建康 華藏寺僧。初至成都，講《稜嚴》有聲於時。聞圓悟居昭覺，因造焉。值悟小參，舉「國師三喚侍者因緣，趙州拈云：『如人暗中書，字字雖不成，文彩已彰。』那裏是文彩已彰處？」民聞心疑之。告香入室，悟問：「座主講何經？」對曰：「《稜嚴》。」悟曰：「《稜嚴》有七處徵心，八還辯見，畢竟心在何處？」民多呈義解，悟皆不肯。民復請益，悟令一切處作文彩已彰。

會偶僧請益十玄談，方舉問：「君心印作何顏？」悟厲聲曰：「文彩已彰。」民聞悅然，自謂至矣。悟示鉗鎚罔措。一日白悟，請弗舉話，我自說之。悟曰：「諾。」民曰：「尋常拈鎚豎拂，豈不是經中道：『一切世界諸所有相，皆即菩提妙明真心。』」悟笑曰：「你原來在這裏作活計！」民又曰：「下喝敲床時，豈不是返聞聞自性，性成無上道。」悟曰：「你豈不見經中道：『妙性圓明，雖諸名相』民於言下釋然。

於是罷講，侍圓悟出蜀，居夾山，民從行。悟為眾小參，舉「古帆未掛因緣」。民聞未領，遂求決。悟曰：「請試問之！」民舉前話，悟曰：「庭前柏子。」民即洞明，謂悟曰：「古人道如一滴投於巨壑，殊不知大海投於一滴。」悟笑曰：「奈這漢何悟？」說偈曰：「休誇四分罷《稜嚴》，按下雲頭徹底參，莫學亮公親馬祖，還如德嶠訪龍潭。七年往返遊昭覺，三載翱翔上碧巖，今日煩充第一座，百花叢裏現優曇。」未幾，開法保寧，遷華藏，大宏圓悟之道。後示寂於本山。闍維舍利叢生，人或穴地尺許皆得之，尤光明瑩潔。心舌不壞，併建塔焉。

——《新續高僧傳‧卷十二》。《佛教藏》第一六一冊頁 253—254。

——《大明高僧傳‧卷五》。《大正藏》第五十冊頁 919 中—下。

——《續傳燈錄・卷二十八》。《大正藏》第五十一冊頁 656 下。

**按：** 安民禪師精於《楞嚴》，處處以《楞嚴》為禪門公案之參修。大師圓寂毗荼後，心舌不壞，舍利無數，光明潔白，若有人以手入大師之穴地尺許亦皆得其舍利。以大師修持之證量，還證《楞嚴》之勝，明矣！

# 13 南宋・文禮大師

釋文禮，字滅翁，姓阮氏，臨安人也，明州 天童寺僧。家於天目山麓，因別號天目。生性聰慧，別具靈穎。家世田作，嘗在髫年從母出桑，攜籃相隨，母戲之曰：「提筐者誰？」忽焉有省，始懷出塵之想。年十六依邑之真相寺 智月得度。參淨慈 混源不契。謁佛照 光於育王，問風動旛動，應對機敏，喜其俊邁，使掌書記。久之還浙西，聽一心三觀之旨於上天竺，時擬議之間，頓忘知解，往參遂印可。尋復辭去，禮祖塔於江 淮間。因至蔣山，浙翁琰留之分座。

嘉定五年，張約齋居士鎡請開法於臨安 慧雲，既而遷溫之能仁，未幾辭歸西丘。時節齋趙公慕禮高行，微服過西丘，禮亦不問姓氏，與語終日而去。明日奏詩禮住持淨慈，復移居福泉，遷住天童。禮素崇古誼，高絜簡儉，不苟言笑，其說法則風雅流麗，讀之非解，人亦復神動。嘗誦《楞嚴經》：「諸可還自然非汝，不汝還者非汝而誰？」句下，忽作偈曰：「不汝還者復是誰？殘紅流在釣魚磯，日斜風定無人掃，燕子銜將水際飛。」

冬至上堂云：「黃鐘纔起時九數，從頭數相將幽谷，鶯啼次第雕梁燕，語田父祭勾芒叢。祠敲社鼓農父狃，牛郎村姑教蠶婦，光陰老盡世間人，冬至寒食一百五。」其他妙語類如此。尤邃於《易》，

乾淳諸儒大闡道學，禮與之遊。晦翁 朱子問毋不敬，禮叉手示之：
楊慈湖問不欺之力，答曰：「此力分明在不欺，不欺能有幾人知？
要明象兔全提句，看取陞階正筓時。」禮領剎五，前後八九載，餘
多逍遙於梁渚西上，而群衲聚扣，與住院無異。將入寂，謂侍者曰：
「誰與我造無縫塔？」或請其式，曰：「盡力畫不出。」乃怡然脫去。
世壽八十有四。闍維收舍利無算，附於應庵華塔之左。尤煩序其語
錄。嗣法弟子：橫川、珙石、林翬。

    ——《新續高僧傳·卷十四》。《佛教藏》第一六一冊頁 285—286。

# *14* 南宋·斷橋大師

    南宋·斷橋大師，即杭州 淨慈 斷橋 妙倫禪師。師為台州 黃
巖 徐氏子，母劉氏，夢「月」而感孕，倫師年十八，落髮於永嘉 廣
慈院，初見谷源 道于 瑞巖，聞舉「麻三斤」話，疑之？遍叩諸方求
問，倫師一日于雲居 見山堂，閱《楞嚴》，至「蚊蟲螻蟻無有言說，
而能辦事」，釋然有省。曰：「趙州柏樹子話，可煞直截。」旋謁無
準 師範於雪竇。

    師範禪師問：「從何處來？」師曰：「天台。」曰：「還過得石梁橋
麼？」師曰：「一腳踏斷了也。」自是，人呼妙倫師為斷橋。

    一日，橋師知將終，與眾入室罷，作手書，辭別諸山及魏國公，
公饋湯藥，而橋師不受，又使人問曰：「師生天台，因甚死淨慈？」
師答曰：「日出東方夜落西。」遂書詩偈而化。世壽六十二，僧臘四
十四。

    ——《五燈全書·卷四十九》。《卍續藏》第八十二冊頁 153 上。

# *15* 南宋·淨端大師

南宋・淨端大師，吳興 丘氏子，俗居湖州 西余，後出家受具戒，初習「天台」教，嘗聽《楞嚴經》，至七徵八還，以頌自跪曰：「七處徵心徵不遂，懵憧阿難不瞥地，直教徵得見無心，也是泥裏澆土塊，八還之教傳來久，自古宗風各分剖，假饒還到不還時，也是鰕跳不出斗。」

師嘗誦《法華經》，又好歌「漁父詞」。一日參齊岳，於室中默契，即出庭下，翻身自擲，岳印可之，後見弄師子，益有警悟，遂合綵為「師子皮」披之，因號端師子。

——《佛祖綱目・卷三十六》。《卍續藏》第八十五冊頁723中。

# 16 南宋・之善大師

南宋・之善大師，即靈隱禪師，名之善，吳興人，祖先劉姓，年十三，志決出塵修道。親人謂之曰：「吾家欲唾青雲之上，若更何慕而欲為？」之善對曰：「欲為『佛』耳。」親人惻異，知不可禁止，乃許出家。

後受業於齊政沙門，內行純粹，人敬愛之，出入經論，皆悟其義。隣山有座主，自負妙悟《楞嚴》，遂攜數徒屬，造訪之善大師。座主曰：「昨見大慧，有八還頌曰：『春至自開花，秋來還落葉，黃面老瞿曇，休搖三寸舌。』語雖工俏，但未出經意耳！」之善曰：「經意且止，還出得大慧老人意麼？」座主「咿唔」莫措，之善呵呵大笑而起。

師於端平二年，自題小像，復誡諸弟子曰：「像法垂秋，名利根深，如象沒深泥，珠沉巨海，識浪塵緣，終無了日。我為僧七十餘載，目之所到，耳之所聞，衛護法門，隱忍受垢者。」九月廿八日，書偈趺坐，瞑目而寂，壽八十四，僧夏七十有一。火浴後，舍

利無數。門人善珍，號藏叟，丏清之 鄭公為銘，塔於靈隱之西岡。
　　——《南宋元明禪林僧寶傳・卷六》。《卍續藏》第七十九冊頁 610 中。

《楞嚴經・卷一》云：
　　一切眾生從無始來，迷己為「物」，失於「本心」(本元真心)，
　　為「物」所轉。故於是中觀「大」觀「小」。
　　若能轉「物」，則同如來。
　　身心「圓明」(圓滿光明)，不動道場。
　　於一毛端，遍能含受，十方國土。

# 17 南宋・祖先大師

　　釋祖先，字破庵，廣安 王氏子也。夔州 臥龍山僧。幼歲出家，
力參祖道。夜不安寢，一衲隨身。聞密庵大宏臨濟之宗，遂往參謁，
密庵深加勘發。一日密庵上堂示眾，忽有省。後密庵住靈隱，命之
分座。偶有道者問曰：「獼猴捉不住奈何？」先曰：「用捉作甚麼？
如風吹水自然成文。」有講《楞嚴》座主求示，先說偈曰：「見猶離
見非真見，還盡八還無可還，木落秋空山骨露，不知誰識老瞿曇。」
時有石田 法薰往參，先舉「世尊拈花迦葉微笑」話詰之，薰對曰：
「焦唥打破連底凍，赤眼撞著火柴頭。」先頷之，後付以法。
　　——《新續高僧傳・卷十五》。《佛教藏》第一六一冊頁 296。

# 18 元・月江大師

　　元・月江大師，即南嶽下廿二世雙林 闇禪師法嗣杭州 徑山 月
江 宗淨禪師。月江禪師為金華 蘭溪之倪氏子，一日誦《楞嚴經》
至「如標月指」處，豁然有省，往參正菴禪師。

　　菴問：「黃檗打臨濟，你作麼生？」

月江禪師曰：「按牛頭喫草。」

後江師往住徑山。臨寂前，嘗書偈曰：

「祖師門下客，開口論無生，老我百不會，日午打三更。」留偈後遂逝。

——《五燈會元續略・卷二》。《卍續藏》第八十冊頁491上。

# 19 元・迪元大師

元・迪元大師，即台州 護聖 迪原（同迪元）啓禪師。元師為臨海人，童書生時，拜叔父堅上人于里之寶藏寺。一日偶閱其几上《首楞嚴》經，至「山河大地皆是妙明心中所現物」處，遂置《楞嚴經》卷，己紬繹思惟良久後，豁然有省；便白父母，要求出家。後禮寂照為師，服「頭陀行」，久而益勤，出世護聖，退居東堂七年。後終壽於四十三歲。

師著有多書行世，如：《大普幻海》、《法運通略》、《贅譚》、《疣説》、《儒釋精華》，總若干卷，又著作《佛祖綱統賦》。

——震華法師遺稿《中國佛教人名大辭典》頁367。

——《五燈全書・卷五十五》。《卍續藏》第八十二冊頁203中。

——《增集續傳燈錄・卷四》。《卍續藏》第八十三冊頁308中。

# 20 元・智顏大師

（一一九四——一二六三）。元・智顏大師，字虛閑，俗姓孫。髫年時便禮普會 亨為師，冠歲即受具足戒。嘗隱於武安懸崖洞中習「定」，入「楞嚴」三昧。尋至汴 大相國寺，後蒙廓樂禪師印可。顏師居延慶 寶林、京西 潭柘，後退居舊隱。資料參閱《察哈爾通

志》二一、《虛閑禪師道行志》。

—震華法師遺稿《中國佛教人名大辭典》頁 767。

# 21 明·明得大師

　　釋明得，字月亭，以紹萬松 林法，故又號千松。嘉興 東禪寺僧，烏程 周氏子也。生即穎異，岐然不凡。髫時隨父入西資道場，遂指壁間畫羅漢像問父曰：「是何人耶？」父曰：「僧也。」因慨然曰：「吾願為是矣！」於是力求出家，父母不聽。至年十三始投郡之雙林 慶善庵，從僧真祥習瑜伽教，越四載祝髮。聞有向上事，乃首參百川 海，不契，因而單衣芒屩徧遊叢席，匍匐叩請，備歷艱辛。

　　自念般若緣薄，擬投天竺哀懇觀音大士祈值明師。道經中竺，聞萬松說法，先入禮謁。萬松問曰：「大德何來？欲求何事？」對曰：「欲叩普門求良導耳。」松豎一指目：「且去禮大士，卻來相見。」得泫然再拜，求決生死大事。松曰：「子欲脫生死，須知生死無著始得。」得聞罔然，依受具足戒，自爾朝參夕叩，久無所入。松不得已授以《楞嚴》大旨，於是苦心研究，至「清淨本然，云何忽生山河大地」處，恍然若雲散長空，寒蟾獨朗。遂作偈曰：「《楞嚴》經內本無經，覿面何須問姓名？六月炎天炎似火，寒冬臘月冷如冰。」松領之。囑曰：「汝既悟教乘，異日江南講肆無出爾右，向上大事藉此可明。」松住徑山，得為眾負米採薪，不憚勞苦。偶行林麓間，有虎踞道，得卓錫而前，虎遁去。

　　萬曆 丁亥秋告眾曰：「吾為汝等轉《首楞嚴》法輪作再後示，無復為汝更轉也。」冬示疾，尤諄諄囑以教乘事。明年正月望後二日，吉祥而逝。壽五十有八，臘四十有六。荼毘塔於徑山。

—《新續高僧傳·卷七》。《佛教藏》第一六一冊頁 176—179。
—《釋鑑稽古略續集·卷三》。《大正藏》第四十九冊頁 951 中—下。

——《補續高僧傳・卷五》。《卍續藏》第一三四冊頁104上—下。

**按**：明得大師是在萬松大師傳授《楞嚴經》後方才大悟。其欲圓寂時竟示眾云：「吾爲汝等轉《首楞嚴》法輪作再後示，無復爲汝更轉也。」足見大師一生修行從《楞嚴經》中所得之悟境！以其證量還證《楞嚴經》之真偽，明矣！

# *22* 明・如嵩大師

釋如嵩，更名仲光，字佛石，晚號法雨老人，餘杭理安寺僧。姓戴氏，錢塘人。父邦賢，母陳氏，夢僧以伽黎履體而生。嵩襁褓中即惡聞腥羶，甫四齡禮靜明為師，茬苒十載，始從剃染。年十八受戒於蓮池。明年歷遊講肆習天台教觀，及聞雪浪弘揚賢首宗，相依最久。一日讀《圓覺》，至「以思惟心測度如來大圓覺大海，如以螢火燒須彌山」，乃歎曰：「尋名取義，皆思惟心也。」遂掩關竟千日，自尋究竟，疑終未破。會易菴提倡少林宗，就座累月，復歎云：「古人臨機覿面語，若只如此疏通，與講論何異？」仍別去依雪浪。

至甲午謁紫柏於金陵靜海寺，問訊殷殷，便以聽雪浪講《楞嚴》對。紫柏因指示曰：「經中說：『當處發生，隨處滅盡，幻妄稱相，其性真爲妙覺明體。』如何是妙覺明體？」嵩云：「生滅盡處是妙覺明體。」紫柏痛呵之，嵩惘然少頃，從容進問曰：「畢竟如何是妙覺明體？」紫柏乃震聲一喝，嵩便禮拜，自後始知宗門下事非學解所到。來日具威儀歸依，因為更名仲光，實授記法也。已復笑曰：「山僧二十年前口不多遜，二十年後一字不出矢口。」歌云：「一泓清可沁詩脾，冷煖年來只自知。」晚歲厭客避居峰頂，築一庵一壙，曰：「吾生可遊死可葬，四十餘年受用過，分住得一日是一日。」因顏其庵曰且住。瞰江俯黿，蘿懸徑絕，雖弟子亦罕接見。營壙後忽示微疾，就寢席者月餘，唯以天氣方暑若有所待。

適秋至，謂弟子曰：「今日晴爽吾欲遠去。」或不喻意，乃從容扶杖起，出寢室盥沐趺坐，囑付後事，誡勿妄求安分守訓。復命邀諸檀越，欲嚴淨伽藍，禁客攜觴。時蔡居士在法相山房，應聲而至，見之喜曰：「有居士證明吾道存矣，餘不及待也。」弟子戒慧請留遺偈，走筆書曰：「一句彌陀五十年，分明掘地討青天，而今好箇眞消息，夜半鐘聲到客船。」書竟顧視左右，擲筆而逝。時崇禎九年七月十日也。壽六十有八，臘五十有四。

嘗自記云：「金陵歸即深入十八澗，一蓋一笠蒲團，夜安沙鐺，晝饟坐松下，旁爲深坑，野篠豐叢，即虎穴也，猙獰欲怒，未免戒心。」因隨語曰：「此地當仍復梵刹，汝速往他山，如不欲讓，夜當大吼，余即去矣！」是夜竟不聞聲，遲明已他徙。即編茆而處，棲止八載，上雨風，不禁荒寒。時仲期居士見余蹤迹不得，由兩峰至澗中，竟於淒煙衰草間，見索衣頭陀居然余也。歎羨者久之，隨同伯霖 貞甫兩公邀吳 寶二方伯來游，馮具區先生為訂蓮社，藍輿頻至無異虎溪。即其所記可想見其為人。

——《新續高僧傳·卷八》。《佛教藏》第一六一冊頁 200—202。

**按：**如嵩大師乃受戒於蓮池大師，又參紫柏大師。紫柏大師舉《楞嚴》之文令參，初未悟，待紫柏大師震聲一喝後，遂大悟。由此可知如嵩大師善根之深厚，此亦以《楞嚴》為開悟之因緣也。大師其臨終走筆書偈，擲筆而逝，自在灑脫，足證其修持之功夫不可思議。

# 23 明·傳如大師

釋傳如，本名興如，字介山，亦作戒山，姓顧氏，武原人，塘棲 大善寺僧。母夢金甲神推車上堂，遂舉子。童時往僧舍，見《楞嚴經》，恍如宿習，歸，白母矢願出家，投杭之昭慶，禮鏡湖為師。

其祖大慈曰：「予嘗夢慈恩 窺基尊者過吾家，此子相貌奇偉，殆類之，名之曰興如，謂能興佛道也。」後為真寂 百松所器，易名傳如，摩頂謂之曰：「三千界如是傳佛心鐙，以此準子其勉之。」

　　嘗至嘉興 東塔翻閱藏經，沈居士繼山隨取《般若》部經一函試令背誦，傳如立誦數卷，繼山驚服曰：「此神僧也。」東走鄧峰禮阿育王舍利，二七日舍利放百寶光，光中湧見無數佛菩薩，一一皆身在其前瞻禮，向有礙胸之物，至是一時空盪。以此質於百松，松曰：「此普現色身三昧，是方便境，須修『法華懺』法方不住此位。」及受具區馮公 西溪 安樂之請，修「法華懺法」六載，默證師言。

　　嘗從妙峰法師學天台教，與人譚論，口如懸河，辯者莫當。庚子入都，欲奏開昭慶戒壇，並請《龍藏》，與紫柏 可公甚契。及妖書事起，如已南歸，乃并逮如，如易服自詣縣，縣主曰：「何水自罹苦趣？」如曰：「解京遊方也，坐獄住靜也，受刑苦行也，就死捨身也。除此四法，何處更有安心法門？」赴京與可同就獄。刑部主政魯史曾游西山佛寺，逢異僧語之曰：「吾教中有二大士，將以罣誤入法網，公當主此案，幸左右之。」魯問為誰？僧指「庭柏」及「山」示之。魯心識已久，及閱讞辭，見紫柏 介山名心感悟，竭力剖護事得釋。

　　丙午因經廠王太監奏請，得賜大藏經，賜金建閣。歸構齋堂寮舍，登壇講演經論，願力畢遂。癸亥駐錫塘棲大善寺。甲子還真寂示微疾，更衣趺坐，說《金剛經》及「十六觀」，題畢寂然而逝。世壽六十三。塔於瓶甸駱園，後遷本山臥牛石側。

　　所著有《法華抒海》、《楞嚴歌》、《楞嚴截流》、《老子笑》、《莊子參》若干卷。有贈大善 賓嶽上人詩云：「江海足優游，嘗慮風波惡，郊園可卜居，塵俗紛相錯，動止皆畏途，何方堪著腳，但教身雲飛，悠然自賓嶽。」亦有感而言也。又真可圜中寄如詩云：「誰能

念爾衝寒去，傀儡提攜豈有神，長別莫談身後願，好從當下剖微塵。」蓋如釋，可猶未釋故云。又馮夢禎與如書云：「洪鐘不叩不鳴，公頃無俗事，吾幾失公矣！蛣蜣六即之說，敢不擊節以副賞音。」其見推當代名流如此。

    ——《新續高僧傳·卷六》。《佛教藏》第一六一冊頁 171—173。

**按**：傳如大師童年時見《楞嚴經》，即恍如宿世習之，即發心出家。其師亦云：「吾夢唐朝慈恩寺的窺基大師過吾家，今傳如相貌奇偉，酷似窺基大師，故取名為興如也」。莫非傳如大師就是窺基大師的「異身」？大師與當代高僧紫柏大師（明四大高僧之一）同入獄受刑，真可謂是「菩薩」代眾生受業報之行也。而兩位大師亦同為《楞嚴經》的高手，深解《楞嚴》，同註《楞嚴》。紫柏大師著有《釋楞嚴經》，而傳如大師則著有《楞嚴歇》與《楞嚴截流》。以這兩位乘願再來的菩薩高僧，以其修行之證量還證《楞嚴經》之真偽，《楞嚴經》豈能偽乎？

# 24 明·覺淳大師

釋覺淳，字古風，姓宋氏，新城人也。燕京 大慈壽寺僧。父欽，母張氏。生性恬澹，不茹葷酒。兒時好跌坐，頗厭嬉逐。及長不治生產，即善觀空，修離欲行。天然穎悟，每集諸善男子作「般若」、「圓覺」法會，淳為之長。年二十七棄家遠遊，如京師登堂受白衣戒。寶藏 成師開法於王城，淳往參謁，有所感契。即從披剃，執弟子業，居最下版。雖執爨負薪，未嘗不以身先，堅苦三載始受具足。從守心 無礙聽《華嚴》、《圓覺》、《楞嚴》諸經，於四大分離妄身何處之語，有所領契。自爾隨處建立「華嚴」、「圓覺」道場，歲無虛日。王城感化，若迦維改觀，洋洋中外，如此者十餘年。

明嘉靖辛酉，司禮監黃錦錦 衣焦重修普安寺，迎淳居之，幾

二十載。淳唯據丈室,不事干請,延一江 大千庵諸法師弘天台賢首兩宗。隆慶壬申,宮中始崇佛道,就普安建吉祥道場,淳主壇筵,精誠感格,恩渥頒隆,齋饋盡從中出。神宗初元,兩宮聖母為社稷祈福,凡建齋堂多就淳所。嘗賜千佛錦袈裟。萬曆丙子建大慈壽寺,成即遷淳為住持,命度沙彌一人為弟子,及敕校續入大藏,淳首領之。凡所弘闡,無不稱旨,居常接納四眾,但舉《圓覺》「知幻即離不作方便,離幻即覺亦無漸次」之偈,及《楞嚴》如幻三昧,或拈提古人向上公案以警發之。暇則行住坐臥,每咄咄作私語,見聞即之改容,舉莫識其為密行者,生平所行不離當處,而大播宗風,竟莫究其涯涘。

　　一夕召諸弟子告以微疾,端坐三日,熙然集眾念佛,隨聲寂然而逝,時萬曆九年辛巳四月十有七日也。壽七十有一,臘四十有奇。得度弟子十五人。本在為欽依僧錄善世。領大慈壽住持,奉葬於寺後。聖母悼之。賜金建塔,而憨山為之銘焉。
　　——《新續高僧傳‧卷二十》。《佛教藏》第一六一冊頁375—377。

# 25 明代高麗‧自超大師

　　(1327—1405)。明代高麗‧自超大師,師為高麗僧,俗姓朴,為嶺南 三岐郡(忠清道)人,號無學,亦稱溪月軒。十八歲依小止禪師剃髮受具戒,復參龍門山 慧明國師法藏。超師曾閱《楞嚴經》而有悟,後於恭愍王二年(1353年)入元都燕京參西天 指空大師。復於法泉寺及西山靈巖寺師事懶翁 慧勤。

　　恭愍王五年(1356年),超師歸返高麗,住天聖山之元曉菴,繼承慧勤之法。太祖即位(1392年)時,超師獲封為「王師」。後住金剛山 真佛菴、金藏菴等諸地。師於太宗王五年九月十一日示寂。世壽七十九,法臘六十一。

有弟子己和、莊休、寶鏡、道師等人，門人祖琳並為整編「行狀」，卞季良則撰有「檜巖寺妙嚴尊者塔銘并序」。遺著有《無學祕訣》、《無學國師語錄》、《佛祖宗派之圖》。資料參《朝鮮佛教通史》中編。《朝鮮金石總覽·卷下》。《海東佛祖源流·卷一》。

——《中華佛教百科全書》（四）（一）。2171.1。

《楞嚴經·卷二》云：

汝復應知：

「見」(真性之見→見性)「見」(妄見)之時，

「見」(真性之見)非是「見」(妄見)；

「見」(真性之見)猶離見(妄見)，

「見」(妄見)不能及。

云何復說「因緣、自然」，及「和合相」？

# 26 明·石雨大師

明·石雨大師，即佛日 石雨 明方禪師(雲門 澄嗣)。石雨禪師初閱《楞嚴》，至「如汝文殊，更有文殊」處，身心世界打成一片。後因病，值雲門上堂，斥曰：「放下著！」雨師通身慶快，呈偈，有會得。竿頭舒卷意，放生原是釣來魚，門痛加呵斥。後聞僧舉大慧「剝荔枝話」，遽然軒渠一笑。

——《宗鑑法林·卷七十一》。《卍續藏》第六十六冊頁708中。

《楞嚴經·卷二》云：

「精覺妙明(精心本覺勝妙明淨)」，非「因」、非「緣」，亦非「自然」、非「不自然」。無「非、不非」，無「是、非是」。

離一切相，即一切法。

## 27 明・淨因大師

明・淨因大師，字覺初，號漚居。吳江（今屬江蘇）徐氏。年十三從無盡慧學法於大乘院，參述庵 偁於承天寺，間往虎丘，得中行 復開示。

一日讀《楞嚴》有悟，走侍金陵 天界同庵 夷簡，所得益深。永樂間奉詔預修《大典》，事畢還住定慧寺。師刺血書《大乘》諸經，杜門卻掃十二年。宣德初，住常州 天寧，擢任僧綱司都綱。

後師退居東院，靜慮閱經。年九十九坐化。參見《吳都法乘》六中。

　　　　　　　——震華法師遺稿《中國佛教人名大辭典》頁398。

## 28 明・定興大師

明・定興大師，字南中，大興（今北京）人。父金永儒，景泰進士。隨父至吳，聽定光 石庵講《楞嚴經》，有省悟，遂禮之出家。興師博通教觀，講經論廿餘會，名盛一時。年七十八圓寂，塔於定光恩師之右。參見《華嚴佛祖傳》、《賢首宗乘》。

　　　　　　　——震華法師遺稿《中國佛教人名大辭典》頁466。

《楞嚴經・卷二》云：
「五陰」、「六入」，從「十二處」至「十八界」。
「因緣」和合，虛妄有「生」；
「因緣」別離，虛妄名「滅」。

## 29 明・雪庭大師

　　明·雪庭大師，自號梅雪隱人，杭 仁和人，父桂姓，母徐氏。昆仲三人，師最少，於明·景泰丙子年生。年十五，慕道求師，但不得「正眼」。成化癸巳，聞四川 休休 翁師，寓郡城仙靈寺，遂往叩之。一見契合，始落髮修行。

　　後庭師因閱《楞嚴》，至「一毛端上現寶王剎」，有疑。於乙巳年時，寓居江陰 乾明寺，忽睹「萬佛閣」，金碧崢嶸於「眉宇」間，偶會得《楞嚴》「毛端現剎」之句，始知幻寄兩間，如夢如旅。某年，於除夕「聞鐘」，庭師大悟曰：「圓響心非聞，大千同一炤，抹過上頭關，更不存玄妙」。

　　乙卯年，休休 翁師應湖南 淨慈法師之請，庭師復依附，日逐尋究，乃蒙「印可」。庭師所著有《請益警進》、《拈古頌古》、《擬寒山》，和《永明詩偈》等凡二十卷，號《幻寄集》。何也？

> 夫「幻」即「寄」之跡，「寄」乃「幻」之跡。
> 「幻」起「寄」亡，全「寄」是「幻」。
> 「幻」逐「寄」生，全「幻」是「寄」。
> 翳目生華，山河大地。華翳不生，空真實際。
> 「幻」之「寄」之，誠哉兒戲。師之自語也。
> 　　——《補續高僧傳·卷十六》。《卍續藏》第七十七冊頁 487 上。
> 　　——《續武林西湖高僧事略》。《卍續藏》第七十七冊頁 588 上。

# 30 明·如慧大師

　　明·如慧大師，即兀齋法師，兀齋與幻齋二比丘，俱出裏陰 鍾氏，為同祖兄弟，同師素庵法師，同稱「高足」。

　　兀齋名如慧，幼習世典，精通大意，會法師集講京師，因之來

省，遂「祝髮」於座下，時年十三。

慧師初聽《楞嚴》，至「徵心、辯見、會五陰三科」處，愕然自失，乃登壇受具戒。晝夜六時，除聽講外，即「跏趺」習定，兀然如槁木者有三年，同學皆呼之為兀齋。一日慧師於定中，見「大光明」，身等虛空，自是掩關不語，妙悟益發，內外典籍，寓目即了，無滯義矣！

　　　　——《補續高僧傳・卷五》。《卍續藏》第七十七冊頁399上。

# 31 明・常潤大師

（？——1585）。明・常潤大師，為明代「曹洞宗」僧，南昌(江西)進賢人，俗姓黃，字大千，號幻休，世稱幻休 常潤禪師。幼失二親，從父出游，遂入佛牛山出家。初學「攝心」，浮泛不得力，誓遍參學。遂南詢萬松 林公於徑山，折而入都，聽松、秀二法師講《楞嚴》，至「圓明了知」處，忽有省悟。復謁大方 蓮公，最後入少林，參宗主小山 書公，言機相合，如函蓋，究進之力，日益精勇。

一日潤師以「洞山過水頌」請益，書公詰之曰：「既不是，渠畢竟是何人？」潤師于言下「霍然」，以偈答曰：「若要識此人，有箇真消息，無相滿虛空，有形沒踪跡，曾爲佛祖師，嘗作乾坤則，龜毛拂上清風生，兔角杖頭明月出。」

後師遊五臺，講《法華》於壽明寺，眾見「白光」繞座。師一日偶行路，次經一精舍，眾沙門均羅拜潤師，稱「祖師」，云：「昨夢伽藍神掃門，旦日祖師過此。今師適來。」潤師笑曰：「祖師過去久矣！」

師遂居堂「頭位」，且久卓然，有古人之風。後於明・萬曆乙酉

歲四月示寂，入室弟子者達二百七十人。

　　——《補續高僧傳·卷十六》。《卍續藏》第七十七冊頁484下。

《楞嚴經·卷二》云：

　　**例汝今日：以目「觀見」山河國土及諸眾生，皆是無始「見病」**(妄見之病)**所成。**

# 32 明·無一大師

　　明·無一大師，即闍黎無一純公傳。闍黎名太純，字無一，建陽水東張氏子，家世業「儒」。年七、八歲，好放生，十二慕出家，父母不許。年十七，博山無異和尚代座董嚴，純公便往參禮。有人相勸云：「汝求出家，有何利益於人？不如做功名，如陸相公等，行菩薩行，豈不更妙？」純公遂發願云：「若使我得志，必使昆蟲草木，皆得其所。頭目髓腦，俱報佛恩。」後連三科，皆不第，純公遂隱本處，於妙高峯，專提「話頭」，時刻不放忽。

　　一日早課，純公誦「楞嚴咒」，至「一心聽佛，無見頂相」，豁然有省，得大慶快，遂有頌曰：「頂門出入，應用無情，全憑自己，莫問他人。」乃作《據本論》。有群弟子，來求純公講學，公為約云：「我的法門，與諸學究不同，要吃齋學課誦，參究性命，一炷香後，方許開講。」諸弟子皆翕然從之，於佛法中，得生正信。

　　純公年三十六，始受「菩薩戒」，後古航和尚，從博山回，公同眾於鳳凰山下，創報親庵居之，每從請益。公父達宇居士，久依博山，留心參究，一日示微疾，端坐廳堂，親朋圍繞，手捻數珠，念佛而化，眾皆嘆仰，得未曾有。純公益感發，遂矢志「出家」剃落，居禪堂隨眾，每自念青山白雲，常懷夢寐，今一旦得之，豈可作等閑看耶？

是以十餘年來，朝禪暮誦，操履愈嚴，山中為祈昇平，修「大悲懺」三年。丙午秋，純公得脾疾，飲食減少，精修不懈。臘月八日，為眾戒子「羯磨」，梵音琅然。後體漸衰憊，公遂無意人世，決志「往生」，乃書偈四首，以見志。曰：

「念佛通身佛現，箇中那討背面，百千三昧法門，當下一時周徧」。
「摩頭佛上我頂，舉手佛光現前，要見時時得見，華開誰說遲延」。
「彌陀法界身，我亦法界體，今日空歸空，何曾有此彼」。
「西方在目前，何處不周圓，恒在寶蓮臺，經行及坐眠」。

丁未正月四日夜，余率眾為公禮「大悲懺」，禱觀世音，助純公「往生」。「大悲懺」畢，往覘之。公奄然一息，偃臥禪榻。余問曰：「正恁麼時如何？」公曰：「某全體首楞嚴大定」。余曰：「正是受用處。」公熙然合掌謝之，良久自起趺坐，泊然而化。

世壽七十，僧臘一紀，留龕三日，茶毗斂骨石，即於本年臘月大寒日，入舍利窟於海會塔。

　　——《為霖道霈禪師餐香錄・卷二》。《卍續藏》第七十二冊頁623下。

# 33 明・極牧大師

　　明・極牧大師，即永嘉 法通 極牧 傑禪師。牧師俗姓林，生于明・天啓丙寅歲十月十七日。幼時共諸童子遊戲，好聚沙為「塔」，或瞑目趺坐。其中有識者皆對牧師感到奇異。十五歲失怙，遂起「無常想」。後辭別母親，乞禪靜菴，朗心脫白。一日謁法通 大拙禪師，令牧師閱讀《楞嚴》，讀至「見猶離見，見不能及」處，疑情頓發，究未豁然。

　　復往參密印 幟，隨參理安 福嚴、明發 天童諸大老。一日聞大潮 楫道風，賣「布單」而參請，纔上法堂，牧師即曰：「久聞大潮潑天白浪，因甚今日到來，點滴也無。」楫師曰：「闍黎好生，照顧袈裟角。」牧師曰：「恁麼則沾恩有地。」楫師打曰：「且道是賞？是罰？」牧師曰：「禮謝和尚」。楫師曰：「今日打著半個。」師掩耳，楫師即留作「維那」，旋授牧師「衣拂」，出住法通上堂。

　　後牧師於清·康熙庚申八月廿三日示疾，至閏八月廿三日辰時，忽取水澡浴，更衣跏坐。眾請說偈，師曰：「緣聚示有生，緣散示有去，生死皆夢幻，何須重說偈？」良久曰：「大眾會麼？」一喝而逝！世壽五十有五，僧臘三十有七，塔于化城 (古帆 楫嗣)。
　　　　　——《五燈全書·卷九十三》。《卍續藏》第八十二冊頁 518 下。

《楞嚴經·卷二》云：
　　**例閻浮提(Jambu-dvīpa)，三千洲中兼四大海，娑婆世界並洎十方，**
　　**諸有漏國及諸眾生，同是「覺明」**(本覺妙明之心)**無漏妙心，**
　　**「見、聞、覺、知」虛妄病緣，和合「妄生」，和合「妄死」。**
　　**若能遠離諸「和合」緣及「不和合」，則復滅除諸生死因。**
　　**圓滿菩提，不生滅性。清淨「本心」**(本元真心)**，「本覺」**(本有清淨覺性)
　　**常住。**

# 34 明·端白大師

　　明·端白大師，師最初念佛，後遇一老宿，授以「半偈」，念得口中白醭流，又不知何者是「四大」？何者是「心境」？又遇一老宿，教聽《楞嚴經》，至「同別二種妄見」處，遂悟得「根身器界，總是空花。」單只得個「空境」，不得「自心」，遂生「撥無」之念。

　　白師後見雲門先師，先師云：「四大是假，心境本空，何者是

汝自己？問話者又是何人？念佛者又是何人？」是時「疑情」頓發，至紹興府延慶寺，一連七日七夜「立」在佛前，如人推一推，這邊跳過那邊，胸中忽湧起兩句「證道歌」，不離當處常湛然，覓即知君不可見，忽然悟得自己，此是得本也。

一年夏間，有六七眾「打七」，至第六日聞「鐘聲」，白師忽然身心脫落，不見有一物當情，此正是「虛空粉碎，大地平沉」時節，正如高峰「枕子撲落地」一般的工夫，纔得個太平時節。

白師於萬曆三十六年下山，將自己「衣單」盡捨與人，單只一「衲、瓢、杖、蒲團」而已，七年「衲」不解帶，十三年無「被」。至泰昌元年具足，師弟見白師甚寒，始送「被」、一床，自此白師方纔蓋被。

——《入就瑞白禪師語錄・卷五》。《嘉興藏》第二十六冊頁 768 下。

《楞嚴經・卷三》云：

**是諸大眾各各自知「心遍十方」。見十方「空」**(虛空世界)**，如觀手中所持葉物。**

**一切世間諸所有物，皆即菩提「妙明」**(勝妙明淨)**元心**(本元所具真心)**。**

**「心精」**(純精真心)**遍圓，含裹十方。**

## *35* 明・<u>通微</u>大師

(1594—1657)。<u>明</u>代臨濟宗僧。<u>浙江</u> <u>嘉興</u>人，俗姓<u>張</u>，字<u>萬如</u>，世稱<u>萬如</u> <u>通微</u>禪師。年十九，於<u>興善寺</u>出家受具足戒。初謁<u>聞谷</u>大師，復歷參諸名宿，一日偶閱《楞嚴經》：「諸可還者，自然非汝；不汝還者，非汝而誰？」似有所得，遂往<u>金粟寺</u>參<u>密雲</u> <u>圓悟</u>，久而未契。一日入城，見路旁人家毆叱小廝 (詳《卍續藏》第一四一冊頁 202 上)：「看你藏在那裡去？」師不覺通身踴躍而得悟，後嗣<u>圓悟</u>

之法。

　　崇禎十三年（1640）開法如如院，後移住莆州之曹山，復遷往龍池山，闡化十餘年。清順治十四年示寂，世壽六十四。著有《萬如微禪師語錄》十卷，今收於《明續藏》第七十冊。（見《五燈會元續略·卷八》、《續指月錄·卷十九》）。
　　——《五燈全書·卷六十六》。《卍續藏》第一四一冊頁 403 上——405 下。

# 36 明·洪上大師

　　釋洪上，字梵庵，姓趙氏，普安人也，會城 斗光寺僧。家世儒素，洪生之夕，其母夢白鶴飛翔集於屋瓦，寤而婉子，以為祥也。未幾失怙，孑然孤幼，殷殷奉母。長歷世變，遠避入滇，漸達騰越，依毘盧寺 大藏祝髮，時明 天啓六年也。欲窮我空之理，離生死之苦，闡心勤求，食寢俱廢。因讀《楞嚴》有省，虔禮觀音，一夕定中見金身菩薩，千眼所視，千手所指，森然叢集。方驚愕間，菩薩乃分一手眼授之，出定獨覺異香滿室，自是心地清涼，精進倍蓰。

　　復參妙峰 野愚，指示理諦，皆得證明。尋遊甸鍾靈，見山巒環拱，林壑幽秀，乃刈草為庵。獨處數載，始回黔，改宅為寺，名曰慈雲，以飯游侶。及再至滇，會城 薦紳延主斗光，大弘法席。己亥春遷徙易隆即示微疾，留偈示眾，偈曰：「十方三世總無明，會徹無明無不明，隨緣應物無他事，只在當人善用心。」寂年六十二，荼毘骨瑩白有光。
　　——《新續高僧傳·卷二十》。《佛教藏》第一六一冊頁 379——380。

# 37 明·元鏡大師

　　（1577—1630）。明代曹洞宗僧。福建 建陽人，俗姓馮，字晦

臺，號見如。二十八歲出家，深究《楞嚴經》。一日讀《楞嚴經》「知見無知」處有得，遂摳衣參壽昌，經呈所見經為痛呵曰：「墮大險坑漢」。師驚悸失所守，于是奮志參究，不知味者。久之一日，因閱《維摩》、《圓覺》等經而豁然大徹。後嗣其法。其後住建州 東苑。明 泰昌（1620）年中，開法一枝菴。

崇禎三年，寂於武夷 石屏巖，世壽五十四。有語錄兩種，各一卷行於世。（詳於《覺浪語錄・卷十二》、《五燈會元續略・卷二》、《續燈存稿・卷十一》、《五燈全書卷・六十二》）。

——《五燈全書・卷六十二》。《卍續藏》第一四一冊頁 331 下——332 下。

# 38 明・通問大師

（1604—1655）。釋通問，字箬庵，姓俞氏，吳江人。潤州 金山寺僧。世居荊溪，父安期博學著書，有名於時，就佛寺禱而生通。幼失怙，弱冠偶過僧舍，閱《首楞嚴經》至「此身及心外泊虛空，山河大地咸是妙明真心中物」，因疑不釋。聞天隱居磬山，乃往謁之。示以父母未生前語，無入處。天隱嘗與客論《金剛經》，通適至前，因言《金剛經》洵妙不應住色生心，不應住聲、香、味、觸、法生心，應無所住而生其心，天隱忽顧通曰：「如何是其心？」通爽然自失，遂矢志參決，潛去武林投南澗 理安寺 佛名落髮。

庚寅春復洵禾人之請，住西河 古漏澤寺。申酉之變，兵燹連年，漏澤居郡東偏，殿宇俱燼，唯鐵佛一軀巍然瓦礫中，群心惻然。雨點斑痕遠視之，若有淚從佛眼出。三學禪德同志圖復，先鐵佛殿，久之未竟。舉以屬通，既至畚剔荒穢，營構堂廡，半載拮据鬱成叢席。甲午走南澗，自卜地於理安 左營建窣堵，苟完即還磬山。

順治十二年，寓吳江 天應寺卒。著有《五會語錄》十二卷、

《續燈存稿》二十卷、《磬室後錄》一卷等行世。(詳見《五燈全書·卷六十八》、《續指月錄·卷十九》)。

——《正源略集·卷二》。《卍續藏》第一四五冊頁 303 上—305 上。

——《新續高僧傳·卷九》。《佛教藏》第一六一冊頁 208—209。

# *39* 明·天隱大師

釋天隱，荊溪 閔氏子。湖州 上柏山 報恩禪院僧。早歲失怙，奉母居貧不能力學，種圃以養。年二十始自檢束蔬食盟心，然未識三寶歸向，唯對神立誓，若邪念忽起，則默誦「小人閒居為不善章」，頓然念息。一日聽講《楞嚴》：「一切眾生皆由不知常住真心。性淨明體，用諸妄想，此想不真，故有輪轉。」因自警惕，欲圖解脫。適幻有禪宿來自清涼山 唐凝庵，太常 吳安節 通政延居龍池山，道風遠卹，乃往歸之。雖處塵寰無心世味，母知其志堅，遂允出家。萬歷戊戌初從芟染，看趙州無字話，無有入處。更參未生前本來面目，工候急切，晝三夜三及百餘日。偶展《楞嚴》，見佛咄阿難云：「此非汝心！」於是如善財入彌勒樓閣，頓空豁境界，疑情放下。

明年春隨幻有入城，至顯親禪堂，問：「永嘉大師道忽然如托空時如何？」幻有一喝，復顧隱曰：「我代爾修行去！」隱禮拜，便會得賓主照用之句。辛丑還山掩關兩載，終日蒲團，正在忘絕境界之際，忽聞驢鳴，恍然而悟，頓釋前疑。有偈曰：「忽聞驢子叫，驚起當人笑，萬別與千差，非聲非色鬧。」自是見解圓通，了無滯礙。偶聞風拂松梢，雨打窗紙，口占云：「風聲與水聲，不必論疏親，一耳聞為快，何曾有二音？」

甲辰四月八日解關，趨覲幻有於燕都 普照。時已殘冬，命呈所見，偈曰：「人說北地寒，我道南方暖，寒暖不知人，窮人知寒暖。」異口復徵云：「祇如四料簡，汝如何會？」隱以四法界答之，

幻有首肯。時古輝老宿博通三藏，講經於白塔寺，因思古德云：「通宗不通教，開口便胡道；通教不通宗，如蛇入竹筒；宗教兩俱通，如日處盧空；宗教俱不通，如犬吠茅叢。」於是更歷教海，會慈聖太后建「無遮大會」於臺山，靜淵主法席，隱亦與焉。更與妙峰居塔院數月，每當請益，忻羨真誠苦行，建樹德業，浩然無窮。

崇禎七年秋八月移主湖州上柏山 報恩禪院，示眾云：「老僧多病，不能提持佛法，賴土木瓦石爲諸人轉大法輪，發諸人大機大用，切不可當面錯過，若錯過，只知事從眼前過，不覺老從頭上來。」蓋隱年已六十矣！當掩關嶺南時，顧九疇大史問：「如何是奪人不奪境？」

曰：「白雲封我圓光戶，恰似無人坐室中。」

「如何是奪境不奪人？」

曰：「風送白雲歸洞去，祇留一箇野僧間。」

「如何是人境兩俱奪？」

曰：「了知四大原非我，白雲聚散本無蹤。」

「如何是人境俱不奪？」

曰：「幾度白雲來伴我，就裏和衣帶月眠。」

得法弟子通問 箬庵，入室呈頌云：「千玄萬妙隔重重，個裡無私總不容，一種沒絃琴上曲，寒崖吹落五更風。」隱曰：「玄妙即不問，如何是不隔底句？」通問擬議，隱便棒之，復示頌曰：「千波萬浪隔重重，識得源頭處處通，根境脫然全體用，拈來物物始從容。」

——《新續高僧傳・卷二十一》。《佛教藏》第一六一冊頁 387—390。

# *40* 明・梵琦大師

（1296—1370）。釋梵琦，字楚石，小字曇耀，象山人。海鹽福臻寺僧，元代禪僧。嘗閱《楞嚴》至「緣見因明，暗成無見」，恍

然有悟。元叟端倡道雙徑，琦往問之：「言發非聲，色前不物，其意如何？」叟就以詰之，琦擬答，叟叱之使出，自是胸疑如填巨石。會元·英宗詔粉黃金為泥書大藏經，以琦善書選至闕下。一夕聞樓鼓動，汗如雨下，拊几笑曰：「徑山鼻孔今日入吾手矣！」因成偈，有「捨得紅鑪一點雪，卻是黃河六月冰」之句。旋入雙徑，叟見其氣宇充然，謂曰：「西來密意喜子得之矣！」元泰定中，出主海鹽之福臺，尋遷永祚。

明洪武初，詔名浮屠於蔣山，建廣薦會。琦首應詔，躋席説法，圓音高唱，萬籟俱清。帝心悦懌，賜宴文樓，親承顧問。既還，出帑金以賜之。館於天界寺，忽謂噩夢堂曰：「吾將去也！」曰：「子欲何之？」曰：「西方爾。」因訊之曰：「西方有佛，東方無佛邪？」琦厲聲一喝，泊然而化。茶毘齒牙舌根數珠咸不壞，舍利黏綴遺骨，纍纍如味。

所著有《楚石梵琦語錄》二十卷、《西齋淨土詩》三卷、《上生偈》、《北游鳳山西齋三集》、和《天台三聖詩》等。(資料詳於《楚石梵琦禪師語錄序·卷二十》、《佛日普照慧辯禪師塔銘》、《釋氏稽古略續集·卷二》、《南宋元明禪林僧寶傳·卷十》、《續燈正統·卷十五》)。

—《新續高僧傳·卷六十二》。《佛教藏》第一六一冊頁 933—934。
—《補續高僧傳·卷十四》。《卍續藏》第一三四冊頁 246 上—248 上。

**按**：梵琦大師乃由《楞嚴》而悟道，臨終茶毗後牙齒及舌根數珠皆不壞，由此可證大師修持之功夫。以大師之修證還證《楞嚴》真偽，明矣！

# 41 明·普慈大師

（1355—1450）。明代臨濟宗僧，蘇州（江蘇）常熟人，俗姓錢，號海舟。出家於破山，研習《楞嚴經》，誦至「但有言説，都無

實義」而有所疑，遂往參萬峰 時蔚，受其付法。築廬洞庭山塢，居二十九年。後往參萬峰之法孫東明 虛白 慧昺，獲得大悟。迨東明示寂，師欲歸洞庭，應眾之請，承繼法席，住於杭州 東明寺。景泰元年示寂，世壽九十六，法臘七十四。（見《五燈會元續略‧卷六》）。
——《續燈正統‧卷二十七》。《卍續藏》第一四四冊頁807下——809上。

## 42 明‧梅雪大師

梅雪大師，閱《楞嚴》，見「一毫端現寶王刹」有疑，後至江陰睹乾明寺佛閣壯麗，頓釋疑情，淨慈 休休翁證之。其所著有《和永明詩寄幻集》。

——《新續高僧傳‧卷六十二》。《佛教藏》第一六一冊頁934。

## 43 明‧道密大師

（1588—1658）。明代曹洞宗僧，泗州（安徽）人，俗姓唐，號嵩乳，世稱嵩乳 道密禪師。年十四，投景會出家，徧歷講肆，博覽經論。偶閱《楞嚴》，深有所感，遂發心參究。歷參壽昌寺 無明 慧經、雲門山 湛然 圓澄、金粟寺 費隱 通容後，復師事博山 無異 元來。

一日，隨眾採茶時，忽睹澗底白雲飛起而有省。歸後，呈所悟於來公，得蒙印可，並為其命名受戒。師於是辭山，結茅於郁洲山，潛修數年，始開法於淮安（安徽）古檀度寺。後歷住於安東 能仁寺、徐州 龍雲寺、青峰之菩提社等諸刹。清順治十五年三月示寂，世壽七十一，僧臘五十八。（詳見《五燈全書‧卷六十三》、《續燈正統‧卷四十》）。

——《正源略集‧卷三》。《卍續藏》第一四五冊頁321上——下。

## 44 明·方念大師

北京 大覺寺 慈舟 方念禪師，唐縣 楊氏子，十歲投金臺 廣德 大慈義落髮受具。聞古道講《楞嚴經》至「七處徵心」稍覺緣生不實，復歷諸坐，遍窮性相宗旨，知非的要，遂往少室參幻休 潤，一見便問甚處來？師曰：「北方來」。潤曰：「北方道法與此方如何？」師曰：「水分千派，流出一源」。潤見其言辭雅邁，命充維那。

一日遊初祖面壁處，忽然悟曰：「五乳峰前好箇消息，大小石頭塊塊著地」。詣室呈似潤。囑曰：「從上佛佛祖祖以自己所證遞相承襲，欲令一切眾生知有，余得之于小山先師赴十餘年如故，今授于汝，汝當體佛祖之心為心，以續慧命，然雖如是亦宜晦画林泉，乘時而出，付以偈曰：「無上涅槃心佛祖相傳付，吾今授受時雲淨峰頭露」。

時年二十八歲，遂入五臺掩關，畫則一食，夜則孤坐。明神宗萬曆壬辰嘉興，緇素請主東塔，尋赴雲居 匡廬之請。甲午秋五臺清涼復請師開法，緇素懇留。後世寂，門人澄迎骨塔于顯聖之南山。
——《五燈全書·卷六十二》。《卍續藏》第一四一冊頁 323 上—下。

## 45 明·海明大師

（1597—1666）。釋海明，明代臨濟宗僧，字破山，人稱曰萬峰老人，姓蹇氏，四川 雙桂 福國禪院僧。世居渝城，後徙大竹，遂為大竹人。生含聰睿，質挺奇標，識者謂其狀類黃檗。年十九，祝髮於大持庵，以融光尊宿為師。偶聽慧然法師講《楞嚴經》，至「一切眾生，皆由不知常住真心，性淨明體；用諸妄想，此想不真，故有輪轉」，終日疑悶。乃讀古人語錄，頌古無可入處。遂孤身出蜀，見數耆宿，莫能取決。俄棲楚之破頭山，經行萬丈懸崖，自誓

刻期取證，限以七日。日盡晌午，忽見銀色世界，一平如掌，信步舉足，不覺墜岩，左足已傷尚不自知，胸中塊磊渙爾解釋，但叫屈屈，自此出山。南行見憨山、博山、雙髻、雪嶠諸宿，微有啟悟。再謁湛然，頓圓大戒。

聞天童　密雲悟赴金粟，徑往造請，機語契合，竟付以源流一紙，信金一緘，祇受而返，息止苕溪。丙午春年已七十餘，道俗稱慶，來者萬指，方祝無量。無何示疾垣化，時康熙五年三月十日也。壽七十四，臘五十九。塔于梁山艮龍山麓。

別眾偈云：「初開劫運九開爐，七十年來志不渝，每見駒隙難度尾，常聞老蚌易生珠。」得法弟子八十餘人，可謂英靈並集。已而或疑其濫，不知明際鼎革狂禪滿池，過於峻拒將折而趨邪，故以傳法為衛法也。明著述最富，其傳者《破山明禪師語錄》十二卷、《山居詩》、《雙桂草》，諸集幾盈尺。已付梓云。(見《五燈全書・卷六十五》)。
　　——《新續高僧傳・卷五十六》。《佛教藏》第一六一冊頁856—858。
——《五燈嚴統・卷二十四》。《卍續藏》第一三九冊頁1022上—1023下。

# *46* 明・圓修大師

（1575—1635）。依龍池剃染。參「父母未生前」話，偶展《楞嚴經》，見佛咄阿難「此非汝心處」，有所證入，後閱古今因緣，一一透露。至僧問乾峰「十方薄伽梵」話，未免疑滯，力參兩載，忽聞驢鳴，大徹。偈曰：「忽聞驢子叫，驚起當人笑：萬別與千差，非聲非色鬧」。
——《五燈嚴統・卷二十四》，《卍續藏》第一三九冊頁1018下—1019下。

# *47* 明‧羅洪先居士

　　（1504—1564）。明‧羅洪先居士，字達夫，號念庵，吉水(今江西)人。幼習舉業，喜治王陽明之學，手抄其《傳習錄》，至忘寢食。於嘉靖八年（1529年），廷試為第一名，授翰林修撰。羅居士一日讀《楞嚴經》，得「反聞」之旨，遂覺此身在「太虛」，「視聽」若寄「世外」。鄉里中有「石洞」，羅居士遂闢而居之，不出戶者三年，所得益深。

　　凡事發生前皆能知，人或訝之，羅居士答曰：「是偶然，不足道。」他日王龍溪來訪，問：「近日行持何似？」羅居士答曰：「近覺一切無有離念，即感應處便自順適」。王龍溪曰：「工夫有先後否？」曰：「亦不見有動靜」。

　　　　　　　　　——震華法師遺稿《中國佛教人名大辭典》頁1101。

# *48* 明‧沈咸居士

　　沈咸，字稚咸，吳江人。少穎異，弱冠補諸生，性純孝，父母相繼歿，哀毀骨立。偶閱《彌陀》、《楞嚴》諸大乘經，有省。參謁雲棲大師歸，乃除葷腥，屏居邑之水西庵，專修淨土。日誦佛號五萬聲，寒暑無間，復莊書《楞嚴經》以薦母。嘗與僧淵鑑，結淨土會，邑中人多從而化焉。

　　忽一日，謂其子婦曰：「吾世緣已盡，西方佛來接引，吾隨之歸矣。」頃之，面西趺坐而逝，時萬曆三十九年也。子宏亦修淨業，嘗血書《金剛經》。（詳於章夢易撰《沈居士傳》）。

　　　　　　——《淨土聖賢錄‧卷八》。《卍續藏》第一三五冊頁354上。

# 49 明・徐昌治居士

明末武源（位於江蘇）人，法名孝廉，別號無依道人，任杭州府海寧縣鹽官，因讀《楞嚴經》而棄官捨儒，趣入禪門。崇禎元年（1628），謁金粟寺之密雲 圓悟，受圓悟之法嗣石車 通乘之鉗鎚。崇禎十一年，從費隱 通容住於天童山，受命撰《闢邪集》。其後，歷參金粟寺之隱元 隆琦、福嚴寺之壽和尚等。清順治十三年（1656），接受費隱 通容之付法，其間為費隱 通容所撰之《五燈嚴統》作序，並獨立刊行之。嘗為徑山 志及百癡 行元、隱元 隆琦等人之語錄作序。

撰有《祖庭指南》二卷、《醒世錄》八卷、《高僧摘要》四卷、《無依道人錄》二卷、《百癡和尚梵勝散錄》一卷等。（詳見《無依道人錄自敘》）。

——《五燈全書・卷七十一》。《卍續藏》第一四一冊頁491下。

# 50 清・大悅大師

清・大悅大師，即普安 松歸 天一 大悅禪師。師字天一，楚南呂氏子，因亂入黔，寓居於安南 龍潭寺，禮無霞大師而剃染，門參位於松歸之善權和尚。一日悅師與人論《楞嚴經》，至「世尊舉手問阿難處」，忽然有省，遂以白善權和尚，權師即為「印證」。

待權師圓寂後，悅師便繼席此山，主持法務達數十年。康熙三十六年（1697年）示微恙，白眾囑「後事」畢，便趺坐而逝。塔於寺西之老塔山。世壽六十七，僧臘四十。有《語錄》一卷行世。

——明復法師編《中國佛學人名辭典》頁111。編號0132。
——《黔南會燈錄・卷八》。《卍續藏》第八十五冊頁261下。

## *51* 清・淨振大師

　　清・淨振大師，即寧州 西峰 獅吼 淨振禪師，為鄧州之崔氏子，因閱《首楞嚴經》，疑情頓發，往見弁山 瑞白 明雪禪師，雪師令看「女子出定」，一日聞鄰單曰：「會麼？」振師忽猛省，雪師見振天生靈縱，穎悟逸群，謂曰：「子異日當爲王者師」。至明・崇禎丁丑，果符所記，時之豫章 建安王，響振師道風，降香迎至內殿，賜紫衣袈裟，並請上堂說法。

　　一日振師將順世而化，上堂，卓拄杖曰：「大眾還聞麼」？眾方作禮，師便下座歸方丈寮，書偈後，怡然遷化，塔於本山（瑞白 雪嗣）。

　　　　　——《五燈全書・卷一一四》。《卍續藏》第八十二冊頁 693 上。
　　　　　——震華法師遺稿《中國佛教人名大辭典》頁 401。

## *52* 清・安淨大師

　　清・安淨大師，即安吉 州樂 平淑 安淨 周禪師。鹽官 吳氏子，偶見里中有死亡者，憾曰：「一息不來，向甚處安身立命？」遂發頓起參學之志，及聽《首楞嚴》經，至「世尊呵阿難此非汝心」，展轉疑甚。復聞弁山開法，越之蕺山 戒珠寺，宗風丕振，遂往叩參。

　　一日聞鄰單有箇悟處，淨師問：「你的悟處如何？」僧豎拳。淨師自是脫然大徹！住後上堂，法身無相，大道無形，撥置不開，提掇不起。

　　淨師賦性沖澹，律己寬人，語無虛發，不事浮靡。處世儉素，雖遇患難，亦了無慍色。常被「賊魁」突襲門庭，執師索寶物。師竟曰：「高著眼！」賊欲加害，師亦說偈，其略曰：「有寶一顆藏不

得，明似日兮黑似墨，常在諸人動用中，胡爲向我相凌逼。」賊人異之，釋縛而去！

淨師於清・順治戊子年示寂，世壽五十二，僧臘三十八，門人奉之全身，墖（古同「塔」）於安吉州期堂山之麓（瑞白 雪嗣）。

——《五燈全書・卷一一五》。《卍續藏》第八十二冊頁 695 下。

《楞嚴經・卷四》云：

**「狂性」自歇，歇即菩提。**

**「勝淨明心」本周**（周遍）**法界，不從人得，何藉**（假藉）**「劬勞」**（勞苦）**肯綮**（筋骨結合處也）**修證。**

（若能達妄本空，無妄可斷，無真可得，則不必再勞筋苦骨去修證，當下即是菩提也）

# *53* 清・敏樹大師

清・敏樹大師，即石阡 三昧 敏樹 相禪師。蜀之潼川 王氏子，年廿五，自願出塵，禮本境 鑑空薙染，自看「五蘊皆空」話為究竟，一日閱《楞嚴經》，方得「塵勞」暫歇，便參破山和尚，山和尚示參「狗子無佛性」話。

一日樹師聞「鐘板聲」，忽然渾身如桶箍（同「箍」）子，爆斷相似，不覺失口，団（同「咄」）地一聲。傍有僧問曰：「是甚麼境界？也要大家得知！」樹師曰：「各人珍重！」後樹師趨見破山和尚，山深肯之，遂以印證。樹師後開法行化，黔 蜀來往，數十餘年，始終不異。

後於康熙壬子仲冬朔三日亥時，在蜀之慈雲堂示寂，臨時謂眾曰：「吾欲與眾別矣！汝等不可向士大夫處，索取塔銘，竊彰名位。」聽吾偈曰：「我爲法王，於法自在，來去自由，縱橫無礙。」偈畢，

跏趺而逝，春秋七十，僧臘四十五。

　　　　　　　　——《黔南會燈錄》。《卍續藏》第八十五冊頁230下。

# 54 清·發瑞大師

　　清·發瑞大師，字余山，廣安（今屬四川）王氏。年十六於本境奉聖寺禮惟遠法師祝髮。聽《楞嚴經》，至「七處徵心、八還辯見」處，忽起疑情，便辭出關，涉歷名山。後於江州 廬山參慧燈，杭州 徑山參語風，天台 國清參大道，寧波 天童參密雲，蘇州 瑞光參頂目，皆不契會。

　　後得象崖 性挺諸師印證，便出住黔之龍音、崇寧，粵之華林，滇之報恩、慈光、獅雲、鹿苑、指林、慧光、正續、常樂。復終於報恩。資料請參見《錦江禪燈·一一》、《五燈全書·八七補》。

　　　　　　　　——震華法師遺稿《中國佛教人名大辭典》頁845。
　　　　　　　　——《黔南會燈錄》。《卍續藏》第八十五冊頁233上。

# 55 清·諦修大師

　　清·諦修大師，即蘇州 珠明 諦修 本禪師。浙江 嘉禾 王氏子，母夢「曼陀羅華」投腹而生，年十三薙染修道，一日閱《楞嚴》「七處徵心」，有省，即參普潤 濟之普明，親炙數載，得受信拂，出住蘇之珠明，以堂弟光賢為徒，竭力相承。

　　嘗云：「法無定相，遇緣即宗，佛佛於此授受，祖祖於此相傳。世尊拈花，迦葉破顏微笑，達磨面壁，神光斷臂安心，黃梅夜遁，九江驛還把櫓」。

　　　　　　　　——《正源略集·卷十六》。《卍續藏》第八十五冊頁96上。

# 56 清‧盤山大師

清‧盤山大師，師諱超見，號了宗，為順天府 寶坻縣 楊氏子，母盛氏，一日夜夢南海「四僧」來送；天明，果然「四僧」坐於門前「化齋」，母即分娩，時為甲寅九月十五日。師生時異香滿室，後「四僧」起名，言訖，往他一顧，便皆不見，父母皆感罕異奇哉！

山師自幼便不食腥葷，年至八歲，習學「儒」業，至年十五，諸篇轍諳閱誦。一日父母曰：「與汝娶妻乎？」師答：「寧違父母之命，不欲赤繩之繫足乎！」後山師偶得疾患，醫治無效，父母驚怖，對佛禮拜，遂許山師出家，其恙即愈瘥矣！山師便至龍泉菴薙髮，並於愍忠寺受具足大戒，聽講諸經。一日聽講《楞嚴經》至「七處徵心、八還辯見、妙淨明心」，倏忽有省。便往南方參天童、雪竇及天台。

一日山師於樓上安單，夜間倏然有神祇曰：「還回北方去！」山師即詣南海 九華。時有大博和尚，

問曰：「從何處來？」

山師曰：「從北京來。」

博師曰：「來為何事？」

山師曰：「親近和尚！」

博師曰：「將什麼親近？」

山師便喝一喝。

博師又曰：「落在什麼處？」

山師便劈面一拳。

博師曰：「甚麼意旨？」

山師曰：「知恩報恩。」

博師曰：「如何是你的心？」

山師便呈一偈，云：「逐目尋心不識心，識心非假亦非真，

有人問我西來意，綠柏青松不藉春。」

大博和尚遂印證盤山嗣法，山師便於大博處服勤三載。

後山師往仁壽寺住靜，後居盤山石室，開堂結制傳戒，化度人緣，莫知其數。嗣法門人有徹凡、瑞亭、無虛、量庵、一味、輝洲、心虛、徹軒、寧一、慧恒、曇裔、牧魁、吾朗、空人等。燈燈相續，祖祖相傳。

山師住世共七十五載，後厭世於盛京 仁聖寺禪床上，圓寂前偈云：「住世七十有餘秋，手把金圈作釣鉤，釣罷錦鱗無別事，佛宮魔國任悠游。」又偈云：「卻來游幻海，箇中無變改，欲識本來人，大家明主宰。」遂擲筆而逝。

—《盤山了宗禪師語錄·卷四》。《嘉興藏》第四十冊頁 38 中。

# 57 清·道嚴大師

清·道嚴大師，即獨峰 竹山 道嚴禪師，為大竹 沈氏子。幼失恃怙，童年出家服僧，子影南遊，志求心要，因閱《楞嚴》印心之旨，身心世界，頓然忽空，乃云：「我來亭上如心處，說與時人未了然。」罷講，投白門 博山 來禪師，授「西堂職」，一日印證，云：「博山一枝橫出，秘在汝心。」即令嚴師受具戒，授法名為道嚴。

後嚴師遷江浦 獨峰，改易為「中定禪院」，上堂云：「元亨利貞乾之德也，威音為諸佛之元，飲光乃諸祖之始，元始要終，授受古今，茲一歲之元日，三際之初辰，皇風啟祚，朝野咸新」。復卓拄杖云：「三五元和天下麗，一枝梅放嶺頭春」。

—《錦江禪燈·卷十一》。《卍續藏》第八十五冊頁 179 上。

# 58 清・彥宗大師

（？—1651）。清・彥宗大師，即永嘉 嚴頭 平天僧彥宗禪師，海寧人，禮平觀法師。一日讀《楞嚴》有省，遂參靈巖 弘儲師。纔跨門，儲師便問：「子習《楞嚴》，祇如『諸可還者，自然非汝，不汝還者，非汝而誰』？」宗師擬議，儲師遂擊竹箆一下，宗師當下豁然大悟。

後出住天台 興化。一日上堂，舉「白雲」示眾曰：「先入白雲門，次入白雲浪，吞的栗棘蓬，喫的糲米飯，君子如到來，看看好方便」。

宗師性好潔，常攜「茗椀」隨行，有鄭侍者，誤攜一二器具，人雖已離興化，且行二百餘里。宗師見詬曰：「汝不知因果為是耶？」立命持還，其謹有古人風味。

清・順治戊戌元日，師榜快字于門，見者莫測，至六月十一日，示微疾，子夜索筆書偈曰：「拄杖今朝發火，大震一聲毒鼓，喪卻無位真人，說甚空王佛祖。」遂擲筆趺坐而逝，塔于平天菴之後麓（退翁 儲嗣）。

——《五燈全書・卷八十四》。《卍續藏》第八十二冊頁461下。

——震華法師遺稿《中國佛教人名大辭典》頁513。

《楞嚴經・卷四》云：

如是「迷因」（迷癡之因），因「迷」（迷妄）自有，識（認識）迷「無因」（沒有固定真實可得之因），

妄「無所依」（迷妄本無處所，無真實體性），尚無有「生」（真實的生），欲何為「滅」？

得菩提者，如「寤」（醒也）時人說「夢中事」，

心縱「精明」，欲何因緣取「夢中物」？

## 59 清·徹了大師

清·徹了大師，字月幢，安龍府月幢 徹了禪師。江津 (今屬重慶) 毛氏人。母夢僧送「桃」噉之，遂有娠。了師年十六，因閱《楞嚴》，疑情頓發，遂白母而發願薙染。後遍參尊宿，忽一夜「心境俱空」，豁然有省，禮丈和尚于禹門，任職「維那」。了師資道契，癸巳冬，開法於滇南 石寶禪院。清·永曆帝嚮其道風，請開示求偈，法名真佛，上錫椹服，恩渥甚厚，發帑藏為國祝釐，兩度奏表呈帝偈頌，皇情大悅之。

一日上堂云：「天不能蓋，地不能載，包括五須彌，吐納大千界。釋迦彌勒無地容身，文殊普賢有意難解。生死涅槃劃斷，真如佛性捉敗。雖然如是，為國開堂一句，作麼生道？頓超諸佛祖師意，仰祝吾皇億萬春。」

又上堂云：「南明有口也難言，坐斷千差不直錢。今對人天陳絡索，直教切切悟心田。無邊苦海皆甘露，髑髏特地契根源。」

後了師徙於安龍 玉泉寺，于丙午冬，示微恙，辭別大眾。偶有僧二人，謂某某，相待於和尚前行；一僧竟無病而逝。師圓寂後，另一僧亦相繼而終，闍維于玉泉寺之後，侍僧兩人則塔列於左右焉，世壽五十三，僧臘三十七。參見《錦江禪燈·一二》、《黔南會燈·三》。

——震華法師遺稿《中國佛教人名大辭典》頁 1011。
——《錦江禪燈·卷十二》。《卍續藏》第八十五冊頁 180 上。

## 60 清·行萬大師

清‧行萬大師即靈峰 端鼻 行萬禪師。字端鼻，內江 郭氏子，因聽《楞嚴》，疑「常住眞心」，屢求決擇，未有所入，遂上白雲洞。一夜，夢異僧，鬚髮如銀，撫掌三下曰：「急急念佛！」寤後，作偈曰：

「夢感異僧撫掌來，彌陀歷歷鑄心臺，
回思恩愛情塵路，伐性斧斤漫剪裁。」

遂下江安 蟠龍，參雙桂 明，每叩心要，參丈雪 醉于白牛山，圓具侍從。過禹門，閱天童 密祖錄，中有進退之語，礙膺三年。

一日渾然如夢忽醒，了無凝滯，作頌曰：「進退之中兩重關，英雄多少困其間，明明有路通霄漢，不是前三與後三。」即蒙印可，識闡長松 靈峰，眾請陞座，堅辭弗許。

萬師志喜遊覽，觸境逢緣，輒成偈語，其偈略曰：

「孤峰鎮夜境寥寥，入户寒風不暇逃，
寓富矜持嫌富少，居貧守素樂貧高，
珍饈何似黄精沃，麗服無如百結袍，
普應萬機歌雪曲，海天一色快吾曹」。

(丈雪 醉嗣)。參見《錦江禪燈‧一二》。
　　——《五燈全書‧卷八十七》。《卍續藏》第八十二冊頁 482 中。
　　　　——震華法師遺稿《中國佛教人名大辭典》頁 232。

# 61 清‧行臘大師

清‧行臘大師，俗姓劉，一日偶讀《楞嚴經》，有會悟，遂依

韶州 朝宗為師。清・順治初，欲度嶺往金陵 寶華。未果，後駐錫
於青蓮庵坐化。

　　　　　　　——震華法師遺稿《中國佛教人名大辭典》頁 239—240。

《楞嚴經・卷三》云：

**「如來藏」**中，性**「色」**真**「空」**(「性」與「眞」➔指「如來藏性眞心」，七大皆爲「如來藏性眞心」所現，「地大」亦是⇨色即是空也)，性**「空」**真**「色」**(在「如來藏性眞心」中⇨空即是色也)，

**清淨本然**(地大乃爲色法所攝，地大之性➔離一切相，無我、無自性)，

**周遍法界**(地大之性可隨眾因緣而起現行➔即一切法也)。

**隨眾生心，應所知量**(應他所知道所思量的業感方式而起隨緣之用)。

**循**(隨也)**業**(各人因果業感)**發現。**

**世間無知，惑為「因緣」及「自然」性。**

**皆是「識心」**(第六意識妄心)**分別計度**(計量測度)，**但有言說，都無實義。**

# *62* 清・淨燈大師

　　清・淨燈大師，即三祖山 乾元寺 破闇 淨燈禪師。桐城 江氏子，誕師之夕，母夢「紅日」昇庭即生，貌相修耳重瞳。初閱《楞嚴》有所得，首參博山，尋謁弁山 明雪禪師。雪見燈師便問：「那裏來？」燈師曰：「金陵！」雪師舉竹篦曰：「金陵還有者箇麼？」燈師曰：「非但金陵無，即今亦不有。」雪打一竹篦曰：「甚處學來底？」燈師曰：「適纔新到，尚未洗浴。」雪由此契合。

　　一日，雪拈拄杖曰：「阿誰是你本來面目？」燈師曰：「剛被人借去。」雪曰：「何不呈似老僧？」燈師曰：「若呈似即在也」。雪打一棒曰：「已後坐斷天下人舌頭去在！」

　　燈師首住湖州 弁山，次遷真州之五臺，鎮江之焦山。一日上

堂云：

　　「翩翩玉樹倚雲栽，疊疊銀花匝地開，

　　　機前未明三二五，句中未免自疑猜，

　　　猜疑盡處偷心盡，雙雙瓦雀舞三台，

　　　穿樓赤蛺連雲去，抱子金雞帶月歸，

　　　如此句中元會得，子房虎嘯漢奇才」。

　　有人問：「如何是實際理中事？」燈師曰：「碧雲香雨竹樓寒！」清‧順治己亥八月十三，師示眾：「來便恁麼來，去便恁麼去！」遂豎指曰：「會麼？明月一輪天柱外，摩空老鶴出銀霄」。語畢而逝，春秋五十七，塴全身於三祖寺石（瑞白 雪嗣）。

　　　　——《五燈全書‧卷一一五》。《卍續藏》第八十二冊頁696中。

# 63 清‧弘敏大師

　　清‧弘敏大師，即洪都 奉新頭陀穎學 弘敏禪師。俗為宜豐 陳氏子，生不茹葷，偶閱《楞嚴經》，遂有「出塵」矢志，尋頭陀宗妙微薙染，後參博山 闇禪師。

　　一日入室，闇師問：「三世諸佛不知有，貍奴白牯卻知有，子作麼生會？」師曰：「某甲口門窄，闇撫膝曰，道甚麼？」師曰：「昨日有人長短和尚虧，某甲與和尚解交。」闇笑而頷之。復自武林還瀛山，敏師為第一座。

　　闇師印敏師以偈曰：

　　「昔年招手不思歸，父子團團信有時，

　　　滿月琅玕鱗甲異，潑天風雨濕龍衣」。

是年冬，誾師涅槃，為建窣堵，工竣，敏師歸頭陀，廣開法延。一日師卓杖曰：「**眼底渾無金屑累，碌磚頑石盡生光**」。

師生萬曆丙午正月廿四日，示寂康熙壬子冬十一月晦，世壽六十有六，僧臘四十有二，墖於本山（雪關 誾嗣）。

—《五燈全書・卷一一六》。《卍續藏》第八十二冊頁 699 下。

《楞嚴經・卷四》云：

**是故阿難！汝雖歷劫「憶持」如來秘密妙嚴，**
**不如一日脩「無漏業」，遠離世間「憎、愛」二苦。**

## *64* 清・大權大師

清・大權大師，即吉州 青原 叶玅 大權禪師。廣昌 吳氏子，九歲出家于本邑大覺寺，受戒于擡山（同「牽山」），後因讀《楞嚴經》「咄此非汝心」，遂得入處。復歸省天界 盛，入室禮拜起，盛師搊住曰：「**速道！速道！**」權師便喝！盛打出，權師復入連喝！盛曰：「**那個？**」權師亦搊住曰：「**速道！速道！**」盛靠禪床曰：「**侍者相救。**」權師掌侍僧曰：「**者掌合應老漢喫。**」便出！

一日除夕晚參，權師曰：「**半生東奔西走，年窮裩破無口，雲中爆竹堆聲，水上權鯨疊吼，巖居一種風流，冷水快飲三斗，笑倒拾得寒山，撫掌竟忘禿帚，近來費盡米鹽，養得一頭癩狗，度歲聊以烹陳，愧乏泰和老酒。**」遂以手作供勢曰：「**請！**」（覺浪 盛嗣）。

—《五燈全書・卷一一八》。《卍續藏》第八十二冊頁 707 上。

## *65* 清・諾巖大師

清・諾巖大師，即嘉興 龍淵 諾巖 愷禪師。武塘 夏氏子，少

業儒，博綜子史，屢試不遂。年廿六，一日感異夢，遂有出塵志，偶于僧舍閱《楞嚴》，未及半，置卷長嘆曰：「至理不明，孜孜役於筆墨何爲哉？」隨即投清淨祝髮，謁淨慈 嵒（同「巖」）「圓具」。

執侍久之，一日巖師聞僧舉「應無所住，而生其心」，有悟入，後參夢庵 覺于青蓮，問末後一著，始到牢關，未審如何透得？覺師拈杖打曰：「不妨爲汝通一線」。巖師曰：「通後如何？」覺曰：「七縱八橫。」巖師便喝！覺又打！巖師約住送一送。覺擲杖曰：「今日放汝出一頭地。」巖師禮拜，覺頷之。

一日上堂，巖師拈挂杖云：

「者一著子，光騰燄熾，五眼難窺其際，電掣雷轟，千耳莫聞其聲，及盡去也。相逢者少，龍淵者裏，有時恁麼，倒捲銀河千丈雪，有時不恁麼，放開金谷萬層光，有時不恁麼中卻恁麼，花影月移香蘺露，有時恁麼中不恁麼，柳絮風吹半點無。」

此四句中，有賓有主，有照有用，莫有檢點得出者麼。復卓杖云：「爲拋香餌釣金鱗，不惜綸竿頻滯水」。（夢庵 覺嗣）

——《五燈全書‧卷一〇二》。《卍續藏》第八十二冊頁 612 中。

## 66 清‧皓月大師

清‧皓月大師即天津 先登 皓月 皐禪師。霸州 鄧氏子，卅歲，隨父遊學於講肆，生嗜跏趺坐，一日閱《楞嚴》，至「清淨本然，云何忽生山河大地？」有疑，時值世艱，故依天津 雲庵剃落，遂參慈翁 森，問：「清淨本然，云何忽生山河大地？」森喝曰：「誰教汝恁麼？」月師亦喝。森曰：「石上又生苔！」月師擬議，森便打。

復往親大覺 琇于萬善殿，月師問：「清淨本然，云何忽生山河大地？」琇打曰：「喚甚麼作山河大地？」月師舉拳曰：「者箇聻。」琇曰：「放下著。」月師便喝！琇曰：「輥泥團漢」。

月師疑情益切，一日遊盤山，聞一僧誦曰：「山河大地咸是妙明真性中物。」月師有省，即造見雪子 淨。

淨便問：「清淨本然，云何忽生山河大地？」
月師曰：「春日晴黃鶯鳴。」
淨伸一足曰：「老僧為甚翹足？」
月師曰：「貧人思舊債。」
淨以足畫一畫曰：「者裏道句看。」
月師曰：「請和尚收足！」
淨曰：「未在更道」。
月師便喝！淨領之。

未幾，淨師遷西山 永壽，命月師理院事，淨示寂，師率眾建墖于本山，眾即延師繼席（雪子 淨嗣）。
——《五燈全書·卷一〇二》。《卍續藏》第八十二冊頁 607 上。

# 67 清·三立大師

清·三立大師即桐川 妙覺 三立 淨覺禪師。宛陵 劉氏子，投東星 鑑薙髮。年十八南遊，多所參請，因讀《楞嚴》「知見立知，即無明本」，嘆曰：「古今作破句讀，且受用不盡，我何為滯此耶？」遂往詣徑山，見語風信，看「生從何來」話，因見百年三萬六千朝語，打失鼻孔。復受具戒於天童，值雲門開法，三江師往謁，機緣相扣，遂得法焉。

一日上堂曰：「幾陣清風來殿角，一輪明月照樓臺」。

復上堂又曰：「妙超情謂，舉無意路，如何若何？漫勞顧佇。山僧未出方丈時，千聖頓難措足。已出方丈後，萬物盡乃增輝。由是奮大機，發大用，使他鈍鳥飛空，困魚出海，會得者，鐵牛吞吐千峰月；不會者，石虎呼回五嶽雲。會與不會，又作麼生，嚲，婆頭走狗叟，嚙突帝都丁。」

立師得法後，愈益韜晦，遠隱桐川 東山數年，妙覺寶坊巍然而起，未幾無疾化去（三宜 盂嗣）。
　　——《五燈全書‧卷一一一》。《卍續藏》第八十二冊頁 683 下。

《楞嚴經‧卷四》云：
　　若棄「生滅」（生滅之意識妄心與生滅妄塵），守於「真常」（不生不滅的常住真性），「常光」（常住真心之光耀）現前。
　　「(六)根、(六)塵、(六)識」心，應時銷落。
　　「想、相」（妄想幻相）為塵，「識、情」（妄識情慾）為垢。
　　二俱遠離，則汝「法眼」應時清明，云何不成「無上知覺」？

# 68 清‧無隱大師

清‧無隱大師，名燾，俗為毗陵（江蘇 常州）丁氏人。幼喜閱佛經，年十三，了悟《楞嚴》大義，即入郡西 可庵出家，精研《華嚴》、《楞伽》、《起信》、《唯識》諸大乘經論。開講於紹興 戒珠寺。晚住夫椒 神駿寺。有《無隱禪師語錄》一卷。參見《語錄事略》。
　　——震華法師遺稿《中國佛教人名大辭典》頁 743。

# 69 清‧燈巖大師

　　清·燈嚴大師，即京都 大悲 燈嚴 德禪師。俗為江南 常熟 朱氏子。師生時，香光滿室，四歲，便解「趺坐念佛」。十歲許，父歿，偶至城西地藏，見壁上「地獄形相」，生恐怖心，欲出家，母許之。一日讀《楞嚴》，至「阿難！此非汝心處」，頓起疑意，三年乃有所會。後與福定，以「主人公話」相詰，益自奮力研究，歷參吳下知識，俱不契旨。

　　待「圓戒」畢，省從兄于蒲邑，道出京師，途次遭撼，「疑情」冰釋，適定師住都門 鐵佛，嚴師詣之，定師曰：「幾年不相見，此事又如何？」嚴師曰：「鼻孔依然向下垂。」定曰：「那裏見得？」嚴師曰：「特來禮拜和尚。」是夕，嚴師陳向所見，痛棒打出，如是者三。一日嚴師入方丈，纔開口，便打，當下若脫「千觔擔子」相似，禮拜後便出。嚴師受囑後，初住虞之破山，復入都，住大悲 廣泉諸剎。

　　一日上堂，舉僧問趙州：「如何是祖師西來意？」
　　州曰：「庭前柏樹子」。
　　僧曰：「和尚莫將境示人。」
　　州曰：「我不將境示人。」
　　僧曰：「如何祖師西來意？」
　　州曰：「庭前柏樹子。」
　　嚴師曰：「若言心境一如，好與這僧一坑埋卻：若言信手拈來，
　　　　　　毀謗趙州更甚，畢竟如何是祖師西來意？庭前柏樹
　　　　　　子」。

　　某夏日上堂，舉洞山因僧問：「寒暑到來，如何迴避？」
　　山曰：「何不向無寒暑處去？」
　　曰：「如何是無寒暑處？」
　　山曰：「寒時寒殺闍黎，熱時熱殺闍黎。」
　　嚴師曰：「轉功就位，轉位就功，融通妙叶，不犯離微。」

自是洞上宗風，只如寒時寒殺，熱時熱殺，又作麼生回互，不見道，太陽門下日日三秋，明月堂前時時九夏。

一日士問：「大鵬展翅即不問，金榜題名事如何？」
巖師曰：「久已斫額望子。」
曰：「如何是無根樹？」
巖師曰：「切忌節外生枝。」
曰：「如何是無陰陽地？」
巖師曰：「踏著幾人知。」
曰：「如何是屮不響山谷？」
巖師曰：「動容揚古路，不墮悄然機」（平巖 定嗣）。
　　——《五燈全書・卷九十六》。《卍續藏》第八十二冊頁556下。

# 70 清・道瑞大師

知止 道瑞者，廣安 王氏子，亦參密雲而有悟者也。年十六時，依邑中奉聖寺 惟遠得度。嘗赴講席，聞《楞嚴》七處徵心之旨，頓起疑情，發志參方，數禮名德，謁語風於徑山，叩密雲於天童，時密年已七十矣！龍象威儀，棒喝如雨。一日於眾中出，問曰：「如何是木人看花鳥？」密云：「但自無心於萬物，何妨萬物常圍遶？」因之有省。

退而遊普陀諸勝，復歸奉聖掩關三年。時聞象崖演法五龍，乃出而往叩，象曰：「聞道汝南方去來？」道瑞曰：「江山雖有別，古鏡甚分明。」象曰：「帶得何物來？」道瑞展兩手相示，象諾之。後付法源，有一鐙分點百千鐙之囑。遂於諸方開導，弘布宗乘。

順治癸巳至滇居曲靖 東山 報恩寺，禪聲懋邑，道骨凜然。後

於迤東及會城，重興古剎十餘所。至康熙壬戌六月十日，乃舉拂說偈曰：「臨末稍頭一句子，十方諸佛口難宣，老僧露箇真消息，凡聖從茲識本源。」語畢擲拂泊然而化。异歸交水 龍華寺茶毘，陰雲四合，雨似傾盆，俄而八表開霽，送者數千人，悅澤而歸。塔於寺右，其上火光夜明，旬日方息。

——《新續高僧傳·卷二十二》。《佛教藏》第一六一冊頁 408—409。

# 71 清·海華大師

　　釋海華，字藏林，姓鄧氏，宿人也，江寧 古林寺僧。將娩之夕，母夢眾僧受食，中有老衲眷盼久之，遲回不去，覺而舉子。知有宿因，宜祈佛果，遂求法名於里南 大聖寺 心融。心曰：「俗子投佛，意期蔭怙，若華藏林，無畏風霜。」因名字焉。華生而岐嶷，幼有雅趣，性不嬉狎，獨懷靜潔。嘗隨母入寺，見僧威儀，戀戀不還，親嘉其志，又感前兆，命依心融祝髮，一切經典受授不再。時有隆野弘法夏邑，偕從與席，期畢復之彭城，值雲崔老宿譚莊 老於塔山，眾多與之，華獨謂：「學無內外，內外在人，欲大其心志妙其有無，此二學可表裏而不可偏，尚吾道大成，如海納百川同一鹽味。眾莫能易」。自是周遊瀛宇，循覽天中，達哲邵英，悉皆訪謁。凡住處案頭，唯寶舊訓，熟讀精討，志在力行。

　　聞祇峰 法主闡《楞嚴》於古徐 功德林，不憚千里，研窮數月，不能無疑，負笈南下直指金陵，參月潭於《圓覺》，再繹《楞嚴》，前疑洞釋。

　　明崇禎十年丁丑冬請戒於古林，印含喜其敏達，命日記錄書翰，文詞代之裁治，靡不雅鍊。時心融南詢欲華偕行，印謂華曰：「律是慧基，非智不奉，學未彌臘，豈宜他事？」猥以心命，不敢重違，同造天童 密雲禪師，令看父母未生前語，數月未徹。無何心融 印

含相繼寂滅，華還古林，除職維那，偶提前說，頓破群疑。

　　大清順治三年，西竺老人居碧峰，新舊數千指，獨識華於言論之表，稱其戒行嚴密，學德俱深。壬辰春揵椎集眾繼席古林，是秋歲旱乏食，眾以大豆雜充午缽，有私市麥食以供方丈者，華斥之曰：「大眾忍饑，我獨果腹，是陷我於不義。」侍者感悚，復躬親勞作，實導平等，眾益親附，學徒雲臻。以康熙十八年己未入滅，壽七十二，臘四十九。塔於古林後山。

　　　　——《新續高僧傳‧卷三十》。《佛教藏》第一六一冊頁 524—526。

# *72* 清‧正會大師

　　釋正會，字道光，姓劉氏，永寧人，燕京廣濟寺僧。母李氏，慈心愛物，勤苦自持。會生而性質剛直，樸實持重，志趣高超，有不可一世之意。年十二便爾離塵，為安國寺果從所撫。及長披度，從能隱法師聽講《楞嚴經》，聽未竟，忽焉開敏，識力慧心，自異群侶。清順治七年玉光老人說戒廣濟，會拜受焉。爾時緇眾雲集，日給浩繁，會因辭去，復至汾上，見田廬榛莽，耆舊凋零，斷井頹垣，離離禾黍。低佪久之，蓋兵燹之餘，流寇蜂聚，燕趙衛晉殘破尤甚，乃思南遊，從事參究。於是泛長江，浮震澤，往來金陵鐵甕間，徘徊於玉峰鑑湖之上，登高四望，滿目烽煙，憑弔欷歔，悵然自失。

　　由是復折而北，歷齊宋魯魏，遂造五臺，時順治十八年也。其在臺山退然自處，不異於人，人亦鮮知者。嘗獨尋幽勝，自為禪悅，時逢暮春，磵豁草綠，徐步梵園，荒蔓四圍，路徑皆沒，方舉袖拂草藉茵為坐，忽見空中金光數丈，瑞雲晻映間，若文殊寶相，半隱半露，頃之屹然前立。會驚愕下拜，俄而一片紫霞從東飛來，與之西去，金光遂滅。因以白眾，聚多疑之。然會生平無戲言，知

不誣也。既感瑞應，益自憤發，行「般舟三昧」百日，持誦精進，勇猛無前，回向西方，直欲與佛齊肩。康熙元年復入廣濟為西堂首座，十年說戒信安。

　　——《新續高僧傳‧卷四十五》。《佛教藏》第一六一冊頁408—710。

# *73* 清‧萬清大師

　　釋萬清，字侶石，晚號山夫，姓唐氏，楚人也。淮安誕登寺僧。將誕，母夢老僧戴笠執杖入其室，明發生兒。髫年聞持大悲咒者數過即成誦，比從塾師學輒慧根潛發。嘗從菩提靈祖乞開示，歸而研於私室，昏夜危坐，倦則面牆。年二十求出家，投洪福寺，禮應知薙染，授以《楞嚴》，讀之至「波斯匿王章」，觀河驗見處有省。尋詣寶華定庵圓具，既而曰：「持犯束身而已，心地發明非大匠曷由啟迪？」遂南下參碩揆志於靈隱，謁天嶽晝於天童，叩湘翁法於顯聖，皆有引入。復閱天台止觀，誓行「般舟三昧」，凡九十日。

　　至庚辰冬復閉處一室，倏焉三載。偶乘昏倦，就榻假寐，遽躍然擲其衾褥於外曰：「古人秉睿哲之資，尚脅不席，矧在推魯，若不倍進，道業何日而辦？」人皆歎服。

　　一日夢見「英端瑞首」四字，謂其徒曰：「吾勿起矣！吾老矣，安得英且瑞乎！開其端而創其首耳，後當有興者。」因書偈曰：「虛度七十三年，宛如雲過大千，雲既歸壑，太虛朗然。」浴餘易衣坐化。時乾隆二年八月二十三日，移時頂熱如焚，壽七十三，臘五十三。塔於丈人峰下。清氣貌雄偉，廣顙豐頤，垂老面如滿月，鬚髮如銀，目炯炯有光，人見而敬之。五坐道場，皆有語錄。所著詩文偈頌或勸刻之，清曰：「佛祖教書，何止汗牛？今多置之，矧吾言乎？徒禍棗栗。」性好放生，所活尤眾。

　　——《新續高僧傳‧卷四十六》。《佛教藏》第一六一冊頁714—716。

## *74* 清・本實大師

　　釋本實，字性空，姓戴氏，尋甸人也，永豐禪院僧。生而岐嶷，穎異過人。幼孤依母撫育，少習詩書，志軼塵儕。及長禮古林薙髮，誓持《法華》，跪誦十載，乃從和雅受具。嘗閱《楞嚴》而疑之，因參鐘靈梵公，示以萬法歸一語，力究數載，一夕夢為虎吞，覺而五內清涼，殊勝曩日。偶以習定問梵，梵曰：「性本至空，何定可習？」言下有省。因以為字乃作偈曰：「絕心絕境絕情識，絕到無時更有誰？雙手拓開波底月，大光明藏本如如。」後掩關刺血書《華嚴》二部。

　　時定北王艾公企其高德，延主永豐，名公巨子嚮往日眾。常趺坐山石，林麓幽勝，自酣禪悅，忽有巨蛇蟠踞石上，實至熟視之曰：「汝踞吾石，吾坐汝身。」遂就蛇坐之，蛇頫首委蛇，徐徐循去。傍僧問曰：「具何神通，蛇不敢縛？」實曰：「若有神通，早被他縛卻矣！」因注目直視，問傍僧曰：「會麼？」僧不能答，實曰：「神通也不識。」僧禮而退。

　　於康熙壬子冬，忽謂眾曰：「吾明日去矣！」書偈默然而逝。壽六十九，臘五十。塔於永豐之陽。

　　——《新續高僧傳・卷二十三》。《佛教藏》第一六一冊頁412—413。

## *75* 清・超乘大師

　　釋超乘，字天鐘，姓繆氏，南陽人也，公安觀音寺僧。父曰以政，明崇禎庚辰進士，母冉氏，信心佛果，檀施無悋，夢遊香巖寺，有老僧乞屋，許之方驚而誕乘。清順治丁亥隨宦來楚，甲午失怙，以蔭入國學。

丁酉選定海縣菰任一載，因海寇猖獗失地而歸，迴翔燕都鬱抑無聊，時上西山一縱心目，因與叢社知識辯析儒佛，頗窮玄理，已有離世之感，以母老子幼復還鄉里。終苦塵囂，更攜二僕遊南嶽，過紫荊峰，至大隱 龍山 慈雲謁杲日。杲曰：「君子樂游山耶水耶？」乘曰：「二途俱不涉。」杲云：「截斷兩頭，向父母未生前道將一句！」乘乃嘿然，數日即哀懇薙髮，隨眾習勤，朝夕無倦，杲以法門柱石期之。

康熙二十三年，聞杲寂，回山奠之。踰年至荊州 龍山，遙望松枝兩處雲巒秀聳，心焉嚮之。丙辰秋渡江覓憩居之地，過西來寺禮雲錫，會雲與眾論《楞嚴》，每以言挑之不露一詞。一夕雲舉《楞嚴》「見見之時，見非是見；見猶離見，見不能及。」有僧舉問：「古德擎拳，云還見麼？」乘不覺答云：「頭上安頭。」雲曰：「似則似是則未是。」乘云：「疑則再參。」復頌曰：「春至園林花自開，幾人識得解拈來，堪笑瞿曇藏不住，機前繞弄嘴頭乖。」雲首肯之，付以偈云：「四七二三歷代傳，重興臨濟峰山川，老僧付汝全擔荷，大闡洪宗鼻祖禪。」又囑云：「識汝天鐘圓音最洪，透徹三界剎海盡融，龍象聞聲雲集。聖凡逐響皈崇，亦任興揚祖道處處流通。」

甲戌乘為雲偏刻語錄入藏。在康熙四十三年正月六日示寂，塔於沙市 寶塔 觀音寺，著有《語錄》三卷。

——《新續高僧傳·卷二十三》。《佛教藏》第一六一冊頁418—420。

# 76 清·智檀大師

釋智檀，字香木，晚號肺山，長沙 嶽麓 萬壽寺僧，姓馮氏，漢中人。本儒家子，生有殊姿，方九齡即有志棄家學道。頂有黑子，大如芡高於粒，有相者曰：「此子松頂一珠必高僧也。」檀聞之益自

決。時寇盜充斥，父母繼亡，避兵深山，從熱病中感觀世音，見相膜拜而愈。年二十，往明珠院禮無量薙髮。聞兩僧對語，欲了生死必須參學，乃矢志行腳，至終南讀《楞嚴》有感。入長安遍投講席，所至或代座演論，群相推許，已而歎曰：「行腳事止於是耶？」因遊湖廣與人論《圓覺》，至「普眼章」：「根根塵塵，周帀法界，無壞無雜」處，忽聞孩提擊鐘聲，不覺失笑曰：「原來又襍雜。」其語竟下座，覺通體舒泰，不可言喻，自是不復事義學。

尋至湖湘覓隱深山，值長沙 嶽麓寺久廢，為虎狼所居，人莫敢近。檀杖錫深入，就樹結茅，唯一行者自隨，夜則經行林麓間，虎皆馴伏，不踰月，禪侶聞風漸至。歲大旱，檀為誦佛禱雨，所至甘霖立沛，鄉人感之。後曾與召南譚論，有「心靜自涼」一語，不合，欲羅致其罪不得，或勸檀避之，檀曰：「禍患之來亦時節因緣，山僧得力處正在於處禍患處，禍患即所以了生死也。」械繫至獄，笞辱隨之。檀在獄中每得食必施囚徒之饑者，有遘贖鍰代募金償之，常勸念佛以消夙業。久之得釋，乃誅茅天岳 雲騰寺。

未幾遊南嶽，住馬祖傳法院。康熙庚子春，中夜月朗二虎怒號，若山崩石裂，直至草廬，檀策杖坐門前屬聲喝之曰：「爾業根未斷。」一虎俯伏，久之鐘鳴，二虎一躍而去。檀戒侍者慎勿言，恐謂我惑眾。後往山谷者多見虎，虎不傷人，人皆知虎為檀所馴。及檀寂，虎亦去。著有《便麓居雟蔓篇》、《滇游集》、《嶽麓衡書埋雲草》、及《文集語錄》若干卷。

——《新續高僧傳．卷二十四》。《佛教藏》第一六一冊頁 437—439。

# *77* 清・圓惺大師

釋圓惺，字鑑莽，一號傳真，姓蘇氏，西蜀 通江人也，當陽王泉寺僧。幼失恃怙，依於外宅，九歲避寇梁山旁匿沙河 菩提庵，

禮偶然師出家，後為破山老人行者。清順治三年出蜀入楚，謁玉泉恒河律師，潛心向學，五年進具。肄習律儀兼窮賢首，二時聽受十有七年。嘗參「耳根圓通」猛然開竅，為主僧一真所知。真本當陽劉氏子。初習賢首教觀洞明經旨，嘗講《楞嚴經》說三聚戒得圓通法門，及體性三昧者不可勝數。惺參「動靜二相，了然不生」之旨有省。作偈呈真，有云：「原來在這裏，何須向外求？爛嚼人糟粕，驢年未了休。」真為印可，付以衣法。

康熙元年，湖南九谿鎮將郝公請演《金剛》、《楞嚴》，二年，土司宣慰向公延講《法華》，皆能闡明秘奧妙入幾微，教海神龍無以踰之。三年遊金陵，見華藏大咸。問訊之餘一喝云：「汝興教乘，此喝應如何講？」惺曰：「下文毓冗，附在來日。」歸寮呈頌曰：「晴天轟霹靂，千地起波濤，欲曉如斯旨，塚頭滓萊蒿。」咸覽之嘿然。翌日咸復問曰：「《楞嚴經》空有俱非，汝試說之？」惺答以偈曰：「說有不有，說空不空，行住坐臥，常在其中。」咸屬聲曰：「此子大有悟入。」已而入兩浙，謁玉琳晞於天目，遂參木陳老人。

十八年提督徐公請開堂弘法。一時賢俊如慧目、具拙、宗乘、鶴飛、梅谷、照玉、瑩名，皆當機演唱，王公士庶亦樂聞法要。四十年三月八日，說偈而逝。先數日自知期至，力疾還玉泉。與眾話別，語音琅琅其病若失，眾方冀其延年，乃如約而去。世壽七十四，僧臘五十四。門人建塔於羅漢山。荊州釋天茨為之銘以彰盛德。天茨文詞爾雅，別有傳具弟十科。惺著有《語錄》二卷。

——《新續高僧傳·卷九》。《佛教藏》第一六一冊頁211—213。

# 78 清·周垣綜居士

清·周垣綜居士，字杲菴，鹽官人。因讀《楞嚴經》起「疑情」，參報恩賢師，賢問：「維摩一默，意旨如何？」垣綜曰：「雖然無語，

其聲如雷。」賢師然之，即予付囑。垣綜初奉職於藩幕，受賢師付囑後，便退居林泉，力任「大法」。凡僧俗咨參，皆能隨機唱導，眾人比為龐居士。

——明復法師編《中國佛學人名辭典》頁 252。編號 1510。

——《五燈全書（第三十四卷-第一二○卷）》卷七十七。《卍續藏》第八十二冊頁 408 中。

# 79 清‧施無幻居士

清‧施無幻居士，杭州（今屬浙江）人。一日閱《楞嚴》，至「見猶離見，見不能及」，有省。參訪南谷和尚，無幻呈其所得。南谷和尚曰：「適來呈所得，是什麼見？」士云：「甕中走卻鼈，半夜放烏雞。」南谷和尚即可之。

——震華法師遺稿《中國佛教人名大辭典》頁 515。

——《正源略集‧卷十二》。《卍續藏》第八十五冊頁 75 中。

《楞嚴經‧卷五》云：

**佛告阿難：「根**(六根)**、塵**(六塵)**」同源，「縛**(繫縛)**、脫**(解脫)**」無二，「識性」**(六意識)**虛妄，猶如「空華」**(虛空中之幻華)**。**

# 80 清‧西遜居士

清‧西遜居士，即東越 西遜居士淨超。山陰 祁氏子，俗名駿佳，家世通顯，父參知彝度公，名儒名宦，而兼通教乘。母王氏，嚴肅有度。崇禎 戊辰中，恩選入「進士」，因連喪父兄，忽悟無常，偶得雲棲 宏諸淨土書，如鳥出籠，遂專持佛號。持至入城市不見有人，舟行數十里，如飯食頃之境。後遇麥浪 懷師，策以「宗乘」事，遂事「參究」。

一日閱《楞嚴》，至「覺明爲咎」處，大疑曰：「世界未起！眾生未有！此念是誰動耶？」遂質之懷師，懷喜曰：「子眞疑啓矣！」勉之，不與説破。辛未結伴坐禪，坐中每覺「身界俱空」，而未大發明。

次年結友度夏，偶午睡，聞「磬聲」驚覺，見「心遍空界」，遂打破生死去來之疑，著語曰：「咄不妨被汝道著。」又有磬聲一擊，夢初回，突出虛空破鐵圍之偈，然尚覺空中有物也。

冬參天童 悟，值悟師論「格物」旨，忽顧士曰：「還會麼？」便棒！此時胸中如脫去萬斛泥沙，有牛頭搕著馬頭動，折箸攪海魚龍湧之偈。然自知坐在虛寂中，於一念緣起，不能快然。

次年入都廷對畢，即焚樨歸隱，每冬必結友枯坐，如是者五六年。戊寅年，參雲門 孟于龍門，度夏坐。冬適孟與旁僧，舉「摩訶衍」義，忽觸破從前所執，遂述罷戰，吟曰：

> 「死守寒巖六七秋，常將戎事拄心頭，一朝四海同家也，百戰功勳何處酬？山自青水自幽，鳥啼花放自優悠，不教移動鍼鋒許，處處堯歌樂未休」。(三宜 孟嗣)。
> ——《五燈全書·卷一一一》。《卍續藏》第八十二冊頁 683 上。

# 81 民國·開導大師

開導 印大師，浙江 永嘉 陳氏子。弱冠詣普陀山出家，數年無所得，赴金陵聽諦閑法師講《楞嚴經》，稍有悟入。後嬰足疾，卜居慈谿石屋茅篷，禪觀之餘，日誦《法華》、《地藏》各一部，深夜常坐不臥。一夕身心脫落，足疾遂愈，旋居西方寺閱藏，於百千法門中，以西方為歸，乃就本郡破瓦頹垣之準提寺，構屋數椽，終身棲止。郡之男女，因之信願念佛者甚眾。十九年，忽示疾，跌坐面

西，念佛而逝。(見《佛學半月刊》第五十九期)。

──《淨土聖賢錄四編·卷上》頁 23─24。

## *82* 民國·玉成大師

民國玉成大師，名嚴璞，號脫山，江蘇 泰縣人，俗姓沈，性慈善聰穎。年十七，隨父渡江，舟覆獲救，因悟人生本幻，依宏開寺 應懷和尚出家。研教不倦，受具戒後往金山 高旻兩禪堂，力參向上一著，稍有省悟。復參謁九華、普陀、天臺諸名山高人，求授心要，聽焦山 通智法師講《楞嚴》，至「七處徵心」，恍然大悟，奉召回處理寺務。養寡母於寺，無疾而終。

會戊戌年清廷變政，侵佔廟產興學之風甚熾，被請為泰縣僧正司，屏藩僧尼，不辭勞怨。復興觀音寺、西來庵、竹林庵等殘破寺廟，皆一手經營，創建沈氏家祠，供奉佛像及俗氏祖靈，贖遺產安僧眾，以司香火祭祀。晚年專修念佛三昧，六時無間，精進逾恆，而六根聰利，矍鑠異常。

二十五年秋後，飲食日減，而行動自若，預知果報將盡，遂召各處子孫回寺。囑以後事，命結期念佛四十九日，拒醫藥，最後每日僅稍飲水，飭終衣服，自行穿就，期待佛七圓滿，了此幻身，往生淨土。果於十月初九日已刻圓七時，說偈云：「八三年來苦糾纏，生身祇因業力牽，而今專念彌陀佛，願生西方九品蓮。」說畢安詳而逝，年八十三。──(《歷代淨土高僧選集》頁144)。

評曰：命結期助念，而恰逝於圓七之時，此預知往生之時也。建家祠而中供佛像，旁供祖靈，置遺產，安僧眾，以司香火祭祀，在家人亦宜效法，使祖先皆蒙佛力超拔，誠孝之大者也。

──《淨土聖賢錄四編·卷上》頁 39─40。

# 83 民國・倓虛大師

民國倓虛大師，名隆銜，又名今銜，河北 寧河 王氏子，俗名福庭。母夢梵僧求寄宿而生師，三歲不能呼父母，惟言「吃齋」二字，六歲母又夢師為僧，十一歲入塾讀書。十四歲習商，有出世志。十七歲成婚，旋夢至冥司，出世志益堅。廿六歲聯軍入京，逃至營口，設濟生堂藥店，暇研《楞嚴》，深有會心。六年春，四十三歲，決志出家，潛赴天津，禮淶水 高明寺 印魁和尚剃染。秋赴浙江 觀宗寺 諦閑法師座下，受具戒，留寺習教，進境奇速，後付天臺宗四十四世法卷。

九年同觀宗住持禪定法師，為請藏經而北上募緣，抵營口藥店尚存，妻聞開示，即皈依禪定，長齋念佛。四子之二，後亦出家。生平教演天臺，行宗淨土，狀貌偉梧，聲如洪鐘，每一升座，四眾雲集。

先後講《彌陀經》二十四遍，《心經》、《金剛》、《楞嚴》等經論註疏各數十遍，皆指歸淨土。教導後學，修習止觀念佛，逢人亦諄諄勸以念佛法門。印經十萬餘冊，講學接眾，口無暇逸，恆示學佛要旨為「看破、放下、自在」，云：「看破是般若德，放下是解脫德，自在是法身德」。聞者意解，著述等身，惟《念佛論》及《普賢行願品隨聞記》，專弘淨土，在中華佛教圖書館舉辦星期講座，長年說法。直接受其薰陶，與間接蒙其影響，而歸向佛門，四十年來，約數百萬人。

五十二年五月初十日，講《金剛經》至十七分，忽感疲倦，飲食減少，仍談笑自如，風趣橫生。經醫檢查無病，六月十六日回弘法精舍，準備後事，對眾云：「人生如戲，生如是、死亦如是，現

已演完，應收場矣！」有勸服藥者。師云：「藥能治病，不能治命，人命以無常爲定律，無常到來，誰亦難逃。我自己生死，自己能作主，亦自知去處。」並對弟子等，諸多吩囑，勉各自重。

六月廿二日下午二時，自撫脈云：「脈已亂，請扶我起，我要去矣！」說畢。趺坐結彌陀印，在大眾念佛聲中，安詳而逝，年八十九，僧臘四十六，建佛七四十九日。圓滿茶毗，白雲縹緲，香聞數里，獲舍利數千，骨花五大盤。(《影塵回憶錄》)。評曰：看破放下自在，爲學佛要旨，而修淨業者，尤須看破放下，方能自在念佛，易得一心，臨終方無罣礙，自在往生。

——《淨土聖賢錄四編・卷上》頁76—78。

**按：**倓虛大師初學佛時即苦讀《楞嚴經》達八載，深體其經義。後大師一生宣講《楞嚴經》達十三次之多。以此大師修行之證量還證《楞嚴經》之真僞，明矣！

## *84* 民國・張炳槙居士

民國張炳槙，字克誠，四川廣漢人，晚年自號淨如居士，幼敏而質直。年十二，畢六經，弱冠，食餼，屢應鄉試不售，乃退而學易，以自消息。清光緒三十四年，至京師，國家始開殖邊高等學堂以求才，炳槙以四十之年就學數載，以最優等畢業。民國初赴蒙古，參機密，復任大同執法處長，日理刑決，忽念此事非所應為，遂棄官。偶讀《楞嚴》，乃深生感悟，尋返京師，居廣濟寺半載，不謁顯要，唯究《楞嚴》，一几一盂，蕭然自得。時清一老人，適止寺中，深相愛重，其寺歲久彫蕪，金像剝蝕，隨化有緣，權宜修葺。每謂平時用功尚未精純，欲以福業為助。

民國三年，與同志沙門居士，立念佛會，是後凡蓮社講席，並

傾心挹德，贊助成功。歲餘，清老棄世，乃移居鷲峰寺，寺已故朽，又一意修復，曲折經營，所得束脩，并盡施捨，念佛修福，雙輪並運，精誠篤勵，數年無改。嘗語其同行友曾毅齋、孫道修云：「吾輩提倡佛學，但勸人向平實處學，莫勸人向玄妙新奇處學。」將西逝之前十日，與孫 曾二君晤談良久，且云：近日事多違緣，惟念佛之功猛進。

　　於民國十年臘月二十七日，未刻，坐化於寺。是夕，毅齋夢其御空西行，若駛飛機者，同乘十餘人，皆安隱自在。二十八夜方殮，頂門猶溫，時年五十八。(見《近代往生傳》)。

　　　　　　　　　　　　　　　——《淨土聖賢錄·下冊》頁 64—65。

義　解　篇

# 1 唐·神湊大師

姓成氏，京兆 藍田人也。生而奇秀，卯角出塵，遠慕戒律，祈南獄 希操師受具，復參鐘陵 大寂禪師，然則志在《楞嚴經》，行在《四分律》，其他諸教餘力則通。大曆八年，制懸經論律三科，策試天下出家者，中等第方度，湊應是選，詔配九江 興果精舍，後從僧望移居東林寺，即雁門 賈遠之舊道場也。有甘露戒壇白蓮池在焉。既居，是嗣興佛事，雖經論資神，終研律成務。湊羸瘠視之頹然。州將門人醫療而不顧進藥。

元和十二年九月邁疾，二十六日儼然坐終于寺，十月十九日門人奉全身窆于寺西道北祔雁門墳左，若僧詮葬近郭文之墓也。春秋七十四，夏臘五十一。湊以精進心脂不退輪，以勇健力撾無畏鼓，故登壇秉法垂三十年，一盂而食，一榻而居，衣縫枲麻，坐薦槁桔，由茲檀施臻集于躬即迴入常住無盡財中興眾共之，每夜捧鑪秉燭行道禮佛，徇十二時，少有廢闕。如是經四十五載。生常遇白樂天為典午于郡相善，及終悲悼作塔銘云：**本結菩提香火社，共嫌煩惱電泡身，不須惆悵隨師去，先請西方作主人。**

——詳於《宋高僧傳·卷十六》。《大正藏》第五十冊頁807上——中。

# 2 唐·弘沇大師

唐·弘沇大師，蜀(今屬四川) 人。撰有《楞嚴經資中疏》。
——震華法師遺稿《中國佛教人名大辭典》頁180。
——《宋高僧傳·卷六》。《大正藏》第五十冊頁738下。

《楞嚴經·卷四》云：
**是故於「中」**(一真法界中；如來藏性中)，
**一為無量，無量為一**(多無礙→理事無礙也)；

**小中現大，大中現小**（大小互融無礙→事事無礙也）。

**「不動」**（如來藏真如不動；一乘寂滅也）**道場，**

**遍十方界**（一乘不動之寂滅道場能遍滿十方界→理事無礙也）；

**身含十方「無盡虛空」。**

**於「一毛端」現「寶王刹」。**（佛土→事事無礙也）

**坐「微塵」裏，轉「大法輪」。**（事事無礙也）

# *3* 北宋・仁岳大師

（992—1064）。釋仁岳（嶽），字潛夫，姓姜氏，霅川人。杭州 昭慶寺僧。聞法智至南湖，往依為學，法智器之。撰《問疑書》，及止疑抉膜指濫十難以折他師，而輔四明甚力。後因疾，宴坐靜室，恍若夢覺，自謂向者皆非究竟，更述三身壽量解，以難妙宗。妙宗者，四明所著也。自此道不合，還浙陽 靈山，慈雲攝為法裔。四明乃加十三簡以斥之，仁復上十諫雪謗，往還不已。會西湖 昭慶移啟相請，慈雲為詩送之，學徒從往者半，雲弗之禁。既而遷石壁，徙靈芝居。

永嘉 淨社十年，大弘化法，霅守請主祥符，觀察劉從廣請賜紫迦梨，樞密胡宿上其事行，賜號淨覺禪師。晚歲，專脩淨業，熱三指於佛前，持律至嚴，不以事易節。治平元年三月二十四日，謂門人曰：「明日日午，吾當行矣！」明日留偈，安坐入寂於隱淪堂休室。塔於何山之西隅。

仁岳著述極富，於《楞嚴》尤加意，撰《集解》十卷，《說題》一卷，《熏聞記》五卷。胡宿為之序，其略曰：「室中千鐙，多光互入，堂下六樂，正聲相宣，鼓吹妙經，藻火圓教，法施豈有盡哉？」其推許亦未為過。葬後二百餘年，何山更為禪居淨覺，塔地已夷為蔬圃，仁乃見夢於僧曰：「塔處灌溉非便，乞遷之。」及開龕，色身

不壞，舍利盈掬，乃具禮易葬他所。此與東山 神照遷塔事相類，皆能示兆於數百年之後，異哉！（詳見《佛祖統紀·卷二十一》、《釋門正統·卷五》）。

　　　　——《新續高僧傳·卷三》。《佛教藏》第一六一冊頁 96—97。

　　**按：**宋朝的仁岳大師最重《楞嚴經》，嘗著有《楞嚴經集解》十卷、《楞嚴經文句》二卷、《楞嚴經熏聞記》五卷、《楞嚴經説題》一卷、《楞嚴經説題科》及《楞嚴經禮誦儀》一卷。其《楞嚴經熏聞記》五卷，今收於《卍續藏》第十七冊。
　　又《首楞嚴經義海》三十卷中是由仁岳集解、子璿大師所義疏。今有浙宁江東崇壽經房刻本，計六冊，光緒二十八年版。大師圓寂後二百年開龕，竟得「肉身不壞」之全身舍利也。以此大師修行之證量還證《楞嚴經》之真偽，明矣！

# 4 北宋·智圓大師

　　（976—1022）。宋代僧，為天台宗山外派大師，錢塘（杭州）人，俗姓徐，字無外，號潛夫，又號中庸子。八歲於錢塘 龍興寺出家，初習儒學，能詩文，後依奉先寺 源清習天台教觀。源清示寂後，師離群索居，研考經論，探索義觀，並與同門慶昭、晤恩等闡述山外派學説，與山家派代表四明 知禮展開論辯，然一般以知禮之説為天台正統，貶抑山外派。

　　後隱居於西湖 孤山 瑪瑙坡養疾，從學者眾。自此遂勤加著述，撰《閑居編》六十卷（現存五十一卷）、《金光明經玄義表徵記》一卷等。於《金光明經玄義表徵記》中，以四難否認《金光明玄義廣本》之「觀心釋」，對抗山家派。師又通周、孔、荀、孟、揚雄、王通之書，常謂以儒修身，以釋治心，欲調合儒、釋、道三教。乾興元年二月作祭文挽詩，泊然示寂，世壽四十七。

　　遺命以陶器斂遺骸，藏於所居之巖。後十五年，積雨山頹，門人開視陶器，肉身不壞爪髮俱長，唇微開露，齒若珂玉，乃更襲新衣，屑眾香散其上而重瘞之。大師嘗謂《楞嚴》一經，劇談常住真心，的示一乘修證，為最後垂範之典，門人有以撰疏為請，曰：「此經解者已二三家，學者未安其說，師胡不以三觀四教，約文申義，以啓後人？」師從之，研覈大義，以為智者三止之説，興經懸契，淨覺謂其得經之深，非諸師所可及也。

　　因師撰《文殊般若經疏》、《遺教經疏》、《般若心經疏》、《瑞應經疏》、《四十二章經注》、《不思議法門經疏》、《無量義經疏》、《觀普賢行法經疏》、《阿彌陀經疏》、《首楞嚴經疏》等十種，以教徒眾，世人乃美稱師為「十本疏主」。又以師隱居孤山，世稱孤山 智圓。徽宗 崇寧三年（1104），敕諡「法慧大師」。除上記外，另撰有《涅槃經疏三德指歸》二十卷、《維摩經略疏垂裕記》十卷、《首楞嚴經疏谷響鈔》五卷、《金光明經文句索隱記》一卷、《涅槃玄義發源機要》一卷、《十不二門正義》一卷等等，凡一百七十餘卷。（見《閑居編序》、《閑居編‧卷十二至卷十六、卷十九、卷三十四》、《佛祖統紀‧卷二十五》、《佛祖歷代通載‧卷二十六》、《釋氏稽古略‧卷四》、《往生集‧卷上》）。
　　　　　　——《佛祖統記‧卷十》。《大正藏》第四十九冊頁205上。

　　**按**：大師圓寂後十五年開龕，竟得肉身不壞，爪髮俱長，唇微開露，齒若珂玉。以此大師之修證仍盛讚：「《楞嚴》一經，劇談常住真心，的示一乘修證，爲最後垂範之典」。並著《楞嚴經疏》十卷、《楞嚴經谷響鈔》五卷及《楞嚴經科》六卷。《楞嚴經》之真偽，明矣！

# 5 北宋‧戒環大師

　　釋戒環，溫陵人，而佚其姓字，泉州 寶勝院僧。賦性恬澹，不溔世味，寄身空寂，研精梵誼，深造道妙。嘗病《法華》、《楞嚴》舊釋詞義淵微，初學罕喻，因於禪暇作二經《要解》，而《楞嚴》尤為翔曉。其敘科判曰：「舊科經執匿王、琉璃異代，謂非一會頓說；判教局持地耶輸等事，而斷為《法華》之後，愚竊疑焉。夫夜壑負趨，速於反掌，匿王代謝，可唯旦暮，而《楞嚴》法會自夏徂冬，此不應執異王疑異會也。《法華》自鐙明以還，諸佛無時不說，菩薩無時不證。持地既曰聞諸如來宣《妙蓮華》，豈止釋迦與？經稱摩登由神咒力，消其愛欲，與耶輸同悟夙由，或得出纏，或蒙授記。若執授記為《法華》之事，則靈山會上當有摩登乃可言同，且既言由神咒力知非《法華》，況有道記果記之異。

　　今經所言，乃道記非《法華》果記也。此又不應局授記而定先後者也。經言最後垂範者：乃結辯魔文當十卷末，實《楞嚴》法會最後，非臨滅之最後也。舊引多說，皆無足為科判準繩；科判失準，則理義差矣。夫法王說法有條不紊，初說一乘頓教以立本，即《華嚴》也；次說三乘漸教以逗機，即《阿含》、《方等》、《般若》也；後說一乘圓教以顯實，即《法華》也。《楞嚴》即《般若》、《法華》之中，實大乘終極之教。故如來密因、菩薩萬行，修證之法一切畢竟，自此以往無復進脩，直造一乘圓妙之道。

　　故《法華》會上更無地位之說，純譚妙法，隨根印可授記作佛而已。《法華》之後更說《涅槃》，扶律譚常者；扶律所以屬後事，譚常所以示真寂，此為臨滅遺付之事，非有加於《法華》也。說者不本扶律之意，輒判《楞嚴》在《法華》後，亦稱「扶律譚常」。然則進脩既畢而又進脩，扶律之後而又扶律，前則加於《法華》，後則贅於《涅槃》，是乃倒置駢枝，紊於法王之法矣。

　　夫進脩之事，譬之稼穡，猶耘耨也，譬之芙蕖，猶敷華也。既號《法華》秋穫《涅槃》捃拾，不應穫拾之中又耘耨也。既號《法

華》廢權立實，如花落蓮見，不應於廢落之後又敷華也。以經證之，瑩叄之子既領寶藏，復何所求？化城之人既到寶所，復何前進？鐙明說已中夜《涅槃》，釋尊說已四眾唱滅，復何枝蔓於《楞嚴》哉？如必《楞嚴》居後，則阿難既於《法華》諸漏已盡，而復於《楞嚴》未盡諸漏？既於《法華》堪任佛記，而復於《楞嚴》未全道力？既先領悟妙法，而復不知真際所詣？既以安住佛道，而復為彼所轉溺於淫舍？是皆倒置，理自不然。故判《楞嚴》在《般若》後也。蓋《般若》之後，慧學方盛，定力未充，人或溺於多聞，佚於正受，於是示《首楞嚴》之大定，資《般若》之大慧，使定慧均等，學行兼全，而究竟趣於一乘實相，此《楞嚴》所以作也。

論三經大致，無非為一大事因緣，而必先藉《般若》發明，次由《楞嚴》脩證，終至《法華》印可，然後盡諸佛能事序固如是也。然則，導達禪乘決擇正見，莫尚《楞嚴》矣。」又判《法華》教曰：「法王應運出真兆聖，唯為一事無有餘乘，是以首唱《華嚴》特明頓法，雖知根鈍且稱本懷；及乎怖大昏惑，乃權設方宜；至於眾志貞純則還示實《法華》。然則二經一始一終，教實相資，故今宗《華嚴》而科釋也。

或謂《華嚴》純譚實相，獨被大機，《法華》引權入實，三根齊被，二經旨趣迥不相及，引彼釋此，殆不知宗。而愚竊觀「信解品」：其父先來求子不得，中止一城，其家大富，窮子遙見恐怖疾走，正喻初說《華嚴》也。臨終命子委付財物，窮子歡喜得大寶藏，正喻終說《法華》。畫此觀之，始而驚怖終而親附者無異父，窮之所棄達之所獲者無異寶。既無以異，何為而不應宗之耶？又況二經以智立體，以行成德，放光現瑞，全法界之真機，融因會果，開脩證之捷逕，凡所設法，意緒並同，二經相宗，亦足見聖人說法始終一貫。果唯一事無有餘乘，旨趣稍馴幸無深誚也。」

《開元寺志》稱戒環所撰《楞嚴經要解》，皆能痛去名相繁蔓，

使人無泥枝葉，入佛知見，直發明秘要寶藏者也。至今學者多宗之，殆不誣也。一說開元 千佛院有主僧日誦《法華》，一白鴿常止簷間，若聽經狀。一日不至，主僧怪之，夜夢人曰：「我鴿也，得師經力轉生爲人，生某氏家，腋有白毛可識，能視我乎？」主僧如其夢求之果然，父母遂許出家，少長來從之得度，為戒環云。

　　——《新續高僧傳‧卷三》。《佛教藏》第一六一冊頁 103—106。

　　**按**：溫陵 戒環大師解《楞嚴經要解》二十卷，今收於《卍續藏》第十七冊。或見金陵佛經流通所刻本。計五冊，宣統三年（1911）印行。

# 6 北宋‧子璿大師

　　（965—1038）。北宋華嚴宗僧，杭州 錢塘（一說秀州 嘉興）人，俗姓鄭，號東平，又稱長水大師。九歲師事普慧寺 契宗，自落髮誦《楞嚴經》不輟。十三歲受具足戒。初從秀州 洪敏學《華嚴》之教，而獨於《楞嚴經》尤明。後參謁瑯琊 慧覺而有所省悟，慧覺教其返故居，弘闡《華嚴》，乃住長水寺，設講席，以《華嚴》、《楞嚴》授徒。曾於嘉興 楞嚴寺講《楞嚴經》時感天雨花之瑞照，後於楞嚴寺建「雨花堂」以紀之。其從學之徒眾，幾及一千。

　　有宋一代，華嚴宗之再振，師居功甚偉。大中 祥符六年（1013），翰林學士錢公易奏賜紫衣，署號「長水疏主楞嚴大師」。著有《首楞嚴義疏注經》二十卷、《首楞嚴經科》二卷、《金剛般若經纂要科》一卷、《大乘起信論筆削記》二十卷等行世。寶元元年示寂，世壽七十四。大師為賢首宗「第八世」祖師。(參見《釋門正統‧卷八》、《五燈會元‧卷十二》、《釋氏稽古略‧卷四》)。

　　——《賢首傳燈錄‧卷上》頁 26。
　　——《佛祖統記‧卷二十九》。《大正藏》第四十九冊頁 293 下—294 上。

**按：** 華嚴宗八祖長水 子璿大師曾講解《楞嚴經》三十餘遍，翰林學士錢公易奏賜紫衣，署號「長水疏主楞嚴大師」（詳於《卍續藏》十六冊頁834下），並著有《首楞嚴義疏注經》二十卷（今收於《大正藏》第三十九冊）和《首楞嚴經科》一卷（今收於《卍續藏》第十六冊）。

大師嘗云：「《大佛頂密因了義首楞嚴經》者，乃竺乾之洪範，法苑之寶典也。昔能仁以出震五天，獨尊三界，假金輪而啓物，現玉毫而應世，觀四生之受苦也，惠濟庶物，愍群機之未悟也……則斯經也，可以辯識諸魔破滅七趣，謂止及觀，修圓教妙明之心，發眞歸源，證上乘至極之說」（詳於《大正》三十九冊頁823上）。《楞嚴》之真偽，以大師修持證量印證之。明矣！

# 7 北宋・淨源大師

（1011—1088）。宋代僧，福建 晉江人，俗姓楊，字伯長，號潛叟。受具足戒後，雲遊諸方。初受華嚴於五臺 承遷，次學於橫海 明覃之門。其後還南，師事長水 子璿，聽《楞嚴經》、《圓覺經》、《大乘起信論》。四方宿學推為「教海義龍」，聲譽甚隆。嘗主持泉州之清涼寺、蘇州之報恩寺、觀音寺、杭州之祥符寺。未久即遷秀州 青鎮之密印 寶閣，又主持華亭 普照之善住寺，闡揚圓頓極旨。

神宗時，於錢塘之慧因寺，盛弘「華嚴宗」。時高麗之僧統 義天渡海來我國問道，執弟子禮，受教於師。初「華嚴」一宗之《疏鈔》久散佚，因義天持至，咨決所疑，遂得復傳於我國。義天歸國後，元祐二年（1087）復遣使以金書《華嚴經》新舊三譯餽贈於師，師乃建華嚴閣安置之。翌年三月，依命改慧因禪院為教院，永為弘布《華嚴》之道場。同年十一月示寂，世壽七十八。

師承子璿之後，振《華嚴》之宗風，時稱為中興教主。因先世

為福建 泉州 晉水（晉江）人，故學者以「晉水法師」稱之，為「賢首」第九世祖師。著有《華嚴妄盡還源觀疏鈔補解》、《華嚴原人論發微錄》、《首楞嚴壇場修證儀》一卷（今收於《卍續藏》第九十五冊）等。（上述資料參閱《佛祖統紀卷二十九》、《釋門正統·卷三》、《賢首傳燈錄·卷上》頁27—28）。

    ——《補續高僧傳·卷二》。《卍續藏》第一三四冊頁 69 上。
  ——《佛祖歷代通載·卷十九》。《大正藏》第四十九冊頁 672 中—下。

  **按**：宋·淨源大師雖為「華嚴宗」祖師，但仍深究《楞嚴》，有《首楞嚴壇場修證儀》一卷行世。

# *8* 北宋·子琦大師

  蘄州 開元 子琦禪師，泉州 許氏子，依開元 智納 試經得度，精《楞嚴》、《圓覺》，棄謁翠岩 真禪師，問佛法大意，真唾地曰：「這一滴落在甚麼處？」師捫膺曰：「學人今日脾疼。」真解顏。辭參積翠，歲餘盡得其道，乘間侍翠商確古今，適大雪，翠指曰：「斯可以一致乎哦否？」師曰：「不能。」然則天霽日出，雲物解駁豈復有哉？知有底人於一言句如破竹，雖百節當迎刃而解，詎容聲於擬議乎。

  一日翠遣僧逆問，老和尚三關語如何？師厲聲曰：「爾理會久遠時事作麼？」翠聞益奇之，於是名著叢席。翠歿四祖演禪師命分坐，室中垂示語曰：「一人有口道不得姓字爲誰？」後傳至東林，總禪師歎曰：「琦首座如鐵山萬仞，卒難逗他語脈，未幾以開元爲禪林，請師爲第一世。」

  上堂：「虛空無內外，事理有短長，順則成菩提，逆則成煩惱，置籠常瞌睡，露柱亦懊惱，大道在目前，更於何處討」。以拂擬擊

禪床。上堂：「四面亦無門，十方無壁落，頭鬆鬆耳卓朔，箇箇男兒大丈夫，何得無繩而自縛。且道透脫一句作麼生道？」良久曰：「踏破草鞋赤腳走。」僧問：「須彌納芥子即不問，微塵裡轉大法輪時，如何？」師曰：「作客不如歸家。」曰：「久嚮道風請師相見。」師曰：「雲月是同谿山各異。」

——《續傳燈錄・卷十六》。《大正藏》第五十一冊頁 571 中——下。

## *9* 北宋・咸潤大師

　　宋代天台宗山外派學僧，越州 上虞人，俗姓鄭，字巨源，生卒年不詳。七歲師事等慈寺之子明，精通律藏。後遊天台，讀智者大師三觀之書有省悟處。謁錢塘 開化寺之慶昭，更求深造，博究《淨名》、《法華》、《涅槃》、《楞嚴》等義理，得其心傳，慶昭乃分座而處之。景德四年（1007）上虞宰裴煥等迎回等慈寺，宣演淨教。慶昭示寂前，授以爐拂，師乃繼席梵天寺。天禧中，持山外派之主張，抗四明 知禮，批議其說。

　　天聖三年（1025），遷會稽 永福寺，隨從者五百以上。日日遣眾行化，遠近靡不崇其德。著有《指瑕》、《籤疑》等。（詳於《釋門正統・卷五》。《卍續藏》第一三〇冊）。

——《佛祖統紀・卷十》。《大正藏》第四十九冊頁 205 中。

## *10* 北宋・可觀大師

　　（1092—1182）。宋代僧，江蘇 華亭人，俗姓戚（一說傅），字宜翁，號解空、竹庵。十六歲受具足戒，學天台。初依止南屏 精微，後聞車溪 擇卿禪師聲震江 浙，負笈從之，得其法。南宋 建炎初，住持嘉禾 壽聖寺。紹興年間（1131—1162）轉住當湖 德藏寺。講經餘暇，則補注《楞嚴經》。其後移住祥符寺，因染疾退隱至當

湖 南林之竹庵。乾道七年(1171)，應丞相魏把之請，住持北禪 天台寺。淳熙七年(1180)，受魏憲王請，為南湖 延慶寺之主，未久，又歸隱當湖之竹庵。淳熙九年示寂，享年九十一。

　　生前，大慧 宗杲曾由徑山前來相與言談終日，譽之以「教海老龍」。其法嗣有北峰 宗印、智行 守旻、神辯 清一等人。重要著作有:《楞嚴説題集解》、《楞嚴補注》四卷、《蘭盆補注》、《山家義苑》各二卷、《金剛通論》、《金剛事説》(或《金剛事苑》)、《圓覺手鑑》、《竹庵草錄》各一卷等。(資料詳於《釋門正統‧卷七》、《釋氏稽古略、卷四》、《佛祖歷代通載‧卷二十一》)。
　　——《佛祖統紀‧卷十五》。《大正藏》第四十九冊頁 227 下——228 上。

　　**按**：宋‧法界庵主神智諱可觀大師之《楞嚴經補註》，或載為宋‧竹菴 可觀《楞嚴集解》。此書出自《扶桑藏外現存目錄》頁 562 中(《昭和法寶》第二冊)。今佚失或未見。


## *11* 北宋‧思垣大師

　　宋‧思垣大師，居杭州 上天竺寺，通《華嚴、法華、楞嚴、圓覺》諸經，不時敷演。又好禪法，機鋒銳猛，從學者眾。撰有《首楞嚴經集註》十卷行世。
　　——明復法師編《中國佛學人名辭典》頁 323。編號 2221。

《楞嚴經‧卷六》云：
　　佛出「娑婆界」，「此方」(娑婆世界此方)**真教體**(真實真正教化的體系)，
　　清淨在「音聞」(聲音聽聞的清淨法門)。
　　欲取「三摩提」，實以「聞」中入。

## *12* 北宋‧莫伯虛居士

宋‧莫伯虛居士，歸安人。第進士，歷守溫常，有政聲。晚退居學佛，修淨土法。撰有《華嚴經意》、《楞嚴》、《圓覺》等經註解。

——明復法師編《中國佛學人名辭典》頁413。編號3113。

《楞嚴經‧卷六》云：

**今此娑婆國，「聲論」**(聲音的理論)**得宣明**(宣揚顯明)**。**

**眾生迷「本聞」**(本覺的聞性)**，「循聲」**(依循聲塵)**故流轉，**

**阿難從**(縱然)**強記，不免落「邪思」，**

**豈非隨**(追隨聲音)**所淪**(淪溺)**，「旋流」**(旋返回不生不滅之真性，入於能聞之自性之流)**獲無妄？**

## *13* 北宋‧曉月大師

北宋‧曉月大師，字公晦，滁州（安徽 滁縣）白氏子，得法於琅琊 覺禪師（瑯琊 慧覺禪師）。後居於洪州（江西 南昌）寶峰寺，叢林通稱師為寶峰 月，或月公晦。師通暢內外，并嫻世學諸技，能詩善書，著有《楞嚴標指》、《語錄》、《詩文集》等。

——明復法師編《中國佛學人名辭典》頁642。編號5443。

## *14* 北宋‧令觀大師

（998—1088）。北宋‧令觀大師，莆田 黃氏子。年十三，出家於邑之廣化寺。擅長精通內外，尤善《楞嚴》，竊自比於長水 璿公。嘗云：「世徒傳當年《圓覺》之圭峰（指宗密），何知不有今日《楞嚴》之我耶？」師持戒清苦，雖老益力，居寺之安養院。後于元祐三年（1088年）八月示寂，壽九十一。

——明復法師編《中國佛學人名辭典》頁 156。編號 0570。

——任繼愈主編《佛教大辭典》頁 428。

——《補續高僧傳》卷二。《卍續藏》第七十七冊頁 379 下。

## *15* 北宋·法堂大師

北宋·法堂大師，開封人，為丞相薛居正之後裔。北宋·宣和七年，依長沙 益陽 華嚴 元軾下髮。後遍遊叢林，於《首楞嚴經》深入義海。自湖湘至萬年，謁雲巢 雪，巢一為師之別號也。有契，復命掌牋翰，後領首眾報恩。堂師室中唯有一「矮榻」，餘無長物，一日忽語人曰：「一月後，不復留此。」至期，往方丈謁，飯將曉，書「漁父詞」於室門，就榻收足而逝，詞曰：

「此事《楞嚴》常露有，梅花雪月交光處，
一笑寥寥空，萬古風甌語。
迥然銀漢橫天宇，蝶夢南華方栩栩。
班班誰跨豐干虎，而今忘卻來時路。
江山暮天涯，目送鴻飛去」。

——《補續高僧傳·卷九》。《卍續藏》第七十七冊頁 431 下。

## *16* 北宋·崇節大師

北宋·真際法師，諱崇節，住真寂寺，著有《楞嚴經刪補疏》。

——震華法師遺稿《中國佛教人名大辭典》頁 649。

——《楞嚴經集註》。《卍續藏》第十一冊頁 169 中。

——唐宋九師譯《大佛頂萬行首楞嚴經會解》。《永樂北藏》第一八五冊頁 168 上。

——《楞嚴經圓通疏》。《卍續藏》第十二冊頁 691 上。

《楞嚴經・卷五》云：

「知見」（喻真知真見之性）立「知」（空有二知），即「無明」本。

「知見」（喻真知真見之性）無「見」（空有二見），斯即「涅槃」。

# *17* 北宋・惟愨大師

　　唐末北宋初之京師崇福寺惟愨傳，俗姓連氏，齊大夫稱之後。本憑翊人，官居上黨為潞人也。九歲割愛悌染，冠年納戒。母氏昆弟歸于法門，故愨師便從其受教。瀾漪內湛，葳蕤外發，嗜學服勤，必無倦色。乃辭渭陽尋師隸業，或經筵首席，或論集前驅，或參問禪宗，或附麗律匠，其志淵曠，欲皆吞納之：年臨不惑，尚住神都。

　　後愨師因受舊相房公融宅請，未飯之前，房公宅中出經函云：「相公在南海知南銓，預其翻經，躬親筆受《首楞嚴經》一部，留家供養，今筵中正有十僧，每人可開題一卷。」

　　愨師坐居第四，舒經，見富樓那問「生起義」，覺其文婉，其理玄：發願撰疏，疏通經義。及歸院，矢誓寫。文殊菩薩像，別誦名號計一十年，厥志堅強，遂有冥感。忽夢妙吉祥乘狻猊自愨之口入，由茲下筆，若大覺之被善現談般若焉，起大曆元年丙午也，及將徹簡，於臥寐中見由口而出，在乎華嚴宗中。文殊智也，勒成「三卷」，自謂從「淺智」中衍出矣，于今盛行。

　　一說《楞嚴經》，初是荊州度門寺神秀禪師在內時得本，後因館陶沙門慧震於度門寺傳出，愨遇之，著《疏》解之。後有弘沇法師者，蜀人也，作義章，開釋此經，號《楞嚴經資中疏》，其中亦引震法師義例，似有今古之說，此岷蜀行之，近亦流江表焉。

　　　　　　——《宋高僧傳・卷六》。《大正藏》第五十冊頁738中。

　　　　　　——震華法師遺稿《中國佛教人名大辭典》頁675。

# *18* 北宋・道歡大師

　　北宋・道歡大師著有《楞嚴經手鑑》、《楞嚴經釋要》。清・錢謙益云:「有道歡法師《手鑑》、及《釋要》等,皆鈔類也。今略見《海眼補註》,及《桐洲集註》」。

——震華法師遺稿《中國佛教人名大辭典》頁 835。

——《楞嚴經集註》。《卍續藏》第十一冊頁 169 中。

——《楞嚴經疏解蒙鈔》。《卍續藏》第十三冊頁 504 上。

——《楞嚴經指掌疏懸示》。《卍續藏》第十六冊頁 9 中。

# *19* 北宋・道巘大師

　　(?—999)。北宋・道巘大師,廬州(安徽 合肥)劉氏。初以行者身分侍光孝 覺,即便悟旨,後於湖南 大光山薙度,尋出住昇州長慶。著有《楞嚴經說文》。清・錢謙益云:

　　「長慶 道巘禪師《楞嚴說文》。巘師以趙州嗣孫,撰此經說文,宗門引重。《義海》失載,《會解》遂沒其名,故其書不傳。今於《海眼補註》,《大藏一覽》等書,採其零義,略鈔數則。唐人以「禪宗解經」者,自長慶始,於振、沇二師之外,別標一宗,即溫、陵諸師之祖也。」

　　又說:

　　「長慶 道巘禪師,趙州嗣法孫也,撰《楞嚴說文》,宗門引重。註狂性自歇,歇即菩提。引樓子和尚經過酒樓,聞你既無心我便休之偈。迢然玄解,出於義學之表(參見《宗門評唱》)。

——震華法師遺稿《中國佛教人名大辭典》頁 835。

——《楞嚴經疏解蒙鈔・卷一》。《卍續藏》第十三冊頁 503 下。

——《楞嚴經疏解蒙鈔・卷十》。《卍續藏》第十三冊頁 859 上。

《楞嚴經・卷六》云：

「**空**」(虛空)**生「大覺」**(本覺大海)**中，如「海」**(喻➡本覺大海)**一「漚」**(水中浮泡➡虛空)**發，**

「**有漏**」(有情世界)**微塵國，皆依「空」**(虛空)**所生，**

「**漚」滅「空」**(虛空)**本無，況復諸「三有」**(三界)**？**

# 20 北宋・元約大師

北宋・元約大師，蘇臺 (江蘇 蘇州) 人。著有《楞嚴經疏鈔》，見《楞嚴指掌疏懸示》。清・錢謙益曰：

「《首楞嚴經》乃釋迦如來之骨髓也。唐神龍初，方流東震，訓釋者數家。唯長水 子璿師疏，及蘇臺 元約師鈔，盛行於世。文義浩博，學者泛其波瀾。益昧元本。溫陵 寶勝 戒環禪師，少達妙理，深悟大乘。而《首楞嚴》尤得意，乃爲要解。鉤深索隱，續斷截繁，錯節盤根，恢恢遊刃，言約義豐。詞暢理詣，披文見經，如指諸掌。

嗚呼！誰無是佛？誰無是經？闍沒頷珠，醉迷衣寶。苟能依要解以明經，洞眞經而見性。則炒湛總持王，首楞嚴萬行，不從人得也。乃知寶勝之切老婆心，泗州之飾畫蛇足，不徒然矣」。

——《楞嚴經疏解蒙鈔・卷十》。《卍續藏》第十三冊頁 846 中。

——《楞嚴經指掌疏懸示》。《卍續藏》第十六冊頁 9 中。

——震華法師遺稿《中國佛教人名大辭典》頁 67。

《楞嚴經・卷五》云：

我即「**心開**」(真心開悟)，見「**身微塵**」(自身體質之極微分子)與「**造世界所有微塵**」；**等無差別**(自身微塵與世界微塵無二無別，皆緣起無自性，亦隨眾生緣而顯現)，

**微塵**(內外微塵)、**自性**(真心自性)**不相觸摩**(兩者不即不離，色、心不二)。

# *21* 北宋·寂惺大師

北宋·寂惺大師，嘉州 九頂 寂惺 慧泉禪師。成都 靈泉人，族張氏，自幼業儒，嘗從真覺 勝禪師游。有省，即辭親剃染，學《楞嚴》，踰三祀，既極其要，南下謁玉泉 勤師、大洪 恩師、谷隱 顯師。

一日上堂曰：

「若論此事，譬夫望中秋月色，十分圓滿。正當滿時，缺向甚麼處去？洎乎十六十七，漸漸復缺，圓滿之相又卻向甚麼處去？若云月體本無圓缺，我信是人未識其月，學道之人亦復如是。正當迷時，悟向甚麼處去？及乎悟後，迷卻向甚麼處去？若云本無迷悟，我信是人未達其道，還委悉麼，百尺竿頭天欲暮，急須進步問曹溪」。

一日某僧問：「心迷《法華》轉，心悟轉《法華》，未審意旨如何？」
惺師曰：「風暖鳥聲碎，日高華影重。」
某問：「如何是無生路？」
惺師曰：「五里復五里。」
復云：「向上還有事也無？」
惺曰：「一步一徘徊。」

北宋・紹興乙丑九月十六，惺師沐浴淨髮，書偈囑累已，復曰：「叢林事例，今則爲昔，趙州道底，好屈，好屈。」侍僧曰：「和尚五十年手段，至此當如何？」師曰：「明破即不中。」遂擲筆叉手而逝。茶毗時，設利五色，門人合靈骨塔于寺之西原，壽六十有七，臘四十有三。

——《嘉泰普燈錄・卷十》。《卍續藏》第七十九冊頁 350 下。

## *22* 北宋・佛日大師

北宋・佛日大師，東京 十方 淨因禪院佛日禪師，諱惟岳，為福州 長溪 陳氏子也，年七即投西林 院徹和尚出家受具，習《楞嚴》諸教，洞曉其旨。性行剛直，俊慧爽拔，遊涉禪林，遍扣知識。

日師嘗參圓照禪師，因侍立次，舉「劫火洞然」因緣，豁然有省，後出世常州 承天，次住東京 華嚴，復遷淨因，宮保李侯端愿薦以章服，荊國大王奏賜法雨師名。北宋・哲宗皇帝百日入內，特賜師為佛日禪號。

——《建中靖國續燈錄・卷十六》。《卍續藏》第七十八冊頁 739 中。

## *23* 北宋・楊彥國居士

北宋・楊彥國居士，長溪（福建 霞浦南）人。遊太學，於崇寧間辭歸才山。嘗著《易解》，一日入夜，忽光明滿室，由頂而出，遂崇「內典」，自號太姥居士，撰有《楞嚴經解》。參見民國《福建高僧傳・三》。

——震華法師遺稿《中國佛教人名大辭典》頁 858。

《楞嚴經・卷六》云：

汝聞（聽聞過）微塵佛一切秘密門，「欲漏」不先除，「蓄聞」（積蓄多聞）

成過誤(過失錯誤)。

將聞(聞根)持(受持)「佛佛」(佛所說的佛法教理)，何不自「聞聞」(以聞根去反聞自性)？

# 24 北宋・胡宿居士

北宋・胡宿居士，字武平，晉陵人，登進士，累遷至湖州太守。興學校，修水利，民懷其德，建廟祀之，歷樞密副使。治平中，以太子少師致仕，四年（1067 年）卒，壽七十二，謚文恭。其守湖州時，禮仁嶽師學止觀，研究《楞嚴》，得其奧秘，為「台家」所重，以比梁肅、韋衍，號稱「大士」。

——明復法師編《中國佛學人名辭典》頁 330。編號 2296。

《楞嚴經・卷五》云：

若眾生「心」，憶佛念佛，現前(今生：定中：夢中)當來(報終身壞)，必定見佛。

# 25 北宋・王安石居士

北宋・王安石居士，字介甫，江西 臨川人。慧敏強記，好讀書，工為文，兼能繪事。皇祐進士。神宗皇帝時拜為宰相，變法圖強，多所建樹。元祐元年（1086 年）四月歿，追封荊國公，謚曰文。安石少時，喜共僧論，中年喪子，頓悟無常。

安石罷相後，捨建康宅第為佛寺，以安僧眾。即後世所謂半山寺也。己則茹素持名，參究心要，讀《楞嚴經》有省，乃撰「經解」以宏揚之。每自稱半山居士不名，起居清簡，一如比丘。「兜率」悅，甚重之。

——明復法師編《中國佛學人名辭典》頁 149。編號 0505。

## *26* 北宋 · 明極居士

北宋·明極居士，明極齋銘，太原 王健 伯強，名臣惠公之子，皇叔嘉王之婿，方壯年則能棄官學道，閱《首楞嚴》經，至「餘塵尚諸學，明極即如來」，嘆曰：「此如來之訓而予之志也。」願以明極名其齋，而乞銘於予，銘曰：

有而尋求，癡暗所圍，得而驚異，智濁之咎，濁澄暗澈。
自覺成就，如人目精，一塵不受，開睫譬生，明發寄根。
斂睫譬死，暗不能昏，聖師真慈，開此妙門，睜睢不入。
夫豈知恩，枵然丈室，中置匡牀，經行宴坐，晨燈夕香，
勿使邪念，蔽常寂光。

——《林間錄後集》。《卍續藏》第八十七冊頁 277 下。

## *27* 北宋 · 劉元城居士

北宋·劉元城居士，字器之，號元城，從司馬光受學，嘗曰：「老先生於佛法極通曉，但不言耳。」又嘗曰：「孔子佛氏之言，相爲終始。孔子之言，毋意毋必，毋固毋我；佛之言，無我無人，無眾生無壽者。其言次第，若出一人……故儒釋道其心皆一，門庭施設不同耳」。

嘗謂弟子馬永卿曰：「禪之一字，於六經中亦有此理，但佛法既敝人皆認著色相。達磨西來，直指人心，見性成佛。上根聰悟，多喜其說，故禪道大行，若渠不來，佛法之滅久矣」。

元城嘗取《楞嚴經》示馬永卿曰：「觀音大士，熏聞成聞六根銷，復同於聲聽，能令眾生臨當被害，其兵戈猶如割水，亦如吹光，

性無動搖。蓋割水吹光，而水火之性不動搖耳。猶如遇害，而吾性
湛然，此觀音無畏之力也」。

　　　　　——《居士分燈錄·卷二》。《卍續藏》第八十六冊頁 601 中。

# 28 北宋·張平叔（張伯端）居士

　　（984—1082）。北宋·張平叔居士，即紫陽真人張平叔，初名
伯端，後改名用誠，號紫陽。天台人也。紫陽在丹丘之墅遇頂汝貧
子，出龍馬所負之數，遂領厥旨，久之功成，且曰：「吾形雖固，
而本覺之性曾未之究」；遂探內典，至《楞嚴》有省，著悟真篇，
又作「禪宗歌頌」，敍中引《楞嚴》十種仙壽，千萬歲不修正覺，報
盡還生散入諸趣之語。

　　又曰：「爲此道者，當心體太虛，內外如一，若立一塵，即成
滲漏，此不可言傳之妙，曉得《金剛》、《圓覺》二經則金丹之義自
明，何必分別「老、釋」之異同哉？」則知平叔乃求出離生死之法，
必歸伏於「佛」為究竟爾。臨終「跌坐而化」。道教皆奉張伯端為南宗
或紫陽派之祖師，世稱紫陽真人。詳見《佛法金湯編》一二。

　　　　　——震華法師遺稿《中國佛教人名大辭典》頁 686。
　　　　　——《人天寶鑑》。《卍續藏》第八十七冊頁 12 上。

# 29 北宋·鄭夷甫居士

　　北宋·南康 軍雲居山 了元 佛印禪師……元符元年，正月四日，
與客語，有會其心，軒渠「一笑而化」，其令畫「笑狀」而贊之，非苟
然也。時有鄭夷甫者，吳人也，少年登第。術者推其壽，不過三十
五，心甚憂之，既聞佛印禪師於談笑間化去，曰：「吾不得壽，得
如元公(了元 佛印禪師)，復何憾哉！」

夷甫乃與禪者遊，讀《楞嚴經》歲餘，忽有所悟，曰：「生死之理，我知之矣！」遂釋然，既而「預知死日」，至期沐浴更衣，親督人灑掃園亭，又焚香擇時，指畫之間，屹然立化，其手猶作「指畫狀」。

        ——《指月錄・卷二十四》。《卍續藏》第八十三冊頁 672 上。

——《萬松老人評唱天童覺和尚拈古請益錄・卷二》。《卍續藏》第六十七冊頁 491 上。

        ——《嘉興藏》第三十四冊頁 6 中。

# *30* 南宋・善月大師

（1149—1241）。釋善月，字光遠，號柏庭，姓方氏，定海人，餘杭 上天竺講寺僧。母夢月墮懷，生之夕白光滿室，因以名焉。初學語，嘗合掌道「南無」字；甫成童，其父編《六經》授之，讀如習舊業。年十二，通《春秋》大義。母攜往正覺寺，循殿楹數匝，寺主道并謂其母曰：「吾夜夢白龍繞此柱，其徵此兒乎？」於是父母始許出家，年十五具戒，乃往南湖依草庵。嘗以科目繁冗為勞，草庵誨之曰：「白日看家書有何難解？」善月為之一省，草庵曰：「異時鼓吹吾宗者，其在子乎！」梓庵講道月波往謁焉，聞世相嘗住之旨，益有省發。所居古柏獨秀，遂自號柏庭。

端平三年，得目眚，請老東庵。一日示疾，坐床上若相酬酢者，左右或問之，曰：「吾與荊溪尊者對談祖道耳。」將入寂，顧其屬曰：「人患無實德為後世稱，若但崇虛譽，我則不暇，千載之下謂吾為柏庭叟，則吾枯骨為無愧，幸勿請謚，以汙我素業。」言已累足而化。淳祐元年正月十九日也。留龕七日，面色鮮白，心頂俱暖。塔於寺東，壽九十三，法臘七十八。所遺衣髮及《四經解》，合藏於南湖祖塔之側。

有《楞嚴玄覽》、《金綱會解》、《圓覺略說》、《楞伽通義》、《因革論》、《簡境十策》、《三部格言》、《金錍義解》、《宗教淺述》、《仁王疏記》、《附鈔箋要》，皆行於世。自餘雜製曰《緒餘》、《講餘》，各若干卷。嗣其法者，香林 清賜為上首。（詳於《佛祖統紀·卷十八、卷二十五》）。

——《新續高僧傳·卷三》。《佛教藏》第一六一冊頁 109—111。

**按：**宋·柏庭 善月大師之《楞嚴經玄覽》二卷，出自《扶桑藏外現存目錄》頁 562 中（《昭和法寶》第二冊）。今佚失或未見。

# 31 南宋·普瑞大師

釋普瑞，字雪庭，別號妙觀，榆城人，詔蒼山 再光寺僧。童時日記萬言，因讀《華嚴》至「若有如是如是思維，則有如是如是顯現」處，豁開心地，後見皎淵為之印可。皎淵為普濟 慶光弟子。瑞澂心妙悟，深入玄理，閉戶著書兀坐終日，積誠相感，常夢與清涼、賢首華嚴諸祖共語。譔《華嚴懸談會玄記》四十卷，今在藏帙。又誦《金剛經》，有白光如輪久而不散。瑞雖印心南宗，而恒闡《華嚴》為業，嘗於水目講經，感金甲神人示像。

所著有《楞嚴纂要》十卷，《金剛方語》一卷，餘有《華嚴心鏡元談輔翼》，及外集諸書，皆發明宗旨開悟後學。每登講席發音硍硍，弘綱微緒莫不畢宣，聽者悅懌四眾歸心。講堂之外本無池沼，芳草叢中忽生蓮花，時人嗟歎，以為瑞應，後無疾而逝，荼毘獲舍利甚多，瑩然耀目，建塔奉之。其嗣法弟子有黃龍 無相。與淨眾寺 無相嗣五祖者同名，彼見《高僧傳》第三集。

——《新續高僧傳·卷三》。《佛教藏》第一六一冊頁 116—117。

**按：**大師著有《楞嚴經纂要》十卷，今見於《中國佛學人名辭典》

頁 375 上（佚失或未見）。大師一生修持，感應龍天不可思議。以此大師修行之證量還證《楞嚴經》之真偽，明矣！

# 32 南宋‧宗印大師

（1148—1213）。南宋僧，杭州 鹽官（浙江 海寧）人，俗姓陳，字元實，號北峰。師事慧力 德鄰。後謁當湖之竹菴 可觀，修習天台教觀，誦讀諸祖格言。未久，入南湖修習長懺。又往象田，參謁圓悟 演禪師。後歸南湖 延慶寺，受虛堂 本空之請為其首座，本空嘗著《宗極論》，闡述智涌 了然之事理各立一性之說。師乃設九難以破斥之。其後，通守 蘇玭請師住正覺寺，因遇颶風，寺崩壞，遂同歸浙西，止於上天竺寺講《止觀》。杜氏營建普光精舍以迎師，禪講並行，法道益盛。後歷住超果、圓通、北禪諸寺，又繼海空 英之後，住持靈山。

寧宗聞師之名聲，召入便殿，問佛法大旨，賜號「慧行法師」。嘉定六年，師於松江之一行庵右脅而寂，世壽六十六，葬於慈雲塔旁。

著有《楞嚴經釋題》一卷、《金剛經新解》、《北峰教義》若干卷（現存一卷）。門人頗多，有古雲 元粹、佛光 法照、海峰 梵奎、石溪 思壽、石鏡 清杲、南峰 思誠、雲巢 如寶、南澗 行果等。（見《釋門正統‧卷七》）。
——《佛祖統紀‧卷十六》。《大正藏》第四十九冊頁 232 下—233 中。

**按**：宗印大師之修持在南宋寧宗時即被召入聖殿，問佛法大旨，皇上賜號「慧行法師」。大師述《楞嚴經釋題》一卷，今收於《卍續藏》第十七冊。

# 33 南宋・正受大師

　　南宋・正受大師，字虛中，號雷庵。常熟(今屬江蘇)邵氏。師初業儒，因遊邑之慧日寺，與主僧心鑒語，遂出家。受「具戒」後遊方，首見應庵於天童，回侍淨慈月堂 道昌得其道。後住平江 報恩光孝。著有《嘉泰普燈錄》、《楞嚴經合論》。參見《續傳燈錄》三○。

──震華法師遺稿《中國佛教人名大辭典》頁126。

《楞嚴經・卷六》云：

　　**淨極光**(清淨極妙自性光明)**通達，**

　　**寂**(真如之體雖爲空寂離相)**照**(卻能起觀照十方之妙用)**含虛空。**

　　**卻來觀「世間」，猶如夢中事，**

　　**摩登伽**(Mātaṅgī)**在「夢」**(幻像夢影)**，誰能留「汝形」**(你的身形)**？**

# 34 南宋・真德秀居士

　　南宋・真德秀居士，字景元，累官參知政事，世稱西山先生，深於禪學，嘗云：

　　「予讀《楞嚴經》，觀世音以『聞思修』爲圓通第一。其曰：初於聞中，入流亡所，所入既寂，動靜二相，了然不生，如是漸增，聞所聞盡，盡聞不住，覺所覺空，空覺極圓，空所空滅，生滅既滅，寂滅現前。」

　　若能如是「圓拔一根」，則諸根皆脫，於一彈指頃，徧歷三空，即與諸佛無異矣。

──《佛祖綱目・卷三十九》。《卍續藏》第八十五冊頁777上。

# 35 南宋・有朋大師

泉州 尊勝 有朋禪師。本郡 蔣氏子，卯歲試經，中選下髮。多歷教肆，嘗疏《楞嚴》、《維摩》等經，學者宗之。每疑祖師直指之道，故多與禪納遊。

一日謁開元，迹未及閫，心忽頓悟，出遂問：「座主來作甚麼？」師曰：「不敢貴耳賤目。」元曰：「老老大大何必如是。」師曰：「自是者不長。」元曰：「朝看《華嚴》，夜讀《般若》則不問。如何是當今一句？」師曰：「日輪正當午。」元曰：「閑言語更道來。」師曰：「平生仗忠信，今日任風波。然雖如是，祇如和尚怎麼道有甚交涉，須要新戒草鞋穿。」元曰：「這裏且放爾過，忽遇達磨問，爾作麼生道？」師便喝！元曰：「這座主今日見老僧氣衝牛斗。」師曰：「再犯不容。」元拊掌大笑。

　　——《續傳燈錄・卷二十一》。《大正藏》第五十一冊頁 611 中。
　——《五燈會元・卷十八》。《卍續藏》第一三八冊頁 688 下—689 上。

# 36 宋代日本・了心大師

日僧了心大師號大歇，於宋代時入中國遍遊禪林，歸國後主相州 壽福，遷能仁。心師精於《楞嚴》，嘗撰《楞嚴經註》十卷，名曰《楞嚴經心書》。參見《扶桑五山記》等。

　　——震華法師遺稿《中國佛教人名大辭典》頁 12。

《楞嚴經・卷六》云：

「迷妄」有虛空，依「空」(虛空)立世界，

想澄(澄讀作「鄧」，作「沉殿」解→妄想沉殿)成「國土」(無情國土)，

「知覺」(妄知妄覺)乃「眾生」(有情眾生)。

# *37* 金·李純甫居士

（1185—1231）。宋代北邊金國之佛教學者。為人聰敏，少自負其材，謂功名可俯拾，作矮柏賦，以諸葛孔明、王景略自期。由小官上萬言書，援宋為證，甚切，當路者以迂闊見抑。中年，度其道不行，益縱酒自放，無仕進意。得官未成考，旋即歸隱。日與禪僧士子游，以文酒為事，嘯歌袒裼出禮法外，或飲數月不醒。人有酒見招，不擇貴賤必往，往輒醉，雖沉醉亦未嘗廢著書。

初抨擊佛教，後因窮讀《首楞嚴》、《圓覺》、《維摩》、《華嚴》諸經，體得佛教真義，遂歸信佛教，提倡儒佛道三教調和說。著作除《鳴道集說》為世所知外，並有《老子集解》、《莊子集解》、《中庸集解》、《中國心學》、《楞嚴絕解》、《金剛經解》(全佚) 等。(詳於《佛祖歷代通載卷·三十一》、《中州集·卷四》、《居士傳·卷三十五》、《宋元學案·卷一〇〇》)。

—《新校本金史·列傳·卷一百二十六·列傳第六十四·李純甫》頁 2735。

# *38* 遼·非濁大師

（？—1063）。遼·非濁大師，字莫照。范陽(河北 涿州) 張氏。遼·重熙初，濁禮圓融為師，遁跡盤山。八年冬，興宗詔赴燕京，賜師紫衣。十八年，授上京管「內都僧錄」，遷至檢校太傅太尉，賜號純慧，後於竹林寺圓寂，移窆於昌平。有《往生集》、《首楞嚴經玄贊科》。參見《新續高僧傳四集》三。

—震華法師遺稿《中國佛教人名大辭典》頁 353。

—《新編諸宗教藏總錄》。《大正藏》第五十三冊頁 1169 中。

# *39* 元・絕岸大師

（1206—1290）。元・絕岸大師，即福州 雪峰 絕岸 可湘禪師。俗為台州 寧海 葛氏子，參無準 範得旨，咸淳八年主雪峰，凡十年。謝院事後，退居杭州 寶壽寺，一日某僧問歸宗，如何是玄旨？曰：「三聲鼎蓋普門開，苦海勞生喚不回，九十春光今又半，空飛花片點莓苔。」

又頌《楞嚴經》之「八還辯見」，曰：「還還還後更無還，一個閒人天地間，昨夜大蟲遭虎咬，皮毛落盡體元斑。」至元廿七年示寂，壽八十五，歸骨雪峰，建塔於西菴。

——《繼燈錄・卷三》。《卍續藏》第八十六冊頁 525 中。

# *40* 元・中峰大師

（1263—1323）。元代臨濟宗僧，杭州 錢塘（浙江 杭縣）人，俗姓孫，又稱智覺禪師、普應國師。幼於天目山參謁高峰 原妙。二十四歲從高峰出家，其後並嗣其法。自此居無定所，或泊船中，或止菴室，自稱幻住道人，僧俗瞻禮之，世譽為江南古佛。仁宗曾招請入內殿，師固辭不受，僅受金襴袈裟及「佛慈圓照廣慧禪師」之號，元英宗且歸依之。後於至治三年八月示寂，世壽六十一。遺有《廣錄》三十卷，其墨迹亦著稱於世。古先 印元即其門下。

其《天目中峰和尚廣錄》凡三十卷。乃元代慈寂編，由參學門人北庭 慈寂等人所集。收錄「示眾」、「小參」、「山房夜話」、「信心銘闢義解」、「楞嚴徵心辯見或問」、「別傳覺心」、「金剛般若略義」、「幻住家訓」、「擬寒山詩」、「東語西話」、「雜著」、「偈頌」等。

中峰並廣泛引用各經典要旨及諸宗師之話頭，例如《華嚴》、

《法華》、《楞嚴》、《圓覺》、《維摩》、《楞伽》，以及達磨、慧能、臨濟、黃檗、百丈、溈山、洞山等，融合諸説而主張禪淨習合、教禪一致，故世人有「佛法中興本中峰」之讚。(詳於《禪籍目錄》、《佛祖歷代通載·卷二十二》)。

——《增續傳燈錄·卷六》。《卍續藏》第一四二冊頁 894 上—895 下。

按：中峰國師曾被譽為「江南古佛」，元英宗亦禮為「國師」。大師對《楞嚴經》之闡，詳見於《天目中峰和尚廣錄·卷十三》頁 975—982 之「楞嚴徵心辯見或問」(《佛教大藏經》第七十三冊)。以大師修持之證量還證《楞嚴經》之真偽，明矣！

# 41 元·弘濟大師

元·弘濟大師，字同舟，號天岸，餘姚 姚氏子。少有宿慧，長而博雅。出俗之後，師事上竺 性澄，修「天台」三觀十乘之教，深入堂奧，獲不傳之密。元·泰定元年，敷講席於萬壽 圓覺寺。法輪初轉，海內掀動。

天曆元年，主顯慈、集慶二寺。至正五年，遷會稽 圓覺寺，寺圮己久，但剩殘基。弘濟師至，重興殿宇，整劃清規，學侶聞之，四遠來依。主其丈席四年，功竟而去。後隱居寶集念佛，并撰《楞嚴疏解》。以至正十六年（1356 年）圓寂，壽八十六。撰有《四教儀紀正》、《天岸外集》等。

——明復法師編《中國佛學人名辭典》頁 184。編號 0842

# 42 元·廣漩大師

元·廣漩大師，字空海。普江（今屬福建）蘇氏。禮開元寺 如照為師。受《楞嚴》，能洞徹。善詩，所為頌偈，語皆警策。資料參

見乾隆《泉州府志》六五。《新續高僧傳四集》一七。

——震華法師遺稿《中國佛教人名大辭典》頁 941。

《楞嚴經‧卷六》云：

　　如世「巧幻師」(魔術師)，幻作(變化幻作)諸男女，

　　雖見「諸根」(六根)動(轉動)，要以「一機」(身體喻如一木制機關)抽(抽動)，

　　「息機」(六根機關的妄動)歸「寂然」，諸幻成「無性」(沒有真實獨存的自體性)。

# *43* 元‧允澤大師

　　（1232—1298）。元‧允澤大師，字立翁，自號雲夢。越之剡溪（浙江 嵊州東）裘氏（或求氏）。師生時，伯父夢「神人」東下，眾多「輿服」導從，非常不凡。明日戶外「瑞彩」充幃，異香滿室，師乃生娩。師於褓襁時，即神氣冲裕，雖齠齔時，即類成人思想。不茹世味，故年十四即於報恩寺出家，依剡源 妙悟得度，翌年稟具戒。

　　師精通《法華》、《楞嚴》、《楞伽》諸經。年廿九出住崇壽，遷廣福，升延慶講席。後於餘山建報恩，於龍井創安養。元世祖召見稱旨，賜「紅金襴大衣」，及佛慧 玄辨之號。璽書屢降，光被諸方。翰林張伯淳譽為「權實之教魁，圓頓之宗碩」。得法弟子有志安、元淨等。參見《續佛祖統紀》上。

——《續佛祖統紀》。《卍續藏》第七十五冊頁 742 中。

——震華法師遺稿《中國佛教人名大辭典》頁 120。

# *44* 元‧惟則大師

　　（1284—1354）。元代臨濟宗禪僧。又稱維則。吉安 永村（江西 吉安）人，俗姓譚。號天如。幼於禾山剃髮，後遊天目山，得法於中峰 明本禪師，為其法嗣。元順帝 至正元年（1341）住蘇州

師子林。翌年，門人等合力斥資，建造菩提正宗寺，請師登堂説法，大宏臨濟宗風。敕賜「佛心普濟文慧大辯禪師」及金襴衣。

注《楞嚴》集唐 宋之九解，附以補注，此即《楞嚴經會解》二十卷。又造《楞嚴經圓通疏》十卷。復窮究天台永明之教旨，兼弘淨土教，著《淨土或問》，破除淨土教之疑惑，策進修行。此外，有《禪宗語錄》、《十方界圖説等》著述。至正十四年示寂，世壽不詳。闍維白乳如注，舍利凝結成五色彩，瘞于所居之西，錫號「真覺」。塔曰「寂光壽七十，臘五十」。(詳《續釋氏稽古略‧卷一》、《五燈會元續略‧卷六》、《五燈全書‧卷五十一》、《淨土聖賢錄‧卷四》、《釋氏疑年錄‧卷九》、《吳都法乘‧卷五下》頁132)。

——《五燈嚴統‧卷二十三》。《卍續藏》第一三九冊頁 985 上——986 下。

> **按：**師子林 惟則大師之《楞嚴經會解》二十卷，今收於《佛教藏》第六十四冊。又明‧幽溪 傳燈大師之《楞嚴經圓通疏》十卷，亦採惟則大師之《會解》(今收於《卍續藏》第十九冊)。大師對《楞嚴經》讚歎之「序文」一直為歷代大德高僧註《楞嚴》時所引用，如大師云：「《首楞嚴經》者，諸佛之慧命，眾生之達道，教觀之宏綱，禪門之要關也。世尊成道以來，五時設化，無非為一大事因緣。求其總攝化機，直指心體，發宣真勝義性，簡定真實圓通。使人轉物同如來，彈指超無學者，無尚《楞嚴》矣」(詳見《卍續藏》第九十冊頁 480 上——483 下)。以大師修持之證量還讚《楞嚴》如此，《楞嚴》之真偽。明矣！

# 45 元代高麗‧智泉大師

元代高麗‧智泉大師，俗姓金，為高麗國載寧人。父諱延，司宰副令。母尹氏，出生于義城府士族之家。母於高麗 忠肅王十一年，即元‧泰定元年（1324 年）生師。師年十九，于長壽山 鼻懸庵寺祝髮出家。

師初不學文字，而直參「禪旨」。後學《楞嚴經》，初有所不通。又學南明文字，若有所得。進而再究《楞嚴》，始了其大義。與諸講師討論，往往旨有獨到，諸師乃服。

師性謹重，寡言笑。或向其咨問道要，問而應之，不問則不言。眾以其老，皆頗敬之。師潛隱雲山，韜光晦迹，未嘗領眾會、主講席，專修內朗，至老無倦。如此而已，餘無異迹。然高絕自守，隱嘿不彰，唯此為得「寂滅、清境」之道者。

朝鮮太祖李成桂 禪位四年，即明・洪武廿八年（1395 年），七月七日，智泉師示寂於天磨山之寂滅庵。終年七十二歲，僧臘五十四夏。茶毗後得舍利無數，光明瑩潤，山中僧眾竟集頂禮。國王聞而驚異，遂贈諡曰正智國師。門人祖眼、志修等于彌智山 龍門寺置浮圖安瘞其骨。

——黃有福，陳景富編著《海東入華求法高僧傳》頁 179—180。中國社會科學出版。1994 年。

# 46 元・孫養拙居士

示孫養拙居士。元・養拙居士雖置身於諸緣膠擾之間，用心於八面應酬之際，其「正念」不為物轉，日究《楞嚴》、《圓覺》二經，而以「了義」為問，「了義」者，非偏小權宜之教，乃為圓頓上機稱性而說，推窮妄想，開示真心，極盡根源，發揚秘奧，一法無餘之謂也。

《楞嚴》云：「一切眾生，從無始來，生死相續，皆由不知常住真心性淨明體，用諸妄想，此想不真，故有輪轉。」蓋「妄想」乃輪轉生死之根本，亦名「攀緣心」，亦名「顛倒想」，如是妄想只在諸

人「六根門頭」情境交接之處。且如眼之見色,隨色起想;耳之聞聲,隨聲起想,皆由迷卻「常住眞心」,隨境而轉。境順則愛,境逆則憎。由愛起貪,由憎起瞋,由此「妄貪、妄瞋」熏成「妄業」,由此「妄業」招感「妄報」,遂於三界之內七趣之中,妄妄相因,妄生妄死。上從無始劫來,下入盡未來際,妄受輪轉,無有了期。

《圓覺》云:「一切眾生種種幻化,皆生如來圓覺妙心,猶如空花,從空而有,幻花雖滅,空性不壞。眾生幻心,還依幻滅。諸幻盡滅,覺心不動。」……

回觀二經,微言奧義,以及一大藏教,諸祖禪詮,所有礙膺之事可一咲而釋之矣,況爾養拙二字,亦一「返妄歸真」之方也。誠能去巧用拙,存養功深,則「正悟」之期可坐而待也。山僧不惜舌長,重說一偈以為懸記:

《圓覺》、《楞嚴》示密因,道人養拙契天眞。
礙無礙境俱超越,不歷僧祇獲法身。

——《天如惟則禪師語錄·卷三》。《卍續藏》第七十冊頁 783 上。

# 47 明·善學大師

釋善學,字古庭,姓馬氏,吳人也,陽山 大慈寺僧。自幼離俗往大覺院,初習《華嚴經》能知大義,亭亭物表,如青蓮出水不染泥滓。元 至治癸亥,年十七始受度為大僧,投華嚴諸師而窮其說。學形貌尫瘠,退然若不勝衣;戒檢精嚴,護持三業唯恐有所染汙;獨居屋漏,法衣不離體,三藏諸文未嘗釋手;雖盎無斗儲,處之裕如;恭謹自牧,豎子請見亦無惰容,勤於誘掖,有不領解者多方比喻,反覆數四,俟其開悟始罷。

　　初傳《華嚴》於寶覺 簡，時凡清涼《大疏鈔》，及《圓覺》、
《楞嚴》、《起信》諸部，雖妙義深微，皆能融會，遐邇學子斂袵褫
瞻，冀獲聽睹為快。學因造《十玄門賦》，以示圓宗大旨，叢林傳
誦，謂能發越賢首諸祖之意。或有好為立異，以應觀法界性為十界
差別事惟心造，為真如之理者。學聞之歎曰：「真如生滅倒置錯亂
一至於此，是可為大息也。」其於匡衛宗乘，唯恐稊稗之混黍苗，
固若甚嚴然；其植心平易，不肯沈溺專家以殊户異軌為高，理之所
在，輒幡然從之。

　　每升堂示眾曰：「吾宗法界還源，非徒事空言，能於禪定而獲
證入者，乃爲有得耳！」既而又曰：「吾蚤通《法華》，雖累入『法
華三昧』，然長水 璿問道於琅邪 覺，又從靈光 敏傳賢首教。靈光
天台人也，古人爲法乃爾，吾徒可拘守一隅乎？」君子美其至公無
我，一掃近代互相矛盾之陋，故見諸著述不落偏卑。後行抵池陽 馬
當山，示疾而化。時洪武 庚戌四月二十日也。年六十有四。
　　　　——《新續高僧傳·卷五》。《佛教藏》第一六一冊頁 144—146。
　　　　——《補續高僧傳·卷五》。《卍續藏》第一三四冊頁 99 上—100 上。

# 48 明·圓澄大師

　　釋圓澄，字湛然，姓夏氏，會稽人也，餘杭 徑山寺僧，得法
於大覺。明萬歷間始還來徑山，耽其幽寂，還遂棲止。所著有《宗
門或問》、《慨古錄》、《思益簡註》、《楞嚴臆説》、《法華意語》、《涅
槃疏》、《金剛三昧》諸書。修建大剎五築名塘一百五十里，屢著神
異，遠近宗之。
　　　　——《新續高僧傳·卷七》。《佛教藏》第一六一冊頁 182。

　　**按：**圓澄大師註《楞嚴經臆説》一卷，今收於《卍續藏》第十九冊。

# *49* 明·<u>真清大師</u>

　　釋<u>真清</u>，字<u>象先</u>，<u>湘潭</u> <u>羅</u>氏子。<u>天台</u> <u>慈雲寺</u>僧。生而穎異，修幹玉成，威儀嚴肅，不妄言笑。日誦經史數千言，終身不忘一字。父為<u>河南</u> 縣尹，常對賓朋以大器期之。年十五補邑弟子員，偶有異僧過而目之曰：「此法門之良驥也。」十九因家難起，遂投<u>南嶽</u> <u>伏虎巖</u>，依<u>寶珠</u>薙染受具足戒。今看無字話，自走一心參究，寒暑不輟。至二十五，從<u>珠</u>遊<u>金陵</u>採<u>禹穴</u>，因舟觸岸有聲，忽有省。<u>珠</u>大喜曰：「幸子大事已明，宜自持護。」<u>珠</u>以年高，自<u>普陀</u>棲隱於下<u>天竺</u>。

　　一日<u>清</u>乃南遊<u>天台</u>，窮搜勝絕，懷無見睹之高風，誅茆其塔前三年。有<u>荊山</u>法師赴<u>石梁</u>之社，偕<u>清</u>至<u>毘陵</u> <u>永慶</u>，互以《楞嚴》參究，<u>荊山</u>歎曰：「某所講經雖精微於佛語，聞師所論誠出卷於塵中。」<u>清</u>欲返初服，而禮部<u>唐</u>公<u>荊州</u>留結千日之期，已而復歸<u>天台</u> <u>古平田寺</u>。<u>臨海</u> <u>王</u>司寇<u>敬所</u>，入山訪道，訂交而去。隨遷<u>華頂</u> <u>天柱峰</u>，修大小「彌陀懺」六年，暇則敷演十乘，闡明三觀，故四方學者攀蘿而至，戶外之履常滿。

　　一夕夢琳宮綺麗，寶樹參差，見彌陀三聖，方展拜間，傍有沙彌授與一牌，書曰：「戒香熏修。」寤知中品往生之象也。蓋<u>清</u>日勤五悔，密持《梵網·心地品》，及《十六觀經》為常課，是亦精誠之所感耳。

　　嘗示眾曰：「大乘八萬，小乘三千，實整六和之模範，出三界之梯航也。今世之高流，輕蔑律儀惟恃見解，遂令後學不遵佛制輒犯規繩，本自無愆誤造深罪，饒他才過七步辯若懸河，不免識墮鐵城，終未解脫。汝等勉之。」一日告門人曰：「夜來神人啓我為<u>魏府</u>子，其富貴非吾所志也。」遂付衣鉢，遺囑弟子如法闍維，盡發長

物，於五臺 雲棲西興五處飯僧。有勉服藥石者，清謝曰：「生死藥能拒乎？吾淨土緣熟，聖境冥現，此人間世固不久矣！」是歲正月七日，乃絕粒惟飲檀香水，期於二十九日告終。每日雖米漿不入口，與眾說無生法，誨諭進修而拳拳弗倦。

至夕乃起別眾曰：「吾即逝矣！無以世俗事累我。」眾請曰：「此去往生淨土九品奚居？」曰：「中品中生也。」眾曰：「胡不上品生耶？」曰：「吾戒香所薰，位止中品。」言畢泊然而逝。延五日顏色紅潤如生，手足溫軟，怡容可掬，弔者無敢下拜。茶毘日，天色霽明，淨無纖翳，舉火之際，忽有片雲如蓋，凝覆其上，灑微雨數點。煙燄起時，異香充塞，內自殿閣僧房，外自路人船子，所聞種種隨力不同。火餘骨有三色，而鏘鏘有聲，紅者如桃，白者如玉，綠者潤似琅玕，猶香氣郁郁。

清寂於萬曆 癸巳正月二十九日。世壽五十七，臘三十八。釋如惺抱骨初建塔慈雲之南岡，壬寅遷於寺西螺師山右，繡文溪之上。武塘 了凡居士袁黃撰銘。

——《新續高僧傳‧卷七》。《佛教藏》第一六一冊頁 182—185。
——《大明高僧傳‧卷五》。《大正藏》第五十冊頁 913 下—914 下。

# 50 明‧慧進大師

（1355—1436）。明代僧，霍州 靈石（山西）人，俗姓宋，字棲巖，號止翁。幼即禮大雲寺 漸公落髮。洪武（1368—1398）初年，依汴梁 古峰法師學《華嚴》宗旨，旁及《唯識》、《百法》等論。後每登講席，則善能剖析幽微，意解心融，為眾所欽服，遂有法主之稱。

永樂年間（1403—1424），成祖召至南京，問《楞嚴》大意，

應對稱旨，敕賜紫衣，並命住持天界寺，選俊秀僧從學之。後又敕修《三藏法數》，並隨帝遷北京，住海印寺。師曾率領天下僧眾，修普度大齋，並演說三聚淨戒，以利益幽顯有情，曾感應旛竿放異光。

洪熙元年（1425），淘汰教職，唯師獨膺嘉獎。次年，宣宗敕賜毘盧冠、金磨衲。正統元年示寂，世壽八十二，僧臘七十三。傳為「賢首宗第二十一世」祖師。

——《賢首傳燈錄・卷上》頁 35—36。

——《補續高僧傳・卷四》。《卍續藏》第一三四冊頁 93 下—94 下。

# 51 明・真可大師

釋真可，字達觀，晚號紫柏老人，姓沈氏。餘杭 徑山寺僧。其先句曲人，後徙居吳江 大湖灘畔。母夢異人授以桃實，枝葉相附，色鮮而大，寤而有娠。生時香氣盈室，人多奇之。雖在襁褓，貌若潛沈，五歲不語，父母憂之。有異僧過門摩頂，謂其父曰：「此兒出家當為人天師。」言訖不見，真遂發語不異成人。先是庭中，時見巨人迹，爾後不復凡。鬈年嬉逐，性獨雄猛，狀貌魁傑。不喜見婦人，浴不許人先，一日姊先就浴，乃大怒，自是親戚婦女莫敢近。稍長志益壯，父母不能拘。

年十七方仗劍遠遊塞上，行至姑蘇閶門，徘徊市中，天大雨，值虎邱僧明覺冒雨來，相顧邊間，壯其貌，因蔽之以蓋，遂同歸寺。其夕滾驪甚，聞僧夜誦八十八佛名，心悅之。侵晨入覺室，解腰纏十餘金授覺請剃度，因禮覺為師，走夜即兀坐達旦。

一日在潭柘居，常禮佛後方食，一日客至，誤先舉食，乃對知事曰：「今日有犯戒者，命爾痛責三十棒，輕則倍之。」知事愕然，

不知為誰？真乃自伏於佛前，受杖如數，股盡墨，乃云：「眾生無始習氣，如油入灰牢不可破，苟情折不痛，未易調伏也。」又與憨山議脩《大明傳燈錄》，以禪宗凋敝，往澹曹溪以開法脈，先至匡山以待，時癸已秋七月也。

越三年乙未，憨山供奉聖母賜《大藏經》建海印寺，成以別緣觸聖怒詔逮下獄，鞫無他辭，遣戍雷陽毀其寺。真在匡山聞報，為誦《法華經》百部，冀祐不死，往探曹溪回即赴都下救之。及聞南放，遂待於江滸，執手欷歔曰：「君不生還，吾不有生日。」瀕行且屬曰：「吾他日即先君死，後事屬君。」遂長別。庚子，朝廷以三殿工榷礦稅中使者駐湖口，南康太守吳寶秀劾奏被逮，其夫人哀憤以環死。真在匡山聞之曰：「時事至此，其如世道何？」遂杖策赴都門。吳入獄真多方調護，授以毘舍浮佛半偈，謂誦滿十萬當出獄，吳持至八萬聲，果蒙上意解得末減。

每歎法門無人，謂：「憨山不歸，則吾出世一大負；礦稅不止，則吾救世一大負；傳燈未續，則我慧命一大負。若釋此三負，當不復入王舍城矣！」居無何妖書發，震動中外，忌者乘間劾真，竟以是罹難。及輸司寇，乃索浴罷屬侍者性田曰：「吾去矣！」幸謝江南諸護法，因說偈端坐而逝。御史曹公學程以建言逮繫，聞之即趨至撫之曰：「師去得好！」真復開目視之微笑，悠然而息。時癸卯十二月十七日也。世壽六十有一，法臘四十有一。

越十一年，乙卯葬於雙徑山，後弟子法鎧啟之，以丙辰十一月十九日荼毘，歸靈骨塔於五峰內文殊臺。真生平以荷負大法為懷，每見古剎荒廢必思恢復，始從楞嚴終至歸宗雲居，重興梵剎一十五所。既刻《大藏》，凡《古尊宿語錄》，若寂音尊者所著諸經論文集，及蘇長公易解盡搜刻之行於世。性耽山水，雲行鳥飛，一衲無餘。氣雄體豐，面目嚴冷，而立心最慈，每示弟子必令自參以發其悟，直至疑根盡拔而後已。所著有內外集若干卷行世。

——《新續高僧傳·卷七》。《佛教藏》第一六一冊頁 185—189。

**按**：紫柏大師乃明末四大高僧之一，著有《釋楞嚴經》(詳於《紫柏尊者全集·卷十一》)。當時嘗有妖書(有關宮廷內部傾軋之匿名書)事發，震動中外，忌者乘機陷害，大師遂蒙冤下獄，乃於萬曆三十一年十二月示寂於獄中。大師每歎法門無人，謂：「憨山不歸，則吾出世一大負；礦稅不止，則吾救世一大負；傳燈未贖，則我慧命一大負。若釋此三負，當不復入王舍城矣！」此乘願再來之大菩薩，還受誣滅獄中之報，其行菩薩道之精神永垂不朽。

# 52 明·德清大師

釋德清，字澄印，晚號憨山，姓蔡氏，全椒人也。廬山 法雲寺僧。父彥高，母洪氏，夢大士攜童子入門，抱之遂娠。及誕，白胞重裹，生性穎異。方七歲，叔父死，陳尸於床，便問：「死從何處去？」及見人舉子，又問：「生從何處來？」若已抱生死去來之疑者。九歲能誦《普門品》。才及舞勺，辭親入江寧 報恩寺，依西林染剃。內江 趙文肅公摩其頂曰：「兒他日人天師也。」逾年受《法華》，四月而成誦。遂以次講習，通貫內外典籍。

年十九祝髮受戒具。於無極聽講《華嚴》玄譚，至「十玄門海印森羅常住」處，悟法界圓融無盡之旨。從雲谷結禪於天界寺，發憤參究，疽發於背，禱於伽藍神，願誦《華嚴》十部，乞假三月，以畢禪期，禱已熟寐，晨起而病良已。三月之中，恍在夢中出行市上，儼如禪坐。

一日粥罷經行，忽立定光明如大圓鏡，山河大地影見其中；既覺身心湛然，了不可得。因說偈曰：「瞥然一念狂心歇，內外根塵俱洞徹，翻身觸破太虛空，萬象森羅徒起滅。」遊雁門，兵使胡君

請賦詩，甫搆思詩句逼湊喉嗌，從前記誦見聞一瞬見前，渾身是口不能盡吐。清默念此法光所謂禪病也，唯睡熟可以消之。擁衲跏趺，一坐五晝夜，胡君撼之不動，鳴磬數聲乃出定。默坐卻觀知出入動息，住山行腳皆夢中事，其樂無以喻也。

還山刺血書《華嚴經》，點筆念佛不廢應對，口誦手畫歷然分明，鄰僧異之。眾相詰難已，皆讚歎而去。嘗夢登彌勒樓閣聞說法曰：「分別是識，無分別是智；依識染，依智淨；染有生死，淨無諸佛。」自此識智之分了然心目。癸丑，至衡陽遊南嶽禮八十八祖道影。甲寅夏，至湖東，慈聖上賓詔至，慟哭披剃返僧服。又二年，念達觀法門生死之誼，赴葬於雙徑為作荼毗佛事。箴吳越禪人之病，作「擔版歌」；弔蓮池，宏於雲棲發揮其密行以示學者。

自吳門返廬山結庵五乳峰下，效遠公六時刻漏專脩淨業。示人偈曰：「但觀一句彌陀佛，念念心中嘗不斷，若能念念最分明，即與彌陀親見面。只想淨土在目前，日用頭頭無缺欠，佛土全收一句中，便是往生異方便。只在了了分明時，不可更起差別見。」居四年復往曹溪，以天啓三年癸亥十月十一日妙峰登也。清示寂曹溪，水忽涸百鳥哀鳴，夜有光燭天三日。入龕面色如生，鬚髮皆長，鼻端微汗，手足如綿。世壽七十八，僧臘五十九。

所著有《楞伽筆記》、《華嚴綱要》、《楞嚴懸鏡》、《法華擊節》、《楞嚴法華通義》、《起信唯識解》，及《觀老莊影響論》、《道德經解》、《大學中庸直指》、《春秋左氏心法》、《夢遊集》各若干卷行於世。前後得度弟子甚眾；從之於獄職納橐饘者福善也；始終依於粵者，善與通炯　超逸　通岸也；歸肉身於五乳，留爪髮於曹溪為之塔銘者，弟子皖舒　吳應賓，常熟　錢謙益也；為之傳與碑記者，會稽陸夢龍也；為述靈龕還曹溪供奉始末者，劉起相也。俱詳《夢遊集》。
　　——《新續高僧傳・卷八》。《佛教藏》第一六一冊頁192—197。

**按**：大師最後示現「肉身不壞」，誠為一大菩薩應世也，後世讚為「肉身古佛中興曹溪憨山祖師」。大師於三十一歲開悟時，尚無人請益，遂展《楞嚴》印證，嘗述云：「徵聞初祖以《楞伽》四卷印心，今憨祖以《楞嚴》全部印心，先聖後聖，其揆一也」、「是盧祖作我，非我作盧祖。《楞嚴》印我，非我印《楞嚴》。」以此「肉身古佛」修行之證量對《楞嚴經》之盛讚、護持與印心。《楞嚴經》之真偽，明矣！

# 53 明·天彰大師

明·天彰大師，即蘇州 靈巖 天彰 文煥禪師，別號本光，溫之林氏，依南堂於靈巖頗久，智證日深，嘗分座說法，精究《楞嚴》要旨，極愛環師所注（指戒環大師所註解的《楞嚴經》），尋常不釋手。

師貌與蘇城 東禪 酒仙 賢禪師相類，或謂酒仙再來也，師因禮其像。己有偈云：「人言我貌似仙翁，況與仙翁姓又同，是汝是吾俱莫論，笊籬撈取西北風。」

又嘗燒線香，有偈云：「雜華香散一絲烟，寶網雲臺悉現前，但把寸心灰得盡，熏聞不在鼻頭邊」。

——《增集續傳燈錄·卷六》。《卍續藏》第八十三冊頁 346 下。

# 54 明·盡玄大師

明·盡玄大師，字如如。澂江（雲南 澄江）張氏。因讀《楞嚴》、《維摩》諸經，即從雞足 幻空師祝髮，矢志參究。有問法者，隨機而道，應答如響。有《三教直指》、《金剛定衡》、《性學正宗》諸書行世。創建拈花寺。參見《新續高僧傳四集》六、《滇釋紀》二。

——震華法師遺稿《中國佛教人名大辭典》頁 954－955。

《楞嚴經・卷七》云：

汝等「有學」未盡輪迴，發心至誠取「阿羅漢」。

不持此咒，而坐道場，令其身心遠諸「魔事」，無有是處（一、二、三果者必持楞嚴咒爲證四果之輔法）。

## 55 明・興徹大師

　　明・德住大師，字寶山，俗姓張，劍川人，童行即超然，不為俗染，明・嘉靖癸亥入雞足山受度，初居聖峰，究心宗學，忽有一笠飄然行腳至伏牛山「僧人」，寂然一定，經七晝夜，立處不偏不倚，不移尺寸，眾嘆曰：「雲南鐵足羅漢也」……

　　明・興徹者，字大空，洱海人，依定堂祝髮出家，誓習雲南鐵足羅漢之「立禪」，終日不坐，終夜不寢，後往孤鳥寺參天竺，復掩關蕩山，學《楞嚴》於印光法師，一定三日，印光師訊曰：「得法喜乎？」曰：「如是！如是！」翹一足示之，而竟無欹斜。光師遂首肯之，既而入獅子山，一日報眾「違別」，香煙起處聞空中有「梵聲」，漸向西去。

——《新續高僧傳四集・卷十九・明・雲南雞足山聖峰寺沙門釋德住傳（興徹祖復）》。

## 56 明・圓輪大師

　　明・圓輪大師，字慧轂。江陰（今屬江蘇）人。參龍池　幻有師有悟。天童、磐山並昆季推之，晚年五坐道場。示寂於廣福，張有譽為之銘。師著有《心經破義》、《楞嚴發隱》及《語錄》等。參見光緒《江陰縣志》二一。

——震華法師遺稿《中國佛教人名大辭典》頁874。

《楞嚴經·卷六》云：

**大眾及阿難，旋汝倒聞機**(倒裝➔旋倒汝聞機。旋返倒回你不生不滅的聞性根機)，
**反聞**(反轉「聽聞」的作用)**聞自性**(去「聞聽」你不生不滅之自性)，
**「性」**(真心自性)**成無上道，圓通實如是。**

# 57 明·德昌大師

　　明·德昌大師，字東巖。長洲 (江蘇 吳縣) 人。出家姑蘇 西禪寺。初習大乘，受具戒後，參永定 九皋 聲得《法華》玄奧，復依報恩 德巖學《楞嚴》、《楞伽》等義，俱得了達。後南遊兩浙，北走燕 趙，念故寺凋零，即還鄉募資，修葺一新。參見《華嚴佛祖傳》、《賢首宗乘》。

　　　　　　　　──震華法師遺稿《中國佛教人名大辭典》頁 1001。

《楞嚴經·卷九》云：

**汝勗**(同「勖」➔勉勵)**修行，欲得「菩提」，要除「三惑」**(殺盜婬)**。**
**不盡「三惑」，縱得「神通」，皆是「世間有為」功用，**
**「習氣」**(殺盜婬三惑之習氣)**不滅，落於「魔道」。**

# 58 明·通潤大師

　　（1565—1624）。明·通潤大師，字一雨。姑蘇 (江蘇 蘇州) 鄭氏。削髮長壽寺，與巢松同事雪浪 洪恩，盡其所學，時有「巢講雨註」之稱。嘗卜居太湖 鐵山，築「二楞庵」，於此疏《楞嚴》、《楞伽》二經，自號「二楞主人」。

　　後移華山，講説相繼。每慨法相一宗，奘、基而後，已成絕學，於是遍探《深密》、《瑜伽》諸部，廣為弘通。嘗自誓：「生生世世，

永居學地」。有《法華大窾》、《楞嚴楞伽合轍》、《圓覺近釋》、《維摩直疏》、《秋水庵集》等。參見《吳都法乘》六下、《列朝詩集·閩集》三、《漁洋山人感舊集》四。

——震華法師遺稿《中國佛教人名大辭典》頁 616。

# *59* 明·子實大師

　　明·子實大師，字印海，號相庵，姓仲氏，嘉興 奧溪人，母感異夢有娠，子實生而穎異，年十三依海鹽 祇園寺 勒公出家，厭棄瑜伽，專誦儒典。十九祝髮進具，聞玉岡說法於演壽，往詢法要，玉岡留之，授以「天台」諸書，令熟誦之，玉岡遷演福，招師掌僧事，嘗修「觀音期」七七日，夢感大士剖腹裁心，從而聰利，後居白蓮華院，獲授「止觀」，續看「妙玄」，辨才宏肆。

　　明·洪武三年，皇帝詔徵天下高僧至京，奏對苾旨，復歸奧溪福嚴，洪武十一年詔令天下僧講《楞伽》、《金剛》、《心經》，子實師於海鹽 天寧敷暢厥旨，多所弘益。

　　師平居持戒甚嚴，動靜語嘿，不違其教，於山家諸部，精研力索，不極其妙不止。凡學者有所啟問，莫不懇懇為言其指歸，所至聽眾雲集，用能扶樹教道，為一時所宗。忽一日賦「懷淨土辭」一篇，端坐稱佛名而逝，時明·洪武廿四年辛未九月廿五日也，春秋七十八，夏五十九，門人收舍利塔于飛來峯之陽。所著有《楞嚴略疏》、《圓覺文句》、《楞伽指南》、《金剛般若燈論》、《心經》、《遺經疏》、《四分戒本鈔》、《四教儀正說解指要問津》、《金錍起文》。

　　師一生所修有「法華期懺」十有七會，「金光明期」廿三，「彌陀淨土期」五，「請觀音」五，「大悲」三，「常坐三昧」二，皆獲禎應，得法者法喜、道恩、仁讓、一奇、如秩、妙解。

——《續佛祖統紀·卷二》。《卍續藏》第七十五冊頁 747 下。

——震華法師遺稿《中國佛教人名大辭典》頁 45。

# 60 明·觀衡大師

（1578—1645）。釋觀衡，字顯愚，姓趙氏，霸人也。寶慶五臺庵僧。家世農業，母夢大士攜童子入門，亟取抱之遂生。衡性端凝不好嬉戲，七歲從鄉塾讀能通字義。質邁凡儕，顧喜近桑門不樂章句。年十二即蔬食自持，常念觀世音號，自在流露，若出於不自知。漸有超塵之思，請於父母不之許，乃潛逸途。遇五臺山圓炤寺惠仁皈依求度，止於沙村棲遲五載。年十八詣五臺清涼山師子窟參空印，令居侍寮，親授經典，數繹旨要，迎刃而解。尤於《楞嚴》、《法華》諸經莫不了然心目間。如是三年無間寒暑。

萬歷庚子年二十二，隨印至北京侍《楞嚴》講席，進菩薩戒，參達觀。後歷齊魯吳越，叩雪浪雲棲二師。至天台華頂峰，喜其孤迥，結响獨處讀《楞嚴經》，豁然融徹。壬子春紫蘿劉居士迎入茶陵養疾雲陽。冬講《楞嚴》，釋論朗徹，聽者百餘人，風紀肅然。癸亥年四十五作述志詩，自道其生千甚悉。詩具集中。

又以此方教體在音與聞，捨聞無音，捨音無教，因述《禮觀音儀》一卷，率眾薰脩，得真實行者十五人。是則合音聞而為教體，即音聞而歸聖性也。又著《金剛四依解》，丁卯作《禮佛發願儀》，己巳著《首楞嚴經懸談》，辛未著《金剛般若略談》，門人集所著刻之成帙，衡名之曰「閉門語」。壬申著《楞嚴四依解》。

丙戌五月四日招眾居士謝別，六日端坐而逝，年六十有八。逝供三日，顏色不變，持香頂禮緇素森然無隙地，見者聞者靡不揮淚。遵其遺命，以師髮瓜、衣缽建塔於本山之陽。丁亥九月奉靈龕詣雲

居建塔，蕅益大師為之記，為「賢首宗第二十六世」祖師。

衡廣顙豐頤，平頂大耳，脩髯如戟，短髮履肩，歲一剃落，目光炯炯射人，終夜露坐，不畏大風，或雷雨，亦坐大傘下，故學者稱「傘居和尚」。日惟一粥一飯，學者見之不威而嚴。初侍空印宗賢首，而禪宗印可於憨山。立法不為崖岸，不分門户，田夫牧童禮不異節，故所至香花爭迎。

於《楞嚴》宗旨得最上正覺，所作法語偈頌，包舉深宏。今所見者有語錄三十卷，而詩頌書疏附之。弟子音乘為編《年譜》。又師之著作甚豐，如《心經小談》、《集律常軌》、《禮佛發願儀》、《首楞嚴經懸談》、《金剛般若略談》等，門人集刻時，師自題名為《閉門語》，另有《紫竹林顒愚和尚語錄》三十卷（或詳於《賢首傳燈錄・卷上》頁 40—44）。
　　　　　—《新續高僧傳・卷八》。《佛教藏》第一六一冊頁 197—200。
　　　　　　—蕅益大師《靈峰宗論・卷八之三》頁 11462—11469。

**按**：觀衡大師從《楞嚴經》中得最上正覺，嘗撰《首楞嚴經懸談》和《楞嚴四依解》。其《楞嚴四依解》亦被清・讀體大師所演述（詳於讀體大師傳）。以此大師修行之證量還證《楞嚴經》之真偽，明矣！

# 61 明・智旭大師

釋智旭，字素華，晚稱蕅益老人，姓鍾氏，吳人也。青陽 九華山 華嚴菴僧。父岐仲，持大悲咒十年。母金氏，夢大士抱兒授之，遂生子。旭七歲，聞父訓，甘蔬食不逐腥羶。年十二，就傅讀書，日聆師説，即以聖學自任，作《闢佛論》數十篇，復進酒肉。弱冠閱蓮池《自知錄敘》，及《竹窗隨筆》，乃取所著論焚之。年二十，詮《論語》「至天下歸仁」，不能下筆，廢寢食者累日。是歲，

居父喪，讀《地藏本願經》動出世心，日誦佛名，盡焚所為文。

　　鬱鬱三載，聽一法師講《首楞嚴經》，至空生大覺，忽疑何故有此大覺，致為空界張本？悶絕無措，因於佛前發願拾身。後夢禮憨山，涕泣言：「自恨緣慳，相見太晚。」憨山云：「此是苦果，應知苦因。」語未竟，遽請曰：「弟子志求上乘，不願聞四諦法。」憨山云：「且喜居士有向上志。」時憨山在曹谿不能往從，乃從其徒雪嶺剃度。明天啟二年也。尋往雲棲聽古德法師講《唯識論》，疑與《首楞嚴》宗旨不合。問古德云：「性相二宗不許和會。」心竊怪之，佛法豈有二耶？遂入徑山坐禪。

　　明年精進益深，覺身心世界忽然消殞，從此性相二宗一時透徹。又明年，受比丘菩薩戒，徧閱律藏。未幾母病，割股和藥，卒不能救。既葬，掩關於吳江。疾甚乃一意求生淨土，及疾少閒，結壇持「往生淨土咒」七日。說偈云：

「稽首無量壽，拔業障根本，觀世音勢至，誨眾菩薩僧。
我迷本智光，妄墮輪迴苦，曠劫不暫停，無救無歸趣。
劣得此人身，仍遭劫濁亂，雖獲預僧倫，未入法流水。
目擊法輪壞，欲挽力未能，良由無始世，不植勝善根。
今以決定心，求生極樂土，乘我本願船，廣度沈淪眾。
我若不往生，不能滿所願，是故於娑婆，畢定應捨離。
猶如被溺人，先求疾到岸，乃以方便力，悉拯暴流人。
我以至誠心，深心迴向心，然臂香三炷，結一七淨壇。
專持往生咒，唯除食睡時，以此功德力，求決生安養。
我若退初心，不向西方者，寧即墮泥犁，令疾生改悔。
誓不戀人天，及以無為處，折伏使不退，攝受令增長。」

　　獨居二年，足不踰閾。既而度南海觀洛伽山，還住龍居。慨律學墜廢，多緣偽誤，以弘律自任。既述《毗尼集要》，儗注《梵網》。

爇香告佛，以決所宗，拈得天台，於是究心台部。已而居九華華嚴，述《梵網合注》。旭律儀雖精，每念躬行未逮，不敢為範。因於佛前枚卜自和尚以次，退居菩薩沙彌優婆塞，應居何地位？卒得菩薩沙彌，遂終身不為人授戒。

其後歷溫陵、漳州、石城、晟谿、長水、新安，而歸於靈峰。生平撰述都四十餘種，其著作有《首楞嚴玄義》、《法華文句會義》、《楞伽義疏》、《唯識心要》，而《彌陀要解》提持淨土尤為簡切。今有《淨信堂集》行世，可見一班。

清順治十年冬有疾，命弟子曰：「闍維後，屑骨和粉施諸水中。」明年正月二十一日示寂。後二年將就闍維，啓龕髮長覆耳，面如生，牙齒不壞。門人不忍從遺言，收骨塔於靈峰。年五十七，臘三十四。其別眾偈曰：

「生平過失深重，猶幸頗知內訟，渾身瑕玷如芒，猶幸不敢覆藏。藉此慚愧種子，方堪寄想樂邦，以茲真言苦語，兼欲告戒諸方：不必學他口中瀾翻五宗八教，且先學他一點樸樸實實心腸。」

嘗集僧十五人結淨社，以三年為期，日三時誦佛名迴向淨土，二時止靜研究諸大乘經。其生平行事多實踐云。
——《新續高僧傳·卷九》。《佛教藏》第一六一冊頁203—206。

**按：**蕅益大師幼時嘗因母病，遂割股和藥，卒仍不能救。大師修行由《楞嚴經》悟入，一生數度講演此經，如云：「旭未薙髮，曾研此典，每翻舊註，迷悶實多，後因雙徑坐禪，始解文字之縛，復因數番講演，深理葛藤之根」（詳於《蕅益大師全集》頁11151之「重刻大佛頂經玄文自序」）。
所著的《楞嚴經玄義》二卷及《楞嚴經文句》十卷，今收於《卍續藏》第二十冊。

另《蕅益三頌》中亦有《楞嚴》讚頌一卷，今收於《佛教藏》第一三五冊，或見《嘉興藏》第二十冊。

大師一生對《楞嚴經》的讚歎備極尊崇，圓寂闍維後二年，啟龕後髮長覆耳，面色如生，牙齒俱存，肉身不壞。以此大師修行之證量還證《楞嚴經》之真偽，明矣！

# 62 明·傳燈大師

明傳燈，姓葉，衢洲人，幽溪 高明寺僧。少從進賢映庵禪師薙髮，隨謁百松法師，聞講《法華》，恍有神會，次問《楞嚴》大定之旨，百松瞪目周視，燈即契入，百松以金雲紫袈裟授之。一生修《法華》、《大悲》、《光明》、《彌陀》、《楞嚴》等懺，無虛日。卜居幽溪 高明寺，先有士人葉祺，葬親寺後，夢神云：「此聖道場地，將有肉身菩薩，大作佛事，可速遷」。祺不信，俄舉家病困，懼而徙焉。翌日，燈至，即其地立天台祖庭，學侶輻湊，嘗於新昌大佛前登座豎義，眾聞石室中天樂鏗鏘，講畢乃寂。

嘗著《生無生論》，融會三觀，闡揚淨土法門。又註《楞嚴》、《維摩》等經，凡染翰，必被戒衲，前後應講席七十餘期。年七十五，預知時至，手書《妙法蓮華經》五字，復高唱經題者再，泊然而寂。（詳於《法華持驗》、《淨土法語》、《淨土聖賢錄》）。

——《新續高僧傳·卷四十四》。《佛教藏》第一六一冊頁 693—694。

**按：**這位傳燈大師，解行相資，全部依止《楞嚴經》，嘗言：「獨《楞嚴》一經，明佛知見最親（《楞嚴經圓通疏前茅·卷上》，《卍續藏》第八十九冊頁 492 上）」。

後天台宗的信徒都盛讚傳燈大師是：「可以稱《楞嚴》之中興，可以滿大師（指智顗大師）之久望」，所謂「滿大師之久望」，是認為傳燈就是智顗所預記弘揚此經的那位「肉身菩薩比丘」。

其所著之《楞嚴經圓通疏》十卷，今收於《卍續藏》第十九冊。
《楞嚴經玄義》四卷，今收於《卍續藏》第二十冊。
《楞嚴經圓通疏前茅》二卷，今收於《卍續藏》第八十九冊。
由於傳燈大師重視《楞嚴經》之故，亦影響後來天台宗紛紛以《楞嚴經》來印證《摩訶止觀》。以此「肉身菩薩」之修持還證《楞嚴經》之真偽，明矣！

# 63 明・本源大師

本源，晉江人也，泉州開元寺僧。習《法華》、《楞嚴》諸經，咸通其奧。嘗游漳浦，道旁有大石，源坐其上，每夜坐處輒見祥光，漳人異焉，為立靈嶺嚴居。久之，道譽日遠，泉人請主開元。永樂十八年正月，有敕徵源入京，略曰：「比聞高僧戒行精專，智慧超卓，造真如之蘊奧，悟空寂之玄微，深用嘉獎。今特遣人賷敕諭意，惟冀高僧振錫來游，弘宣妙法，丕顯宗風，以副朕企拳拳極萬之懷。故敕源至京，奏對稱旨。」屢承獎賜，時論榮之。

——《新續高僧傳・卷五十二》。《佛教藏》第一六一冊頁 806—807。

# 64 明・正派大師

釋正派，字覺非，姓蔡氏，晉江人也。泉州開元東塔院僧。生有夙慧，苦志勤學。出家後，居東塔院，博洽諸經，兼以文藝助我禪悅。時有無斷老宿棲止寺中，淹通內外典籍，素見重於王遵嚴諸文學。正派承其啓迪，別有會心，無斷深契之，一時名籍甚。郡司寇詹咫亭以直言歸結室北山巢雲，延正派居之。禮意殷殷，山中唱和，有「竹下烹茶雲入袖，松間倚仗鶴窺人」之句。

後遊吳越名藍勝境，咸有題詠，人多傳誦。咫亭復邀朋輩及諸名德結「楞嚴社」，每會人立一義，多方參拜，唯正每奪其標。有

云：「慚愧未能成底事，逡巡難得似前人。」可見派之素履不以文害志也。臨終示偈曰：「勿毀勿讚本無涯岸，雲度長空月浮碧漢。」世壽七十九。

——《新續高僧傳·卷六十二》。《佛教藏》第一六一冊頁 935—936。

## 65 明·興徹大師

興徹者，字大空，洱海人。依定堂祝髮，誓習立禪，終日不坐，終夜不寢。後往孤鳥寺，參天竺，復掩關蕩山，學《楞嚴》於印光。一定三日，光訊曰：「得法喜乎？」曰：「如是如走。」翹一足示之，而無歌斜，光首肯之。既而入獅子山，一日報眾違別，香煙起處聞空中梵聲，漸向西去。

——《新續高僧傳·卷十九》。《佛教藏》第一六一冊頁 365。

## 66 明·不語僧大師

不語僧者，不知何許人，亦無由得其名字姓氏。常居盤山峰頂石巖中，灰頭土面，厄坐如枯人。有偈者略不一顧，或叩之再三，終不語，因以不語名之。憨山 德清游盤山時，入巖禮請，屹不為動，問之不語，清知非常人，相與對坐，直視默然，寂寂無聲。久之僧從定起，煮茶唯取一甌自飲，清亦取一甌自酌而飲；飲後斂茶具枯坐如故，清亦端坐。又久之起炊飯，飯飄取一碗一匙自食，清亦取具同食；食後復坐如故，清亦如之。夜中僧出巖外經行，清亦隨之，足音或東西相應。明日清知飲時飲，食時食，僧同飲啜如故，入夜經行亦復如是。忽焉七日，終未一語，然已契其懇至，相喻言外。

居久之，僧起問清曰：「仁者何來？」清曰：「南方來。」曰：「來此何為？」曰：「訪隱者。」僧曰：「隱者面目不過爾爾。」清曰：「入

門早已勘破，欲得一語以窺其究竟。」僧乃笑曰：「余住此三十年，今日始遇一道侶，願小留。」清亦安之，不復言去。清一夜經行，忽然頂們聲一轟如乍雷，山河大地身心世界豁然頓空，其境非尋常目前可喻。約五寸香許，漸覺有身心，漸覺腳下實地，漸見山河大地，一切境相還復如故，身心輕快不可言喻，舉足如風，迅歸巖中。僧乃問曰：「今夜經行何其久耶？」清舉所得境相相告。

僧曰：「此色陰境耳，非是本有。我住此三十餘年，非陰雨風雪，夜夜經行，此境但不著，則不被他昧卻本有。」清深肯其說，即禮謝就坐。同居月餘，妙峰登遣使尋至巖中，始興辭而去，歸以語其所知，猶自歎曰：「此路邊境界，蓋不語僧猶不語也。」今無可傳已。

——《新續高僧傳・卷二十》。《佛教藏》第一六一冊頁380—381。

**按：** 此不語僧歎讚憨山大師乃三十年來之「真道侶」，其對憨山所言之「此色陰境耳，非是本有」之語，想不語僧大師亦必是《楞嚴經》之高手，精通五十陰境。故憨師亦肯定、讚歎之！

## *67* 明・正誨大師

釋正誨，字無迹，荊南普仰寺僧。初祝髮時名永燈，姓劉氏，當陽人也。母李氏，幼從外祖之宜都，十歲捨入石寶山。有塾師館於寺，與眾課讀多解文義，以未了梵咒為憾。年十六西遊憩聖水寺，見習瑜伽者喟然歎曰：「法固如是耶？」去之，復歸石寶讀書益力。年二十見僧持《緇門警訓》者，誦之泣下，作偈曰：「善財與我原同性，不證菩提誓不休。」遂詣荊南訪天柱於普仰寺，柱器之，為更名正誨。留居三年，徧閱大藏。柱寂，乃遊伏牛，尋其遺迹因之兩都，重登講席。

　　慈聖太后聞其清譽，賜以千金修葺玉泉，復請三藏存之寺中。崇禎元年正月先期告逝，端坐說偈曰：「人間去住是尋常，處處名山古道場，一念不生三世佛，誰能直下可承當？」有僧問曰：「究竟若何？」誨以手撫案曰：「究竟到彼岸。」遂寂。塔於楞伽峰麓，秀國師之傍。尋陵王憲使維章為之記。

　　誨所著有《識略莊子注》，及詩文諸稿。弟子了凡當陽靳氏子。總角時依報恩寺廣通出家。長習經論，策杖南詢，遇誨機教相叩，言中見諦，付與大法，更名乘旹，遂續北宗正派。著有《楞嚴講錄》傳世。

　　——《新續高僧傳·卷二十一》。《佛教藏》第一六一冊頁 386—387。

　　**按：**正誨大師（又名柴紫乘旹）嘗註《楞嚴經》，有云：「此經不獨該通五教，亦且圓攝三宗，蓋《法華》、《華嚴》等經，互貫諸經之堂奧者也。而《楞嚴》一經兼貫《法華》等經之脈絡者也。非遍閱諸經者，詎識此經之微妙？非熟諳此經者，又詎知其為諸經之綱領乎」（見《卍續藏》第八十九冊頁 890 上）。其所著之《楞嚴經講錄》十卷，今收於《卍續藏》第八十九冊至九十冊。

# 68 明·士珪大師

　　（1083—1146）。釋士珪，號竹菴，成都史氏子也。初依大慈宗雅和尚出家。心醉《楞嚴》逾五秋，後南遊謁諸尊宿，始參龍門遠禪師，以平時所得白遠。遠曰：「汝解心已極，但欠著力開眼耳。」

　　一日侍立，次問曰：「絕對待時如何？」遠曰：「如汝僧堂中白椎相似。」珪罔措，至晚，抵堂司。珪復理，前問遠曰：「閑言語。」珪於言下大悟。正和末住和州天寧，紹興奉詔開山雁宕能仁，時真歇了公居江心，恐珪緣未熟，迎至方丈，大展九拜，以誘溫人，

由是人皆翕然歸敬。

　　上堂明明無悟，有法即迷，諸人向這裡立不得、住不得，若立則危，若住則瞎。真須意不停玄句不停意用不停機。此三者既明。一切處不須管帶，自然現前，不須照顧，自然明白。雖然如是，頁須知有向上事，豎拂子曰：「久雨不晴咄。」丙寅七月十八日。召宗範長老付後事，次日沐浴，聲鐘集眾就座，泊然而逝，荼毘，凡送者均得舍利，塔于鼓山。

　　　　——《大明高僧傳・卷五》。《大正藏》第五十冊頁 919 上——中。
　　　　——《續傳燈錄・卷二十九》。《大正藏》第五十一冊頁 667 下。

　　**按**：士珪大師，宋代臨濟宗楊岐派僧。四川 成都人，俗姓史，字竹菴，號老禪。年少出家，勤學經教，專治《楞嚴》。受具足戒後，往參佛眼 清遠，得嗣其法。後歷住龍翔、天寧、褒禪、東林諸剎。紹興年間，與宗杲共居雲門，撰《頌古》百餘則，世人珍之。其後入閩，住於鼓山，更遷雁蕩 能仁、溫州 龍翔等寺。師兼通外學，工書法，善尺牘，有《竹菴珪和尚語要》一卷、《東林和尚雲門菴主頌古》一卷行世。（其事蹟詳於《嘉泰普燈錄卷・十六》、《五燈會元・卷二十》）。

# 69 明・居頂大師

　　（？—1404）。明初臨濟宗僧，台州（浙江 臨海）人，俗姓陳，號圓極，別號圓庵。十五歲，投鄉里之淨安寺為沙彌，就迪元 瑀學《楞嚴經》、《圓覺經》。恕中 無慍主持瑞巖寺時，師入門參學而得度，乃任侍者，後從恕中移住慈溪 永樂。洪武十六年（1383），初於鄞縣 翠山弘法。曾固辭蜀王之請，住金華 雙林寺二十八年。其後，受敕任僧錄司左講經之職，未久移住應天府（河南 商邱）靈谷寺。永樂二年示寂，世壽不詳。

著有《靈谷圓極居頂禪師圓庵集》十卷、《續傳燈錄》三十六卷。此外，明版《大藏經》於南京開版時，師曾贊助開版工作。(《居頂圓庵集》)。

——《增集續傳燈錄‧卷六》。《卍續藏》第一四二冊頁904上——下。

# 70 明‧明河大師

（1588—1640）。明‧明河大師，字汰如，號高松道者。通州（江蘇 南通）陳氏。幼年依州之東寺 一天薙度。年十九，遍參諸方，師事一雨 通潤。初主吳邑華山寺，後繼席江寧 大報恩寺，嘗説法於杭之皋亭、白門 長干，聽眾常逾萬人。著有《法華》、《楞嚴》、《圓覺》解和《補續高僧傳》。參見《吳都法乘》六下、同治《蘇州府志》一三四、光緒《通洲直隸州志》卷末。

——震華法師遺稿《中國佛教人名大辭典》頁362。

# 71 明‧如相大師

明‧如相大師，善講經論，稱譽燕中。嘗箋釋《楞嚴》並採《合論》所見，成《古今合解》。詳見《楞嚴指掌疏懸示》。

——震華法師遺稿《中國佛教人名大辭典》頁257。

《楞嚴經‧卷七》云：

妄性「**無體**」(沒有真實存在或獨存的自體性)，非「**有所依**」(妄心本無處所，真心不落思惟也)。

將欲「**復真**」(回復真如自性)，欲「**真**」已非真(真正的)「**真如**」性。

「**非真**」(生滅妄心)求復(回復真如自性)，宛成「**非相**」。(狂心若歇，歇即菩提。真如自性「非真、非妄」也)

## 72 明・寶藏大師

明・寶藏大師，即能蠋法師，字寶藏，河間 獻縣人，姓劉氏，少孤，一日詣戒壇，從大千 震公圓具，有僧自伏牛山來，請戒語及煉魔事，蠋師躍然即裹足往，遇大川，授以念佛法門，遂立期修「般舟三昧」，歷七夏。既而過乾河溝，謁通天老人，留度歲，一夜獨立至旦，如彈指頃，聞板聲，心意豁然，成一偈上通天，通天亟止之曰：「毋爲狂魔攝也。」

後聞《楞嚴》，於「微心處」有解，復入「煉魔場」，九旬行坐，間得定相宛然。又走終南山，依孤月禪師四年，偶山行得一小室，因留止，日掘山蔬充腹，極意禪寂，孤月勸令質於遺教曰：「毋爲三昧酒所醉，此深坑不可墮也。」蠋師報緣欲謝，先三日，集諸方，至日稱佛名「三千聲」，跏趺而逝，世壽八十四，坐夏七十三，塔於德勝門外觀音菴之後。

—《補續高僧傳・卷二十六》。《卍續藏》第七十七冊頁 539 中。

## 73 明・大觀大師

明・大觀大師能詩，博通三藏，住溫州 雁蕩 能仁寺。數座講《楞嚴元義》，何丹邱作詩頌師：「機警似天童，風流類支遁」。參見《廣雁蕩山志》。

—震華法師遺稿《中國佛教人名大辭典》頁 34。

《楞嚴經・卷七》云：

**佛言：阿難當知，妙性**(妙明真性)「**圓明**」(圓滿光明)，**離諸名相，本來無有世界、眾生。**

**因「妄」**(妄想)**有「生」**(妄生)**，因「生」有「滅」，「生、滅」名「妄」。**

**滅**(轉物即是如來也)「**妄**」**名「真」**(若能轉物則同如來)，

是稱如來「無上菩提」（轉煩惱爲無上菩提）及「大涅槃」（轉生死爲大涅槃）二轉依號。

# 74 明·一清大師

明·一清大師，名天。出家於蘇州 能仁庵，授業於德巖 行，得「賢首」宗旨。撰有《華嚴》、《圓覺》、《楞嚴》、《楞伽》諸經註。參見《吳都法乘·卷六下》。

——震華法師遺稿《中國佛教人名大辭典》頁 3。

《楞嚴經·卷九》云：
**斯但功用，暫得如是，非為「聖證」。**
**不作「聖心」（證聖之心），名「善境界」。**
**若作「聖解」（證聖之解），即受「群邪」（群魔邪怪）。**

# 75 明·了凡大師

明·了凡大師，號柴紫。當陽（今屬湖北）蘄氏。幼依報恩寺 廣通出家，長習經論。一日策杖南遊遇正誨，機教相叩得法，更名乘旹，遂續此宗一脉。住當陽 度門寺，有《楞嚴講錄》十卷。參見《新續高僧傳四集》二一。

——震華法師遺稿《中國佛教人名大辭典》頁 11。

《楞嚴經·卷五》云：
**一切世間山河大地，生死、涅槃，皆即「狂勞」（狂妄之塵勞煩惱）顛倒「華相」。**

# 76 明·真一大師

明・真一大師，字無用。廣陵（江蘇 揚州）李氏。萬曆年間於武林，購丘民圃，建龍歸院，植梅種竹。刻方冊經版合六十種。有《楞嚴頂說》、《醒殺論》、《菩提首》、《彌陀心經澡雪》、《草庭歌》、《梅笋譜》、《南遊記》等集。參見《西溪梵隱志》四。

——震華法師遺稿《中國佛教人名大辭典》頁549。

《楞嚴經・卷五》云：

「根結」（喻六根之結）若除，「塵相」（喻六塵之相）自滅，諸「妄」銷亡，不「真」何待？

# 77 明・界澄大師

明・界澄大師，字中川。內江（今屬四川）人。通《解深密》等經，嘗廣搜《阿毗達磨藏》，鈎探索隱。撰有《楞嚴經新疏》十卷。參見《楞嚴指掌疏懸示》。

——震華法師遺稿《中國佛教人名大辭典》頁494。

《楞嚴經・卷五》云：

「真性」（在「真如自性」中，乃非「有為」、非「無為」。然「真如自性」卻又常為「有為法」與「無為法」之所依），「有為」（有為法）空（性空也），

緣生（眾因緣而生也）；故「如幻」。「無為」（無為法）無起滅（沒有起與滅），

不實（不是真實存在且可得的）；如「空華」。

言「妄」（喻「有為」）顯諸「真」（喻「無為」），「妄、真」同二妄；

猶非「真、非真」（非真、非非真。即非真、非妄也），

云何「見、所見」（能見之根與所見之塵）？

# 78 明・洪蓮大師

明・洪蓮大師，字獨芳，山西 太原 吳氏子，賦性嚴敏，孩提

時已若成人，出家饒益寺，廿具戒，見休雲師，蒙印可，授以信衣。
入天龍洞結足，刺十指血書，寫五大部經。又于名仙洞，立「曼怛
囉座」，設「餃口食」，賑濟幽類者三年。　晉王聞之，延致問道，
奉衣饌，請住鴻祐寺，自是聲德遐播。

　　明‧永樂中，奉　旨，箋註《大明三藏法數》，較勘藏經，又
命入香殿，與進法主，問答《楞嚴》大旨。又　命於海印寺，較寫
三藏。前後從事，皆得　聖心，繼承　仁、宣二廟恩眷，除僧錄司
右講經。明‧正統七年，轉左講經，以年老，上謝事之請，遂免師
朝參，職事如故，至景泰七年七月四日，端坐書偈而逝。　上聞悲
悼，命禮官致祭，贈淨梵　翊教禪師。壽九十一，僧臘七十一。茶
毗得舍利百顆。　勑歸西山　萬佛寺，造塔安厝。
　　　　　　　——《補續高僧傳‧卷五》。《卍續藏》第七十七冊頁 397 上。

# 79 明‧瞽菴大師

　　明‧瞽菴大師，諱顯示，號瞽菴，脫白於一山　元公，一山度
四弟子，取《法華》開示悟入為名，師當第二，故名顯示，號瞽菴。

　　師出台之寧海　盧氏之子，古貌長身，寡言笑清，儉自持，一
榻廿年，瀟然如在逆旅，研習教觀。

　　明‧天曆改元，師陞主顯慈、集慶二寺，皆杭之名剎，師處之
泊然。至正七年，師八十矣，因覽諸家所註《首楞嚴經》，繁簡失
當，方將折衷其說，為之「疏解」。俄疾作，召至四眾，以「唯心淨
土」，惓惓為勉。其中或未解師意，師厲聲曰：「死生難，死生難。」
遽索觚書偈而寂，壽八十六，臘七一十。
　　　　　　　——《補續高僧傳‧卷四》。《卍續藏》第七十七冊頁 391 中。

# *80* 明‧慧機大師

　　（1603—1668）。明‧慧機大師，「臨濟宗」僧。四川 營山人，俗姓羅，字鐵壁。師八歲即隨母持齋，並叩問同鄉大蓬 山元 白道者。天啓二年（1622年），於四川 大竹掩關三年。五年丙寅，師廿四歲，有僧湛持與師結為密友，常拉師至渡江聽講《楞嚴》、《圓覺》。師則自語曰：「經云：但有言說，俱非實義，法師所講者，何謂哉？直須放下冊子可也。」

　　廿五歲，師便投西竺僧落髮，未久禮謁忠南（四川）之吹萬 廣真求道，師遂於三十三歲時大悟，終得吹萬之法。

　　師一日謂衡首座曰：「我昔聽休法師講《楞嚴》文義，雖覺曉暢，自揣于己分上了無交涉。後來打翻漆桶，始知我說法即諸佛說法，非是強為法如是故」。乃拈挂杖曰：「者箇是甚麼？」座曰：「老漢敗闕不少。」師便打座。禮拜師曰：「我為你講一部《楞嚴》了也」。

　　明‧崇禎十二年（1639年），吹萬示寂，師繼任聚雲寺住持。後歷住地藏院、吟翁寺、慶忠寺、雲巖院、寶聖寺、治平寺等道場。清‧康熙七年示寂，世壽六十六，法臘四十一。著有《慶忠鐵壁禪師語錄》三卷、《慶忠鐵壁機禪師語錄》二十卷、《藥病隨宜》二卷、《慶忠集》二卷。
　　——《慶忠鐵壁機禪師語錄‧卷二十》。《嘉興藏》第二十九冊頁666下。

# *81* 元末明初‧清濬大師

　　（1328—1392）。元末明初‧清濬大師，字天淵，別號隨庵。浙江 台州 路黃 岩縣人（今浙江省黃岩縣），俗姓李。係一傑出之「地圖」學者。明‧文琇撰《增集續傳燈錄》卷五載（《卍續》第一四二冊‧頁864

下）：「師幼學鄉校，穎悟特異，然不甘處俗，年十三依妙明（出家）。」師年十四，受具足戒，此後隨侍妙明坐究行參，閱《楞嚴》、《圓覺》、《楞伽》、《維摩》等經，皆深究義趣，了然於心。師於中年之後，返回四明，後掛錫於東湖 青山。西元 1368 年，朱元璋建立明朝，清濬師應當地郡守之邀，住持萬壽寺。1371 年，明成祖在蔣山（今鍾山）親設「普度大會」，召全國有道沙門十人，清濬即為其一。1368 年又任靈谷寺住持，洪武 15 年(1382 年)，清濬受命為「僧錄司左覺義」。明太祖嘗親製《山居詩十二首賜靈谷寺左覺義清濬》。1392 年清濬師入寂，享年六十五。

—《中華佛教百科全書》（七）/清濬。3947.2。

—《增集續傳燈錄》卷五。《卍續藏》第八十三冊頁 326 中。

## 82 明·大惠大師

　　明·大惠大師，惠或作慧，字靈源，仁和 邰氏子。壯歲聞紹覺說法有省，夙慧頓發，習「慈恩」之教，所悟深奧，紹公讚之。後適京邑，就愚菴 貴公請益。貴驚其才具，命敷演所學，四眾嘆服，遂出家，時年已五十七。

　　師嗣南北講說，弘闡「唯識」十餘年，以天啓八年（1628 年）寂於杭州 昭慶寺，壽七十三。撰有《楞嚴日記》、《唯識證義》、《唯識自考錄》等。

—明復法師編《中國佛學人名辭典》頁 112。編號 0138。

## 83 明·通奇大師

　　（1595—1652）。明·通奇大師，「臨濟宗」僧。合州（四川 合川）人，俗姓蔡，字林野，世稱林野 通奇禪師。師生而澄靜，不喜肉食。少即依本里金鐘寺叔父道然為童行，十七歲參禮黔州（四川）之

蓮峰出家，年十九出蜀南遊，意欲窮研教典，息居於湖北 當湖。會毛俞諸公，于德藏 齋頭，談《楞嚴》，即留掩關閱藏。

師於掩關，翻閱時教，突患「痢疾」瀕死，乃知「經論之學」非究竟法，偶聞天童參禪偈（《卍續藏》第一三九冊頁 517 上）「一念未生前，試看底模樣」，若有所悟。一日失足墮樓，豁然而悟，遂往謁天童 圓悟於吳門，得其心印。明·崇禎十六年（1643 年）出住於天台 通玄寺，歷遷嘉禾 東塔、棲真、天童等諸名剎。清·順治九年示寂，世壽五十八。遺有《林野和尚語錄》八卷。

　　——《高僧摘要·卷三》。《卍續藏》第八十七冊頁 332 下。

# 84 明·雲陽大師

明·雲陽大師，即建陽 董巖庵 雲陽 德和禪師，三貴 萬氏子，天性芳潔，不染俗氛，事父母甚謹。父既喪，即有出世志，學金丹脩煉之法，嘗夜行荒墓間，明月在天，心口自念曰：「百年有盡之身終歸此土，此中有箇不死人，當下若不理會，亦是駝屍漢子。」會母喪即遍遊名山，至松溪參軼皷 悟公，悟師教以「念佛話頭」，且指參天真 覺公，覺公授以《楞嚴》深旨，師自此一意參究，不復事脩煉矣。

師居嶽山凡數載，單提「話頭」，昏散俱絕。一日雨霽，行山間，見人以木板轉徙行濕，忽「有省」，自是諸經奧義，無不洞矚，隨所叩問，應答如響。一僧問：「如何是道？」師曰：「背後底。」僧曰：「莫祇這便是麼？」師曰：「要爾是作甚麼？」

僧問：「如何是黑豆未生芽？」師曰：「生芽久矣！」莆田 林龍江先生以「三教」自許，所至縉紳士庶，奉之如佛。師往拜之，林立而受，及聞師議論，大驚異之，即還其拜，延之賓位且曰：「雲

陽眞大知識也!」時師尚守「居士服」,眾勸其剃落,師曰:「僧在三寶之數,可容易爲之乎?」至萬曆丙子秋九月,至白水巖,眾復請之,乃從剃落,時師年四十九也。

明·萬曆己丑,邑大旱,官府請師「祈雨」,師口誦《心經》,望空而拜,「甘雨」隨至,甲午秋九月示疾仰山,至廿六日沐浴更衣,趺坐正寢,趙生光孚請留偈,師笑曰:「安用此爲?」強之,乃誦「七佛偈」而化,世壽六十有七。

師醇謹仁慈,柔忍謙退,非法(之)言不言,非法(之)行不行,而體道精勤尤為難及,不爐、不扇,不就寢者達三十載,師蓋僧中之間氣云。

——《建州弘釋錄·卷二》。《卍續藏》第八十六冊頁567下。

# 85 明·萬松大師

明·萬松 慧林大師,字萬松,杭之仁和人,姓沈氏,仁和人。生稟異質,稍長耽玩佛書,授以世典,遂棄佛觀。父母察其志如是,遂命捨為法輪寺僧,見諸僧所習「卑鄙」,師不樂,愀然歎曰:「此豈可了生死大事耶?」雅聞天目 平舒老人道行,復往依之。

一日師宴坐林間,聞猿鳥聲,豁然有悟。是時,伏牛 空幻叟,寓廣德禪林,乃詣叟,自陳所見,遂嗣空幻之門,歷游諸方,歸杭隱徑山,絕跡於城府。師持身約,守律嚴,素通三藏,尤精於《法華》、《圓覺》、《楞嚴》等諸經,善于開誘,析義宣旨,如慈父母之訓其子,必至領解而後已。道日益崇,修日益起,而四方從學者,日益以眾。嘉靖丁巳,忽謂眾曰:「時至矣!」絕穀,日啜潤水數杯者,月餘而化,得年七十有六。

——《補續高僧傳·卷五》。《卍續藏》第七十七冊頁397下。

## *86* 明‧釋禪大師

　　明‧釋禪大師，字本無，昆明 張氏子。初習儒學，能了經義。年十九，禮秀山 妙空師入道，秉具於大方師，得法於所菴師，潛居雞足山研讀《大藏》廿餘年。明‧萬曆中，沐公增題立悉檀寺，延師為開山。

　　明‧天啓初，為僧錄左善世。崇禎五年（1632 年），集眾說偈而化。撰有《楞嚴懺法》、《禪林佛事》、《因明隨解標釋》、《老子玄覽》及詩文頌偈等。

　　　　　　—明復法師編《中國佛學人名辭典》頁 656。編號 5579。
　　　　　　　　　　　—《新續高僧傳四集‧卷七》頁 7。

## *87* 明‧無逸大師

　　明‧無逸大師，餘姚人，別號庸菴，性仁恕端毅，蚤從楊濂夫、陳眾仲二先生游，經明學通，發為文詞，矩則甚嚴。晚年酷嗜禪學，皇朝革命之初，無逸以召至京師，預修元史，得請而歸。余因令吾徒居頂寓止慈溪 龍山，時謁無逸，講授為文之法，無逸因吾徒寓書叩「入道之要」，余既答書云云，復以環公所註《楞嚴經》，及「大惠書問」寄遺之，無逸自是常「斂目危坐」，而反覆究二書旨趣，有證入。

　　明‧洪武九年六月，因疾，命門人王至等為書示子詩一首，笑談自若，忽以扇搖曳，止其家人曰：「我方靜，汝毋撓我。」遂閉目，以扇掩面而終，時天隆暑化，斂容，色含喜笑，益鮮潤，有《庸菴藁》若干卷行于世。

　　　　　　—《山菴雜錄‧卷二》。《卍續藏》第八十七冊頁 132 下。

## *88* 明·音聆大師

　　明·音聆大師，武岡（今屬湖南）人。有《心經》、《楞嚴經》合解。參見《湖南通志》二五二。

——震華法師遺稿《中國佛教人名大辭典》頁 512。

《楞嚴經·卷十》云：

　　**汝等存心秉**(秉持)**如來道，將此法門於我滅後傳示「末世」，普令眾生覺了**(覺悟明了)**斯義。無令「見魔」**(顛倒分別的邪見之魔。心魔指前六識。見魔指前七識)**自作沉孽**(自造作沉重罪孽)**，**

　　**保綏**(保護撫綏)**哀救**(哀愍救助行者)**，消息**(消除息滅)**邪緣**(邪見之緣)**。**

　　**令其身心入佛知見，從始成就，不遭歧路。**

## *89* 明·廣莫大師

　　明·廣莫大師，字仁安，歷事百松、千松。後遊雲棲，聞淨土法門，誓攝華臺。刺血書《華嚴》一部、《法華》廿部。

　　嘉靖間，棲杭之秦亭山 普慈院。寂後董其昌為題墓名。有《懷淨土詩》、《法華感應》、《楞嚴直解》和《索隱》。參見《法華持驗》下、《西谿梵隱志 .普慈院》、《楞嚴指掌疏懸示》。

——《法華經持驗記·卷二》。《卍續藏》第七十八冊頁 88 上。
——震華法師遺稿《中國佛教人名大辭典》頁 938。

## *90* 明·三峰大師

　　明·三峰大師，即第六十八祖蘇州 鄧尉山 三峰 法藏禪師。降生錫山 蘇家，父道垂先生，諱蘭，母周。生而屹然，負大志，五

歲聞道，垂先生論孟子「浩然之氣」，神思奮發。十一禮佛，方投地心，如洞開，矢志出家。明‧萬曆十九年辛卯，師十九歲，尚寶 薛公敷政素奇，師為齎禮部牒，遂得度德慶禪院，研究《首楞嚴經》，修觀音耳根圓通。間討《河洛》，著「五經」，參同「四書」，參同諸書，一時倡道諸名賢，顧端文、高忠憲輩，有麟鳳之目。

一日師侍御錢公啓新，與尚寶 薛公、玄臺，搖艇子到門，舉《楞嚴》、《圓覺》諸經論問師，師曰：「《楞嚴》云：諸可還者，自然非汝，不汝還者，非汝而誰？」瞿曇如將名品「荔枝」和皮核去，盡送在人口裏，多不解吞。

師嘗痛念「臨濟」之道，歎曰：「非我則從上大法，墜於地矣！」乃握一黑漆「竹箆」，不顧身命亡，曉夜開發學者，一時稱三峰鑪鞴，四方抱道宿望之士，及賢士大夫，爭集其門，座下得法乳，名重叢林者若干人。師出世歷住杭州 安隱 淨慈，秀州 真如，吳江 聖壽，蘇州 北禪 鄧尉，《行世語錄》三十卷，《廣錄》五十卷。一日安隱，示眾曰：

「機先一向，是汝諸人安身處。
先機一著，是汝諸人立命處。
其間左之右之，或伸或縮，是汝諸人踏腳處。
末後一句，是汝諸人出頭處。」諸方目為五決旨。
　　　　　　　　——《南嶽單傳記》。《卍續藏》第八十六冊頁 39 下。

# 91 明‧密雲大師

（1566—1642）。明‧密雲 圓悟大師，年四十四，聞檇李（即洪敏大師）《楞嚴》備諸禪典，乃自往購之。師有句云：「行到山窮水盡頭，秦皇計絕始心休。誰知別有通方路，大海何曾止浪遊」。病

目答景西上人偈。是秋，仍寄護生卒歲。

——《密雲禪師語錄·卷十二》。《嘉興藏》第十冊頁 79 上。

《楞嚴經·卷一》云：

**佛告阿難：此是前塵**(現前的塵境)「**虛妄相想**」**惑**(迷惑)**汝「真性」，**

**由汝無始至於今生，認「賊」為子，**

**失汝「元常」**(本元的常住真心)**，故受輪轉**(輪迴流轉於六道中)**。**

## *92* 明·靈述大師

　　明·靈述大師，嫻通「台教」，能撰文。師事一松大師，嘗聽師講《佛頂首楞嚴經》，筆記其說，成《楞嚴經秘錄》十卷，後世學人奉為明燈。

——明復法師編《中國佛學人名辭典》頁 698。編號 5943。

《楞嚴經·卷十》云：

**若諸末世「愚鈍」眾生，未識「禪那」**(dhyāna)**，不知「說法」**(佛所說的五十陰魔之境)**，樂修「三昧」，汝恐**(恐誤入邪魔)**同邪**(同於邪見)**。**

**一心勸令持我「佛頂」**(uṣṇīṣa)**陀羅尼咒，**

**若未能誦，寫於禪堂或帶身上，一切諸魔所不能動。**

**汝當恭欽**(恭敬欽承)**十方如來，究竟修進**(從始至終，究竟修行精進法則)**，**

**最後垂範**(垂留典範)**。**

## *93* 明·管志道居士

　　明·管志道居士，字登之，太倉人。嘗主中吳書院，學者稱東溟先生。明·隆慶五年中進士，除「南京兵部主事」。萬曆初，惡張居正，以老疾致仕。初入京時，止西山 碧雲寺，閱《華嚴經》，忽悟《周易》之義。乃倡以儒治儒，以釋治釋之說。

居士晚尤究心於《楞嚴經》，應諸方扣擊，益詣元奧，三十六年（1608 年）七月卒於家。壽七十三。

——明復法師編《中國佛學人名辭典》頁 567。編號 4678。

## *94* 明・凌宏憲居士

明・凌宏憲居士，字叔度，號天池居士，吳興人，明・萬曆年間撰《楞嚴經證疏廣解》十卷。

——明復法師編《中國佛學人名辭典》頁 403。編號 3006。

《楞嚴經・卷一》云：

**佛告阿難：世間一切諸修學人，**

**現前雖成「九次第定」**（色界之「四禪」、無色界之「四處」及「滅受想定」），**不得「漏盡」成阿羅漢，皆由執此「生死妄想」，誤為「真實」，是故汝今雖得「多聞」，不成聖果。**

## *95* 明・李元陽居士

（1497—1580）。明・李元陽居士，字仁甫。雲南 太和（大理 西北）人，自號覺林居士。生而穎悟，過目成誦。嘉靖進士，知江陰，有政績，人為御史。遇事敢言，罷官歸。嘗建賓蒼閣，讀書雞足山數年。後因讀《楞嚴經》，大駭曰：「世有如是書乎！」遂留心「內典」，常遊法席。

一日元陽見雲谷禪師，遂蒙「印可」，與默菴、定堂二師，為方外契。創建放光寺，施置寺田數百畝。雞足山之盛，推為功首。印光 海慧開傳衣寺，元陽為護法。碧潭 圓入雞足山，結茅袈裟石上，元陽與為友。著有《心性圖說》、《中谿文集》、《禪源記》等。參見《滇釋紀》四。

——《徑石滴乳集‧卷四》《卍續藏》第六十七冊頁 539 中。

——《曹溪一滴》。《嘉興藏》第二十三冊頁 270 下。

——震華法師遺稿《中國佛教人名大辭典》頁 283。

# 96 明‧鍾伯敬居士

明‧鍾伯敬居士，名惺，竟陵人，萬曆中進士，官禮部主事，出為福建提學，一年以父憂歸，服除不出。年將五十，自念人生無常，佛性漸失，不覺悲淚，乃專精《首楞嚴經》，眠食造次，皆執卷熟思，與永新賀中男往復參訂，成《楞嚴如說》十卷。

居士將歿前三日，告於佛，請大僧授五戒，法名斷殘，願生生世世為「比邱優婆塞」，遂逝。

——《居士傳‧卷四十四》。《卍續藏》第八十八冊頁 265 中。

# 97 明‧王道安居士

明‧王道安居士，名爾康，號性海居士，廬陵人，父育仁，終涪州，知州之官時，攜家宿旅亭，夢「大比邱」入門而生道安。道安生而淵默，兒時常樂趺坐，年十三，見案上《圓覺經》竊觀之，父遇問曰：「解否？」應曰：「解！」時道安實未曉文義，父遽指經語曰：「試解之！」道安惶迫無以應，良久胸中春然開裂，道安夙慧頓發，即為父宣說其義，父駭之，退而博覽佛書，皆如夙所習。

道安居士初受戒於雲棲宏公，修「念佛三昧」，復參求宗要，用力精猛。一日輿行幹折，忽有省。

廿九年謝病歸，居招提中，為眾講《起信論》，著《起信疏記》，無何瘍生左足，日講《楞嚴》不輟。已而右足又生瘍，漸劇，預知

不起，捨田宅與僧，擇日為券。其友請以十月朔後十日，道安曰：「吾不待也！」易以朔，謂其友曰：「後九日吾行矣！」

及期，見群僧繞案，有頃曰：「天人至矣！」遂瞑。斂之夕，地震動，屋瓦盡鳴，卒年僅三十八。道安在時嘗止小樓誦《華嚴經》，妻劉氏夢「大日輪」懸樓上，光彩煜然，不可正視，寤而言之。道安為妻語佛法，欣然信受，屏葷血，清淨自居，妻先道安三歲沒，沒時了然若無事者（《陶石簣集》）。

　　　　——《居士傳‧卷三十八》。《卍續藏》第八十八冊頁250下。

《楞嚴經‧卷一》云：
　　一切眾生不成「菩提」及「阿羅漢」，皆由「客塵煩惱」所誤。

# 98 明‧趙觀本居士

　　明‧建陽 豫齋 趙居士觀本，字子立，質任淳厖，行篤孝友，補邑弟子員輒，有志于聖賢之學，喜讀論性諸書，手不釋卷。至明‧隆慶辛未，即棄舉業，斷葷酒，師事雲陽和尚，延至董岩，朝夕扣參，所得益深。客有非之者，公曰：「儒者闢佛，為未諦觀內典耳，苟悉心研求，將信受之，不暇未易，非詆之也。」又曰：「吾學佛然後能知儒，古人之語不我欺也，此理苟禪身心性命，又奚必陰收之而陽斥之乎！」每對客談論，皆窮本達原，取譬多方，津津不置，必使其無疑而後已。

　　觀本居士嘗與禪客論《楞嚴》大旨，不覺漏下四鼓，雪深一尺，次晨患頭痛，仍命扶出，以終其說。或止之，公曰：「吾能以善及人，吾願足矣！雖病何妨？」又以此理，勢不能家喻而戶曉之，乃廣鋟諸經，普施勸持，以資慧種，建州佛法至今不替，則公之力為多也。

　　至於居士好義樂施，終身弗厭，皆公禪學之餘事耳，明・萬曆辛丑仲夏忽有疾，不復請醫，震南傳先生來問疾，公曰：「自有時耳，請僧落髮。」披衣端坐，西向合掌念佛，泊然入寂。去之後，面有溫顏，肢無僵骨，端坐累日如生，蓋亦佛法之驗云。

　　　　　——《建州弘釋錄・卷二》。《卍續藏》第八十六冊頁 571 下。

《楞嚴經・卷一》云：

　　遺失「真性」（真實心性），顛倒行事。「性心」（前文說的「寂常心性」）失真，認物（誤認虛妄事物）為己（為真正的自己），輪迴是中，自取「流轉」（生死邊流的輪轉）。

# *99* 明・殷邁居士

　　明・殷時訓居士，名邁，號秋溟居士，應天人也，早歲肄業南京國子監，與江西 何善山遊。聞陽明王子之學，又受教於司業歐陽南野，遂屏居山寺，反求諸心，期於自得。明・嘉靖廿年登進士第，授戶部主事，歷官貴州提學副使。閒居耽「釋氏書」，從《楞嚴經》、《金剛》乾慧發悟，著《贅言》一卷。論《楞嚴》要義，又謂《楞嚴》諸解直吐心得，以經解經，溫陵為最，著《溫陵要解輯補》十卷。官太僕日，居滁陽，棲雲樓，作偈曰：「春陰蔽幽齋，朝來始和霽，春風悠然來，花雨滿庭際。」又云：「百慮靜中起，旋向靜中消，早知生即滅，始信起徒勞。」又云：「丈夫自堂堂，腳底有元路。撒手便歸家，何曾移寸步。」

　　晚年棲於天界寺，息心禪定，持戒精嚴，雖老衲子不過也。年六十有二，自知逝期，焚香坐脫，若假寐然（明詩偶鈔・楞嚴蒙鈔・江寧志）。

　　　　　——明復法師編《中國佛學人名辭典》頁 352。編號 2505。

——《居士傳》卷四十二。《卍續藏》第八十八冊頁 257 上。

# *100* 明‧葉紹袁居士

（1589—1648 年），字仲韶，別號天寥，吳江（今屬江蘇）人。明朝文學家。累代望族。少有才學，天啓五年（1625 年）進士，任南京武學教授，再遷國子助教。官至工部主事，因魏忠賢輩擅權，以母老告歸。有才名，工於詩文，其妻沈宜修是副都御史沈琉之女，育有五子八女。明亡後，攜三個兒子出家為僧，法名木拂。著有《甲行日汸》、《湖隱外史》、《自撰年譜》、《年譜別記》，詩集《秦齋怨》等。

紹袁的第六子即葉燮（1627—1703），為清之詩學家，據《清史稿‧卷四八四》載，葉燮字星期，號己畦，江蘇 吳江人。康熙九年（1670 年）進士，授寶應縣令，因忤長官落職。遂漫游四方，晚居吳縣 橫山，時稱橫山先生。

父葉紹袁，精通內典，棄家為僧，嘗著《金剛經注》、《楞嚴集解》等。因家學，葉燮少即研究佛典，長而喜與僧人共游，對佛學義理頗有研究，「久知妙解在優曇」。其詩文創作和文學理論深受佛學影響，「世出世法，本無二法，法法皆然，即詩文一道爾」。葉燮所撰《原詩》，是一部有系統體系的詩學專著，美學價值極高。有《己畦詩文集》二十卷。

——任繼愈主編《佛教大辭典》頁 392。

《楞嚴經‧卷一》云：

**前塵**（眼前的塵境）**自暗，「見」**（能見之性：能看見東西的性能）**何虧損？……**

**是故當知：燈能「顯色」**（燈只能發光顯示出一切色相物質的所在）**。**

**如是見者**（能看見東西的能力），**是「眼」非燈；**

眼能「顯色」(眼睛只能顯示出色相物質的所在)，
如是見性(能見到東西的性能)，是「心」非眼。

## *101* 明·<u>陸西星</u>居士

明代人，字<u>長庚</u>，號<u>方壺外史</u>。聰慧絕倫，好讀書，喜道術。
道教之徒，稱之為<u>陸祖</u>。撰述多達百種，其中《楞嚴經約說》、《楞
嚴述旨》、《南華經副墨》等，皆以道法解佛理，不明奧旨而惑之者
甚眾。(詳於《清史·卷三五九》、《國史列傳·第七十一》)。

——《佛光大辭典》頁 4825。

**按**：明·<u>陸西星</u>所述《楞嚴經說約》一卷及《楞嚴經述旨》十卷，
今皆收於《卍續藏》第八十九冊。

## *102* 明·<u>馮夢禎</u>居士

(1548—1595)。<u>明</u>代<u>秀水</u>(<u>浙江 嘉興</u>)人，字<u>開之</u>，崇尚氣
節，擅長文章。<u>神宗 萬曆</u>(1573—1620)年間，會試中狀元，官
至<u>國子監祭酒</u>。氏素奉佛法，喜接近禪僧，從<u>雲棲 袾宏</u>受菩薩戒，
敬持無懈，又與<u>紫柏 真可</u>修念佛三昧，刺血寫經，刻印《大藏經》。
平素常誦《楞嚴經》，有《釋鈔》行世。

於<u>萬曆</u>二十三年逝世，世壽四十八。諡<u>莊簡</u>，贈太子太保。著
有《歷代貢舉誌》、《快雪堂集》、《快雪堂漫錄》等。(詳於《明史·卷
三一七》、《明人小傳·卷三》、《詩志居詩話·卷十五》)。

——《佛光大辭典》頁 5367。

**按**：明·<u>馮夢禎</u>之《楞嚴經釋鈔》，見於《中國佛學人名辭典》頁
417 下。今佚失或未見。

# *103* 明・曾鳳儀居士

明代衡州（湖南 衡陽）人，字舜徵，號金簡，仕至禮部郎中，性敏好學，宗陸象山之理學，隱退之後，於鄉中設書院講學，門人頗眾。偶遇一僧，諍論三日不休，由是信佛。持戒茹素，研讀經論，致力參省工夫。一日見月落日昇，豁然得悟，自謂疑礙盡消，已得兩家真意，後著書立說。作有《首楞嚴經宗通》、《楞伽經宗通》、《金剛經宗通》等。其生卒年不詳。（見《衡州府志》）。

——《佛光大辭典》頁 5042。

**按**：南岳 曾鳳儀撰《楞嚴經宗通》十卷，今收於《卍續藏》第二十五冊。

# *104* 日・坦山大師

（1819—1892）。日本曹洞宗僧，磐城（福島縣）人，俗姓原，故世人多稱之為原坦山和尚。號鶴巢、覺仙，初名良作，於江戶 昌平 黌修習儒學，兼攻佛學、醫學。進入佛門後，在明治五年（1872）任教導之職。後以違反出版法，被除去僧籍。未久，應築地本願寺之請，開講佛經。十一年，在東京創立佛仙社，教導學徒。翌年，任東京大學印度哲學科講師，教授佛教課程。十三年，恢復僧籍後，住最乘寺。歷任曹洞宗大學林總監、管長代理等職。

明治二十五年示寂，世壽七十四。著有《首楞嚴經講義》、《心識論》、《時得抄》、《惑病同源論》、《鶴巢集》等書，均收入《坦山和尚全集》。

——《佛光大辭典》頁 3128。

## *105* 明末清初・**頂目大師**

明末清初・頂目大師，即徹和尚，住瑞光，上堂云：「有時電閃星馳，金蛇尾後轟雷，有時天高雲淨，玉兔空中迷影，有時入林不動草，有時入海不揚波。」師生平「禪戒」並急，而以《首楞嚴經》為講法之要，自謂於《楞嚴》有深證，叢林有「昧楞嚴」之稱。

師說法於江楚 吳越間三十年，身外無長物，四方遺問填門，隨手而散，去來不預計。意至則行，追隨者方喘急。而一笠翛然，已莽蒼在望矣。手書別檀護誡，門人訖，自詣龕室跏趺，笑謂眾曰：「我且試耳。」遂寂，山翁 忞乃其手度，退翁 儲從之修東林淨業。

——《宗統編年・卷三十一》。《卍續藏》第八十六冊頁 294 上。

## *106* 明末清初・<u>熊魚山居士</u>

明末清初・熊魚山居士，名開元，亦嘉魚人也。其家故奉佛，持不殺戒，里有異僧天如者，與魚山舉業師童希 孔善，嘗見魚山童時，文書其後曰：「掀天揭地男子也。」已而成進士，就天如問所以應世者，天如曰：「汝學道未有獲，操刀不得柄，安能割物？」遂閉關一月，讀《楞嚴經》，瞥然有省，出為崇明知縣，移吳江，禮三峯 漢月禪師稱弟子。書問往復，激發精烈，已徵授吏科給事中。

魚山居士曾在獄年餘，以佛法攝獄中人，晝二時禮誦，夜演「蒙山法」，拔瘦死者，又為獄中人說《心經》，因筆之為《心經》再傳。受杖時，惟默誦觀世音號，自一至百，血肉糜爛弗覺也。

居常奉六齋，或勸魚山暫開齋禁，不聽，曰：「患死於杖耳，死於齋乎！」如農在獄中過，魚山見《指月錄》弗省，既而兩人以盛暑得保出獄。如農亦與魚山同時出戍宣州，後薙髮於黃山，寓蘇

州以卒。

——《居士傳》卷五十二。《卍續藏》第八十八冊頁 284 下。

——任繼愈主編《佛教大辭典》頁 1300。

《楞嚴經・卷二》云：

　　諸善男子！我常說言：「色、心」諸緣，及「心所使」，諸「所緣法」，唯「心」所現。

　　汝「身」汝「心」，皆是「妙明」（勝妙明淨）真精（純真精心）妙心（微妙真心）中所現物。

　　云何汝等，遺失本妙，「圓妙明心」（圓滿勝妙明淨真心）、寶明妙性（摩尼寶明淨勝妙真性），認悟中迷？

# 107 清・古壑大師

　　清・古壑大師，應城（今屬湖北）胡氏。住天門 香雨庵，閉修廿餘年。註《金剛》、《法華》、《楞嚴》三解，兼工詩畫。年八十餘寂。參見民國《湖北通志》一六九。

——震華法師遺稿《中國佛教人名大辭典》頁 135。

《楞嚴經・卷二》云：

　　本是「妙明」（勝妙明淨）無上「菩提淨圓真心」，「妄」為「色、空（虛空）」及與「聞、見」。

　　如第二月，誰為「是月」？又誰「非月」？

　　文殊！但「一月真」，中間自無「是月、非月」。

# 108 清・真賢大師

　　清・真賢大師，字獨愚，泗州人。師事寶華 見月。淹貫內外，尤精教觀，深得《楞嚴》之旨。後出主淮安 聞思寺，創建伊始，

備極辛勞，規模粗具，赴京請藏，寂焉，壽臘無聞。
——明復法師編《中國佛學人名辭典》頁 361。編號 2587。

《楞嚴經·卷四》云：

縱汝「形銷」<sub>(形骸銷滅)</sub>，命光<sub>(命根)</sub>遷謝<sub>(遷變代謝)</sub>，此「性」<sub>(聞性)</sub>云何為汝「銷滅」？

以諸眾生從無始來，循諸「色、聲」，逐「念」流轉，曾不開悟「性淨妙常」<sub>(本性清淨、不生不滅的妙明常住真性)</sub>。

## 109 清·元宏大師

清·元宏大師，字石庭，號杜鵑和尚。會稽(浙江 紹興) 姚氏。年十七祝髮。康熙間主京都 彌陀寺，嘗召對暢春園，賦詩稱旨。康熙四十六年(1707 年) 至天津 海光，與成衡 鍵關結夏，箋疏《楞嚴》。精於書畫，詩尤工，有《杜鵑集》、《高雲集》。參見光緒《重修天津府志》三七、乾隆《紹興府志》七七、《兩浙輶軒錄》三九。
——震華法師遺稿《中國佛教人名大辭典》頁 64。

## 110 清·修遠大師

清·修遠大師，字石照，吉州(江西 吉安) 人。嗣法於若昧，註疏《楞嚴》、《法華》、《金剛》、《圓覺》諸經，《唯識》、《起信》諸論。參見《德化縣志》、《廬山志》九。
——震華法師遺稿《中國佛教人名大辭典》頁 503。

《楞嚴經·卷五》云：

善哉！阿難！汝欲識知俱生<sub>(屬與生俱來之「先天性」煩惱)</sub>「無明」，使汝輪轉生死結根，

唯汝「六根」，更無他物。

汝復欲知「無上菩提」，令汝速證「安樂解脫、寂靜妙常」，亦汝「六根」，更非他物。

# *111* 清・天逸大師

清・天逸大師，即仁壽 天逸和尚重修塔碑記⋯⋯師諱本圓，號天逸，昭陽 張氏子，生而英拔，智識過人。幼具出塵之志，弱冠遊燕，歸即棄家求道。詣參知識。丙戌春，過維揚 東隱菴，見玉如大師求度，如喜師器宇不群，復慮其世緣未斷，不允，懇之再四，方得脫白，遂掩關。

於掩關中，師閱《楞嚴經》，如叩關，問師：「經云：累劫多聞，不如一日修無漏。」結果逸師不明厥旨，如遂命師出關，往參夾山箬菴和尚。師見箬問：「某甲生死不明，乞師指示。」箬便打，師禮拜箬，又打，自此疑情頓起，寢食俱忘。箬命為侍者，師愈加精進。箬于稠人中指曰：「此子他日磬室之光明幢也。」後參報恩 玉林和尚，隨眾打七，正提話頭，玉將香板擲地作聲，師由此悟入。

師平生與洞宗 佛光和尚交最深，一日光至，師喜曰：「吾緣盡矣！」遂擇日，至期聞鐘聲，趺坐趣寂，「闍維」獲五色堅固子，道俗競分供養。師生于萬曆己未九月十五日，入寂于康熙戊申七月十三日。世壽五十，臘廿一，建塔于西山 天台寺 大南峪之麓。

——《屾峰憲禪師語錄・卷十》。《嘉興藏》第三十四冊頁 123 上。

《楞嚴經・卷四》云：

阿難！第一義者：汝等若欲捐捨「聲聞」，脩「菩薩乘」，入「佛知見」。

應當審觀「因地發心」（因地最初發心），與「果地覺」（果地究竟取證之覺），為同？為異？

阿難！若於「因地」以「生滅心」(意識的生滅妄心)為本修因，而求佛乘「不生不滅」。無有是處。

## *112* 清・**真傳**大師

清真傳，真傳字會一，姓何，蘇州 吳縣人。年十九，遇懶瑛和尚指示佛乘，受五戒，彭二林居士，招入文星閣，傳執贄稱弟子，共修念佛三昧。年二十八，投杭州 崇福寺出家，研究《楞嚴》、《唯識》大義。為人講說，詞旨明暢，後住嘉興 楞嚴寺，矢志募修《大藏經》版，工興有日矣。忽疾作，退隱蘇州 鳳巢庵，一意西歸，嘉慶十七年正月杪，謂其徒曰：「爾等勿訝，明日余將去矣！」至夜分，蹶然起坐，西向念佛，含笑而逝，年五十三。(詳於《參茶老人集》)。
——《淨土聖賢錄續編・卷一》。《卍續藏》第一三五冊頁 397 下——398 上。

## *113* 清・**海岸**大師

清海岸，海岸姓王，湘鄉人。咸豐十年，遇僧策發，悟世無常，趨衡岳，晤妙明老宿，即從披剃，繼從普明律師受具。後徧參江 浙諸名德，越五年，返錫福嚴，無何，退隱祝聖，著《楞嚴》、《起信》、《彌陀》諸疏。晚年志慕淨土，念佛行道，兼修「法華三昧」，嘗為偈曰：「行道五百唫，念佛一千聲，六時常如此，西方定可生。」

光緒二十三年，五月十七日寅初，命其徒高唱佛名，怡然坐脫，世壽五十七，戒臘三十八。(見《近代往生傳》)。
——《淨土聖賢錄・下冊》頁 12。

## *114* 清・**默庵**大師

南岳 仁禪師，字真源，晚號默庵，湖南 衡州 周氏子。父學儒，

早卒，師幼而穎捷，讀書目數行下。年十五，以文雄其儕輩，塾師期以遠到，越二年，肄業雁峰寺。嘗抄《金剛經》至「現過未三心不可得」，遂悠然有出世想。清之咸豐七年，母為授室有日矣，師潛赴南峰寺，從普照禪師剃度，命名上仁，明年納具足戒於福嚴寺翠庭上人。聞祝聖量禪師法席甚盛，往受心印，是為臨濟四十代法器。

又明年，謁法雲禪師郴州，深入教義，儒書亦由是貫穿。好學者，多喜與遊。光緒二年秋，師葺精舍於南岳祝聖，密修空觀，忽然大悟，於是前日之粗解大凡者，用以圓徹。師既發慧，不惟內典罔不淹融，言天文、地理、醫算、音韻之學，皆一一了會。師戒律精嚴，性相澄貫，以天臺一心三觀為靜慮之航，以彌陀淨土為智身之歸宿。

自丙申以迄辛丑，宏揚之暇，初以每日念佛六萬自課，久之不念之念，幾無間時。壬寅春，以寺務付上首，其藏書及冬服，皆以捐贈，且曰吾將西歸矣。其冬，持念佛七，不餐段食，惟飲大悲水，旬有四日，定中見七寶池八功德水，未幾示微疾，卻醫藥，一心念佛，令眷屬輪念以助。或日誦大乘經二度，嘉平朔絕粒，已而絕飲，雖常常吉祥而臥，日必再起念佛，或聽誦經典。

一日睹阿彌陀佛白光炯炯，遂向西端坐，命去棉衲，或以寒甚難之。師曰：「吾將棄此易珍衣耳，徐問何謂解脫」？左右皆不契。師笑曰：「不如學齋公齋婆老實念佛去」。已而自吟一腔菩薩願，難與昧者言。時木魚聲急，師令停擊，但同念南無阿彌陀佛，聲一百五六十，合掌而寂，時光緒二十八年十二月十三日也。既數時矣，頭豎熱蒸，身體棉軟，安骨於南岳山腰金鶴林。世歲六十有四，僧臘四十有五。

師歷主羅漢、祝聖、大善、諸寺，說經談律，座無虛晷，四眾

知歸，咸趨覺路。又以其間從臨川 婁山、甯波七塔之請，先後講《彌陀疏鈔》、《楞嚴》、《法華》諸經，聽者歎為得未曾有。師為人外嚴毅而內寬和，循循善誘，無智愚賢否，俱得其理解而去。雖能為文，不屑自暴，且恒以非本分戒其徒眾。

其所著書，有《教觀綱宗釋義紀》、《楞嚴易知錄》、《續人天寶鑑》、《閱藏日記》、《識勸學篇》、《法華便蒙解》、《金剛經刊定記會本》、《近僧紀略》諸目，前者已稍稍流行海內，不勝私淑之慕云。

　　　　　　　　　　　　　　——《近代往生傳》頁 21—24。

　　**按**：南岳 祝聖寺 默庵 治定大師之《楞嚴經易知錄》。今由台中蓮社出版，78 年 12 月。或由屏東 普門講堂 會性法師倡印（書法版）。

# 115 清·本晢大師

　　釋本晢，字山曉，姓魏氏，長壽人也。四明 天童寺僧，父國琦，家世儒素，母楊氏，夢梵僧授如意而生。晢髫年有出塵之志，見梵經佛像輒生敬愛。投近邑定慧寺薙染，初學《法華》、《楞嚴》，精究義旨。年十九下三峽，至金陵聽講，時以所學質法侶，辨晰折衷，同席有聲者推服焉。適天童 密雲至長干，往謁不會所問，遂棄教參禪。得報恩 大覺指示，疑情輾轉，發憤研求，頓釋所懷。清初入關，雅崇釋典，隨侍山翁應詔入都。陛見之日，清世祖優眷，特賜紫僧伽黎，開法隆安寺。駕臨丈室，屢相問證。復舉浮山初參葉縣事，諄諭眾僧親近有道。嘗幸隆安，面承獎訓，稱其法範森嚴，風徽遠邁，允足師表人天，聖祖御宇恩賜，馳驛還山。

　　康熙壬子舉住天童，湖海奔赴，座盈萬指，鎚鍛之餘，彙宋 元諸尊宿語，成《寶積錄》九十三卷。蓋繼其師殘編未竟之志。修葺殿宇及諸祖塔，濬萬工池，復古山門增置田畝，勤劬十載屢思退休，

而眾志固留,復力任五稔,以弟子元靜代席。康熙丙寅仲冬示寂。
塔陶龕於青鳳峰之麓。所撰有《奏對錄》、《全錄、《後錄》,詩有《嘯
堂初集》、《偶錄疊秀軒集》。

　　　　　——《新續高僧傳·卷九》。《佛教藏》第一六一冊頁213—214。

## *116* 清 · 源徹大師

　　（1633—1687）。清·源徹大師,即神山 報慈 樹可 源徹禪師,
字樹可。澧州（湖南 澧縣）澹津 河氏,與弟雪公同禮夾山 灰如薙落。
納戒後,精研毗尼,究《首楞嚴經》,得其要領。謁擔雪於靈巖、
檗庵於匡廬、原直於九峰。久之還楚,主公安 報慈,逾年遷潭之
神山,澧之欽山。有《語錄》、詩文若干卷。弟子浩普梓行於世。
參見《中興欽山乾明寺樹可徹祖塔銘》、《新續高僧傳四集》五七。

　　　　　——震華法師遺稿《中國佛教人名大辭典》頁899。

　　　　　——《五燈全書·卷一〇三》。《卍續藏》第八十二冊頁619上。

## *117* 清 · 光鷲大師

　　清·光鷲大師,亦作成鷲大師,字跡酬,號東樵。廣東 番禺
方氏子。俗名顗愷,字麟趾。家世清華,慷慨有氣節,申酉變後,
削染入道,得法於石洞 元覺,遁跡淵藪,致力參省。晚往廣州 大
通寺,寂焉。博通內外,能書畫,為嶺南名家,有《楞嚴經》、《金
剛經》等直說,《莊子內篇註》及詩集行世。

　　　　　——明復法師編《中國佛學人名辭典》頁189。編號0891。

《楞嚴經·卷五》云:
藥王、藥上二「法王子」……承事如來,了知味性「非空、非有」,
非「即身心」(不即身心),非「離身心」(不離身心)。分別「味因」,從是
開悟。

# *118* 清·破壁大師

清·破壁大師，諱永吉，字常安，破壁其號也。蜀之綿竹人，父吳姓，母陳氏，四十無嗣。虔禱於鎣華山，夢一「龐眉僧人」寄宿，覺而有娠，既誕，白光燭室，鄰人驚異。甫離襁褓，好以佛事為兒戲，喜跿跥，終日不言，儼若有思。幼常多疾，父母憂之，以夙因故，遂依祥符寺 續燈 傳尊宿出家，時十三歲，傳授以「大悲無礙陀羅尼咒」，一脫口即成誦，如舊識者。及年十七，一切經書文字「不由師授」，自然能通，常好靜坐。

一日有僧自峨嵋來，與師曰：「子若向南方參詢大善知識後，必悟入如來知見。」師心切嚮慕，即腰包出蜀，直抵金陵，遍歷講肆，遊心藏海，凡性相二宗，微言奧旨，莫不深究。因閱《楞嚴》至「見見之時，見非是見，見猶離見，見不能及。」翻覆疑難，不解其義，乃質於講師，曰：「既見不能及，畢竟作麼生？」通義講師雖為剖析其理，然師疑不決。

又素聞天童法化之盛，遂結伴過錢塘，見密雲 悟和尚於太白山中。纔跨門師便問：「見見之時，見非是見，見猶離見，見不能及。畢竟作麼生？」悟便打師，再理前問，悟直打，出方丈，師迷悶不已，異日再請益，悟復打師，不契其機，退而泣曰：「我只任與般若無緣。」明日告假出山，回至嘉禾，聞漁人撒網聲，忽然有省。

一日忽示微疾，命集眾，陞座囑曰：「去聖時遙，人多懈怠，輕律棄經，少奉持者。汝等當各努力，謹奉戒律，報佛恩德，勿貪利養，勿飾繁華，節儉恭勤，是佛子住。」囑畢，乃起沐浴，更衣跌坐，奄然而逝。師生於明·萬曆己丑，遷化於清·順治十八年辛

丑十一月十五日。世壽七十有三，僧臘三十四夏。登毘尼壇說法利生一十四年，得戒弟子若干人，剃度小師若干人，皈依在家二眾若干人。

闍維曰：「遠近緇素咸來觀送，駢填山谷，火竟不爇。」門弟子跪祝曰：「師其有靈火，當自焚祝畢，龕內如轟雷者三吼，而火燄哭出，數丈煙光五色。」人無智愚，仰觀悲戀，獲舍利無數。門人收靈骨，建塔於本山之麓。

師長身闊面，聲清氣雄，為人風度夷簡，不為緣飾。冬夏一衲，日中一食，長坐不臥者四十年，隨身衣缽之外，更無長物。待人恭恕而立己甚嚴，應世圓轉而莅眾凝肅，所以為士大夫所准，重聲播遐邇，宜其然也。

　　　　——《憨休禪師敲空遺響》。《嘉興藏》第三十七冊頁 251 下。

# 119 清 · 啞子大師

清 · 啞子大師，宜賓（今屬四川）人。自幼不能言，披薙於慶符之替仙洞，卓錫鯉魚寺。忽一日趺坐吐血，遂能言，竟通玄妙，《楞嚴》、《法華》，無不通曉，至八十坐化。參見《敘州府志》三三。

　　　　——震華法師遺稿《中國佛教人名大辭典》頁 644。

《楞嚴經 · 卷五》云：

**跋陀婆羅……於浴僧時，隨例入室，忽悟「水因」（水之因緣），既「不洗塵」（脫塵→不即塵也）亦「不洗體」（脫根→不即體也），中間安然，得無所有。**

# *120* 清 · 寂覺大師

（1609—1657）。清·寂覺大師，字文照。長洲（江蘇 吳縣）朱氏，依廣慧 湛明為師，受具於三峰師。參密雲 悟師於育王。過武林，受《唯識》於至若師。覺師精於《楞伽》、《楞嚴》、《法華》。後還吳門謁汰如，受《華嚴玄談》。明·崇禎十六年（1643 年），主白椎院。寂後塔建白椎之右。參見《南來堂詩集》、《華嚴佛祖傳》、《賢首宗乘》。

——震華法師遺稿《中國佛教人名大辭典》頁 680。

# *121* 清 · 今釋大師

（1614—1680）。清·今釋大師，「曹洞宗」僧。浙江 仁和人，俗姓金。一名性因，又作恬因。字澹歸，號甘蔗生、茅坪衲僧、借山野衲。原為明·崇禎年間之進士，一日入僧寺閱《楞嚴》、《圓覺》諸大乘經，乃發深信，恨知佛法之遲，已萌出世志矣。明亡後，遂捨為僧。參雷峰 天然 是和尚受具戒，執役碗頭，後得「曹洞」心法，粗衣蔬食，超然本色。初居丹露禪院，暮年以請藏歸吳。

清·康熙十七年（1678 年），結茅於平湖。十九年，示疾，秋八月端坐說偈而化，世壽六十七，法臘廿九，弟子奉舍利建塔於匡廬。所撰疏註甚多，著有《遍行堂》前後集行世。

——《丹霞澹歸禪師語錄·卷三》。《嘉興藏》第三十八冊頁 311 中。

# *122* 清 · 函昰大師

清·函昰大師，字麗中，號天然，廣州 曾氏子。俗名起莘，字宅師。少習經史，能詩文，十七補諸生，以氣節自負。後投宗寶

獨禪師出家，得「曹洞」真傳。復治經教，能通「天台、唯識、賢首」諸家之學。初住歸宗，歷主訶林 雷峰 海幢、華首 芥庵、匡山 棲賢、紹州 丹露等寺。

師著作宏富，弟子眾多，為南中僧望。康熙廿四年（1685年）寂焉，壽七十八。著有《楞嚴直指》等及詩集若干卷行世。

——明復法師編《中國佛學人名辭典》頁249。編號1482。

# *123* 清‧今無大師

（1633—1681）。清‧今無大師，字蠱木，號阿字。番禺（今屬廣東）萬氏。年十六抵雷峰，依天然 函昰師得度。參究有得，信筆註《信心銘》。年廿二奉師命出山海關，千山 可師深器之，每罷參與語，自春徂秋，頓忘筌蹄。三年歸廣州，再依雷峰師，一旦豁然。主海幢十二年。

師於康熙十二年（1673年），請藏入京。於十四年，回海幢。嘗手疏《楞嚴》，輯《四分律藏大全》。有《阿字禪師語錄》、《光宣臺集》行世。資料詳見道光《廣東通志》三二八、《釋氏疑年錄》一二。

——震華法師遺稿《中國佛教人名大辭典》頁94。

# *124* 清‧宏潢大師

清‧宏潢大師，字夫則，歙縣（今屬安徽）洪氏。幼讀陽明《龍谿近谿語錄》，有出世志，既而博閱《華嚴疏鈔》、《會元記》等，悟解教義，遂披緇皈依臨濟。

師之門人汪潤生嘗註釋《楞嚴》，宏潢大師為指示。復止於南

翔，晚年棲繡水 香萃庵寂。參見《南翔鎮志》。

　　　　　　——震華法師遺稿《中國佛教人名大辭典》頁 323。

# *125* 清・超嶼大師

　　（1655—1706）。清・超嶼大師，即潛江 大佛 浪山 超嶼禪師，號浪山。湖北 監利 陳氏。少愛內典。喪母後，遂往潛之大佛寺祝髮。一日閱《楞嚴經》，頓覺胸次浩然，走江 浙，過長安，宿覺王寺，見「琉璃燈花」爆出，乃大悟。返金粟依石庵 行玙記。

　　清・康熙三十四年（1695 年），師主普明講席，後住蘇州 珠明。弟子明開編《語錄》七卷及《延青堂集》二卷。參見《正源略集》補遺、《五燈全書》九二補、光緒《嘉興府志》六二。

　　　　——《五燈全書・卷九十二》。《卍續藏》第八十二冊頁 516 中。
　　　　　　——震華法師遺稿《中國佛教人名大辭典》頁 704－705。
　　　　　　——《正源略集補遺》。《卍續藏》第八十五冊頁 106 上。

## *126* 清 · **無學**大師

　　清·無學大師，廬陵（江西 吉安）人，住西峰寺。工詩善書，為詩贈人，多勸導諷動語。登講座，杖塵如意，皆發明微旨。嘗註《楞嚴經》，尤為宗匠。後寂於九江。參見《吉安府志》。

　　　　　　——震華法師遺稿《中國佛教人名大辭典》頁 742－743。

《楞嚴經·卷五》云：
　　**憍梵鉢提**……**觀**「**味**」（味覺）**之知，非體**（非生於舌根自體→不即也）、
　　**非物**（非出於甜苦之外物→不即也）**，應念得超世間**「**諸漏**」。
　　**內脫**「**身心**」（非舌根自體也）**，外遺**「**世界**」（非甜苦之外物也），
　　**遠離**「**三有**」（三界）**，如鳥出籠，離垢銷塵，法眼清淨成阿羅漢。**

## *127* 清 · **智銓**大師

　　（1609—1669）。清·智銓大師，字內衡。吳興（浙江 湖州）楊氏。依土橋 新伊習佛法大旨，數載淹通。住會稽 俋心寺，應期講說，自西興至曹娥二百餘里，傾頹道路。

　　師著有《成唯識論影響述義》、《因明述義》、《觀所緣緣論述義》、《觀所緣緣論釋述義》、《真唯識論述義》、《六離合釋述義》、《楞嚴集解補》、《文句記隨難標釋》、《止觀科》、《梵綱義疏略記》等。參見《續藏經目錄》。

　　　　　　——震華法師遺稿《中國佛教人名大辭典》頁 763。

## *128* 清 · **智賢**大師

　　（1608—1673）。清·智賢大師，字履平，又字超凡。寧國（今

屬安徽)人。年廿祝髮。參寶華 宏贊 襄公,授《楞嚴》、《楞伽》、《金剛》奧義,承侍十載,遵命「閉關六年」。年四十一,建中山 靈臺道場,棲身修真,默修淨業。

清·順治末,師應明州 金峨寺請,宏開法席。遺著有五篇。參見《金峨寺志》。

—— 震華法師遺稿《中國佛教人名大辭典》頁764。

## 129 清·松齡大師

清·松齡大師,宇青岜,滿族人,著有《楞嚴經集箋》。參見《八旗藝文編目》三。

—— 震華法師遺稿《中國佛教人名大辭典》頁348。

《楞嚴經·卷四》云:

觀「相」(七大之相)元「妄」,無可指陳。猶邀(等待)空華(虛空之幻華)結為「空果」(虛空之幻果)……觀「性」(七大之性)元「真」,惟妙「覺明」(本覺妙明之心),妙覺明心。

## 130 清·通理大師

(1701—1782)。釋通理,字達天,姓趙氏,新河人也。燕都萬善寺僧。父士公,母白氏。生性端慧,不隨俗囂,方在齠齡,便解超善,投妙音 鐸師薙染,依顯如 珍始肄經論。年二十,禮潭柘山 岫雲寺德彰受具,研精律部。津津以講習為念,因負笈都門,初聽彌陀,於善應微有開省;復依衍法聽《楞嚴》,別見會心。雍正三年甲辰,不二老人於京北香巖寺講《法華》,理參之,每於難解釋處輒有新悟,老人屢印可焉。退而隱居妙峰山下石草精舍,有志註釋《法華》諸經。嘗於「方便品」初雙歎二智之文,頓發疑情,

至視聽罔覺，食不知味，十餘日不能措一詞，凝然深究，苦無所得。

偶讀經至「如是相」處，忽然了解。自是徧閱諸經，泮若冰釋矣。已而，復至岫雲參洞翁律主，探四分止作之宗，研五篇輕重之誼，水乳交融，乃受南山之傳。又入京師參永祥有祖，深得祕要，遂發明十宗五教之旨，不遺餘力，為清代中興賢首一人。理嘗閱清涼《大疏》，識臺山為菩薩住處，遂發心往禮，止萬緣庵，講《報恩經》為臺山供養。

一日至北臺，霽日光風倏忽白雲靉靆，山谷中有光芒，若一道銀漢。但天色向晚，罔識歸途，因默祝曰：「菩薩示我！」遂拜而起。俄頃之間，已及庵門，歡喜而入，謂眾曰：「菩薩送我來。」因作禮讚，偈曰：「菩薩慈悲不可思議，六十餘里頃刻而至。」乾隆癸酉，奉命管理僧錄司印務，圓明園佛樓行走，并賜紫衣。

庚子秋，高宗七旬萬壽，西藏班禪厄爾德尼來京祝嘏，理與其會。誦讚之餘，暢論佛法大義奧旨，莫不推勘深致，班禪稱善，因贈理以香帛曼荅諸物。未幾復荷聖恩，敕封為「闡教禪師」。通理師於雍正癸丑之春，奉旨入圓明園，校對《宗鏡錄》及教乘諸書，精心研嶊，時契聖覽。及憲廟賓天始還舊所，更尋前緒窮年躬躬老不遑寧。

所著有《楞嚴指掌疏》十一卷，《法華指掌疏》七卷，《心經合釋》一卷，《金剛新眼》二卷，《盂蘭摘要》一卷，《圓覺新義疏》四卷，《普門品別行疏》一卷，《五教儀增註》五卷行世。

乾隆壬寅六月十三日，謂弟子曰：「予八十餘年未離佛法，且道即今是有佛法是無佛法？」眾未之應，理視之微笑而逝，春秋八十有二。傳為賢首宗第三十世祖師。（資料詳於黃懺華之《中國佛教史》第四章、《賢首傳燈錄》頁10—13）。

——《新續高僧傳·卷十》。《佛教藏》第一六一冊頁 218—220。

**按**：清·達天 通理大師之《楞嚴經指掌疏懸示》一卷、《楞嚴經指掌疏》十卷、《楞嚴經指掌疏事義》一卷，今收於《卍續藏》第二十四冊。

## 131 清·溥畹大師

清代僧，生卒年不詳。崑山人，俗姓顧，字蘭谷。世祖 順治（1644—1661）初年，漸行入滇，屢經變亂，遂隱居潛修。至康熙年間，德譽廣被，四眾皈服，乃於昆明造法界、報國二寺，聚徒講說。其學淵博，淹貫佛儒，撰有《金剛經心印疏》、《楞嚴經寶鏡疏》等。復擅長詩書，有詩集、墨寶傳世。

——《佛光大辭典》頁 5507。

**按**：清·雲南 法界寺 溥畹大師撰《楞嚴經寶鏡疏科文》一卷、《楞嚴經寶鏡疏懸談》一卷、《楞嚴經寶鏡疏》十卷。今收於《卍續藏》第九十冊。

## 132 清·戒潤大師

釋戒潤，字香雪，姓陳氏，夷陵人也。晉陵 天寧寺僧。家世珪璋，心慕空門，深知情幻妙達真常，乃棄俗榮，薙髮披緇，近圓於三昧。稟具清修，遂歷講肆，就正名宿，精通經律，致功淨土。尤善文詞，揮毫成韻，見重時賢，輔化千華，頗淹年載。繼復卓錫毘陵 天寧律院，四眾禮請臨壇演戒，時有祥雲五色覆其法座，緇素咸瞻以為奇瑞。大清受命頗崇釋典，潤遭際景運，敷化江南，愛法弟子不可稱計。道緣既終，建塔寺院。

春秋五十有七，臘二十餘。著有《楞嚴貫珠》集。

——《新續高僧傳‧卷二十九》。《佛教藏》第一六一冊頁 506。

**按**：金陵 寶華山 戒潤大師所撰《楞嚴貫珠》，今有台北新文豐，69
年印之寶華山木刻書。或見於台北大乘精舍印，87、3。此書《大正
藏》、《卍續藏》、《佛教藏》皆無收錄。

# *133* 清‧巨翔大師

（1662—1695）。清初臨濟宗僧，陝西 陵零人，俗姓張，號天
翼。幼時由父母送往靈山寺 淨月門下剃髮，九歲即受學《楞嚴經》，
十九歲訪謁西山 藤煥，受具足戒。二十四歲參禮芙蓉山之古梅 定
冽，二十七歲侍奉定冽下洞庭，定冽示寂之際，師受其付囑。

康熙三十年（1691）住湖南 大潙山 密印寺、芙蓉山 廣化寺。
三十四年五月示寂，世壽三十四。有語錄二卷行世。（詳於《天翼翔禪
師語錄》）。

——《佛光大辭典》頁 1897。

# *134* 清‧元賢大師

（1578—1657）。釋元賢，字永覺，姓蔡氏，建陽人，鼓山 白
雲峰 湧泉寺。僧父雲津，世守詩書，遠祖西山為宋大儒。賢初名
德懋，早歲入泮，為名諸生，嗜周 程 張 朱之學。年二十五，讀書
山寺，聞誦《法華》偈，豁然開朗，因從趙居士豫齋，受《楞嚴》、
《法華》、《圓覺》諸經。明年，壽昌 無明開法董巖，賢往謁之，
反覆詰難，無明曰：「此事不可以意解，須力參。」乃契歸究話頭，
久之無所入。

一日，留僧夜坐，舉南泉斬貓語有省，乃作頌曰：「兩堂紛鬧大無端，寶劍揮時膽盡寒，幸有晚來趙州老，毗盧頂上獨盤桓。」舉呈無明，明謂之曰：「參學之士，不得於一機一境上取，則雖百匝千重，垂手直過，尚當遇人。所謂身雖已在青雲上，猶更將身入眾藏，是參學眼也。」為別頌曰：「大方之家手段，遇物一刀兩斷，趙州救得此貓，未免熱瞞一上，若是有路英靈，畢竟要他命換。」賢得頌益省。年四十始棄家，往建昌依壽昌寺無明落髮。未幾得承心印。及無明遷化，依博山無異二載，遂進具戒。

元賢大師一生所撰述並語錄，凡二十種，都百餘卷。有《建州弘釋錄》、《永覺和尚寱言》、《永覺和尚續寱言》、《住泉州開元禪寺語錄》、《楞嚴略疏》、《鼓山志》、《補燈錄》、《繼燈錄》、《晚錄》、《淨慈要語》、《諸祖道影傳》、《禪餘內外集》、《楞嚴經略疏》十卷（今收於《卍續藏》第二十三冊）、《金剛略疏》、《心經指掌》、《四分戒本約義》、《律學發軔》、《鼓山志》、《洞上古轍》，及《續喙言補鐙錄》，以補《五鐙會元》之闕等百餘卷行世。另有道霈所輯《永覺和尚廣錄》一書。其《繼鐙錄》，蓋《傳鐙錄》止於宋，自宋至明四百餘年未有修者，賢廣蒐博採，至是乃有成書。

寂於順治丁酉年十月七日。壽八十，臘四十有二。臨化偈云：「末後句親分付三界內外無可尋處」。塔於寺之西，奮其居山，頗致瑞應。甲戌四月十一日，甘露降山門松樹，賢有偈曰：「聖瑞端宜降大都，窮山何得獨沾濡，曉來扶杖三門外，笑看松頭綴玉珠。」至九月十九日甘露復降，亦偈云：「玉露霏霏又一番，滿林花木已同繁，丁寧莫道甜如蜜，恐惹遊人入石門。」（資料詳於《為霖秉拂語錄·卷下》、《永覺賢公大禪師塔銘》、《續燈存稿·卷十一》）。

——《新續高僧傳·卷六十三》。《佛教藏》第一六一冊頁 949—951。

# 135 清·行策大師

（1628—1682）。清代僧，江蘇 宜興人，俗姓蔣，字截流。其父全昌精通儒佛，與憨山 德清有親交。德清示寂後三年，全昌夢其杖錫入室，於是生行策。長而父母相繼逝世，年二十三投於武林理安寺 箬菴 通問門下，五載不橫臥，徹達法要；住報恩寺，受自庵 瑛之勸，而修淨土，並就錢塘 樵石研習天台學，共修法華三昧，研習教義。

清康熙二年（1663），於杭州 法華山之西溪 河渚間結庵（蓮柎庵），專修淨業。康熙九年，住虞山 普仁院，復興蓮社，學者翕然風從。康熙二十一年示寂，世壽五十五。著有《金剛經疏記會編》十卷（乃宗密《金剛經疏》與子璿《金剛經纂要刊定記》之會本，成於康熙三年）、《勸發真信文》、《起一心精進念佛七期規式》、《寶鏡三昧本義》、《楞嚴經勢至圓通章》等。(詳於《金剛經疏記會編序》、《淨土聖賢錄‧卷六》)。

——《新續高僧傳‧卷四十五》。《佛教藏》第一六一冊頁 705—706。

**按**：虞山 行策大師之父全昌精通儒佛，與憨山 德清大師有親交。德清大師圓寂後三年，全昌夢大師杖錫入室，於是生行策，莫非行策大師就是憨山大師之再來人？大師圓寂後被淨土宗尊為第十祖，其所撰之《楞嚴經勢至圓通章解》一卷，今收於《卍續藏》第二十四冊。

# *136* 清‧心興大師

（1731—1796）。清‧心興大師，字隆一。霸州(今屬河北)孫氏。六歲出家於新城 廣慶庵。年十八進具，居西城雲居。聞京都 萬壽寺 調梅師道風，往依結夏，力參向上事。時達天師於遺光寺講經，遂負笈而往，隨眾聽經，深受達天獎拔，傳以心印。

時達天師製《楞嚴指掌疏》成，命心興師為其詳訂，因之集成《事義》一卷。心興又以閱藏，錄出因緣法要，目曰《妙珍集》八卷。清·乾隆三十三年（1768 年）夏，質郡王奏補師為香界寺住持。有《山窗閑筆》等著。參見《賢首傳燈錄》下。

—震華法師遺稿《中國佛教人名大辭典》頁 117。

# 137 清·旋煥大師

清·旋煥大師，為金陵 紫竹林卉堂，楚之武岡 羅氏子，心慕內典，棄儒入釋，禮圓照 佛語和尚披剃。歷有年所，遂傳心印，建崆山，住五臺，弘演教律，道風遠振，江南諸護法請師住紫竹林。一日除夕示眾：

「月月有箇三十日，惟茲三十休兒戲，閻羅老子算飯錢，試問諸人何所敵？若敵得，炎炎火宅清涼域；若敵不得，二六時中須著力。且道如何是著力一句？紅爐焰裏翻身轉，那怕閻君面似鐵」。

師著有《祇園小集》、《藥師法懺》、《清磯集說》、《楞嚴綱旨》、《法華提綱》、《紫竹集》等書，盛行於世。

—《續指月錄·卷二十》。《卍續藏》第八十四冊頁 155 下。

# 138 清·張風居士

清·張風居士，又名觀，字大風，上元人。明·天啓諸生，善繪能書，沖深雅緻，自成一家。明亡，不仕不娶，寄寓僧寺，清·康熙間，誦佛號而終。有《楞嚴綱領》、《雙鏡亭詩集》等行世。

—明復法師編《中國佛學人名辭典》頁 386。編號 2831。

《楞嚴經‧卷二》云：

諸可還者，自然非汝，不汝還者，非汝而誰？

則知汝心「本妙明淨」（本元勝妙明淨）。汝自迷悶，喪「本」受淪，於生死中，常被漂溺，是故如來名「可憐愍」！

## 139 清‧徐伯齡居士

清‧徐伯齡居士，字節之，嘉興人。明天啓孝廉，崇禎間署永嘉教諭。居士家世奉佛，而伯齡尤為恭謹。恆入寺共僧禮誦，能通《法華》、《金剛》、《圓覺》、《楞嚴》諸經，俱撰有註釋。既明朝亡，赴水不死，遂祝髮為僧，常出遊歷，行住無定，人莫知之。

——明復法師編《中國佛學人名辭典》頁 346。編號 2447。

《楞嚴經‧卷二》云：

佛告文殊及諸大眾：十方如來及大菩薩，於其自住三摩地中，「見」與「見緣」，並所「想相」，如虛空華，本無所有。

此「見」及「緣」，元是「菩提妙淨明體」，云何於中有「是」（一也）、「非是」（異也）？

## 140 清‧梁元徵居士

清‧梁元徵居士，即大清淮安庠士梁元徵，素崇釋教，凡《法華》、《楞嚴》諸經，靡不研究。中年艱於嗣息，且多病，因而發心持長齋，日誦《白衣觀音經》及「大悲咒」，仍刻袖珍小帙，硃印流通。

室阮氏亦持「準提齋」，每晨虔跪「諷經」，未幾徵病悉瘳，阮氏連舉三子，仲子汝悰，順治庚子中式，諸孫繩繩，內一孫復顯白衣重包之異，感無不應，此近事左足徵也。

——《觀音經持驗記·卷二》，《卍續藏》第七十八冊頁 106 中。

## 141 清·蔡珽居士

清·蔡珽居士，字若璞，號禹功，別號無動居士，又號松山季子。錦州 (今屬遼寧) 人。康熙進士。纍官直隸總督，降奉天府尹。

幼歲耽著於禪學，長年學佛，及見《楞嚴》，遂忘其餘諸藝，愛深年歲，愛徹心髓，遂以《楞嚴經正脉疏》為宗，兼他說弼佐，刪繁去謬，參之己見，以闡聖言，名曰《楞嚴會歸》。一時士大夫學《楞嚴》者，皆宗習之。參見《雪橋詩話》三、《八旗文經作者考》、《遼海書徵》二。

——震華法師遺稿《中國佛教人名大辭典》頁 915。
——《楞嚴經指掌疏懸示·卷一》。《卍續藏》第十六冊頁 10 下。

## 142 清·徐波居士

清·徐波居士，字元嘆。蘇州 (今屬江蘇) 人。明季諸生，入清更號頑庵。有詩名。究心內典，發《楞嚴》旨趣。多方外友，後結茅於天池山麓，鍾惺師為題其居曰落木庵，嘗斷炊絕粒，靈巖退翁分餐周之。獨居參究，聞松風有省。康熙間卒，年七十四，有《染香庵集》。參見《明末四百家遺民詩》三。

——震華法師遺稿《中國佛教人名大辭典》頁 576。

《楞嚴經·卷二》云：

**當知如是「精覺妙明(精心本覺勝妙明淨)」，非「因」、非「緣」，亦非「自然」、非「不自然」。**

**無「非、不非」，無「是、非是」。**

**離一切相，即一切法。**

# *143* 清・楊仁山居士

楊文會，字仁山，安徽 石埭人。母孫太夫人，娠時夢入一古剎，庭有巨甕，覆以篛笠，啓視則有蓮華高出甕口，旋驚寤。未幾，文會生，幼穎悟，十四能文，不喜舉子業。甲子歸葬父於鄉，事畢回省，感時疫病久，自是厭後，率為學道之年，先是不知誰何老尼，授《金剛經》一卷，懷歸展讀，猝難獲解，覺甚微妙。嗣於皖省書肆中得《大乘起信論》一卷，閣置案頭，未暇寓目，病後檢閱他書，舉不愜意。讀《起信論》乃不覺，卷之不能釋也，屢續五徧，窺得奧旨，由是遍求佛經。

久之於坊間得《楞嚴經》，就几諷誦，幾忘身在書肆，此後凡親朋往他省者，必仰覓經典，見行脚僧，必詢從何處來，有何剎竿，有無經卷，一心學佛，悉廢其向所為學。嘗興辦「佛學研究會」，定期講經。一時高僧如月霞、諦閑、曼殊等均往佐之。楊氏自講《楞嚴經》、《大乘起信論》，蘇曼殊教英文，諦閑講天台教觀。又如歐陽漸、梅光羲、李證剛、邱虛明、仁山、太虛、智光、觀同等人均出其門下。文會又與英人李提摩太譯佛經論為英文，以饗西歐人士，并選工繪「西方極樂世界依正莊嚴圖」，以弘揚淨土，今仍流行。其於義理特尊《起信論》，於行持則崇尚淨土；曾與日人論辯淨土真宗之非，又評擊禪宗末流之失，乃倡導唯識法相以救其弊。

嘗曰：「吾在世一分時，當於佛法盡一分時之力。」深憫宗教頹衰，大道沈淪，非具擇法眼，難免不為邪見所誤。見日本重印《續藏經》，多至一萬餘卷，似駁雜，特加以選擇歸於純正，詳訂書目編輯提要，以示門徑。志願未遂，慧燈輟照，悲哉，辛亥秋初示疾，時年七十五。

自知不起，回憶往時刻經事，艱苦備嘗。而《大藏》輯要，未睹稅成書，心頗感感，及得同志三人承認分任，則熙怡微笑。佛學研究會同人，擇於八月十七日開會，集議維護金陵刻經處之法，并議舉會長，會席未散，已於申刻去矣。是日上午，猶與同人詳論刻經諸務，及聞近得古本註釋數種，歡喜不已。日予幸得聞此書之存也，午刻囑家人為之濯足，翦指甲，至時乃曰：「此時會友當已齊集會所矣。」須臾小解，身作微寒，向西瞑目而逝。面色不變，肌膚細滑不冰，病中囑其子媳曰：「我之願力與彌陀願力吻合，去時便去，毫無繫爾，爾等勿悲慘，一心念佛送我西去，吾願已足。」

弘法四十餘年，流通經典至百餘萬卷，印刷佛像至十餘萬張，而願力之弘，所屬望於將來者，更無有窮盡也，著述凡十二種，編入《楊仁山居士遺書》。(上述資料見蔣維喬《中國佛教史·卷四》和水野梅曉《支那佛教近世史の研究》或《佛光大辭典》頁 3919)。

——《淨土聖賢錄·下冊》頁 54—58。

# *144* 清·錢謙益居士

（1582—1664）。清代江蘇 常熟人，字受之，號牧齋。明萬曆進士，弘光年間（1645）為禮部尚書。學問淵博，慧敏過人，宿負江南人望。清兵攻陷南京時，率群臣降清，任禮部侍郎。後復諂事多爾袞，益為清流不齒。康熙三年歿，世壽八十三。其學兼重內外，均精到卓越。

著有《楞嚴蒙鈔》，本已入藏，然以高宗鄙其為人，遂令撤出之。又輯有《列朝詩集》一書，收錄元末至明末百餘位詩僧之小傳和作品，此書對日本室町時代五山文學之盛行有極大之影響。(詳於《清史·卷四八三》、《國朝名家詩鈔小傳》)。

——《佛光大辭典》頁 6323。

**按：**海印弟子錢謙益撰《楞嚴經疏解蒙鈔》二十八卷和《楞嚴經疏解蒙鈔五錄》八卷，今收於《卍續藏》第二十一冊。

太虛大師曾認為：錢氏的《楞嚴經》「**稽考頗詳，堪資研究**」（見《楞嚴經攝論》頁186）。所作的「佛頂五錄」，計有：

「**佛頂圖錄**」（似《楞嚴經》之表解）。

「**佛頂序錄**」（集合所有《楞嚴經》之序文讚頌語）。

「**佛頂枝錄**」（分成一傳譯、二證本、三藏教、四弘法、五義解、六悟解、七隨喜）。

「**佛頂通錄**」（援舉諸家對《楞嚴經》釋義之要）。

「**佛頂宗錄**」（分為「垂示宗旨、參會公案、逐拈偈頌」）等五錄。

皆發前人所未明，可謂詳盡相關《楞嚴經》及旁證《楞嚴經》的所有資料，亦可謂是歷代著《楞嚴經》最詳贍之第一人。對經文的釋義方式，廣覽百家之註，博引經論之證，再加自己之究，可謂集《楞嚴經》著疏之一大集成。

# 145 清‧陶氏居士

清陶氏，名善，字慶餘，一字瓊樓，蘇州 長洲人。彭二林居士從子希洛之妻也，幼穎敏，通《等韻》之學，與妹仁，晨夕酬倡，性愛蕭寂。讀《大報恩經》，感如來往昔苦行因緣，遂發大願，願證無生法忍，手書是經，及《金剛》、《彌陀》諸經。楷法端整，日誦西方佛名不輟，著「慚愧吟」數十首，多近裏之言。既嫁日與家人說苦空無常之法，晨興仍課淨業，以次閱《法華》、《楞嚴》、《華嚴》諸大乘經，信解益利。

其年秋，和二林居士閉關詩十首⋯⋯入冬感疾，自知不起，時誦西方佛名，沒之前請母為別，已而曰：「大和尚來，吾去矣！」侍者曰：「如老人何？」曰：「西方好，吾他日，當迓老人去也。」遂瞑，

時為乾隆四十五年正月廿三日，年二十五。(詳於《善女人傳》、《瓊樓吟稿》、《西方公據》書證)。

——《淨土聖賢錄續編·卷四》。《卍續藏》第一三五冊頁443上——445。

## *146* 民國·虛雲大師

(1840—1959)。湖南 湘鄉人，俗姓蕭，名古巖，字德清。為民國以來，傳法曹洞，兼嗣臨濟，中興雲門，匡扶法眼，延續溈仰，以一身而繫五宗法脈之禪宗大德。十九歲，於福建 鼓山 湧泉寺依常開老人出家，次年依妙蓮和尚受具足戒。四十三歲發心朝拜五臺山，以報父母深恩，由普陀山 法華庵起香，三步一拜，歷經三年，備受饑寒，三次大病，奄奄待斃，皆蒙文殊菩薩感應相救，終拜抵五臺 顯通寺。五十六歲，在江蘇 高旻寺，因沸水濺手，致使茶杯落地，而頓斷疑根，徹悟本來。六十一歲嘗隨清末兩宮西幸，啟建祝聖護國消災法會。事畢即潛隱終南山，更名虛雲，號幻遊。六十八歲於泰國講經時，曾入定九日，轟動泰京。

民國四十年 (1951)，師一百一十二歲，春戒期間，共匪擾劫雲門，弟子妙雲被毆致死，師自身亦屢遭毒打，筋骨斷折，至於昏厥。未久病發，趺坐如故，止食九日，遂有神遊兜率、侍聽彌勒講經之事。匪徒訝其不死而懾伏，乃不再續擾。晚年駐錫江西 雲居山，曾拒任中共「中國佛教協會」會長。四十八年秋於雲居山示寂，世壽一百二十，僧臘一百零一。

嘗撰《楞嚴經玄要》、《法華經略疏》、《遺教經註釋》、《圓覺經玄義》、《心經解》等書，於雲門事變時，盡被奪去。今僅存《法語》、《開示》、《書問》、《詩歌》等文字，後人編為《虛雲和尚法彙》一書。(詳於《虛雲和尚法彙》、蘇芬之《虛雲老和尚事略》)。

——《佛光大辭典》頁 5268。

按：以虛雲大師一生修持之證量，勸修《楞嚴》之開示，《楞嚴》真偽，明矣！

# 147 民國・念性大師

（1869—1951）。民國・念性大師，湖南 湘潭人。自幼出家，曾參禮普陀 印光大師，日誦《金剛經》。參禪之餘，並研習《梵網》、《楞嚴》、《法華》諸大乘經。駐錫天童五十餘年，身處閒寮，默默自參。究心律部，梵行高潔。1950 年臘八日，自知世緣將終，遂囑香燈請昌修師至，將己所藏《傳戒科儀》一部相贈，告以明春歸家，所留衣物，請代分贈結緣。

翌年新春初四日，略示不適。午後，復請昌修師至，詢修師何日下山？修師答：「約在初八、九。」乃留修師過十二日再去。十一日晚，昌修師復來探詢，性師唯勉以盡心維護常住，並云：「吾將於中夜二時往生淨土。」至夜半，性師請眾助念彌陀聖號，從容搭衣，端坐床上。於二時正，含笑化去。頭頂熱氣升騰。世壽八十有二。

——《近代往生隨聞錄》頁 19。

# 148 民國・顯慈大師

（1888—1955）。廣東人，民國九年（1920），依諦閑法師出家，學天台教觀。其後，參禪於江蘇 高旻寺，深得首座普修法師賞識，啓迪良多。十五年起，於上海佛教居士林，開講《彌陀》、《楞嚴》等諸經。次二年，於維揚 摘星寺閉關潛修般若，於關中著《楞嚴易解疏》十卷。出關後，至各方弘教說法。四十四年八月，示寂於九龍，世壽六十八。師畢生講經演教不懈，誓志不當住持、不傳戒。

著有《心經貫珠解》、《圓覺經釋要》、《金剛經真義疏》等。

——《佛光大辭典》頁 6925。

**按：**民國·青山 顯慈大師所述《楞嚴經易解疏》，今由香港 陳湘記書局。1975、1 印行。

## 149 民國·守培大師

（1884—1955）。江蘇 泰縣人，俗姓陳。法名印光，一字顯道。十歲即隨三乘法師出家，十八歲於焦山受具足戒。宣統三年(1911)，得超岸寺 圓覺老人傳法為臨濟正宗第四十四世。師夙慧過人，除佛學造詣精湛外，兼通諸子百家之說，於書畫、金石亦有研究。民國初年任超岸寺住持達十年之久，後掩關自修。十四年（1925）開辦「玉山佛學社」，為鎮江有僧伽教育機構之始。

晚年宣講佛經於上海各處。民國四十四年入寂，世壽七十二，僧臘六十三。

著有《新八識規矩頌》、《金剛經研究》、《大乘起信論妙心疏》、《楞嚴經妙心疏》、《佛教本來面目》、《唯識論新舊二譯不同之意見》、《唯識論三十論釋》等。

——《佛光大辭典》頁 2389。

**按：**守培大師所撰之《大佛頂首楞嚴經妙心疏》，今由台北佛陀教育出版社。1993。另《楞嚴評義》上下卷，見於《守培全集》之上編。南洋佛學書局印行。1984、12。

## 150 民國·寶靜大師

（1899—1940）。民國‧寶靜大師，名今德，號鐵峰。俗姓王，浙江 上虞縣人。祖母夢「僧」入舍而生，性好靜，寡言笑，肄業於上海 大同學院。年十八臘八日，披剃於奉化 靈隱古寺，家屬均不知也。次年，受「具戒」於天台 上方廣寺。日誦《法華》，精勤修持。年廿，往寧波 觀宗寺，親近諦閑和尚。靜師篤於學，無間寒暑；尤重於「行持」，暇則趺坐「修觀」。年廿三，於餘姚開講《彌陀經》，自後即南北奔馳，講經演教。年三十四，受諦閑老法師傳為「天台」第四十四代祖，荷擔教觀大業。

師一生以弘法為家務，度生為事業。雖為台宗嫡派，無論講何經論，悉皆指歸「淨土」；無論營何功德，無不迴向「極樂」；處處以念佛法門，攝化眾生，先後懇勸父母雙親，念佛生西。嘗云：「願將東土三千界，盡種西方九品蓮。」時國家苦難，席不暇煖，積勞成疾。自警餘生，唯佛是念，唯淨土是歸。1940 年秋季，帶病於香海蓮社講《無量壽經》；語重心長，言詞懇切，謂：

「五濁惡世，不可久居。各須努力，早生西方安養，寧可乘願再來。」

聽者皆動容。復染微疾，卒至不起。臨終留偈云：

「願生西方，親近彌陀。我今撒手西方去，不管千秋與萬秋。」

言畢，於上海 玉佛寺泊然而逝。時 1940 年夏曆十一月廿九日子時。逝後，頂門甚暖。世壽四十有一。靜師著有《彌陀要解親聞記》、《楞嚴經玄題輯錄》、《大乘起信論演義》、《摩訶止觀述記》、《法華經弘序淺述》、《台宗廿五方便淺述》、《修習止觀坐禪法要講述》、《佛說遺教經講義》、《省庵勸發菩提心文講錄》、《佛說八大人覺經講義》、《念佛開示錄》、《觀音普門品講義》、《寶王三昧論講錄》。

——《寶靜大師全集》第七冊。

## 151 民國·默如大師

　　（1905—1991）。民國·默如大師，江蘇 東台人。俗姓吳。幼年承受家庭教育，並就私塾讀書，於四子儒典，專攻研習。民國三年（1914 年）夏，於江蘇 東台 如來庵出家。此後十年間，於該寺練習儀禮規則，應酬法事，並研習《楞嚴》、《法華》諸經。十四年春，受戒於南京 寶華山。翌年，學禪於揚州 高旻寺、寧波 天童寺。其後，講學於閩南佛學院、金陵寺佛學院、常州天寧佛學院等地。

　　三十八年來臺後，講學弘法於各大寺院。四十九年，應馬來亞佛教總會之請，前往星、馬一帶弘化。民國八十年示寂，享年八十七。師於唯識法相之學，鑽研頗深。遺有《默如叢書》行世，該叢書分經釋、律釋、論釋及雜著四大類，包含師所撰《佛教文化論》、《大乘三系叢論》、《般若中道妙行論》、《唯識學概論》、《金剛經略論》、《占察善惡業報經論》、《普賢行願品論》、《般若心經旨詮》、《八識規矩頌記》等作品。

　　　　　　　　——《中華佛教百科全書》（九）／默如。5567.1

## 152 民國·雪相大師

　　（1913—1997）。民國·雪相大師，俗為浙江 嘉興 海鹽 朱氏。1935 年於杭州 半山 顯寧寺依華清師出家，翌年於天台山 國清寺受具。後入國清寺佛學研究社學習，並於溫嶺 小明因寺任維那。因學習努力，被研究社社長靜權委以監學之職。抗戰期間，赴上海 玉佛寺參加中國佛教會災區救護團第一京滬僧侶救護隊，在前線救護傷員，輸送難民。上海淪陷後，曾寫下「不做倭奴腳下人，無心再醉春申夢」的詩句。旋返溫嶺，閉關養病，精研佛學。

1938 年復至上海，住中華崇德會念佛堂，初任維那，後任主講。1940 年謁見圓瑛師，成為受法弟子。從此追隨左右，先任圓明講堂知客，後任楞嚴專宗學院監學。上海解放前夕，與其師圓瑛、師兄明暘堅留上海。建國後任蘇州 藥草庵住持、西園寺首座，蘇州市佛教協會副秘書長。曾至北京中國佛學院講學。「文革」中被迫離開寺院。

1979 年重返蘇州市佛教協會，復任副秘書長和西園寺首座。1986 年至嘉興任覺海寺方丈。翌年任杭州 淨慈寺住持、杭州市佛教協會常務理事，市政協委員。晚年兼任嘉興市佛教協會會長。常赴江蘇、上海、奉化、廣州等地寺院弘法講經。生平精於佛法，擅長詩詞、書法。有《楞嚴百問》及《般若歌》五十三首。

——震華法師遺稿《中國佛教人名大辭典》頁 633－634。

# 153 民國・文珠大師

（1930—）廣東 湛江人，俗姓詹。十歲依福壽山 果敬尼師出家，十六歲受具足戒，同時開始研究《法華》、《楞嚴》及天台教觀。後入香港 中文大學及東京 大正大學深造。四十二歲創辦美國 羅省美西佛教會，往返於港美之間教學及弘法。四十五歲於美國 羅省創建圓覺寺。歷任香港佛教青年會會長、香港佛教青年會學校校監兼校長、香港佛教聯合會董事、世界佛教友誼會港澳分會執行委員、美國 美西佛教會會長。

著作有《人性之覺悟》、《佛學與教育》、《正信與迷信》、《般若心經講義》、《金剛經講義》、《觀世音菩薩普門品講義》、《大佛頂首楞嚴經講記》（此乃海仁老和尚講，文珠所記）、《妙法蓮華經講義》、《人間佛教與現代青年》等。

——《佛光大辭典》頁 1429。

## *154* 民國・斌宗大師

　　（1911—1958）。臺灣 彰化 鹿港人，俗姓施。年十四，禮獅頭山 閒雲禪師披剃。年十七，結廬汴峰，苦修六年。年二十三，前往大陸，徧歷諸山名剎。民國二十三年（1934），於天童寺禮圓瑛法師受具足戒。後往天台山依止靜權老和尚，專攻天台教觀、《法華》及四教儀，盡得三觀十乘之奧旨。二十八年歸返臺灣，於新竹古奇峰下創建法源講寺，並設立佛學研究院，致力講經弘法，宏闡台教。四十年閉關閱藏，四十三年出關，應各地之邀，說法不輟。

　　四十六年二月示寂於弘法院，世壽四十八。著有《般若心經要釋》、《佛說阿彌陀經要釋》,《楞嚴經義燈》、《我人生死之由來》、《雲水詩草》等書。後人輯為《斌宗法師遺集》行世。

——《佛光大辭典》頁 4976。

## *155* 民國・悟慈大師

　　（1926—）。臺灣 臺南人，民國三十一年（1942），披剃於麻豆 保濟寺。四十一年，創建觀音講寺，組織佛教青年講習班。四十四年，創辦臺南佛學書院、法音雜誌社。五十年東渡日本，先後在東京 駒澤、立正等大學攻讀，並於京都 大谷大學修滿博士課程。歸國後，於五十八年接任臺南 開元寺住持。其後，獲得美國 東方大學哲學博士學位。六十四年創建慈愛醫院。後又接任保濟寺住持、普門 仁愛之家董事長，致力於弘法及慈善事業。

　　撰有《法華經講話》、《楞嚴經講話》(《楞嚴經講話》五冊。今由台南開元寺佛經流通處印。82 年)、《超聖釋迦》、《佛法僧三寶講話》、《佛道二教的冷戰》等書。

——《佛光大辭典》頁 4114。

## *156* 民國‧白聖大師

（1904—1989）。湖北 應城人，俗姓胡，字潔人。年十八於安徽 九華山 祇園寺依龍岩出家，未久即受具足戒。曾於度厄、慈舟、智妙等處修學。後於武昌 洪山掩關三年閱藏，嗣後畢業於上海 法藏佛學院。後至江蘇 高旻寺親近來果禪師。復行腳四方，朝禮佛教著名道場。曾任浙江、上海等佛教分會常務理事、上海「楞嚴佛學院」教務主任、杭州 西湖鳳林寺住持、上海 靜安寺監院兼佛學院院長等職。

三十七年（1948）冬來臺，組織中國佛教會，並任佛教會理事長多年。著有《什麼是佛教》、《寺院住持手冊》、《楞嚴經表解》、《四分戒本表解》、《學禪方便談》、《禪宗史論集》、《梵網經菩薩戒本講記》、《維摩詰經講錄》等多種行世。

——《佛光大辭典》頁 2099。

## *157* 民國‧圓瑛大師

（1878—1953）。我國近代僧。福建 古田人，俗姓吳，法名宏悟，號韜光，以字行。生於清光緒四年。幼失怙恃，十九歲至鼓山出家，主修天台學。後至寧波 天寧寺習禪。二十六歲參學於天童寺 敬安和尚，並赴福建、浙江及南洋等地講經，聲譽極高。光緒三十二年（1906），與太虛大師締交，訂定「以心印心、白首如新、以善勸勉、疾病相扶、安危與共、事必相商、各自立志」等數條義規，共結兄弟之盟。時年二十九，太虛十八。

二十八年返上海，主持福建 鼓山 湧泉寺、寧波 天童寺，並於

上海 玉佛寺、圓明講堂等處講經布教。其中，尤以《楞嚴經》之
註釋、宣講，傾四十餘年之願力而廣說之，機辯縱橫，饒益教界。
世人呼為「楞嚴獨步大師」。此外，特重僧伽教育、社會福利事業、
各地寺剎復興、佛書刊行、難民救濟等。

四十二年九月於北京入寂，世壽七十六。遺有《圓瑛文集》、
《圓瑛大師法彙》、《楞嚴經講義》等行世。(詳於《太虛大師年譜》、東
初《中國佛教近代史·下冊》)。

—— 《佛光大辭典》頁 5410。

**按：** 圓瑛大師著有《楞嚴經綱要》。今由台北市大乘精舍印經會印，
1993。

另《大佛頂首楞嚴經講義》。分別由高雄文殊講堂印，81、3；台北
大乘精舍印，85、9。(重新打字)。

目前圓瑛大師的《楞嚴講義》為當今倡印《楞嚴》註解書最多、最
受四眾弟子所研究的一本著作。

# *158* 民國·吳致覺居士

(1888—1956)。民國·吳致覺居士，名康，法名契悲，晚年
自號悲翁。江蘇 蘇州人。先後就讀於蘇州中學、上海復旦公學、
北京清華大學。1912 年大學畢業後，公費(庚子賠款)留學美國，
入哈佛大學，專攻西洋哲學。1916 年得文學碩士學位，歸國後任
教於南京高等師範。旋入上海商務印書館編譯所，專事《英漢辭典》
編審十餘年。

1928 年母亡，悲痛欲絕，得滬上黃幼希居士勸導而學佛，開
始戒殺茹素。翌年於蘇州 靈巖山 印光大師座下受五戒，誠修蓮宗。

此後歷任上海 大同、復旦、暨南、光華諸大學教授。1942 年任南京中央大學教育學院院長。期間,曾師事弘一、持松,聆受教益。1943 年人《普慧大藏經》編印會,校、註《大藏經》。旋應開明書店請,為之編譯《英漢辭典》。1945 年後皈依興慈法師,受大戒,香燃三點。最後得虛雲法師攝受,授皈依牒,賜法名寬慈。

建國後居士為江蘇省文史館館員,居家註疏佛經,從事佛經的漢譯英工作。一生布衣素食,持戒嚴謹,日誦《彌陀》,悲願深切。著有《往生確證》。曾校勘《楞嚴經》,英譯《稱讚淨土佛攝受經》,並為豐子愷《護生畫集正續合刊》畫題英譯。

—震華法師遺稿《中國佛教人名大辭典》頁 293。

## *159* 民國‧李圓淨居士

民國浙江人。姓李名榮祥,法名圓淨。曾歸依諦閑法師,專修淨土,篤信觀世音菩薩。著有《佛法導論》、《妙法蓮華經觀世音菩薩普門品釋》、《華嚴經疏科文表解》、《楞嚴經科會指要表解合刊》(李圓淨講《楞嚴經指要》二篇,今收入《佛教藏》第一二一冊)等書。

—《佛光大辭典》頁 2961。

## *160* 民國‧莫正熹居士

(1899—1986)。廣東 中山人。民國二十五年(1936)皈依慈航法師,法名淨晞。氏精通國學,信仰虔誠,常撰寫佛教論述文章。著有《驚奇集》、《見性成佛》、《驚奇雜集》、《楞嚴淺譯》等。民國七十五年十二月去世,享年八十八。其女莫佩嫻信佛亦篤,著有《妙哉觀世音》,編譯有《世佛》等書。

—《佛光大辭典》頁 4774。

**按：**莫正熹譯述《楞嚴經淺譯》，今由台北正一善書出版。85、5。

# 161 民國・唐一玄居士

（1892—1988）。江蘇 青浦人。國防兵醫學院（國防醫學院前身）第九期畢業。對國學、中西醫學均有精湛之造詣。民國十八年（1929）親近太虛大師。曾任高雄 六十兵工廠附設醫院院長，並執教於東方佛教學院。

著作甚勤，主要有《中國古代哲學史條目》、《重訂無相頌講話》、《禪門剩語》、《法華經補述》、《六祖壇經條目》、《讀華嚴經》、《法華經記合刊》、《圓覺經講義》、《楞嚴經概介》、《楞嚴經自課》（今由高雄菜根香文教基金會印行。1993）等。

——《佛光大辭典》頁 4064。

# 162 民國・毛凌雲居士

湖北通城人，號惕園。北平 民國大學法律系畢業。歷任軍事委員會處長、國防部祕書、主任，國家安全局副主任及委員等職。曾任中國佛教會第二屆監事，第三屆至第八屆理事、常務理事。協辦佛學講座及影印大藏經等弘法利生事業。

曾編述《淨土叢書》、《續淨土十要》、《淨土聖賢錄四編》、《觀音靈感錄續編》、《念佛法要》、《念佛三要》、《在家戒儀錄要》、《苦海夢》、《楞嚴經大勢至菩薩念佛圓通章今譯淺解》等書。

——《佛光大辭典》頁 1484。

# 163 民國・李子寬居士

（1882—1973）。湖北 應城人，名基鴻，法名了空。為太虛大

師之在家弟子，畢生於黨國貢獻甚大。民國三十五年（1946），膺選為國民大會代表。曾連任漢口佛教正信會會長十五年，並任武昌佛學院院護、漢藏教理院院董、世界佛學苑董事、中國佛教整理委員會常務委員等職，輔助太虛、章嘉二師整理佛教事務。居士一生誓願弘深，對太虛大師之弘法護持最力。太虛大師入寂後，負責推動佛教文化社、海潮音雜誌、太虛大師全書之發行等工作。

抵臺後，以臺北 善導寺為其弘法事業之主要道場，並多方扶持中國佛教會，為民國四、五十年代之臺灣佛教界名人。著有《楞嚴聖揆錄》、《百年一夢記》等書傳世。

——《佛光大辭典》頁 2957。

# 164 民國・周叔迦居士

（1899—1970）。民國人，籍貫不詳，為華北佛教界之重要學者。初學工科，後遇一密宗大德，受持密咒，乃起而精研各經典。曾就韓清淨研究唯識學。民國二十二年（1933），於北京大學講授唯識哲學。所著《唯識研究》一書，為唯識學入門書，流通頗廣。一九五三年，中國佛教協會於北京成立，統轄大陸所有佛教教團，以「現代佛學」為唯一指導雜誌，氏為該協會與雜誌之重要發起人之一。1970 年於北京逝世。居士曾註《楞嚴經》一書。

——《佛光大辭典》頁 3121。

# 165 民國・陸寬昱居士

（1898—1979）。廣東人，初禮西康之呼圖克圖（活佛或聖者之意）為師，其後師事虛雲和尚。生平以翻譯漢文佛典成英文佛典為職志，致力向西方傳布佛法。晚年住在香港。譯著有《禪的教義》（Ch n and Zen Teachings，1960）、《維摩詰經》（The Vimalakirti

Nirdesa Sutra， 1972）、《中國禪定的祕密》（The Secrets of Chinese Meditation）、《楞嚴經》（The Surangama Sutra）等書。

—《佛光大辭典》頁 4826。

# 166 民國·趙可居士

民國趙可，名鵬搏，號塵仇，江西 南城人。清孝廉，性俠重然諾，民國戊午年，被選為省議員，指陳利病，有聲于時。丙寅年四十七，立志學佛，苦無書籍，適同邑黃曉浦居士，自南昌避兵歸，攜大乘經論及淨土書十數種資之讀。從此謝絕外緣，閉戶念佛，每日六千聲，課畢虔閱《金剛》、《法華》、《楞嚴》、《華嚴》諸大乘經，輒通其意。次年創修廣度寺，集緇素社念佛。

年五十，發願長齋，期決定往生。辛未秋，病幾殆，家人環請開齋資生，不為動。壬申秋，復病至七月十八巳時，緇素先後集，同助念佛。有邱濱漁居士語曰：「塵仇，心莫亂」。可高聲應曰：「我不亂」。一剎那間，兩手結印，怡然長逝。(見黃曉浦述)。

—《淨土聖賢錄·下冊》頁 108—109。

講 經 篇

# 1 北宋·普勝大師

北宋·普勝大師，陵渾（河南 魯山）張氏子，依五台山 越化大師學。後又投崇法大師受《唯識論》，博通淹貫，一時無雙。北宋·太祖時，賜號宣教大師。曾於京邑講《楞嚴》，後不測所終。

　　　　　——明復法師編《中國佛學人名辭典》頁 442。編號 3406。

《楞嚴經·卷一》云：
> 佛告阿難：如汝所說，真所(真正所能)愛樂，因於「心、目」，若不識知「心、目」所在，則不能得降伏「塵勞」。
> 譬如國王，為賊所侵。發兵討除，是兵要當知「賊」所在！
> 使汝流轉，「心、目」為咎(罪過；過失)。

# 2 北宋·法燈大師

北宋·法燈大師，字傳炤，成都 華陽 王氏子，自幼時，能論氣節，工翰墨，逸群不受世緣控勒。年廿三，剃落於承天院，受具足戒，即當《首楞嚴》講師，耆年皆卑下之。

其師圓明法師，棄講出蜀，法燈師侍行，至恭州而明師歿，師扶護歸葬成都，辭塔而去，下荊江，歷淮山，北抵漢沔，徧謁諸老，所至少留。機語若不契，振策即行，登大洪，謁楷禪師，遂服膺戾止，承顏接詞，商略古今，應機妙密，當仁不讓。

靖康二年春，金人復入寇，師則於五月十三日中夜安坐，戒門弟子，皆宗門大事，不及其私，泊然而逝。檢其所蓄，道具之外，書畫數軸而已。閱世五十有三，坐夏三十，塔全身於山口別墅慧定塔之東。

　　　　　——《補續高僧傳·卷十八》。《卍續藏》第七十七冊頁 493 下。

## 3 北宋・惠泉大師

北宋・惠泉大師，彭城人，住南臺 閣子院，性孤潔，不妄與人交，知名士多就見之，與之語落落可喜。數親之，則拒而弗應，且義學超洽，能詩，清永有世外趣。

一日其徒曰：「吾師聞公來，已去浙矣，振歎慕。」留詩壁間曰：「漢公嘗說惠泉師，解講《楞嚴》解賦詩，今日我來師已去，草堂風雨立多時。」若泉之志，可謂善行其所學，無忝吾宗矣。

——《補續高僧傳・卷二十三》。《卍續藏》第七十七冊頁 516 下。

## 4 南宋・無畏法師

南宋・無畏 法久法師，餘姚人，俗鄭氏，七歲出家龍泉寺，依慧覺 璧公得旨，後徧歷禪會，嘗入徑山 佛日之室。佛日師夜坐，必召畏師至，命說「天台」旨趣及《楞嚴》大意。

師天資慧利，辯說如流，舉止委蛇，與物無忤，終身與之游處者未嘗見有喜慍之色。師不憚寒暑，盡得「台宗」不傳之妙，續包腰雲水，見大慧師於雙徑，深蒙印可。創建無畏室，安住其中，常課十經。《法華》一部，計二萬徧。夜則宴坐，率以為常，創無畏庵歸老焉。

——《法華經顯應錄・卷二》。《卍續藏》第七十八冊頁 50 下。

——《人天寶鑑》。《卍續藏》第八十七冊頁 18 下。

## 5 宋・了心大師

宋・了心大師，字性空（《賢首宗譜》誤作悟心）。吳興（浙江 湖州）

沈氏。出家杭州 上竺，禮道燦為師。嘗於慧因寺見金書《華嚴經》，夜夢晉水祖師以珠授之，因別號慧珠。生平講習《華嚴》、《圓覺》、《楞嚴》等疏。嗣玉峰 會。參見《華嚴佛祖傳》。

——震華法師遺稿《中國佛教人名大辭典》頁 12。

《楞嚴經·卷五》云：

　　**佛告阿難：「根**(六根)**、塵**(六塵)**」同源，「縛**(繫縛)**、脫**(解脫)**」無二，「識性」**(六意識)**虛妄，猶如「空華」**(虛空中之幻華)**。**

# *6* 金·悟銖大師

　　金·悟銖大師，字子平，臨潢 何氏子，父椿，保信軍節度使，有令名，椿有五子，銖當第三，娠時，母不御肉味；既誕，過中不乳(行同過午不食)。七歲學詩書，聰慧過人。年十五即懇出家，父母不許；遂不食，或諭其父母曰：「宦達雖人世美事，乃或德不稱其位，福不加乎民，徒貪饕貴富於隙駒之間，違眞失性，何益於身心？」遂從其志可。

　　因禮白霫 太尉 傳戒大師，執弟子之役，受具戒，通諸經論，精旨妙義，出老師宿學上，復見佛覺禪師於龍泉 萬笏山，自是「宗說」無礙，化行平灤、涿易間，開《圓覺》、《楞嚴》，廿餘席。人趣奉法音，如佛在世。

　　金·皇統間，師授「中都右街僧錄」，賜號文悟大師。尋告退歸鞍山，大興土木，了前人未竟之業，於殿西北隅，作「涅槃堂」，曰：「吾蛻於是。」以金·亮貞元二年入寂，戒傳於圓拱。

　　銖平生多異跡，宿村寺，適洪水發，餘屋盡壞，獨坐室屹然。當升壇說戒，空中現「五色霞」，霞中列蓮華無數，坐處隱然有光，

迫近則無。尤留心「唯識」，每發願上生，曰：「慈尊一生補處，吾欲從之細窮法相耳。」闍維，舍利盈掬，徒眾建窣堵波，藏焉。

　　　　——《補續高僧傳・卷十七》。《卍續藏》第七十七冊頁491上。

# 7 明代日本・鐵眼大師

　　（1630—1682）。明・鐵眼禪師，為「黃檗宗」僧。肥後（熊本縣）人，俗姓佐伯，字鐵眼。十三歲出家，廿六歲參訪隱元 隆琦，師事木庵 性瑫。

　　鐵眼禪師出家後精勤用功真修實行，常以讀誦經典為務。他深感于日本佛教大藏經嚴重缺乏，佛法無法普及，於是發願翻刻「日文版」大藏經，為了籌募刻經的費用，他不辭艱苦沿門托鉢，遂至各處講述《法華經》、《楞嚴經》、《起信論》以募集刻資。經過十年寒暑，才籌足了資金，準備開雕。豈料宇治川河水氾濫，發生嚴重的水災，人民無以為生。鐵眼不忍見災民饑餓流離的慘狀，於是將「印經的所有資金」，全部用來拯救災民。

　　經過數年，資金再度籌足，要開雕之前，又發生了傳染病大流行，居民飽受疾病的侵襲，鐵眼又把所有的錢用以濟助病苦的人。流行病過後，鐵眼第三度籌募印經的資金，又經過數年，終於把第一版「日文大藏經」印成，離他發願印經的時間整整廿年。這部世稱《鐵眼藏》、《黃檗版藏經》初版的雕板還完整地保存在京都的黃檗寺，被當成鎮寺之寶。

　　鐵眼禪師由於救濟畿內饑饉，幾度間斷翻刻工作，亦因而著稱天下。他不僅完成一部寶貴的大藏經，他的前兩套藏經無形無相，更令人感動。天和二年示寂，世壽五十三，敕諡寶藏國師。

　　　　——任繼愈主編《佛教大辭典》頁1019。

# *8* 明代日本·中津大師

（1336—1401）。明·中津大師，姓藤，宇絕海，號蕉堅道人。日本 津野人。年十三，聽夢窗國師講《圓覺》。年十六受大戒。應安初，與佐汝霖等入明。明·洪武元年（1368 年）往杭中 天竺，依季潭 泐，司藏 鑰。謁清遠 渭於道場、良用 貞於靈隱、了道一於天童，皆優賞。九年正月，明太祖召見，授與衣鉢、褐綴、挂杖并實鈔，許歸國。

明·康曆二年（1380 年）開法申之慧林，講《法華》、《楞嚴》等經。至德二年（1385 年）開阿州 寶冠寺，後三住相國寺。寂謚佛智 廣照國師。著有《四會語錄》。參見《日本洞上聯燈錄》。

——震華法師遺稿《中國佛教人名大辭典》頁 87。

# *9* 明·本帖大師

（1517—1570）。明·本帖大師，亦曰本鐵，號定堂。楊林（雲南 嵩明東南）楊氏。年廿從瑤玲山 白齋薙落，白齋門下百餘人，師獨穎出，脅不沾席，每夜行，立廡下，風雨寒暑不變。嘗造蟠龍，立禪三年，已而回大理 鷄足山，立金龍庵，三年復建寂光寺，道俗相從者甚眾。

後至點蒼山 三塔寺講《楞嚴》，又刻《楞嚴會解》貯寺中。晚年返嵩明 清水塘，結彌陀庵以居。為人剛直簡易，早得「無念法門」。嗣法弟子有興徹、海慧、興叢，皆有譽於時。參見《滇釋紀》二、《新續高僧傳四集》五三。

——震華法師遺稿《中國佛教人名大辭典》頁 139。

## *10* 明‧性一大師

（？—1615）。明‧性一大師，字覺虛。安福（今屬江西）人。年十五入九嶷山 石溪庵，依三際 廣通薙染，受戒於無際，受法於雪浪 洪恩。

明‧萬曆廿一年（1593 年），師至華亭，講《楞嚴》於本一禪院，移錫超果寺。參見嘉慶《松江府志》六三。

——震華法師遺稿《中國佛教人名大辭典》頁 443。

《楞嚴經‧卷五》云：
　一切世間山河大地，生死、涅槃，皆即「狂勞」(狂妄之塵勞煩惱)顛倒「華相」。

## *11* 明‧溥聞大師

（？—1657）。明‧溥聞大師，字印持。吳縣（今屬江蘇）周氏。於西禪寺披薙。往來華山 汰及中峰 蒼兩師門下廿餘年，為蒼師入室弟子。後闢金幢庵於城東，自號百城頭陀。

師每講《楞嚴》、《起信》等經論，學者如歸。晚年欲集「華嚴」法統，用心七載，未成而卒。參見《華嚴佛祖傳》、《賢首宗乘》、《百城煙水》。

——震華法師遺稿《中國佛教人名大辭典》頁 897。

## *12* 明‧寶洲大師

明‧寶洲大師，名覺岸，吳興 吳氏子，從獨孤 淳明禪師，落

髮受具，與師同參晦機，後開法於松江南禪，嘗講《楞嚴》，至「七徵心處」，忽「淨瓶水」騰湧，注於懷，聽眾驚愕。師笑曰：「此偶然耳」！

——《補續高僧傳·卷十八》。《卍續藏》第七十七冊頁 496 上。

——《五燈全書·卷五十五》。《卍續藏》第八十二冊頁 206 上。

《楞嚴經·卷五》云：

「知見」（喻真知見之性）立「知」（空有二知），即「無明」本。

「知見」（喻真知見之性）無「見」（空有二見），斯即「涅槃」。

# 13 明·雲谷大師

（1500—1579）。明·雲谷大師，即嘉興 胥山 雲谷 法會禪師，浙江 嘉善（嘉興 西南）人，俗姓懷，字雲谷。初習儒業，博通經史，九歲即芟染，於大雲寺出家，習瑜伽教。年十七，潛投天寧，時值法舟 濟禪師於杭州 天寧寺掩關，師乃前往參叩，法舟示以「止觀」要旨，並令參「念佛者是誰」之話頭，師依教而行，日夜參究。

一日，師受食之際，「食器」墮地，豁然有省，蒙法舟之印可，遂入天界 毘盧閣隱居三年，篤志勵學。復至鎮江 棲霞山 千佛嶺下結庵寓止。久之，名士達貴多往護法，興建禪堂，江南叢林之興起於焉肇基，四方風從者不計其數，時之憨山大師與明代通儒袁了凡等，皆從雲谷禪師受教悟旨。

一日大洲 趙公至棲霞，聽雲谷 法會禪師講《楞嚴》，自謂洞悉關竅，及入庵見師恍然，喪其所得，趙公問曰：師熟《楞嚴》耶？」谷師曰：「不會！」趙嘆曰：「真楞嚴矣」！

谷師平日「常坐不臥」，四十年如一日。開示學人時，特以「唯

心淨土」法門為修行之要。每至一道場講習，必先舉揚「百丈」規矩，時人稱為「禪道中興之祖」。明‧萬曆七年乙亥正月三日，起行香徧閱僧房，告眾曰：「此地清淨，吾可觀化。」明日遂「端坐而逝」，世壽七十五，塔於大雲之右。

——《續指月錄‧卷十五》。《卍續藏》第八十四冊頁117上。

# *14* 明‧**百松大師**

明‧百松大師，名真覺，號百松，蘇之崑山人，姓王氏，俗已蓄妻矣。偶逐方僧游杭，遂入鍋子山祝髮，居月餘，往吳門受具戒，其時，議鋒已不可當。未幾，謁千松師於湖州，聽講位下以敏出，為聽眾所抑，首座道元師憐之，為言于千松，錄置下座，後出世，遂為千松師拈香而嗣焉。

明‧嘉靖甲子，受「天台」之請，遠近嚮風，趨赴如不及，所講《楞嚴》若干座，《法華》若干座，《妙宗鈔》若干座，惟《法華玄義》，一座而已。所得檀施，輒緣手盡。真寔居士云：「妙峰師梵相奇古，身不踰中人，而言論風采，如大火輪，不可攖觸。」於是，江南有二法師，師與東禪 月亭 得師，師出東禪之門，東禪不專「賢首」，而師獨精「天台」，遂有同異，然其妙辯縱橫，凌屬千眾，俱東南無畏光明幢也。

——《補續高僧傳‧卷五》。《卍續藏》第七十七冊頁398中。

# *15* 明‧**如皎大師**

明‧如皎大師，字性天，四明 周氏子。七歲患腸癰，醫剝「生蟾蜍」以治，師見愒然曰：「物我皆命，奈何害之？」奪而縱去，父母奇之曰：「必佛種也。」乃命出家，禮正菴 中公為師，而落髮焉，隨侍正菴師入京，參同菴 簡禪師于天界。

師典藏鑰，究《楞嚴》，晝夜講讀不輟，過勞得咳血疾……待疾愈後，聞古拙 俊公居繁昌，師乃函香而往，古拙師命參「無字話」，復還天界，立誓不出山，禁語千日。

一夕夜靜，推簾見月，驀然有省，歎曰：「元來得如此也。」皎師翌日見古拙，入門不作禮，震威一喝，古拙曰：「皎上人，今日冷灰豆爆，莫是貧人得寶耶？」皎師曰：「寶即不得，得即非寶。」曰：「憑何如此？」師即趨前問訊，退位叉手立，古拙曰：「父母未生前，畢竟如何？」皎師屹然一默，良久，古拙曰：「還我向上句。」語未絕，師以衫袖蒙首趨出，呈偈云：「午夜推簾月一彎，輕輕踏破上頭關，不須向外從他覓，只麼怡怡展笑顏。」古拙閱之，以掌撫皎師背曰：「此正是持不語底人也。」述「伽陀」為之助。

皎師一日將終，集弟子曰：「文章佛法空中色，名利身心柳上烟，惟有死生真大事，殷勤了辦莫遷延。」復問云：「死生既大，汝等且道如何了辦？」眾不能對，徐云：「我今無暇為君說，聽取松風澗水聲。」言訖而逝，壽七十，徒眾奉全身，塔於菴之左隴。

師儀狀魁偉，性格清奇，度量含弘，戒簡堅峻，口不言人過失。若徒眾越度者，惟以「冰顏」示之，待其自化。有犯之者，怡然不與較，兼涉外典，平日漫成「偈語」，無非祖意，以示人光明顯赫，近古耆宿難與為比也。

　　　　——《補續高僧傳·卷十五》。《卍續藏》第七十七冊頁481上。
——《四百八十位禪宗大德悟道因緣·411·性天如皎禪師悟道因緣》。

# 16 明·善真大師

明·善真大師，字實相，南昌人，熊氏。幼業儒而不安於儒，

每以「三教誰尊」問人，人以「佛」對，遂棄儒往廬山，禮湛堂和尚祝髮，雅志參訪。自是行蹤益遠，遍歷吳 楚 滇 蜀，禮南華之塔，訪雞足之衣，天台雲，峨眉雪，皆師杖間物耳。

一日師抵贛州，疾作，命在呼吸，仍「兀坐不睡」，其徒明空進曰：「師曾講觀法如指掌，今何以臨渴掘井？請放開『養疾為正』。」師首肯，待疾愈，囑徒曰：「父子上山，各自努力。」因入頂山獨棲，以「薑葉」為衣，「野菜」為食。

適於雪夜負薪，霍然「有省」。住三年，入終南 雲霧山，居九石坪。人云：「此坪不開久矣，曾有六七人，入坪採木死於虎。」師不為意，押蘿剪棘，露坐「七晝夜」，稍開一徑於坪，建一室，名蘿月山房，修靜其中，雖「絕粒」經旬，處之夷然自得也。

未幾，又入秦，遊太白山 靈山，將之華山，講《道德》、《南華》二經，師復為士大夫延回漢南，請真師講《首楞嚴》，仍入蜀廣元縣 漢王山靜居。未久，門人請還漢王山，乃於明・萬曆戊戌五月示寂，遺言有《樂志論》、《一行三昧說》，及《淨土應驗》、《山房夜話》、《詩偈》雜作，傳於世。

明・紫柏尊者曰：「真禪師持行高潔，與余意氣相期，惜不得與之雅遊，僅於峨嵋一交臂，而失之，曾投一偈，冀續後緣，而今則已矣，世之君子，試讀其《樂志》諸篇，可想而見也。」真師住峨嵋臥雲臺時，達師曾過訪之，故及之云。

—《補續高僧傳・卷十六》。《卍續藏》第七十七冊頁484下。

# 17 明・法聚大師

（1492—1563）。明・法聚大師，嘉禾人，俗姓富，字玉芝，

號月泉。工於詩,少孤貧,資質慧敏,好讀書,每就寺僧借閱經典,
隔宿即還,皆能「背誦」。十四歲於資聖寺出家。受具足戒後,先謁
吉菴、法舟等,俱不契機,偶遇王陽明,與之語,疑情頓發。一日,
聞僧誦「古案」,不覺「釋然」。後參天通 顯師於碧峰,蒙其印可。遂
隱居湖州 天池,衲子聞風而至,漸成叢林。

　　法聚師一日講《楞嚴》,偈云:「談經非舌耳無聞,一坐青山夏
十旬,標指瞿曇終有相,迷頭演若本無因,病源莫執方爲藥,心境
須知法是塵,直下不留元宇腳,個中誰是出頭人。」又云:「只繡鴛
鴦不度針,百花叢底漫沉吟,七徵未解齊生死,八辨那能出縱擒,
斃垢祇緣窮子念,慇懃終媿老婆心,便教捲席同休去,方丈何妨草
自深。」師於明·嘉靖四十二年示寂,世壽七十二。有《玉芝》內
外集行世。

　　　　　——《高僧摘要·卷一》。《卍續藏》第八十七冊頁 297 下。

# 18 明·真節大師

　　明·真節大師,號素菴,諱真節,襄陽人。少為郡諸生,忽宿
根內萌,辭割親愛,禮明休和尚祝髮。遊燕都,居秀法師座下,深
得「賢首」之旨。學富內外諸方,以龍象推之。久之甫還,住持棲
霞,眾逾三百。教備三觀五乘,居十年,一時名公陸五臺、李石麓
等,盟為方外交。師講《華嚴大鈔》、《法華》、《楞嚴》及各種大乘
經論。眾逾三百,教備五乘。

　　師一日講《法華·寶塔品》時,空忽現「寶塔」於座前,一如經
言。四眾跂觀,灑然希覯。中使奏,慈聖皇太后命至,眾皆同睹「聖
瑞」,乃出上方「金縷僧伽黎衣」一襲,宣慈旨賜之;即於講堂之西,
建一浮屠以徵神蹟。汪道混記其事。

　　　　　——《釋鑑稽古略續集》卷三。《大正藏》第四十九冊頁 951 上。

—任繼愈主編《佛教大辭典》頁 990。

# *19* 明・續乘大師

（？—1628）。明・續乘大師，號載可，住漢陽 大別山，博涉眾典。天啓六年（1626 年）曹學佺延乘師住福州 怡山，講《楞嚴經》，大闡教法。有《釋氏稽古錄》、《諸經品指》、《懷西集》。參見《長慶寺志》。

—震華法師遺稿《中國佛教人名大辭典》頁 1140。

《楞嚴經・卷二》云：
> 佛告阿難：汝等尚以「緣心」聽法，此法亦「緣」，非得「法性」。
> 如人以手指月示人，彼人因「指」，當應「看月」。
> 若復觀「指」，以為月體，此人豈惟亡失「月輪」，亦亡其「指」，何以故？
> 以所標「指」為明月故。
> 豈惟亡「指」！亦復不識「明」之與「暗」。
> 何以故？即以「指」體為「月明性」，「明暗」二性，無所了故，汝亦如是。

# *20* 明・耶溪大師

明・耶溪大師，諱志若，字耶溪，山陰 姚氏子。母晏氏，初禱白衣觀音，夢「洗足頭陀」謂曰：「吾與汝作獅子兒！」覺而有娠。生而機穎，幼喜趺坐念佛，父早喪，母孀居。甫七歲，母病，日夜悲泣，母臨危，囑曰：「汝宿僧也，無負本願。」言訖而逝，師以母遺命，尋禮會稽 華嚴寺 賢和尚出家，年十七，始薙染。

居常切念生死大事，即之牛頭山，立志參究，未幾從荊山法師，

聽《法華經》於天台，即隱山中，憤力向上事。單樓六載，偶觸境「有省」。年廿六，聞雪浪 恩公開法於南都，乃瓢笠而往，先從棲霞 素菴法師受具，遂依雪浪座下，執業十有二載。研窮諸經論，深造玄奧。

明·萬曆己丑，師年三十六，眾請講《楞嚴》於吳門。壬辰，講《法華》於杭之靈隱，明年講《楞伽》於淨慈。壬寅，樓息於武林之飛來峰北，有永福寺故址，師開演諸經論者，三十餘處，會五十餘期，稱「一代師匠」。

一日師示微疾，手予書曰：「本意追大師歸，今予將長往，不能待矣！」囑弟子曰：「我留最後供，必爲獻之。」明日索浴，自起更衣，端坐而逝。

嗚呼！公秉夙慧，童真出家，即志向上事，及有發明，力窮教典，為人天師，豈非願力然哉。生平清節自守，應世矚然，三衣之外無長物，臨終脫然無罣礙。蓋般若根深，人未易察識也。嗟予老朽，三十餘年，慕公止一面，且末後不忘，非宿緣哉，乃敍公行履之概，而為之銘曰。

——《憨山老人夢遊集·卷二十八》。《卍續藏》第七十三冊頁 661 中。

# 21 明·洪恩大師

釋洪恩，字雪浪，姓黃氏，金陵人也。金陵 寶華山僧。出家住寶華 雪浪山，因以山為號。性穎悟耽靜寂，兒時便學趺坐，雙目重瞳，高顙廣顴，大口方頤，肌理如玉。年十三，從父往報恩寺聽無極講《法華》至「三界無安猶如火宅」，髣然有覺，遂留不去。密袖翦禮玄奘髮塔，自截其頂髮，父來寺趣歸，恩提髮向父曰：「以此遺母。」父慟哭，恩瞪視而已。為小沙彌時，遇設齋，學侶魚貫，

濟濟雍雍，恩獨攝齋趨登抗席首座。人或喝之，恩曰：「此座待誰？」曰：「待通佛法者。」恩曰：「若然，則我當坐矣。」曰：「汝通何法？」曰：「請問！」乃舉座上講語，恩信口答之，再問再答，辯論不竭，如倒峽懸河。眾大驚異，曰：「此兒再來人也。」

於佛書無所不讀，博綜外典，旁及晉字《唐詩》，乃曰：「不讀萬卷書，不知佛學。」嘗從無極學，極遷化，綜其講說依次補訂，盡掃《訓詁》，稱性而談，恒教學人以理觀為入法之門。每當敷演聞聲嚮化，日盈萬指，說法三十年不立壇場，不設高座，一茗一鑪，據几清譚，嬗嬗動聽。或杖履間游，四眾圍繞，依山水為妙音，化樹林為寶網，東南法席之盛，無出其右。

明萬曆丁酉，至焦山主《楞嚴》講會，因撰《般若心經述解》一篇，並講會疏引手書《圓覺經》刻於石。戊戌報恩寺塔頂傾側，恩奮志修理，當道諸公莫不樂助。一日腹疾，謂其徒曰：「日而行夕而息，未有夕而不息者，吾其息乎！」弟子問滅後用龕用棺？曰：「坐以龕子臥以棺，相錫打瓶且莫言。」沐浴端坐而化。壽六十有四。遺命還葬雪浪山北。

恩生平不作崖岸，不避譏嫌，說法談禪，論詩度曲，因人而施。食缽衣衲不擇美惡，隨境所處，事至不推，事去不戀。嘗於長城山中正定二日，林木屋宇皆為震動。嘉興楞嚴寺地饒水竹，恩賞其幽秀，作精舍三間。經營數月，手自塗堊，落成三日，飄然竟去。終身不再至，其逍遙脫略類此。梁溪鄒迪光銘其塔。

——《新續高僧傳・卷七》。《佛教藏》第一六一冊頁174—175。

**按**：雪浪大師臨終端坐而化，著有《楞嚴經解科判》。以大師修行之證量還證《楞嚴經》之真偽，明矣！

# *22* 明·鎮澄大師

（1547—1617）。釋鎮澄，字空印，姓李氏，苑平人也。清涼山 竹林寺僧。父仲式，母李氏，夢一僧持錫入室覺而遂生。幼性聰慧不類凡兒，嬉戲喜作膜拜。年十五投西山 廣應寺，禮引公得度為沙彌，服勤三年，登堂受具。一江 灃西峰 深守庵中諸師弘教於大都，澄尋依講肆，參窮性相宗旨，融貫《華嚴》，靡不該練，如是者十餘年。嘗與雲峰創獅子窟建萬佛琉璃塔，遂成叢林，講演《華嚴》，學者數千指，坐寒嚴冰雪，儼金剛窟中也。

慈聖太后為國祈福，注念 臺山聞澄風雅重之，特賜《大藏經》。尋復命澄於都城 千佛寺講所著《楞嚴正觀》，復於慈因寺講演諸經。時妙峰造千佛銅殿於大顯通寺，神宗嘉其功行，命重脩，更賜額曰永明。建七處九會道場，延諸法師講演《華嚴》，以澄主第一座。會罷以古竹林寺，文殊現身處也，廢久復緝，所用多出內帑，不日而成，更集學子重講《華嚴疏》，復脩南臺為文殊化境。自是疲於津梁，遂謝諸弟子，默然兀坐，頃之示微疾。猶危坐三日夜，中宵寂然而逝。

萬曆丁巳六月十四日也。世壽七十有一，僧臘五十有奇。塔於竹林之左。澄生而安重寡言笑，律身甚嚴，而處眾以和；說法三十餘年，三演《華嚴》。雖登高座萬指圍繞，意若無人，天廚日至，而疏糲自如。居嘗專注理觀，脇不至席，淵沈靜默，老無惰容。受法弟子以千百計，所著有《楞嚴正觀》、《金剛正眼》、《般若照真論》、《因明起信攝論》、《永嘉集諸解》行於世。大師為賢首宗第二十五世祖師。（資料詳於《賢首傳燈錄·卷上》頁38—40）。

——《補續高僧傳·卷五》。《卍續藏》第一三四冊頁 107 上—下。

——《新續高僧傳·卷七》。《佛教藏》第一六一冊頁 190—191。

**按：**明‧鎮澄（即月川 空印大師）之《楞嚴正觀疏》十卷和《楞嚴經月川別眼》，今見《二十五史‧新校本明史‧志‧卷九十八》頁2455。或見《釋氏稽古略續集‧卷三》，《大正藏》第四十九冊頁952中。（佚失或未見）

# 23 明代日本‧良定大師

　　（1552—1639）。明‧日僧良定大師，為「淨土宗」僧。磐城（福島縣）人，諱袋中，號辨蓮社或入觀。七歲時在故鄉能滿寺，師事其叔良要，十四歲落髮受戒。後來遊學於矢目 如米寺、山崎 專稱寺、大澤 圓通寺，以及叡山的來迎院等處。並曾至足利學校，擔任「儒學」及《楞嚴經》、《碧巖錄》等禪籍之講席。廿九歲返回故里，駐錫成德寺。

　　慶長四年（1599 年）應岩城太守之請，開創菩提院，作為稱名念佛的道場。慶長八年，有入明之志，然因故未能前往，乃轉赴琉球，而深受國主禮遇。定師居桂林寺，弘大教化。十一年返國後，歷住筑紫 善導寺、山崎 大念寺、橋本 西遊寺等地，並於京都創建法林寺。寬永十九年圓寂，享年八十八歲。

　　師著述甚豐，有《立宗論記》、《大原端書》、《梵漢字》、《血脈論》、《琉球神道記》、《天竺往生記抄》、《臨終要決抄》、《神道集略抄》等書行世。（參考資料詳於《袋中上人傳》。《淨土傳燈總系譜》卷上。《續日本高僧傳》卷二。《東亞佛教概說》第五章。《世界佛學名著譯叢》‧五十六）。

　　——《中華佛教百科全書》（五）/良定。2613.1

《楞嚴經‧卷四》云：

　　**此迷「無本」**（沒有真實存在的根本體性），**性「畢竟空」**（迷妄愚癡的本性，畢竟是

性空，不可得，無實體性、無自性的)。**昔本無迷，似有「迷覺」**(迷妄愚癡的感覺)；**覺**(覺悟)**迷**(迷妄愚癡)；**迷滅，覺**(覺悟)**不生迷**(迷妄愚癡)。
**亦如翳**(眼病也)**人見「空中華」，翳病若除，華於「空」**(虛空中)**滅。**
**忽有愚人於彼「空」**(虛空)**華所滅**(消滅)**「空地」**(虛空之處)**，待華更生。**
**汝觀是人，為「愚」為「慧」？**

# 24 明·本智大師

釋本智，字慧光，姓李氏，曲靖人也。皖中浮山華嚴寺僧。先世居金陵，後徙滇南。生而倜儻，復然自遠，隱有出塵之志。曲城之陽有朗目山，智父白齋出家居此。智年十二往依之，遂薙髮為驅烏。後行腳遇黃道月舍人，與語相得，為更其號曰朗目。白齋以《華嚴》為業，智多所熏發，即從事焉，年十九受具。一日潘王為佛法金湯，聞智入國，欲致一見。乃語使者曰：「久嚮賢王深心外護法門，若以世法相見則不敢辱王之明德。」使者覆王曰：「願聞法要。」詰朝王坐中殿，延之入，智長揖問王曰：「善哉！世主富有，國土貴無等倫，作何勝因感斯妙果？」王曰：「從三寶修來。」智曰：「若然，因何見僧不禮，生大我慢？」

王悚然下座，請入存心殿，爇香成禮，請問法要。因言：「《華嚴·梵行品》云：『身語意業，佛法僧寶，俱非梵行。』畢竟何者是梵行？」智曰：「一切俱非處，正是清淨梵行。」王聞之喜，遂執弟子禮。所供種種，獨受一紫伽黎，及水晶念珠，留鎮浮度山門。王亦竟為華嚴檀越。

乙巳冬，慈聖聖母周三百六十甲子建法會於都南之廣慈，懿旨請講《楞嚴》。未及二軸，忽告眾曰：「生死去來，皆目瞆者所見耳。吾行矣！華藏莊嚴吾所圖也，今歸矣！」踞座端然而逝。時萬曆乙巳十二月二十四日也。訃聞聖母悼恤，賜金造塔。返靈骨於浮度妙

高峰之南麓，從其志也。吳太史觀我為之銘。有云：「古座歸路為來路，遠錄宗乘人教來。」皆實錄也。

——《新續高僧傳‧卷五十四》。《佛教藏》第一六一冊頁 833—836。

# 25 明‧正智大師

釋正智，字臥雲，姓陳氏，福寧人也。溫州 雁蕩山 羅漢寺僧。初出家時，受剃度於泰順之南峰寺，後得法於大觀 慧實，傳月亭中興台教之學。智既登祖位，乃思出大鑪錘，合宗教為一，於是著《宗教不二》之說。略云：「宗者悟佛之心，教者明佛之理。」復訂法系正派以世其傳，就雁山 能仁寺宣揚法要。一時龍象雲集，然入室者為正智一人而已。正智姿儀魁壘，外示沖和，崇重毘尼，律身峻絕。雖宏解經義，而託根止觀，行解雙圓。既得法於大觀，了悟宗乘，屢登法席。李尚書誌、曹學士學佺、張太令文光，俱延之講堂，躬親聽受。最後講《楞嚴》於永嘉之宏濟寺。

丁亥九月示微疾，至二十九日謂門人曰：「吾歸矣！」沐浴更衣，然後順化。世壽七十有四，僧臘四十有九。三日荼毗，得舍利皆五色。以癸巳八月十九日塔於羅漢寺側，與大觀塔合。方大觀欲合宗教為一也，門戶競爭，教以宗為掠虛，宗以教為撫實。其實宗為口頭之宗，教亦紙上之教，使果悟佛之心，明佛之理，則原自無分，又何從擬合？故開口亂道，蛇入竹筒，論不自大觀起也，惟大觀欲融而一之耳？惜乎！大觀滅而智亦西歸，永嘉之焰誰續哉？李象坤匊庵為作塔銘，寄慨深遠。

有以夫銘曰：「千潭一月千月一攝，閉門造車出門合轍，彼宗與教胡爲中裂，峨峨觀公建大鑪爇，矽屑並融不假搏捏，或鼎或彝任其鑄出。臥公親承宏揚煜爍，法座屢登弘辯罄折，國王敬禮宰臣欽懾，講觀不二頓漸豈別？蓉峰巍峨雁湖澄澈，與虛爲鄰孤操斬

絕，昔棲其巔今瘞其崍，無縫塔中寂光不滅。」

—— 《新續高僧傳‧卷十八》。《佛教藏》第一六一冊頁 342—344。

# 26 明‧能義大師

釋能義，字無言，四明人，金陵 靈谷寺僧。本世家子，素志清苦，不事華麗，旁無長物，以一缽自隨。居鍾山閒房，非行誼高潔者不與之接，日惟禪定為事，暇則與學侶演說經藏要義。

成祖雅重之，召對無虛月，每入大內，即命講說《楞嚴》大義。太宗皇帝命僧錄司遴選請通《楞嚴經》旨者，以能師為應，故常昭至宮內演講。居靈谷，授僧錄。以奉詔北來，卒於慶壽僧舍。

—— 《新續高僧傳‧卷十九》。《佛教藏》第一六一冊頁 356。
—— 《補續高僧傳‧卷五》。《卍續藏》第一三四冊頁 100 下—101 上。

# 27 明‧如幻大師

釋如幻，字勉庵，姓林氏，蒲田人也。潭州 三角山僧。父環，家世儒術，望崇鄉里。幻生而倜儻，負奇氣，幼習帖括，善屬文詞。年十四即列諸生，有聲庠序。里有夏生治時者通內典，幻與遊從最善。一日謂幻曰：「君脣掀齒露，非壽者相。」幻驚問：「何為而可？」生曰：「聞之誦觀音大士，禱無不應，持其號久自當驗。」幻遂依持勤懇三載，而容貌改觀，威儀簡重。後入廬山參徧融，幻即染剃，因名如幻，相與依棲，時年已逾冠矣。

幻律身清苦，每以《楞嚴》為眾發明心要。生平無嗜好，人有所施，輒以施人，每有所往，唯一缽三衣。楚藩 沈君與幻交最密，弟子欲置香火地，以券白沈公，幻聞乃大斥之曰：「方寸福田不力穮，區區安向沈官人乞請耶？」乃拽杖去九峰，走武曲，憩吉陽寺，

閉關誦《華嚴經》三載。往潭州 三角山為馬祖門人總印，所闡不數年煥然一新，法席大振。

一日謂眾曰：「趙州八十尚行腳，我豈乏草屬一具耶？」遂拂袖之匡廬，入黃龍寺，留講《楞嚴》至二卷終。幻謂眾曰：「姑舍是無論且有，末後與大眾商量。」即示恙，六日告終。眾請留偈，幻曰：「辭世本無偈，痴人覓夢蹤，虛空無面目，面目問虛空。」弟子又問靈骨可更之蘄乎？幻曰：「愛重婆婆苦，無情極樂天，何須懷舊影？寂照滿三千。」言訖遂逝。壽五十有九，臘三十。門人火浴，以骨瘞於黃龍山。釋德清為之銘。

——《新續高僧傳・卷二十八》。《佛教藏》第一六一冊頁 497—499。

——《補續高僧傳・卷五》。《卍續藏》第一三四冊頁 108 下—109 上。

# *28* 明・如璺大師

（1602—？）。明末曹洞宗僧。陝西 涇陽人，俗姓任，號方融。十六歲登五臺山謁續燈堂之大材禪師，受沙彌戒，法名如璺。大材寂後，歸鄉。後歷參博山 元來、金粟寺 密雲 圓悟、徑山 雲棲 袾宏、雪嶠 圓信等諸師。二十九歲，朝禮九華山，後由江西往廣東曹溪時，途經西昌而掩關三年。

三十二歲，於蓮社禪林宣講《楞嚴經》、《孝衡疏鈔》。三十三歲，於湖北 蘇溪講說《孝衡》、《彌陀》等經鈔。崇禎九年（1636），參訪顓愚 觀衡，從其學法達十年之久。康熙元年（1662）住金陵弘濟寺，時年六十一。其餘事蹟不詳。有《方融璺禪師語錄》三卷、和《中峰禪師懷淨土詩》一卷行世。

——《五燈全書・卷一一八》。《卍續藏》第一四二冊頁 177 上—下。

# *29* 明・讀徹大師

（1587—1656）。釋讀徹，字蒼雪，初字見曉，姓趙氏，雲南
呈貢人。昆明 妙湛寺僧。生性敏捷，慧悟天成。童年隨父捨身昆
明 妙湛，復游雞足，為寂光 水月侍者。掌管書記，講誦餘暇，窮
研義諦。

十九歲乃立志行腳參訪，從天衣習《楞嚴》，依雲棲 袾宏受十
戒、古心 如馨受具足戒。講誦之餘，研窮義諦，文詞泉湧，辯者
莫當。年二十五發志行腳，一竺飄然，徧覽名勝。後大開法席，宣
講賢首 法藏、清涼 澄觀所著諸書，以及《楞嚴》、《唯識》、《法華》、
《三論》等諸經論。並建中峰寺大殿，令伽藍煥然一新。生平著述
頗富，筆蹟尤珍。晚歲講《楞嚴》於寶華山，手編未終，踞坐而逝。
書有遺誡十章，詞曰：

「無端講席應寶華，老病人扶上小車，
　南國遠鐘蕭帝寺，東陽古井誌公家。
蒼茫不盡江邊葦，狼藉空餘臺畔花，
一自雲光登說後，獨憐沽酒送煙霞。
南朝帝業幾經衰，碧眼無人辨劫灰，
山抱玉泉荒寺在，峰標金地大僧來。
鍼鋒一撥山河轉，棗葉重移殿閣開，
衣盂相仍誰繼武，法筵龍象見宏才。
閉門莫怪老山僧，打睡從來接上乘，
十日庖羹咽未下，千人講席病猶登。

鼓將風力聲難轉，散入煙霞氣不勝，
如是我聞知未及，奉行倍受已先膺。
最初方便請開經，末後圓通擇性靈，

我自無心聊爲説，誰人有耳不能聽。
蘸乾海墨收佳司，縮小江山入淨瓶，
珍重莫教蓮社冷，天涯諸子各飄零。
到岸乘風實快哉！親迎遺像幾還回，
香花夾道群情肅，旛蓋摩空宿雨開。
入化雙虹天上去，泉飛百道樹頭來，
儼然未散靈山會，想望荊溪入五臺。

慶喜慣啼抛止葉，飲光解笑示拈花，
而今哭笑俱非是，何嘗宗乘辨正邪？
試問此槌曾白否？可憐雙眼果青耶！
刹竿倒卻門前久，大廈將傾賴木叉。
囊蟲漉水細微事，粒米同餐展盃巾，
雞足傳衣猶在定，鵝頭開戒徧分身。
鄉音莫辨難兄弟，老景無多惜主賓，
博取大千憑手掌，陶家遊戲轉雙輪。
多聞誤墮示兒曹，作飯蒸砂事柱勞，
欲漏未除習漏重，愛根不斷命根牢。

無心婬女能成佛，又手屠兒早放刀，
道眼倉桑何足問？雲霄萬里一鴻毛。
晝長無暑夜無蚊，帷幔虛牽擲扇巾，
好與時人談笑語，任留知己訴辛勤。
難辭鎩羽投林鳥，強作無心出岫雲，
一自金經讀破久，奈何洩漏盡東君。
毛端五色障開經，勞久狂花淨眼停，
刁斗更聲催歷歷，明量煙火散熒熒。
交光攝入川源影，網相盤回樓閣形，
何物無情頭解點？也須説與眾山聽」。

　　大師所著書有《法華珠髻》,《并同麗府木公》、《參補華嚴海印懺儀》四十二卷在藏。聞所傳詩文散佚頗多。有《南來堂集》,刊入《雲南叢書》中。王漁洋評當代釋子詩,以蒼雪為第一。即明代三百年第一詩僧。卒葬中岑,牧齊為撰塔銘。(詳見《滇釋紀·卷三、卷四》、《釋氏疑年錄·卷十一》、陳援庵之《明季滇黔佛教考·卷一》)。

　　——《新續高僧傳·卷六十三》。《佛教藏》第一六一冊頁961—964。

# 30 明·趙貞吉居士

　　(1507—1576)或(1510—1582)。明·趙貞吉居士,字孟靜,號大洲,內江 桐梓 壩人。南宋右丞相趙雄十世孫。幼時聰慧,六歲能讀經。明·嘉靖十四年(1553年)成進士,初任庶吉士,授翰林院編修;王敏肅對他十分稱讚。後任右春坊右中允,管司業事,嘉靖廿九年,陞任左春坊左諭德,兼河南道監察御史。

　　明·隆慶年間,以禮部尚書兼文淵閣大學士入閣,因與高拱不睦,遂辭官返家,在桂湖街講學,與楊昇庵、任瀚、熊南沙合稱「蜀中四大家」,常講「心學」、《楞嚴經》,為穆宗重之。著有《求放心齋銘》、《二通》,多闡發「佛義」。後人集為《趙文肅公詩文集》。

　　——任繼愈主編《佛教大辭典》頁887。

# 31 明·李謙居士

　　明·李謙居士,江都中房李謙為淮安 山陽 籍北 直人。年十二,夢朝天帝,令二僧,傳示「龍從火裏出,虎向水中生」十字。醒後白雙親,親曰:「汝未生前,因禱呂祖而孕。」士遽問:「未生前作麼生?」父大異之,年既長,好讀孫吳書。廿八歲,中崇禎丁丑進士。

三十二歲，遇異人授「三教心法」，遂棄職尋師，歷參名宿，謁商尊元師，問「臨濟」三句話，尊師喝曰：「要山僧說與你聽麼？」士矍然！又問：「雲門拄杖子踔跳因緣。」尊師又喝曰：「要山僧講與你聽麼？」士于言下大省曰：「毗耶一默，觀聽全消，月落烏啼，雲漢昭昭。」尊師曰：「從來孝子諱爺名。」士禮三拜，尊師深然之。

後謁天峰清師，一見許可，特為上堂，問：「路逢達道人，不將語默對，將甚麼對？」士曰：「臨去秋波那一轉。」清師曰：「未在更道？」士曰：「先號咷而後笑。」清師遂記莂。

居士嘗獨居，與教僧寮，隨機說法，唱演《楞嚴》、《圓覺》大義，世稱田大士。一僧問：「趙州繞禪床一帀，何云轉藏竟？」士曰：「繞下禪床，早知轉經已竟。」僧曰：「婆子因何云只轉半藏？」士曰：「牛過窗櫺，頭足四蹄都過了，為甚麼尾巴過不得。」僧曰：「差別公案，如是者少」。（天峯 清嗣）。

——《五燈全書・卷九十七》。《卍續藏》第八十二冊頁559中。

# 32 日・陸琦大師

（1592—1673）。日本黃檗宗之祖，明代福建 福州人，俗姓林，號隱元。泰昌元年（1620），訪黃檗山，就鑑源 壽剃髮。後徧參諸方，至嘉興 興善寺學《法華》，至峽石山 碧雲寺學《楞嚴經》，天啓四年（1624），受密雲 圓悟心印。

崇禎六年（1633），任黃檗山西堂，十年，應請補黃檗之席，大振祖風，復興古道，營建殿宇。日紀寬文元年（1661，即順治十八年），創建黃檗山 萬福寺，拈唱祖道，舉揚黃檗禪風。後並設戒壇授禪門大戒。日皇特賜號「大光普照國師」。著有《普照國師》語錄三卷、《普照國師法語》二卷、《松堂集》二卷、《太和集》二卷

等。(詳於《普照國師年譜》)。

　　——《五燈全書·卷七十》。《卍續藏》第一四一冊頁 467 上——下。

　　——《正源略集·卷五》。《卍續藏》第一四五冊頁 352 下——353 上。

# 33 清·靈壁大師

　　清·靈壁大師，號竹憨，吳江人，得法於丈雪禪師，通《法華》、《楞嚴》玄旨，時以講揚。歷主徑山、開元、慶隆等剎。善草書，并工繪畫，有譽士林。

　　——明復法師編《中國佛學人名辭典》頁 701。編號 5966。

《楞嚴經·卷四》云：

　　**富樓那言：**

　　　**「空」**(虛空)**元無華，妄見**(因眼瞖而產生妄見)**生滅**(有生起有消滅)，

　　　**見華「滅空」**(倒裝➔空滅。於虛空中消滅)，**已是顛倒，**

　　　**敕令**(命令)**更出，斯實「狂癡」**(狂妄愚癡)。

　　　**云何更名如是狂人為「愚」為「慧」？**

# 34 清·一真大師

　　清·一真大師，當陽 劉氏子，初習「賢首教觀」，洞明奧義。後研究毘尼，亦會深旨。師主玉泉寺，恒講《楞嚴經》，說「三聚戒」。清·順治末，傳法圓悍師而寂。

　　——明復法師編《中國佛學人名辭典》頁 98。編號 0010。

《楞嚴經·卷三》云：

　　**是諸大眾各各自知「心遍十方」。**

　　**見十方「空」**(虛空世界)**，如觀手中所持葉物。**

　　**一切世間諸所有物，皆即菩提「妙明」**(勝妙明淨)**元心**(本元所具真心)**。**

「**心精**」（純精真心）**遍圓，含裹十方。**

## 35 清・行仁大師

　　清・行仁大師，字指一。光山（今屬河南）張氏。弱冠讀書白鹿洞，遇異僧戒曰：「子有大難，能持大悲聖號可解。」遂矢心受持。明・崇禎十四年（1641 年）亂眾破城，幸免於難，乃薙髮。從金陵 千華 三昧受具。

　　師後至崑山，講《梵網》、《金剛》、《楞嚴》等經，緇素皈仰。值邑大饑，主施粥事，心力俱殫，得疾後端坐而化。參見《法華持驗》下、《觀音持驗》下。

　　　　——《法華經持驗記・卷二》。《卍續藏》第七十八冊頁 88 下。

　　　　——震華法師遺稿《中國佛教人名大辭典》頁 221。

## 36 清・源遠大師

　　清・源遠大師，字非城。崑山（今屬江蘇）孟氏。九歲出家於郡之獅子林。受具於靈巖 碻庵。得法於杯渡 際明，為賢首下第三十一世。

　　清・康熙廿年（1681 年）住馬鞍山 準提庵，講演《法華》，詣獅子林宣說《楞嚴》。歷主諸叢林，歸老於邑之寶峰院，專修淨土。臨終囑以遺資貯同善會，濟鰥寡孤獨殘疾者。寂年七十四。參見光緒《崑新合志》三五。

　　　　——震華法師遺稿《中國佛教人名大辭典》頁 899。

# 37 清・洪欽大師

（？—1682）。清・洪欽大師，字等輝。安陸(今屬湖北)人。投鄂州 洪山薙度。習《楞嚴》，素居講席。欽廬山 東林 山鐸 真在道風，棄席往參，聞板聲「頓悟」，求入弟子之列。後住英麓 興福寺。清・壬戌正月十七日，示微疾，書偈而逝，塔全身于本山之前隴(山鐸 在嗣)。參見《五燈全書》一○二補遺。

　　　　　　　—《五燈全書・卷一Ｏ二》。《卍續藏》第八十二頁頁 608 中。
　　　　　　　—震華法師遺稿《中國佛教人名大辭典》頁 519。

# 38 清・悟一大師

　　清・悟一大師，一名智一，字雪墩。上元(江蘇 南京) 人。九歲祝髮於普德寺，為佛閑弟子。繼主法席，講《楞嚴》、《維摩》諸經，闡徵抉奧，遠近贊慕。著有《法華經科拾》、《鐘影堂詩鈔》。參見《上江兩縣合志》、《續藏目錄》、《探訪冊》。

　　　　　　　—震華法師遺稿《中國佛教人名大辭典》頁 595。

《楞嚴經・卷六》云：
　　**淨極光**(清淨極妙自性光明)**通達，寂**(真如之體雖為空寂離相)**照**(卻能起觀照十方之妙用)**含虛空。卻來觀「世間」，猶如夢中事，**
　　**摩登伽**(Mātaṅgī)**在「夢」**(幻像夢影)**，誰能留「汝形」**(你的身形)**？**

# 39 清・通元大師

　　清・通元大師，字廣修，得法於半字老人。住北京 阜城門 衍法寺。康熙間，法席甚盛，學者景仰。開《楞嚴》講肆，著《楞嚴大成》，稿未付梓，莫知所之。參見《楞嚴指掌疏懸示》。

——震華法師遺稿《中國佛教人名大辭典》頁 611。

《楞嚴經·卷九》云:

**汝勗**(同「勗」→勉勵)**修行,欲得「菩提」,要除「三惑」**(殺盜婬)**。**
**不盡「三惑」,縱得「神通」,皆是「世間有為」功用,**
**「習氣」**(殺盜婬三惑之習氣)**不滅,落於「魔道」。**

# *40* 清·**性寶大師**

清·性寶大師,字貝巖。襄陽(今屬湖北)李氏。幼依石佛寺 天光披薙。歷參雲門 湛然、天童 密雲,於徑山閱藏三年。至金陵 天界,受法於月潭。力弘「賢首」教觀。明·崇禎十二年(1639 年),受請住南京 水草庵,開講廿餘年。

清·康熙元年(1662 年)退隱棲霞 宜谷三載。後復回水草講《楞嚴》。有《楞嚴》、《楞伽》、《法華》、《維摩》諸部問答釋疑,及《性相綱要》。寂後塔於棲霞。參見《華嚴佛祖傳》、《賢首宗乘》。

——震華法師遺稿《中國佛教人名大辭典》頁 451。

# *41* 清·**勝慈大師**

(1606—1663)。清·勝慈大師,字與樂。滁州(今屬安徽)北譙楊氏。出家於雞鳴寺,年十四謁西竺師學《唯識》論。依止碧空師講《法華經》於師子窟。年廿九,西竺師付以衣法。年三十四,圓戒於三昧。

慈師主雞鳴寺,講《法華》、《楞嚴》諸部十餘年。退居上乘庵,以淨土為歸。寂後塔建於鐘山。參見《華嚴佛祖傳》、《賢首宗乘》。

——震華法師遺稿《中國佛教人名大辭典》頁 777。

——《淨土聖賢錄·卷六》。《卍續藏》第七十八冊頁 275 下。

# 42 清·成賢大師

清·成賢大師,字次哲。江寧(今屬江蘇)來安人。出家於吉祥庵,受戒於華山 見月。聽《楞嚴》於微密師,習《華嚴》於曷伊師,參玉林師於天目,後嗣普德師,弘「賢首宗」。

賢師嘗講演《楞嚴》、《圓覺》、《起信》、《唯識》、《肇論》廿餘席,世壽七十餘寂。參見《華嚴佛祖傳》。

——震華法師遺稿《中國佛教人名大辭典》頁 196。

# 43 清·讀體大師

釋讀體,字見月,姓許氏,楚雄人也。江寧 寶華山 隆昌寺僧。舊籍江南 句容,遠祖某明洪武時從軍,開滇黔以功世襲指揮,遂家焉。父酺昌,母吳氏。懿言淑行,雅慕因果,夢梵僧入室寢而生。體質稟欽奇,幼而神敏,好遊覽善繪事,所至山水佳處多留墨妙,尤工大士像,人爭寶之。一日偶行松下,遇茅庵老僧,與語甚契,授以《華嚴經》,讀至「世主妙嚴品」,翻然有省。遂詣寶洪山 亮如剃度。聞江南有三昧律師宏戒,慨然慕之,一瓢一笠,重繭而行。

時當明季,流賊槃牙,烽火相望,饑荒徧野,土寇肆劫,所過崇岡危磴,盤江險洑,蠻雨瘴煙猿嗥虎嘯之區,荒祠古墓,深菁蔓草,晝則風餐,宵則露宿,體一意孤行,不為物擾。先入南嶽,演《楞嚴四依解》,繼登破額,馮茂上高禮諸祖道場,進九華,朝五臺,再度大江,始遇三昧於海潮庵。往復二萬餘里,行腳六年,不知疲也。既圓戒,充上座講《梵網經》,析義敷文,四座稱善,體猶歉然不自足。乃於藏中檢《四分》並律藏讀之,殫思研討,間遇

壅滯，儔佛求解，默坐移時渙然冰釋，由是毘尼大暢。

乙酉三昧示寂，即受衣缽，總持三學，以十事誓，眾人頗難之，久而悅服。戊午歲除示微疾，己未春正月既望力疾，起視誡弟子曰：「勿進湯藥，更七日行矣！」至期端跌而化，壽七十有九，臘四十八。荼毘得五色舍利。所著《大乘玄義》、《止持會集》、《作持續釋》、《黑白布薩》、《傳戒正範》，及《僧行軌則》諸書。其《毘尼止持》十六卷，《毘尼作持》十五卷，清乾隆時釋福聚奏請入藏。

　　——《新續高僧傳·卷二十九》。《佛教藏》第一六一冊頁 504—506。

# 44 清·書秀大師

釋書秀，字慧宗，直隸 通洲人也。姑蘇 獅林寺僧。金陵 寶華山 見月《四分》妙解，為一時宗匠，向導後進，指破迷津，秀摳衣趨承，遂隸門下。久之知為法器，乃授記別，銜命主蘇州 鳳凰山 獅林寺。攝衣升座，講木叉律，容止端嚴，詞辯清暢，瞻仰日眾，信受益堅。大司寇翁公鐵庵亦歸依受戒，請講《楞嚴》，敷衍微言，闡揚秘賾七處徵心，一語指掌，妙旨新辭，使人意領，曲窅旁達，足曉未悟；既掃支離之習，亦無汗漫之譚，故聞恉心通，如開茅塞，見理精審，若披雲霧見月。嘗題額示之曰「徵心律院」，蓋紀實也。

以康熙三十八年己卯九月三日示寂，春秋五十有六，僧臘三十有五。塔於寺右穹嶐山下，其徒有靈躍 淳樸，皆律門領袖云。

　　——《新續高僧傳·卷二十九》。《佛教藏》第一六一冊頁 510。

# 45 清·徹悟大師

（1741—1810）。清代僧，為蓮宗第十二祖。河北 豐潤人，俗

姓馬，字徹悟、訥堂，號夢東。少攻舉業，精通經史，二十二歲時
因病而悟人生之無常，遂禮河北 三聖庵之榮池出家，翌年於岫雲
寺受具足戒。先後參謁香界寺之隆一、增壽寺之慧岸、心華寺之徧
空、廣通寺之粹如，徧習《圓覺》、《法華》、《楞嚴》、《金剛》、《唯
識》等性相之旨，並嗣粹如之法，得其禪法。其後，粹如遷往主持
萬壽寺，師乃繼主廣通寺，提倡禪淨雙修之道。

嘉慶五年(1800)退居紅螺山(遼寧)資福寺，專以淨土為說，
世稱紅螺 徹悟。恆常講演，勸人念佛，為其所化者一時徧於南北。
曾於半年內宣講二次《楞嚴經》，其云曰：「《楞嚴》已講竟六卷，
約於後七月間，可圓全部，因思半載之內，兩終此經，亦閻浮提人
生一大快事也。」

嘉慶十五年，預知大限時至，十二月集眾念佛示寂，世壽七十，
法臘四十九。撰有《念佛伽陀》、《徹悟禪師語錄》等。
——《徹悟大師語錄·下卷》。《卍續藏》第一○九冊頁781上—下之「覆香嚴居
士書」。

# 46 清·通智大師

通智大師，名尋源，別號憶蓮沙門，儀徵 阮文 達公元之幼子
也。父死，母攜歸京都寄居舅舍。及長，貌壞瑋而音洪暢，好道術，
不求仕進，欲為神仙，優游蓬島，每以不遇真人為憾。同治十二年，
三十一歲，偶至龍泉寺，遇本然首座，憶必得道高僧，與之談己所
懷。然公斥為擔麻棄金，認奴作主，遂頓棄所懷，即求攝受，為薙
髮於本京 七塔寺，從茲研究教典，勵志修持。光緒四年，受具戒於
京西 雲居寺，發足遊方，徧參宗匠。

十四年於普陀 佛頂山 信真老人會下，得受心印，宏《楞嚴》

於法雨寺，嗣後應講聘者十餘年，雲蹤無定處。生平志在《楞嚴》，行在淨土，日課佛號三萬，誓求往生，晨持大悲咒一尺香，以為助行。嘗謂學者曰：「禪宗名為教外別傳，淨土實為教內真傳，汝等煩惑未斷，道業未成，切不可錯認定盤星，高推禪宗，藐視淨土。」

其講《楞嚴》也，於「七處徵心」，「十番顯見」處，必詳明此土開悟之難，淨土證道之易，至「勢至章」則殷勤勸導，不遺餘力，直欲法會大眾，各都攝六根，淨念相繼，即隨勢至親證圓通。至由惡業而沈淪四趣，乏定慧而墜墮五魔處，尤復極陳得失，痛示利害，每淚隨聲出，語音哽噎。著《楞嚴開蒙》十卷，復刊《彌陀疏鈔》及《演義》、《要解》、《使蒙鈔》、《勢至圓通疏鈔》，志所向也。三十二年丙午冬示疾育王，丁未春，接至普陀 普慧庵。四月初三日未時，合掌念佛而逝，年六十五，僧臘三十五，瘞全身於佛頂山後之燕窩岡。

——《普陀洛迦新志‧卷六》頁43。(或見《四大名山志》。台南和裕印)

## *47* 清‧戒隱大師

釋戒隱，字雪庵，姓陳氏，江陵人也。峽州 石塔寺僧。幼歲捨白，棲止峽州 名塔。依年進具，從玉泉 無迹老人肄習毘尼，講演玄旨，追隨左右十八載。江 浙名藍或為宏經之地，或為說法之場，開示來學津津不倦。

嘗講《楞嚴》於楊州，眾以《楞嚴》註釋甚多未能貫串。戒隱因集諸家註解合為一集，名曰《貫珠》。金陵 寶華山 三昧 寂為之序。

——《新續高僧傳‧卷九》。《佛教藏》第一六一冊頁211。

# 48 清 · 本心大師

（1842—1905）。釋本心，字法忍，姓郭氏，蔚人也。句容 赤
山僧。童年好道，不昧夙因。年及弱冠，禮本州 朝陽寺 明月得度。
月尚苦行，躬親田牧，不授一經，心力作逾人，少倦輒遭棒喝，安
然受之，不以為苦。歷六寒暑，一日自念，別母出家，乃為種田求
生計耶？因於殘編中得《般若經》一卷，讀之皆心中所欲言者，及
聞僧誦《法華經》至「學無學品」，奢然有省。遂潛入都，從西域寺
圓通受具。貧不能購經，乃以直綴一襲易得《法華》全部。披讀一
周，洞見諸佛出世本懷，深入「法華三昧」。

心常曰：「末法之世，淺嘗末道，專用邪智穿鑿古人言句，盲
箋混釋，自炫多聞，無知之徒奉為秘典，此《楞嚴》所謂斷送佛祖
慧命者，莫此為甚。」其痛心宗教如此。心雖秉拈花之旨，而深契
如來一代時教，每禪餘為眾講解大乘要義，通徹骨髓。楚北 歸元
寺請講《楞嚴》、《法華》者再。平日機辯縱橫，如疾雷迅電不可摸
捉，及誘掖後進，恒諄諄不倦，務使人人因指見月，得意妄詮而後
已。尤善《楞伽》、《唯識》諸部。語學者曰：「修行不能掀翻八識
窠臼，縱有妙語皆識神耳。」

乙巳秋，方講《觀楞伽筆記》，忽焉示疾。乃辭眾曰：「吾化緣
已畢，將長行矣！」有弟子問曰：「此去依止何地？」曰：「一切無依，
唯依般若。」語畢潛然。次日黎明，右脇吉祥而逝。時光緒三十一
年乙巳十月十六日也。世壽六十有一，僧臘四十有二。明年四月，
門人奉全身塔於茲山，起龕之曰，千眾圍繞，聲音動地，香花塞途。
——《新續高僧傳·卷十》。《佛教藏》第一六一冊頁 222—224。

# 49 高麗 · 普幻大師

（1275—1308）。活耀於高麗・忠烈王時代之朝鮮禪僧，為《楞嚴經》之弘揚者，生卒年、鄉貫均不詳，諱普幻，號閑庵，元高宗三十二年（1245），誓願來生廣弘《楞嚴經》。元宗五年（1264），發表「求結道友文」，復於盧山縣 鳳歸寺閱覽藏經。翌年在影山縣歸老庵，應覺幻之請講說《楞嚴經》。

忠烈王二年（1276），任江陽 梵溪寺「楞嚴道場」盟主。四年，奉王命在白蓮社開「楞嚴法會」。著有《首楞嚴經環解刪補記》二卷、《楞嚴經新科》二卷（現已不存）等書。《首楞嚴經環解刪補記》一書係註解宋・戒環之《楞嚴經要解》之作。

　　　　　　　　　　　　——《中華佛教百科全書》第七冊頁4215。

# 50 清末民初・月霞大師

（1858—1917）。清末民初・月霞大師，湖北 黃岡人，法號顯珠，俗姓胡。十七歲時，在南京 大鐘寺出家；次年即於九華山受具足戒。歷參金山、天寧、高旻諸大禪林，並依河南 太白山頂 了塵習禪三年。復參南京 赤山老人，隨赤山在湖北 歸元寺講《楞嚴》及新譯《華嚴》等經。後周遊全國各地，宣揚大小乘經，並至日本、南洋、印度及西歐各國，考察佛教及遊方說法。

師為常州 天寧寺 冶開之法嗣。初習「天台宗」，後改學「華嚴宗」，對杜順之法界觀及法藏與澄觀之章疏均有研究。在住持安慶迎江寺期間，曾至南京組織江蘇僧教育會。清・宣統元年（一九○九年），與諦閑在南京創辦僧師範學堂。一九一四年於上海 哈同花園創華嚴大學，專弘《華嚴經》。後遷校至杭州 海潮寺。一九一七年移居常熟 虞山 興福寺住持，續辦華嚴大學。旋以積勞深重，率弟子十餘人至西湖 玉泉寺 養病。月餘示寂，享年六十。著有《維摩經講義》等書行世。（參考資料詳於東初《中國佛教近代史》第二十四

章。蔣維喬《中國佛教史》卷四)。

——《中華佛教百科全書》(三) 1月霞。1423.2

# 51 民國·寶一大師

　　民國·寶一大師,俗姓高,名祥珍,河北省清河縣人,清·同治七年戊辰歲出生。寶一生而穎異,相貌堂堂,七歲時,有命相者告曰:「若能出家,必證道果。」父母問其願意出家否?寶一欣然點頭,於是父母乃送他到本邑集福庵祝髮做小沙彌,初學世間文字,進而讀誦經典,學習佛門儀軌。及長,受具足戒後,南北參學,朝禮名山大剎,曾於句容 赤山 般若寺,親近赤山老人、法忍大德修禪多年。

　　寶一和尚年近四十,回到北方,詣蓮宗十二祖徹悟大師所創的淨土道場—京北 懷柔縣 紅螺山 資福寺,皈心淨土,專心念佛。旋被請任維那,領眾行持三年,升任後堂代座。講《彌陀要解》、《佛說無量壽經》等淨土經典約七年之久。冬季結七念佛,夏季開講《法華經》、《楞嚴經》……等。

　　每夏不停,稱經文為母文,注解為子文,主座復講,專人負責,回講名小座、凡住僧皆輪流登座講演,多寡不拘,是以人才多出其地。時京中信眾仰其高風,前往請教,及求受皈依者日眾。曾任國務總理的段祺瑞,就是此時皈依於他的座下。北京名流馬冀平、韓德清(即南歐北韓的唯識學大家韓清淨)、崔子良等男女居士數十人,均於師之受戒弟子。

　　一師終生專修淨土法門,期求往生,喜施捨淨土五經,及放生事業,演講《淨土十要》全部,提倡蓮社及淨土道場,不勝枚舉。民國廿五年示疾,囑弟子念佛相送,弟子如蓮念佛聲帶悲音,寶一

老和尚以手招之曰：「往生極樂世界，乃是樂事，豈可含悲。」隨於念佛聲中吉祥而逝，時為民國廿五年（1936年）丙子歲三月十八日午時，世壽六十九，僧臘六十二，戒臘五十。三七茶毘，白煙如雲，裊裊西向，香氣四溢，茶毘後撿得舍利數百粒。

——網路百度百科。

# 52 民國・諦閑大師

（1858—1932）。民國古虛，字諦閑，號卓三，姓朱，浙江黃巖人。慧性夙具，二十歲投臨海縣白雲山出家，越二年受具天台國清寺，自此冬參夏學，精進不已。親炙諸耆宿，先後親炙敏曦、曉柔、大海等諸師研習《法華》、《楞嚴》等經，尤以敏曦法師最相得。預《法華》講筵，未終卷，已領三諦三觀妙旨，復講小座，同列震驚，敏公歎為法門龍象。二十八歲即於杭州六通寺，開演《法華》至「開佛知見」處，忽入定，久之出定則辯才無礙，答難析疑，如瓶瀉水，卷舒自在，莫之能禦，遂以弘法利生為己任，傳持天台教觀第四十三世。

由是終身講演，到處迎請，一生教闡天台，行專淨土，故凡講經，一一指歸念佛，行解超妙，四眾欽崇，人稱其為中興台教，可謂不愧，加之公益慈善，無不慷慨助成。民國辛未春夏間，在上海玉佛寺講《楞嚴》，復應無錫居士請，為講「省庵勸發菩提心文」。因年高，時至炎熱過勞，講畢即示疾，回甬，而精神日就疲乏，乃息心休養，決為淨土之歸。雖無任何痛苦，而飲食日減，身體日弱。

壬申夏，即將觀宗一切事權，交付妥當，令門人寶靜等繼續弘持。至七月初二日午前，忽向西合掌良久云：「佛來接引。」老人將從此辭，旋令侍者用香湯沐浴，更衣，繼命寺眾齊集大殿念佛，復令人扶行，趺坐龕中。午後一時三刻，於大眾念佛聲中，安詳含笑

而逝，面色光潔，頂煖逾時不散。時民國二十一年七月初二日也，世壽七十五，僧臘五十五，塔於慈谿 五磊山。著有《大佛頂首楞嚴經序指味疏》一卷 (今收於《卍續藏》第九十冊)、《圓覺經講義》、《金剛經新疏》、《始終心要解》、《觀經疏鈔演義》、《教觀綱宗講記》等書，後人合輯為《諦閑大師遺集》行世。(節錄自季聖一撰「諦閑法師行狀」)。

—《淨土聖賢錄·下冊》頁36—37

## 53 民國·會泉大師

（1874—1943）。福建 同安人，俗姓張，法名明性，別號印月，自署華滿，晚稱蓮生道人，為廈門三大師之一(弘一、太虛、會泉)。年十九，依廈門 虎溪岩 善溫法師出家，二十歲禮漳州 龍溪 南山崇福寺 佛乘法師受具足戒，並依之學律，復請益於南普陀 喜參法師。

師一生曾創設閩南佛學院、佛學研究社、佛教養正院，出版佛教公論月刊，對閩南佛教貢獻甚大。對《楞嚴經》尤為專精，以其年譜載：

二十三歲于天童寺聽寒橋法師講《楞嚴》。
二十四歲聽幻人法師講《楞嚴》。
二十五歲于焦山 定慧寺聽通智法師講《楞嚴》。
二十七歲聽月霞法師講《楞嚴》，旋復聽通智法師講《楞嚴》。
三十一歲後多次開講《楞嚴》。
五十九歲于虎溪岩設立「楞嚴學會」。

民國三十二年示寂，享年七十。著有《心經集解》《大乘起信論科註》、《佛學常識易知錄》、《普門品講義》、《阿彌陀經集講》、

《金剛經講義》等書。(詳於東初《中國佛教近代史下冊》或《會泉大師全集》)。

——《佛光大辭典》頁 5475。

# *54* 民國・靜觀大師

(1872—1943)。民國・靜觀大師，名惟道，又字靜寬，別號池蓮。浙江 里安 臺石 金嶴 翁氏子。三歲便能稱「觀音」聖號。年十三，至佛寺，不假思索，「課誦、法器」皆自如，如宿習然，眾皆奇之！

年十五，於永嘉 永福堂禮慧定和尚披剃。年十八，詣天台 國清寺受「具戒」。復從敏曦、諦閑、成蓮、諦閑、諦受諸師，精研《楞嚴》、《法華》、《圓覺》、《天台四教儀》等內典。

觀師於 1904 年冬，掩關專禮《大悲懺》，精誦《圓覺》。一夕誦《圓覺・清淨慧章》：「居一切時，不起妄念。於諸妄心，亦不息滅。住妄想境，不加了知。於無了知，不辨真實」句，豁然大悟。出關後開演《法華》、《楞嚴》。復往參青權老禪師半載，得蒙「印證」，付衣拂矣，後接任主持。

自此十方請師講經，相蹤於道，遂大開法席，講演《楞嚴》、《法華》、《彌陀》、《地藏》、《梵網》、《行願品》、《發菩提心文》、《仁王護國》諸經。師晚年居淨圓寺，刻香代漏，虔修「淨業」，開示淨土要義，廣結淨緣。

1973 年 3 月 22 日，觀師略示微疾。本空法師往謁，師謂：「吾年已七十有二，遠道特來訪尋汝等，豈無意乎？只願汝輩，腳踏實地，不慕虛榮。」復曰：

「臨危持戒難，此語切記毋忽。吾去年遭滾湯之厄，數旬不能轉動。惟專作西方觀，今將成熟矣。」

通善居士問：「師今夙業空了，臨終必定好好去。」師云：「玄奘法師，於圓寂前亦有微疾。」再求最後開示，曰：「汝當堅持彌陀聖號，修牧牛行，《大智度論》可細看！」

寺主入視，亦請示法要，兼議後事。師搖手示意云：「無法可說。」續曰：「不用忙，一概都不要。」言訖，含笑坐化。二七茶毗，獲舍利十三顆。世壽七十有二，法臘五十有九。著《語錄》二卷、《效顰》、《巴歌》、《年譜》各一卷。

——《僧寶之光》頁 12—17。

《楞嚴經·卷七》云：

妄性「無體」(沒有真實存在或獨存的自體性)，非「有所依」(妄心本無處所，真心不落思惟也)。

將欲「復真」(回復真如自性)，欲「真」已非真(真正的)「真如」性，

「非真」(生滅妄心)求復(回復真如自性)，宛成「非相」。(狂心若歇，歇即菩提。真如自性「非真、非妄」也)

# 55 民國·興慈大師

（1881—1950）。民國·興慈大師，名悟雲，號觀月，亦號瞻風子。俗姓陳，浙江 新昌人。師一家「三代八人」先後俱出家，為古佛教史罕有。年十四，於天台 下方廣寺從生父剃染。次年依從鏡法師受「具戒」於國清寺。年廿一，聽中方廣寺 同環法師講《楞嚴》，遂決志究心經教。年廿七起，始廣演法席，歷講《楞嚴》、《法華》、《金剛》、《地藏》、《彌陀》、《彌陀疏鈔》、《天台四教儀集注》、《仁王》等諸經。法緣普及滬、杭、甬東南一帶，允為滬上「第一

尊宿」。

慈師宗奉「天台」，教弘淨土，嚴持戒律，篤實念佛，甘守淡泊，禪淨雙修。冬夏一衲，一飯一菜，夜不倒單。深夜禮佛，念佛經行，以千顆長菩提珠記數；每念至三、五萬聲方止，念畢則套於頸上，如是終身奉行。於 1950 年宣佈上海 法藏寺為淨土專修道場，每歲兩期講經，蓋「教宗天台以揚化導，行歸淨土而實果證」。

師於 1950 年春，略示衰象，繫心於華頂、法藏二寺未盡事宜，遂預立遺囑咐徒慧開師繼之。及農曆四月十七日，預知時至，沐浴更衣，面西端坐，於眾人念佛聲中，泊然寂化。春秋七十，塔於華頂山。著有《二課合解》、《金剛經易知疏》、《興慈法師開示錄》、《蒙山施食儀規》、《興慈法師文集》行世。

—《僧寶之光》頁 21—24。
—《近代往生隨聞錄》頁 7—8。
—《台州佛教》1990 年 5 月號，頁 5—17。
—《興慈法師開示錄》。《印光大師永思集續編》頁 14。

# 56 民國・根慧大師

（1881—1951）。民國・根慧大師，名今覺，別號瑞光。俗姓余，名學田，浙江 平陽人。年十四從普陀 半山庵 了崇法師披剃，旋至普濟寺受具戒，追隨諦閑和尚聽經，一日赴常州 天寧寺途中，患病幾殆。二足浮腫，數日不食，力疾抵寺。見天寧寺壁題云：「到這裏來，就要放下。」即時萬緣頓空，病竟霍然。試以「念佛是誰」話頭，息心參究。疑情陡發，不斷者數月。

後聆聽金山 慈本禪師開示：「如空合空，似水合水」，忽悟「心佛相印」之理。民國初年，諦公以師「解行」相應，擢任為觀宗寺住

持，兼傳「天台」宗印，以續法脈。1945 年，二任觀宗住持，承法智大師暨諦公遺規，依教修行，依法明宗，禪淨雙修，教觀並運。終年建「法華三昧七」，計廿一日。十六觀彌陀七，各七日。自春徂秋，依次講《法華》、《楞嚴》、《觀無量壽佛經》。孜孜屹屹，未或稍息。

慧師隆冬祁寒，猶露頂行道；盛夏溽暑，亦不免衣，不揮扇。午夜危坐，過中不食，一衲數十年不易。自 1935 年夏起，月禮《法華三昧懺》，祈世界和平。1951 年年秋，略感微疾，預知時至，搭衣持具，至各寮告別，諄諄誠勉後學扶持叢林，續佛慧命。九月初三日子時，說偈云：

「安安安安安，無無無無無。
安、無安、無所安。
安無安、無無無、安安。」

時靜權老法師適在座，詢曰：「可速往西方，速來娑婆，廣度眾生。」慧師即首肯，吉祥而逝，頂相猶溫。茶毗日，天空瑞光一道，狀如白練，復有五色祥雲繞日，大似車輪，歷四時方散。復撿得舍利八顆，餘碎舍利無數。世壽七十有一，法臘四十有七。著《法華妙德玄記》八卷、《楞嚴權實疏》十卷、《五味玄記》、《彌陀性樂義味》、《縠音》、《經筵拾零》行世。

—本空禪師著《煙水集》頁 133—138。

# 57 民國·海燈大師

（1902—1989）。民國·海燈大師，四川 江油 重華鎮 范氏。自幼家境清貧，書劍並習。先後受教於薛久志、王體泉、朱智涵諸武師，並從巨峰、雲禪得少林真傳。年十八，考入四川法政大學，

嗣轉警監專科學校。曾從蜀中名宿朱青長學詩。畢業後,隨汝峰赴
峨嵋 金頂習武。

　　師年廿七,於成都 昭覺寺出家,茲後究心三學,過午不食,
以苦行自勵。曾駐錫成都 昭覺、新都 寶興、峨嵋 臥雲、梓潼 七
曲山 大廟等。曾主講《楞嚴》、《法華》。從虛雲大師遊,悟入心宗。
亦與杜心武、王子平、顧留馨、蓋叫天等武林名宿交往甚篤。1963
年參加全國武術大賽,以絕技馳譽海內,尤以「一指禪功」為冠。
1983 年,重返少林寺弘法。1985 年,赴美講經,弘揚國術。歷任
第七屆全國政協委員、中國佛教協會理事、江油市海燈武館館長。
平生除學佛、習武外,兼通醫道、詩文。後寂於成都。有《少林雲
水詩集》、《氣功精要》等。

——震華法師遺稿《中國佛教人名大辭典》頁 592。

## 58 民國・靜權大師

　　(1881—1960)。民國・靜權大師,名寬顯。俗姓王,名良安,
浙江 永嘉人。幼時聞寺僧誦經聲,即萌出世志。年廿五,禮天台
國清寺 授能法師披剃。親近台宗尊宿永智、敏曦諸法師,並從諦
閑習「天台」教義。早年勤奮學習,夜間每借「月光」讀經,無月之
夕則專事禮拜,因得盡通諸經論。在諦閑法師座下,任主講數年。
曾創辦「天台」研究院,造就僧才。建妙法堂,導修止觀。又創安
養堂,以安衰老。每晚必施蒙山法食,大小佛事,必以誠敬為主。
嘗示學徒:「仗施主之香花,培自己之福慧。」日常生活艱苦樸素,
四十餘載,不作方丈,弘經護法,不遺餘力。教演「天台」,行歸淨
土;朝修十念,暮持《觀無量壽經》。

　　權師一生廣演《法華》、《仁王護國》、《楞嚴・大勢至圓通章》
諸經,嘗發願專講《地藏》、《彌陀》二經,獨專《地藏》,研究精

微，時人嘗喻為「活地藏」。每講此經，總披紅袈裟，結跏趺，雙目下垂，不看經本，稱性侃侃而談，聽者無不深為之動容。時弘一律師嘗親臨講席，聞而當眾熱淚如雨。

1960 年，權師頓現老病之相，十二月廿日在大眾念佛聲中，正念分明，含笑而逝。世壽七十有九。師雖能詩善文，儒學造詣頗深，然一生不作文、不著疏，門人為之記有《地藏經略解》、《楞嚴經·大勢至菩薩圓通章講義》等行世。

——《近代往生隨聞錄》頁 30。

——吉林文史哲出版《宗教名人傳記》頁 62—65。

——華東師範大學出版《中國近現代高僧與佛學名人小傳》頁 295—296。

# *59* 民國·了願大師

（1889—1975）。民國·了願大師，俗姓陳，湖北 黃崗縣人。年十九，捨俗為僧。父某，見子出家，亦捨俗為僧，父平時隨眾坐香，默念佛號。臨終預知時至，身無病苦，作務如常，安詳坐脫。願師見其父僧精進念佛，歸宿如此，大為感動。是故懇切持名，日課一、二萬佛名以為常。

願師於禪教俱有深造，而歸心淨土。歷任揚州 高旻寺首座十餘年，及上海 靈山寺、龍華寺住持。於滬、杭、蘇、常各地，弘法三十餘載。常講《楞嚴》、《彌陀》諸大乘經，法雨遍灑江、浙兩省，善信皈依者甚眾。師待人接物，和藹可親。凡來謁者，普勸吃素念佛，求生彌陀淨土。

晚年居佛子園，二六時中，持念聖號不輟。文革時，忽患中風，言語蹇澀，手足拘攣，經醫治療略瘥。1975 年 11 月 24 日，偶感風寒，勞倦欲臥，對弟子曰：「吾已親見阿彌陀佛。身無病苦，心

不迷亂，必當往生極樂。」至半夜，復言：「佛來！」遂高聲念佛。漸漸聲低，唇猶微動，安詳逝化。春秋八十有六。

——《近代往生隨聞錄》頁 24—25。

《楞嚴經・卷二》云：

**汝復應知：**

**「見」**（真性之見→見性）**「見」**（妄見）**之時，**

**「見」**（真性之見）**非是「見」**（妄見）**；**

**「見」**（真性之見）**猶離見**（妄見）**，**

**「見」**（妄見）**不能及。**

**云何復說「因緣、自然」，及「和合相」？**

# 60 民國・道源大師

（1900—1988）。民國道源大師，名能信，又名騰欽，別號中輪。俗姓王，河南 商水人。年廿，禮周口鎮 普靜堂 隆品法師薙染。年廿四，依湖北 漢陽 歸元寺 覺清律師受「具戒」。隨侍慈舟法師學律，復從蘇州 靈巖山 印光法師習淨土。嘗於大陸、臺灣各地任數十次傳戒阿闍黎，遂以弘法講經馳名。歷任中國佛教會 察哈爾分會理事長、屏東 東山佛學院院長、中國佛教會理事長及基隆 八堵海會寺開山住持。師一生大乘八宗並重，行門主一門深入，以「持戒念佛」為主。開示淨土法云：

「一、初勿貪多，但求相續。

二、漸次加多，以求進益。坐念為宜，絕對認真的念。用草菩提子念珠，日加三、五千聲，至十萬聲。須念四字，金剛持念。

三、不必貪多，精益求精。永不間斷，決定往生。」

「口裡念佛,心裡在打妄想,即日念十萬,算用功嗎?每一句佛號,都要念得清清楚楚,內要念到自己心裡去,外要念到極樂世界去,一句如是念,百句如是念,千句萬句亦如是念,自然而然地就念成一心不亂了,毫無障礙地就把自心與彌陀感動了,只在各人精進而已!」

師年七十八,創辦能仁佛學院,親任院長授課,作育僧才。常云:「在世一日即學法一日,在世一天即弘法一天。」四十餘載,計講演戒律不計數,淨土五經一論、《大般涅槃》、《仁王護國》、《華嚴》、《梵網》、《遺教》、《金剛》、《楞嚴》、《圓覺》、《法華》、《地藏》、《起信》等。

晚年示疾,1987 年 12 月進住三軍總院療疾,1988 年 4 月 15 日子時,預知時至,囑返海會寺。眾為念佛,師唇動念佛,諸根悅豫,神態恬適。於 16 日晚七時半,吉祥臥逝。六日後封柩,全無異味屍斑,面貌如生。世壽八十有九,僧臘七十,戒臘六十有六。著《阿彌陀經講錄》、《觀無量壽佛經講記》、《金剛經講錄》、《佛堂講話》等行世。

——《人生》月刊 59 期。《淨業林》季刊 4 期。《菩提樹》426 期。

《楞嚴經·卷六》云:

初(最初)於「聞中」(耳根聞聲境界之中),入「流」(入於能聞之自性之流)亡「所」(亡去所聞的聲音之相)。

「所」(所聞之動靜二相)入既寂(寂靜),動靜二相,了然不生。

如是漸增(漸次修行,增加定力),「聞(能聞之根)、所聞(所聞聲塵之相)」盡(淨盡)。盡聞(能聞與所聞)「不住」(無所住),「覺(能覺)、所覺」空(空盡)。

空(空盡)「覺」(能覺與所覺)極圓,「空(能空)、所空」滅(滅盡)。

「生(生相)、滅(滅相)」既滅(滅盡),「寂滅」現前。

## *61* 民國 · 淨如大師

（1905—1991）。民國淨如大師，號豁諦、乘來。俗姓李，名子陽，山西 應縣 寨子村人。年廿三，事上海 法藏寺 西堂 機緣老和尚。1929 年於南京 寶華山受「具戒」。自此梵行清淨，為法亡軀，精進修學。

師常為大眾講《楞嚴》、《金剛》、《法華》、《華嚴》等經，尤對《楞嚴》頗有研究，有「淨楞嚴」之雅稱。1934 年，至陝西 大興善寺佛學院與倓虛法師習《心經》。1936 年，至五台山居住廣濟茅蓬，復與壽冶、本煥、法度三師，由第三代方丈廣慧老和尚傳法，成為廣濟茅蓬第四代法子。1948 年為廣濟茅蓬第四代方丈。

1986 年對大眾宣云：「吾在八十六歲走。」1988 年，選為五台山佛教協會名譽會長。1985 年 11 月傳法給靈空和尚，送位之後，即退居修養。晚年積勞成疾，至包頭市 華嚴精舍駐錫，一則養病，二則念佛修持，日誦《華嚴經》及念佛。

1991 年正月 17 日下午五時，於內蒙 包頭市 華嚴精舍示寂。身無病苦，意不貪戀，心不顛倒，安詳往生。異香滿室，眾見一道「光亮」向西化去。七日後茶毗，撿得五色舍利五千餘粒。世壽八十有六。

—《法音》89 期。

## *62* 民國 · 式海大師

（1870—1932）。民國·式海大師，名永標，法名宏濟，號不波，又號慈舟。浙江 台南 蔣氏。1889 年於本邑常樂寺依靜耐師薙度，翌年至武林 長慶寺依靜安師受具。旋隨從本師學律。翌年在

靈泉閉關潛修，閱《楞嚴》，啓關後研「天台」教義。1896 年任常樂寺住持，並邀文權到寺講《彌陀疏鈔》。後至天台 國清寺閱藏，因用功過度，閱完《大般若經》即發咯血症，乃回寺休養。旋朝禮浙江 南海，先後在普陀前寺、新昌 大佛寺聽講《法華》。

　　師後至五峰山 流慶寺任住持。在蘇州 藥草庵受成蓮法印。回流慶寺後，在寺講《彌陀疏鈔》。其後在奉化 石樓山 雲居院、流慶寺、四明 延慶寺、青蓮寺等處講《法華》、《楞嚴》等，聲譽日增。1910 年應諦閑請，任南京僧師範學堂教務主任兼古文科教授。翌年赴蘇州 靈鷲寺講《無量壽經》。1912 年赴平湖 報本寺講《維摩經‧不思議品》，設佛教弘誓會。後該會遷至四明 延慶觀堂。

　　回報本寺後，續講《起信》、《法華玄義》、《摩訶止觀》、《楞嚴》等。1915 年至溫州 明因寺任住持，創辦佛學研究社，常年講經不輟。1922 年自明因寺退居，住寺後之觀日山房，仍至各地弘法講經。1925 年重興雁蕩山 淨名寺。旋回明因寺。

　　1932 年應請在淨名寺講《維摩》，甫畢，即臥病不起而入寂。生平法傳「臨濟」，教弘「天台」，行兼禪淨，軌持於律。於詩文書畫無不精通。有佛學、詩文、雜評、傳記、講演、摘記等，後人輯為《觀日山房集》行世。

——震華法師遺稿《中國佛教人名大辭典》頁 187。

# 63 民國‧智諭大師

　　（1924—2000）。民國智諭大師，俗姓徐，名曙明，號曉村，山東 博興縣人。父諱文華，母王氏，師自幼循序就學，及長遭逢亂世，農村民不聊生，乃投身軍旅，報效國家。一九四九年師隨軍來臺，中年自軍中退役後，因參加臺北 松山寺的佛學研究會，以

此因緣而接觸佛法。日久之後,對佛法逐漸深入,憬悟佛法為宇宙人生之真理;又以父母陷身大陸,生死未卜,為報父母恩,及「不為自己求安樂,但願眾生得離苦」之願力,於 1969 年 9 月 19 禮松山寺 道安長老座下落髮出家,法名智諭,內號昌圓。10 月於基隆海會寺受「具戒」,得戒和尚為道源長老。

　　復於 1972 年 12 月興建西蓮淨苑,為第一代開山住持。1973年暑假,師在西蓮淨苑開辦「《圓覺經》進修會」,為期廿一天,有廿餘人參加。1974 年起,率領住眾結夏安居,領導佛七,開示念佛法門。為導俗淨化人心,皆在淨苑開辦「大專青年念佛會」,引導青年學佛。宣講《心經》、《金剛經》、「緣起法泛談、般若義理的探究、性緣問題之申論」諸多佛法課程。法師座下剃染徒惠字輩男眾法師十七人,慧字輩女眾法師七十餘人,可謂枝繁葉茂,並提出「持戒念佛,修學並重」為道場宗風。

　　1983 年,師為住眾開講比丘尼戒,確立「持戒念佛」風範。1985年,開始為比丘講戒,成立「戒學會」,宣佈依「南山三大部」撰述《四分律拾要鈔》,以孤臣孽子之心,弘揚戒律,弘揚淨土。1986年 4 月,開示:

　　「要將淨土法門弘揚開來,讓佛號響遍三峽,甚至臺北、臺灣,甚至全世界。」

　　「願為彌陀孤臣。」

　　「萬般皆下品,唯有往生高。」

　　師對淨土法門之弘揚,不遺餘力。凡有說法,皆歸念佛;凡有撰述,皆歸念佛。在《佛七講話》中稱:「現在開始念佛」成為名言,與阿彌陀佛「現在說法」相應。又主編《淨土藏匯粹》,俾助淨土行

人能信願具足，持名念佛，老實修行，同生西方。

1988 年農曆六月十八日，喬遷至新方丈室蓮鄉。以蓮鄉為「持戒念佛，求願往生」之地，開示本苑宗旨：「弘揚大乘，專修淨土。護法安僧，弘化利生。嚴持重戒，善識開遮。但務實質，不重形式。採擇各宗，修學並重。四眾和合，續佛慧命。」

1990 年，年六十七，師健康體力衰退，身略不適，需人扶持。老法師為法忘軀，抱病重登法座，續講《楞嚴經》。1998 年 5 月，自住持位退居，由上座弟子惠敏法師繼任。從此萬緣放下，一心念佛。2000 年 11 月 14 日晨，在四眾弟子念佛聲中安詳往生。世壽七十有七，僧臘三十有二，戒臘廿有七。

著有《楞嚴經》、《無量壽經》、《法華經》、《比丘戒》、《比丘尼戒》、《梵網經菩薩戒》、《念佛三昧》、《蓮宗指要》、《念佛法要》、《佛七講話》（八集）、《夏雨清涼》（三集）、《側聞散記》（四集）、《中論》、《法界觀門》、《彌陀要解》、《觀經四帖疏》等。從第一本出版之《思益梵天所問經尋繹》至《佛說阿彌陀經鈔》、《華嚴一乘十玄門探玄》，加上講記，計有五、六十部著作。法師著述近年亦印製成光碟流通。

　　——《上智下諭和尚圓寂讚頌手冊》及智諭和尚行狀。西蓮淨院。

# *64* 民國・仁光大師

（1926—1988）。民國・仁光比丘尼，字紹願。俗姓吳，名玉英，臺灣 基隆人。年十八，慈母往生，師念戰禍頻仍，母恩難報，遂禮基隆 寶明寺 修果法師披薙。1952 年，於臺南 大仙寺受「具戒」。協助道源長老創建基隆 海會寺，擔任道公講經之翻譯數十年。

光師日持《金剛經》、《彌陀經》，念佛、禮佛，數十年如一日。1971 年，任海會寺住持後，益加精進，抽暇禮誦《法華經》，一字一拜，前後共三部之多。後更禮拜多部《梁皇寶懺》。常誡弟子云：「三寶弟子之修學時間，永遠不夠」。以弘法利生為家務，勸修淨土為依歸。

師舌燦蓮華、辯才無礙，於 1977 年協助創辦佛學院，曾主講《楞嚴經》、《遺教經》及各式毗尼，培育僧才，不遺餘力。多次於南北各處道場講演《彌陀經》、《普門品》、《遺教經》、《地藏經》。

一日於臺北 志蓮精舍為道公長老口譯《地藏經》時，竟由齒縫中錠出舍利一顆；復於屏東 東山寺講《地藏經》時，蒙菩薩慈悲，再賜予舍利一顆。1987 年 10 月，逢颱風過境，光師於三總服侍道公長老，因掛念道場安全，冒雨涉水而返，致招染惡疾。

1988 年，光師於往生前一日，告徒眾曰：「吾將往生極樂。」並催速予沐浴更衣。4 月 1 日，臨終前，道源長老開示光師云：「萬緣放下，一心求生淨土，證得無生法忍，乘願再來，現比丘相，度化眾生。」隨徒眾念佛不輟，安詳逝化。荼毗，得晶瑩剔透堅固子數百粒，及無數舍利花，喉部二節椎骨不化。世壽六十有三，僧臘四十有五，戒臘三十有七。

——《大光明雜誌》四四期。《西蓮文苑》第 18 八期。

# 65 民國‧覺明大師

覺明，紹興世家女，宜興 海會塔院尼，俗名丁寶珠，畢業於上海 城東女學文科，秀慧賢淑，為同學冠。後李叔同於武林剃度，即弘一律師也。明為詩送之，復於假期，親往叩訪，遂發心為尼。嘗結茅守塔三年，風雨凍餓，淡然若忘。禮誦之餘，探討《楞嚴》，

能背誦正文，科判綱宗，期滿到處宏法，提振末學。

二十六年春，聞四明 張聖慧女士，於奉化創辦法昌佛學院，瓶缽而往，一見以道義相契，即於學院開講《楞嚴》，令每人各依一種註解，先講演一遍，明則披剝其瑕疵，抉擇其是非，採取其精華，補充其不足，以圓滿其說。復任學員徵語辯難，妙義重重，泉涌瀾翻，由名相而教義，由教義而宗趣，窮源竟委，曲盡其奧。聖慧時叩以禪旨，偶一不契，則痛罵熱喝不稍假，往來敲唱，偈語成冊，有一泉信士欲請為法昌住持。明曰：「住持一事，余於諸方卻之屢矣！汝等擬桎梏余耶？余臥榻住久，尚思遷移，恐境界太熟，而生留戀想也。」卒掉臂不顧。

明冬不圍爐，夏不揮扇，不赴宴會，不看雜書，渴飲晨盥，皆用冷水。孤懷凜凜，罕與其匹，七七事變前，勸聖慧同隱峨眉，聖慧不從，乃獨自至蘇州，居鄉間小菴，二十八年五月示寂。

——《續比丘尼傳·卷六》。《佛教藏》第一六一冊頁 1144—1145。

# 66 民國·明果大師

明果大師，湖南 湘陰人，俗姓某。年二十六，從邑中達摩山東林長老剃度，披納具戒。師頂圓項方，慈光照俗，戒行嚴潔，宗通說通。嘗主開福 西禪佛學會講席，說《法華》、《楞嚴》、《金剛》諸經，時座為之塞，唯識經非專家，於《楞嚴》、《宗鏡》最習，已能了解《唯識》要義。

民國六年冬，師知在世不久，別眾曰：「明果老人六十七，雲水參訪事已畢，空拳赤手往西歸，自性彌陀自性識，法法原來自家珍，三界輪迴從此出，今日拋卻臭皮囊，念佛三昧其如的，一心攝念實現成，凡聖同參忘歲日。」且曰：「吾身嚀腫，若非數十年功夫，

痛不可忍，然心無死者，好助余念佛。」一夕，夢有僧數人來迎，未幾，脣微振若念佛，面西吉祥而逝。世壽六十有七。

——《近代往生傳》頁 38—40。

# 67 民國・樂果大師

（1884—1979）。東北營口人，俗姓陸，法號大聞。早歲從商，經常興辦慈善事業，並以居士身弘揚佛法，營口名剎楞嚴寺，即師出家前所創建。民國二十八年（1939），禮心澈和尚出家。其後講經於東北各大城市，所常開講之經典有《楞嚴》、《金剛》、《般若心經》等。

三十八年徙居香港，參與興辦華南佛學院，以培植僧才，繼駐錫九龍 寶光山 大佛寺，退院後，又在九龍設立聞性精舍，為一供奉觀世音菩薩之道場。晚年又常弘法於臺灣及東南亞各地，並在臺灣 埔里建佛光寺。師以年高德劭，故在香港被佛教界推尊為「東北三老」之一，頗為當地教界所欽仰。六十八年示寂於香港。著有《般若心經講義》、《金剛經釋要》等書。

——《佛光大辭典》頁 6097。

# 68 民國・慈航大師

（1895—1954）。福建 建寧人，俗姓艾，字彥才，號繼榮。幼失怙恃，年十七禮拜自忠和尚為師。次年，受具足戒於九江 能仁寺，曾徧禮九華、天台、普陀等各處道場。學禪於常州 天寧寺、揚州 高旻寺；遊學於諦閑法師之門；復於度厄法師座下習淨土。民國十六年（1927）入閩南佛學院，親近太虛大師，受其薰陶，而有革新佛教之志。此外，又曾親近圓瑛法師。師曾兩度閉關，閱藏六載。十八年主持安慶 迎江寺，致力於弘法事業，倡言改革僧伽，

整頓佛教，嘗創設中國佛學會於緬甸 仰光。

　　二十九年隨太虛大師訪問東南亞佛教國家，繼而留居馬來西亞，創辦星洲菩提學院、星洲佛學會、怡保佛學會、檳城佛學會等機構，並發行「人間」月刊，極力推行佛學社會化，南洋佛教由是大興。三十七年至臺灣 中壢主持妙果法師所辦之臺灣佛學院，僧俗兼收，開臺灣佛教之新紀元。

　　旋為安置大陸來臺之僧青年，乃於汐止成立彌勒內院。並開講《因明》、《唯識》、《楞嚴》等大乘經論，盡心致力於教育弘化。四十三年五月示寂，世壽六十，僧臘四十二。遺體跏趺盤坐於缸內，並安置在靜修院後山。三年後開缸，肉身不壞，教界傳為美譚，並建慈航堂，以紀念其德業。後人輯其遺著成《慈航法師全集》行世。

——《佛光大辭典》頁 5803。

# 69 民國·劉洙源居士

　　（1875—1950）。四川 中江縣人，名復禮，字洙源，別號離明。前清拔貢，北京 經科大學畢業。長於文學，通達三禮，歷任四川高級師範、成都大學、四川大學文學教授。早歲精《唯識》，曾著《唯識學綱要》數萬言。私淑永明 延壽，於民國二十一年（1932）著有《宗鏡錄大科判》；晚耽禪悅，不喜著作，惟存講稿數篇為弟子所傳鈔。

　　三十八年農曆三月於德陽 孝泉 延祚寺剃髮，受三壇大戒，法名昌宗。未久，應邀講《楞嚴經》，並傳淨土觀法。後返中江，駐錫白雲寺，專研戒律。三十九年示寂，世壽七十六。著作除上記外，另有《宗鏡錄細科判》約五卷、《宗鏡錄讀法》約十餘卷。另纂集《大智度論》之法相而成《性宗法藏》三冊，然未出版。

——《佛光大辭典》頁 5960。

讀 誦 篇

# 1 唐·崇慧大師

　　唐·大曆九年，道士史華(同史華)以「術」得幸，因請立「刃梯」與沙門角法，有旨兩街選僧，剋日較勝負。沙門崇慧(同崇惠)者，不知何許人，常誦《首楞嚴咒》，表請挫之。帝率百僚臨觀，道士史華履「刃梯」而上，命沙門崇慧登之，慧亦躡刃而昇，往復無傷。慧師乘勝，遂命聚薪于庭，舉烈焰，慧師入火聚，呼道士史華令入，華慚汗不敢正視。帝大悦而罷，賜崇慧師號護國三藏，後不知終。

　　——《隆興編年通論·卷十八》。《卍續藏》第七十五冊頁198下。

　　——《佛祖統紀·卷四十一》。《大正藏》第四十九冊頁378上。

　　——《釋氏稽古略·卷三》。《大正藏》第四十九冊頁829上。

# 2 北宋·慶遲大師

　　禪師諱慶遲，其先建陽人也，姓范氏，范氏世為士族。至是禪師方五歲，而秀氣靄然，其母異之，命從淨行 子昭出家於今資聖精舍，踰十歲落髮。納戒於靈光寺，習《楞嚴》、《圓覺》於講師。禪師於人甚莊處已至約，飲食資用必務素儉，與時俗不合，以故其徒稱難而少親附。嘗與余語曰：「吾不能以道大惠於物，德行復不足觀，以愧於先聖人矣，苟忍視其亂法是益愧也。」予即應之曰：「不必謙也。曹溪宗門天下之道妙也，而學者罕至，十二頭陀出世之至行也。吾徒之所難，能為法而奮不顧身，亦人之難能也，是三者師皆得而行之。又何愧乎！師曰：「此吾豈敢也。」雖然予庸以是而稱之於吾人，蓋欲其有所勸也。禪師於北宋·皇祐之己亥遷化，悲夫！

　　——《鐔津文集·卷十三》。《大正藏》第五十二冊頁716中—下。

# 3 北宋‧處嚴大師

釋處嚴，字伯威，姓賈氏，樂清人也。溫州明慶院僧。父靖居，鄉以長者稱。母萬氏，方娠夢黑龍自天而下，俄化為道人入其家，及嚴生有異相。幼時警悟不凡，經史過目輒能成誦。少長，不茹辛羶，母強之，卒不從。一日遊精舍，歸白其母曰：「兒蔬食，居俗非所宜，願出家學佛，惟慈親割愛。」遂往里之明慶院，禮僧知性為師，既落髮受具，游歷郡刹。初學律，未幾，習天台教觀，依南屏臻公聽天台大部，明《法華》諸經。嚴有辭辨，長於講釋，里中巨室欲屈之講經，恐不能致，因具法筵，廣集眾侶，預設巍座，俟其至與眾迫之。忽遽就席，闡揚奧旨緣飾以文，吐音鴻亮聽者忻悅。

明慶自創業幾七百年，無文蹟可攷，嚴始為撰記，並書之，時稱二絕。郡守張公平聞其名，以禮致之，躬受《楞嚴》大義，欲授以僧正，且請主禪席，皆力辭之。邑令丁公湛每訪嚴談道，終日忘返。晚歲絕人事，惟精修淨業，所諷《楞嚴》、《圓覺》、《維摩》、《光明》、《法華》諸經，精熟流暢，靜夜孤坐焚香，高誦琅琅之聲，出於林表。嘗手書《法華》、《光明》二經，以報母德。又書《華嚴經》八十卷，首末不懈，字法益工。

北宋政和壬辰正月二十一日示寂。年五十四，臘三十九。三月闍維，得舍利數百，明瑩如味。明年九月，植塔於故廬之旁，以遺骨並舍利葬焉。後四十餘年，縣人梅溪王十朋為之銘。十朋之生也，即嚴寂日，其母夢嚴來惠以金環，覺而舉子，忽聞嚴化，以此異之。十朋之大母，嚴之同母娣，嚴弟子寶印又十朋之叔父也。嘗以伏臘相過從，故其母識嚴。及十朋長，道經石橋寺，寺僧先夕夢迎嚴和尚，詰旦而十朋至。故其詩云：「人喚我為嚴首座前身。」曾寫石橋碑銘，有別致，見《梅溪集》。

——《新續高僧傳·卷六十》。《佛教藏》第一六一冊頁 919—922。

# 4 北宋·思照大師

（？—1119）。北宋·思照大師，亦作思炤。錢塘（浙江 杭州）楊氏。年十四，於南屏依淨住 從雅聽《法華》有省，刺血書《法華經》。復往東掖參神晤，大有契入。晚年專修「念佛三昧」，築小庵曰德雲。每夕念佛，三十年如一日。於宣和元年，忽夢佛來迎。七日後，端坐屈指，作印而化。

師平生於「誦禮」一門，最為勤懇。淨土七經，一字一禮。《華嚴》、《首楞嚴》、《金光明》、《無量壽》、《普賢行願法》、《遺教》、《梵網》、《無量義》等經皆然。惟《法華》經拜十過，總得二百七十卷。一生誦《法華》千部。《無量壽佛經》五藏。《阿彌陀經》十藏云。參見《佛祖統紀》一四、《往生集》上、《淨土聖賢錄》三、《補續高僧傳》三。

——震華法師遺稿《中國佛教人名大辭典》頁 496。
——《補續高僧傳·卷三》。《卍續藏》第七十七冊頁 383 中。

# 5 北宋·佛印大師

（1032—1098）。北宋·佛印大師，名了元，字覺老，生饒州浮梁 林氏，世業儒，父祖皆不仕。元生三歲，琅琅誦《論語》、諸家詩，五歲誦三千首，既長，從師授「五經」，略通大義去。

一日讀《首楞嚴經》于竹林寺，愛之，盡捐舊學，遂白父母，求出家度生死，禮寶積寺沙門日用，試《法華》，受具足戒。十九歲，入廬山 開先寺，列善暹之法席，又參圓通之居訥。長於書法，能詩文，尤善言辯。廿八歲，住江州 承天寺，凡歷坐道場九所，

道化不止。當時名士蘇東坡、黃山谷等均與佛印禪師交善，以章句相酬酢。北宋神宗欽其道風，特賜高麗磨衲、金裹，贈號佛印禪師。元符元年正月示寂，世壽六十七，法臘五十二。有《語錄》行世。

　　——《禪林僧寶傳・卷二十九》。《卍續藏》第七十九冊頁550上。

# 6 北宋・富弼居士

　　北宋・富弼居士，字彥國，洛陽人，少篤學，有大度，歷事真、仁、英、神四朝，再居相位，以清惠稱。趙忭以書策之曰：「執事富貴已極，道德甚盛，所未甚留意者，如來一大事因緣而已，願益勉之。」守亳之曰：「聞修顒禪師主投子」。富弼居士遂往參謁，言下有省，更延顒師至府中，日夜研究，居兩月，日有發明。

　　居士於熙寧年中致仕，封韓國公，拜司空。家居日誦《楞嚴經》，蔬食禮佛，入寺談論。北宋・元豐六年（1083年），預知時至，作書辭親友，屆期，衣冠危坐而卒，壽八十。

　　——明復法師編《中國佛學人名辭典》頁432。編號3302。

# 7 南宋・法久大師

　　法師法久。餘姚 邵氏，受業龍泉，十五試蓮經中選得度。初依智涌於廣嚴，後去從慧覺，赴天竺師隨往，且夜為學卒成其業。有王侍御女早喪，每附語令請高僧誦《法華》。大慧令師往，方升座演經，侍御忽有感悟，夜中亡女夢於父曰：「承法師講經力已得生處」。侍御因作一乘感應記。紹興十三年，郡命居清修，泉清石潔，人境俱潔，常患後生單寮多弊，乃闢眾堂作連床蒲褥，如禪林之規，以身率著莫敢怠。說法機辯有大慧之風，有不能領者，謂師談禪於教苑寺左，曰師子巖創一堂名無畏，日住其中誦《法華》、《楞嚴》等七經，十九年不輟。一日忽告眾，無疾而化，塔於寺西，

雪溪 睎顏為撰銘，門人妙雲繼主其席。

——《佛祖統紀·卷十五》。《大正藏》第四十九冊頁 228 中——下。

# 8 南宋·居簡大師

釋居簡，字敬叟，姓龍氏，潼川人也。臨安 淨慈寺僧。家世儒素，幼性穎異，見佛書端坐默觀，如宿習者。依邑之廣福院 圓澄得度，參別峰 塗毒於徑山。沈默自究，一日閱《萬庵語》有省。遽往育王見佛照機契，自是往來其門十五年。走江西訪諸祖遺蹟，瑩仲溫嘗掌大慧之記菴於羅湖，纂所聞成書，發揮祖道與議論，大奇之。久之出主台之般若，遷報恩，英衲爭附，儒碩錢竹巖、葉水心莫不推重。時大參 真西山為江東部使者，虛東林待之，以疾辭。

乃於飛來峰 北磵 掃一室居十年，人不敢以字稱，以北磵稱之（即北磵禪師）。起應霅之鐵佛，常之顯慶碧雲，蘇之慧日，湖之道場，奉詔遷淨慈。所至道化大行，垂老不倦。頌《楞嚴經》「六解一亡」云：「六用無功信不通，一時分付與春風，篆煙一縷聞清晝，百鳥不來花自紅。」闢一室以居，名曰薝室。作賦以自見水心，酬以詩云：「簡公詩話特驚人，六反掀騰不動身，說與東家小兒女，塗青染紫不禁春。」

晚歲居天台，有二姓爭竹山搆釁，為作「種竹賦」以諷之，而訟遂已。趙節齋為奏補靈隱，簡笑謝曰：「吾日迫矣。」乃舉天童癡絕道沖。淳祐丙午春示疾，三月二十八日索紙書偈，於紙尾復書「四月一日珍重」六字。呼諸徒誡之曰：「時不待人，以道自勵，吾世緣餘二日耳。」至期昧爽，索沐浴罷如假寐，視之已逝矣。壽八十三，臘六十二。所著有《北磵集》十九卷。

——《新續高僧傳·卷三》。《佛教藏》第一六一冊頁 111—112。
——《續傳燈錄·卷三十五》。《大正藏》第五十一冊頁 707 上。

——《補續高僧傳‧卷二十四》《卍續藏》第一三四冊頁 353 下——354 下。

# 9 南宋‧真歇大師

（1089——1151）。宋代曹洞宗僧。丹霞 子淳禪師之法嗣。左綿安昌（四川）人，俗姓雍。又稱寂庵。十一歲，依聖果寺 清俊出家，初學《法華》。十八歲受具足戒，入成都 大慈寺學《圓覺經》、《金剛經》等。先後登峨嵋、五臺，禮拜普賢、文殊。至鄧州（河南）丹霞山，參謁子淳，開悟得證，並嗣其法。後至長蘆 祖照會下任侍者之職。宣和三年（1121）祖照病，請師任第一座。宣和四年主長蘆。建炎二年（1128），登普陀山禮拜觀音。建炎四年入主雪峰寺，大振曹洞宗風。紹興十五年（1145）住能仁 興聖 萬壽禪寺，二十一年住崇先 顯孝禪院。同年十月寂，世壽六十三，法臘四十五。謚號「悟空禪師」。

著《信心銘拈古》一卷、《一掌錄》等。門人編集《長蘆了和尚劫外錄》一卷。清了大師曾設「楞嚴會」，鼓吹唸「楞嚴咒」。所謂「楞嚴會」是一種禪林古法，於夏安居結制中，為祈福除魔，遂設「楞嚴壇」。自陰曆四月十三日至七月十三日，每日於佛殿集眾僧誦《楞嚴咒》。據敕修《百丈清規‧卷七》「楞嚴會」條載，「楞嚴會」乃祈保安居，四月十三日啓建，至七月十三日圓滿。南宋之真歇 清了在補陀山，於夏中為病僧作普迴向文而誦咒，即為「楞嚴會」之始。於「楞嚴會」上，大眾坐位之圖，稱「楞嚴圖」。（詳於《禪林備用清規‧卷三楞嚴會》。《卍續藏》第一一二冊）。（資料見於《嘉泰普燈錄‧卷九》）。
　——《五燈會元‧卷十四》。《卍續藏》第一三八冊頁 538 下——540 上。
　——《續傳燈錄‧卷十七》。《大正藏》第五十一冊頁 579 下——580 下。

# 10 南宋‧慧明大師

慧明。字無晦，杭州 鹽官人，菁山 常照寺僧。出家祥符寺，依上竺 慧光二十年，了一心三觀之旨。晚居菁山 常照寺，修淨業，日課《法華》全部、《楞嚴》、《圓覺》等經，亦循環諷誦，持彌陀號日萬數。慶元五年春示疾召徒囑曰：「吾學大乘求生淨土，今必遂矣。」弟子請作頌斥曰：「我臨死豈更謎語乎。」不得已，大書：「骨頭只煨過」五字，即累足坐逝。聚聞天樂西來，徘徊頂上，有頃而息，荼毗得五色舍利無數，事蹟詳於《樂邦文類》。

　　——《新續高僧傳·卷四十二》。《佛教藏》第一六一冊頁 669—670。

　　　　　——《往生集·卷一》。《大正藏》第五十一冊頁 135 中。

　　　　　——《佛祖統記·卷二十八》。《大正藏》第四十九冊頁 289 下。

## *11* 南宋·朱氏居士

宋朱氏，名如一，明州 薛生妻也。年二十餘，即素服齋居，虔修淨業，嘗以黃絹，請善書者寫《法華經》，繡以碧絨，鍼鋒綿密點畫較然，閱十年而成。中間唱禮佛名，至八萬四千，復繡阿彌陀佛、觀世音像。習《法華經》，三月成誦，次閱《華嚴》、《般若》、《楞嚴》、《圓覺》俱能通利。又鋟木為圖，勸人念阿彌陀佛，受圖者，滿十萬聲，為回向西方，所化至二十萬人。尋結廬墓旁，一室奉佛，一室宴坐，一室書經，給侍唯一婢子，甘苦共之。紹熙四年春十二月，微疾，垂瞑，輒起跌坐，薛生曰：「我家無是法也。」請就寢，遂右脅而逝。年三十七。(詳見《樂邦文類》)。

　　——《淨土聖賢錄·卷九》。《卍續藏》第一三五冊頁 373 上—下。

## *12* 元·如照大師

釋如照，字元明，一號寂室，出晉江 蔡氏。泉州 開元寺僧。初從衵膞院 道符出家。符業白良苦照化之，更嘗世難不一變志。元至元二十年祝髮受具。再踰年，而合剎議定開元 衵膞並為一家，

延妙恩開山，照實左右之。已而辭去，負笈游方，咨訪甚力，天慧內發，深有所悟，嘗典客雪峰，刺血書《法華經》。及歸故業，復血書《華嚴》、《楞嚴》，恩益禮之。及恩遷化，契祖繼席，命之知藏。未幾出主安溪 泰山巖，不數月，歸者如市，百廢具興。大德延祐八年，祖命還山，已有付屬意。及祖寂，宣政命照補其處。照不宿怨，無親疏卑尊，一遇以誠，而延接四方疊疊若不及。其說明白嚴正，大厭服人。佛成道日，上堂曰：「雪滿於山，星回於天，一見便見，更待六年。瞿曇瞿曇，無端引得眾生起顛倒，東土望西天。」又曰：「雪窖生埋幸可憐，六年曾不動機緘，眼皮爆綻三更後，明破星兒即不堪。」道譽上聞，錫佛果 弘覺之號。

至順二年四月十七日無疾溘化。年七十有四，臘四十有九。闍維藏靈骨於故塔。弟子廣漩，字空海，晉江 蘇氏子。性不肉食，幼而聰慧，初從照受《楞嚴》，匝月悉能誦，照奇之，度為僧。益致力禪奧，心光炯炯，達旦不寐。爾後雖宿衲無能當其辯者。嘗游方，以試真珠華頌見知雪峰，甫之龍華，尋知藏鑰。所為頌多警策語，其「詠鼠」有云：「尋光來佛後，竊食犯僧殘。」後還寺遷首座。一夕濡筆大書曰：「百年大夢今方醒。」遂隱几而化。其弟子大圭著《紫雲開士傳》者別有傳。

——《新續高僧傳・卷十七》。《佛教藏》第一六一冊頁326—327。

# 13 元・中竺大師

元・中竺 一溪禪師，諱自如，福建人。元兵下江南，師年少，被游兵虜至臨安，遺之而去。臨安富民胡氏收養之，令師伴其子弟讀書鄉塾。師隅立，凝神靜聽，默識無所失。胡氏喜，因子之（視如己子待之），既長，命隸里中無相寺為僧，參雲峰於徑山，師得旨。戒撿精嚴，「法服、應器」不離體，又能誦《稜嚴》、《法華》、《維摩》、《圓覺》等經。

　　師初住湘江 萬壽寺，寺後有富民黃氏，重師戒行，常供以「伊蒲塞饌」(指齋供、素食)。一日，黃氏請師歸其家，進供愈勤，乃開私帑，示師所藏金玉異寶，欲動其心。師歸，謂左右曰：「彼黃子氏者，以帑中寶示我，欲眩我死去爲其子耳，殊不知我視金玉如瓦礫，古人墮此轍者頗眾，非獨爲其子，爲其牛馬者有之，我自此其疎黃氏矣！」天曆初，中天竺住持笑隱訢公奉詔興建大龍翔寺，因舉代住中竺者三人，上以御筆點師名，宣政院具疏禮請，未幾，化去，多靈異云。

　　　　　　——《山菴雜錄‧卷二》。《卍續藏》第八十七冊頁 126 下。

# 14 元‧一庵大師

　　元‧一庵大師，永嘉 袁氏，名如，世稱如公。於誕生前五日，父夢一異僧持「梵經」至。父問：「何來？」異僧曰：「五雲山！」問姓？曰：「姓殷。」問名？亦曰：「姓殷。」且謂後五日當再來，留「經」表信，至期果誕師。師頭骨嶄聳，目光射人。

　　年十五，師事方山和尚，出家受具。後依竺元師得其要領，住保福。師早年發志暗誦《佛頂首稜嚴經》，至第五卷，得嘔血疾，乃輟。疾瘳，一夕，夢見所未誦經，皆「金書」布於空中，遂厲聲讀之。既覺醒後，夢境猶存。移時許久，夢境始隱。故師再誦足此一《佛頂首稜嚴經》，每日誦一過，至臨終皆弗替換。後退居西澗庵十年，道望益隆。

　　　　　　——《山菴雜錄‧卷二》。《卍續藏》第八十七冊頁 128 下。
　　　　　　——《補續高僧傳‧卷二十一》。《卍續藏》第七十七冊頁 509 下。
　　　　　　——震華法師遺稿《中國佛教人名大辭典》頁 3。

# *15* 元・善柔大師

　　（1198—1269）。元・善柔大師，<u>永興</u>（今屬湖南）<u>董</u>氏。七歲師
<u>永安</u> <u>廣行</u>，誦《金剛》、《楞嚴》。年廿，得戒於<u>廣嚴寺</u>。補殘經，
修廢寺，甃橋完路。

　　<u>憲宗</u>詔賜為<u>弘教</u> <u>通理</u>大師，命主清涼大會於<u>臺山</u>，為<u>臺山</u>釋
教都總管。旋住畫奉 <u>聖州</u> 水陸、<u>法雲</u>二寺。後寂於<u>法雲</u> <u>北臺</u>。參
見《補續高僧傳》四、《華嚴佛祖傳》。

——<u>震華</u>法師遺稿《中國佛教人名大辭典》頁 783。
——《補續高僧傳・卷四》。《卍續藏》第七十七冊頁 392 下。

# *16* 明・九峰大師

　　明・<u>九峰</u>大師，<u>撫州</u>（<u>江西</u> <u>臨川</u>）<u>袁</u>氏。出家於<u>石鼓庵</u>。初不識
字，<u>軍峰</u>僧授以《楞嚴心咒》六字（指「悉怛多般怛羅」六字），峰師持
誦不懈。已遘疾幾殆，忽甦，自後說偈，皆成妙義。參見《江西詩
徵・九四》。

——<u>震華</u>法師遺稿《中國佛教人名大辭典》頁 10。

《楞嚴經・卷六》云：
　「空」（虛空）生「大覺」（本覺大海）中，如「海」（喻→本覺大海）一「漚」（水中浮
泡→虛空）發，
　「有漏」（有情世界）微塵國，皆依「空」（虛空）所生，
　「漚」滅「空」（虛空）本無，況復諸「三有」（三界）？

# 17 明・田湛大師

　　明・田湛大師，字果清。蘄州（湖北 蘄春）范氏。幼於廬山 黃龍寺薙髮，為徹空法孫。舉止端靜，誦經無懈，尤重《首楞嚴》。明・萬曆間，紫柏大師過廬，見湛師而贊之。歷事守心、東巖諸老，後謁少林 大千師，參叩三年，一日舉夾山船子話「有省」。已而北遊，從徧融師聞法要，依紫柏師參性相。時歸宗塔寺，漸就榛莽，湛師為之修復，號中興。無何紫柏難作，湛足不踰閫者二載。

　　明・萬曆三十三年（1605年）住合妙庵，三載復返歸宗。寂年五十七。參見《吳都法乘》六下。

　　　　　　　　　　　　—震華法師遺稿《中國佛教人名大辭典》頁156。

# 18 明・大佑大師

　　明・大佑大師，字啓宗，別號蘧菴，出於姑蘇 吳縣之吳氏，父母俱持齋素，鄉里稱為「善人」。其母夢一僧自稱「闍那」，覺而遂孕，始能言，聞其兄誦《楞嚴咒》，即隨口誦之。年十二出家，授滿分戒，凡內外經書一覽即通其義。

　　初與古庭師為友習「賢首教」，次從皇聲公習「天台」止觀，後於弘教 天泉 澤公會中充「懺首」職，一日閱玉岡《四教儀集註》，至初五品位一「隨喜品」註文云：「一空一切空，三觀悉彰破相之用。一假一切假，三觀悉彰立法之功，一中一切中，三觀悉是絕待之體。」忽有省，自後「天台」一宗綱格諸書，若素習而貫通焉。

　　明・洪武三十二年，師告老還姑蘇舊業，永樂三年夏，復召至京，有詔纂修釋書，師總括「般若」要義，蕆成忽稱微疾，至五年春正月二日趺坐而逝。世壽七十四，僧臘六十二。是月十八日「闍

維」時，祥雲五色，天華散空，雲鶴盤旋于上。火後得舍利無筭。

師著有《淨土指歸注解》、《彌陀、金剛》二經挍勘、《天台授受祖圖》、《撰法華撮要圖》、《淨土解行二圖》、《淨土真如禮文》、《華嚴燈科》、《淨土九蓮燈科》各一卷，得法弟子慧澈、德完。

——《續佛祖統紀·卷二》。《卍續藏》第七十五冊頁 748 上。

# *19* 明 · 明證大師

明證，字無塵，姓魏，會稽人。性醇厚簡默，少不樂腥羶，常欲出家，弱冠過鄰寺，遇五臺龐眉老僧，若舊相識者，願相依為弟子。老僧云：「汝三年後，方可薙髮，當先行苦行，學諸經典。」證遂往叢林，作重務。學楞嚴咒，日止誦一字，夜禮觀音，徹曉不寐，三年而咒始畢。忽臥病七日，徧身發痛，若換骨者。病瘳，夙慧頓開而五臺僧復至，為祝髮，受具戒，囑令終身誦《法華經》。遂展經朗誦無滯已，而《華嚴》、《涅槃》諸經悉成誦，乃謂老僧曰：「吾欲盡形乞食供養，以報師德。」是夜老僧不知所往。證日誦《法華》一部，日惟二餐，三衣一缽外，一無所蓄。人有施者，隨得隨捨，或與之言，止微笑而已，如是者三十年。

一日誦經，艴然不懌，弟子問故曰：「吾持誦一生，求生淨土，豈將墮紅塵耶？」於是更加勤誦三年。一日撫案大笑曰：「我今不到紅塵去矣。」往謁雲棲 宏公，還至澗中。謂侍者曰：「汝往報眾徒，我明日當去。」次日，諸徒至，證問甚麼時？答云「亭午。」遂命具湯盥沐，端坐念佛，誦觀世音、大勢至，至清淨大，即閉口，眾聞空中朗誦海眾菩薩，異香馥然，合掌而寂，如入禪定。七日後開龕，時值炎暑，儀容若生。年五十，時萬曆二十一年也。

證弟子真定，字靜明，出家後，秉師之訓，精勤念佛，求生淨

土，兼禮拜《華嚴》、《法華》諸經，造像齋僧，行諸苦行。年七十二，預至期面西，念佛而化。(詳於《理安寺紀》)。

　　——《淨土聖賢錄·卷五》。《卍續藏》第一三五冊頁 287 下——288 下。

# 20 明·悟蓮大師

　　悟蓮，姓夏氏，名雲英，山東 莒洲人。莒州某菴尼。幼聰慧，五歲能誦孝經，七歲讀佛經，《法華》、《楞嚴》，皆能成熟。年十三，選為周世子宮人，世子即位，是為憲王，元妃呂氏薨，遂專內政。國有大事多與裁決，憲王嘗令作詩吟鵑，悟蓮以箴進，勸王推廣德心，勿畜此以傷生類也。年二十二有疾，求為尼。受菩薩戒，習金剛密乘。不二載，洞明內典，其詩清峭，人爭傳誦。立秋云：「秋風吹雨過南樓，一夜新涼是立秋；寶鴨香消沉火冷，侍兒閒自理空侯。」雨晴云：「海棠初種竹新移，流水潺潺入水池；春雨乍晴風日好，一聲啼鳥過花枝。」永樂十六年六月，作偈示眾，吉祥而逝，年二十有四。有《法華經讚》七篇，及《清端閣詩》卷行世。

　　——《續比丘尼傳·卷三》。《佛教藏》第一六一冊頁 1055—1056。

# 21 明·遺聞大師

　　瀘州 雲慶 遺聞 幻禪師。嘉州 楊氏子，生而岐嶷，髫年詣峨山祝髮，嘗習《法華》、《楞嚴》，至十九歲登座講經，不下萬指圍繞。後徧歷諸方，還蜀。參雙桂，遂受記莂焉。本州士庶請開法于雲慶上堂，撾鼓陞堂栽龜毛于，火內出眾，捲席輪磨盤于空殿，恁麼也不得，不恁麼也不得，恁麼不恁麼，總不得，何故？故自無瘡，勿傷之也。

——《五燈全書·卷七十一》。《卍續藏》第一四一冊頁 474 下——475 上。

## *22* 明・智度大師

　　釋智度，字白雲，姓吳氏，麗水人也。處州 福林禪院僧。父德大，母葉氏，具有善願。度生而靈穎，迥異凡近。年十五灑然有出塵之趣，欲就浮屠學，父母方珍愛，峻辭拒之。因不火食者累日，若將滅性，父母知不可奪，使歸禪智寺，禮空中 假薙髮受具戒，習禪定於楞伽庵。每趺坐達旦，如是者數年，已而歎曰：「六合之大如此，積然滯一室可乎？」遂出游七閩，徧歷諸山，無有契其意者。復還郡之白雲山，因澄禪師道場遺址，築福林院為憩息之所。日取《楞嚴》、《圓覺》二經鈔疏，讀之既熟，不假師授，章旨自通。久居此山，遂以為號。已而復歎曰：「拘泥文字，如油入麥粉，了無出期。德山所謂窮諸玄義，若一毫置於太虛者，信不誣也。」

　　乃去之，出游浙河之西。度靜謐寡言，機用莫測，臨眾無切督之威嚴厲之色，唯以實相示人。所至，人皆欽慕，如見古德，或持香華供養，或繪像事之，不可數計。蓋信心為一切功德之母，苟能信，奚道之不造，法之不明。臨終示微疾，浩然有歸志，四眾堅留之，度曰：「落葉歸根，吾所願也。」遂旋福林。

　　五日忽沐浴易衣，索筆書偈曰：「無世可辭，有眾可別；太虛空中，何必釘橛」擲筆而逝，時洪武庚戌三月一日也。壽六十七，臘五十二。闍維之夕，送者千餘人，火餘得五色舍利，及齒牙數珠。弟子仁喆瘞骨院西，善女子唐淨德為建塔其上。

　　——《新續高僧傳・卷十八》。《佛教藏》第一六一冊頁337—340。

## *23* 明・鮑宗肇居士

　　明鮑宗肇，字性泉，紹興 山陰人。家世信佛，宗肇既冠，斷葷酒，能覆誦《法華》、《楞嚴》二經，每日一周。其父命贅楮於嘉

興，怒其折閱，罰之跪，良久起，則已默轉《楞嚴》竟矣。嘗從紫柏、散木，諸老師遊，晚而歸心雲棲，篤志淨業，兼肆力於方山合論，永明《宗鏡錄》諸書，信解通利，自號大鼓居士，著書曰《天樂鳴空》。臨終，囑其子治齋，邀法侶王季常等緇衣數人至，同聲誦西方佛號，日西時，忽合掌謝眾曰：「與諸君永別矣。」遂趺坐而化。(詳於《天樂鳴空集》)。

　　──《居士傳·卷四十二》。《卍續藏》第一四九冊頁 947 下──948 下。

# 24 明·李大猷居士

　　明·李大猷居士，姓李名願證，字大猷，姑熟人，母陶無嗣，晝夜禱於觀自在佛，夜夢一比丘尼，乘「白鹿車」抱嬰兒，授曰：「此福慧兒也，善視之。」既而有娠，生未逾月，兒忽身熱如火，不進抱，母復夢前比丘尼，持「栗」數顆嚼食之，夢覺，兒汗下如雨遂瘳。

　　大猷年四歲，嬉戲父膝下，因授以記「姓書」。兒曰：「此有何義？讀之將奚爲？」父大驚，更以《孝經》，一誦即能闇記。稍長，益駿發異常，父嘗手書《楞嚴》、《圓覺》二經，大猷逐卷取讀之，力白父母願出家，祝髮受具。

　　久之，杖錫來南京，謁慧曇於天界，曇命為侍者，謂曰：「子才銳甚，宜留意文學，他日期子弘宗持教也。」於是，獨坐一室，竺墳魯典，無不研窮，尋命掌記。戊申，出世嘉興水西寺。庚戌，遷吳興道場。未幾，退居武康山中，著《觀幻子》內外篇，以合「儒釋」一貫之妙。

　　──《佛祖綱目·卷四十一》。《卍續藏》第八十五冊頁 805 中。

## 25 明・上字呂居士

明・上字呂居士，法名音習，邵陽 東鄉巨族，父子勤儉興家，惟知有身家為上，餘則視為閒事耳。字呂夫婦入庵同受五戒，同起法名，字呂名音習，道伴名音翕，父亦領五戒法，名音璿。字呂常年惟禮佛持經，隨喜功德，訪問師友為事，愛樂佛法，《楞嚴經》十卷能背持，此居士之精進可知矣。

蓋人一念未生前者段光明，佛與眾生無二無別，此是人人本來面目，亦名「自性天真佛」。是則人人本來是佛，但以所行、所言、所念，與眾生同故，名眾生；若所行、所言、所念不與眾生同，豈可復名眾生乎？

——《紫竹林顓愚衡和尚語錄・卷四》。《嘉興藏》第二十八冊頁 679 中。

## 26 明・金正希居士

明・金正希居士，金正希內翰。學道祇要得其門，若得其門，急亦到，緩亦到，若失其門，緩急皆不到。確實而論，祇要親到不疑之地，不須問人，生也恁麼，死也恁麼，盡未來劫也恁麼。

看語錄，研教乘，及覓阿師口裏，轉使心頭亂似麻在，不見圓悟大師云：「汝怎生聽得諸方老師口裏一個說一樣，正謂此也。」倘又勉強拍盲硬作主去，終有困時。山僧向曾與居士道：「有為心法，不可相依，日久年深，全無利益。」正希亦云：「此語實是！」然則夙具智慧者，豈待山僧贅語耶？持戒禮懺，入道助因，了悟自心，方為極則，聞居士熟讀《楞嚴》，直指人心，見性成佛，亦無出此經者，惟人自肯，乃方親耳。

——《宗寶道獨禪師語錄・卷五》。《卍續藏》第七十二冊頁 762 下。

## *27* 清 · 來雲大師

清·來雲大師，即劍州 南峰 無量寺 來雲 淨現禪師。越之蕭山 汪氏子，常夢「入五百僧數」，遂有出塵志。一日禮恒照師得度，照師以《首楞嚴經》授師熟讀，師信受無怠。

一日雲師上堂曰：「蛙聲叫落中天月，蚯語呼回陌柳風，識得個中無固必，誰云時節不相同」。

復上堂曰：「春風解凍，東君運無功之用，萬象開顏，草縷結心印之文，古人道，深山中亦有佛法，你看飛底是雲，流底是水，笑底是花，啼底是鳥，畢竟如何是佛法？」師一日示寂，塔全身于寺右（石雨 方嗣）。

　　——《五燈全書·卷一〇九》。《卍續藏》第八十二冊頁 677 中。

## *28* 清 · 道喆大師

（？—1841）。清·道喆大師，楓涇（浙江 嘉善東）陳氏。出家後，住持嘉興 福善庵。一日漂榆大賈持千金來供，乞師誦《楞嚴》百卷，藉以鎮壓海舶風濤。師卻其千金不收，而誦經如數。寂後觀察陳大溶勒石為記。參見光緒《嘉興府志》六二。

　　——震華法師遺稿《中國佛教人名大辭典》頁 821。

《楞嚴經·卷六》云：
　　佛出「娑婆界」，「此方」(娑婆世界此方)真教體(真實真正教化的體系)，
　　清淨在「音聞」(聲音聽聞的清淨法門)。欲取「三摩提」，實以「聞」中入。

# 29 清‧萬仞大師

　　清‧萬仞大師，即南嶽 荊紫 峰 萬仞 淨壁禪師。俗為楚 湘鄉 譚氏子。師一出胎即有異跡，八歲失怙恃，十五歲出家，讀《楞嚴》少有發明。年十七參荊紫 幻深聆玄誨，即掩關，屏去牀榻。每夜昏散，師則「立」至達旦，如斯須間，偶如震雷，從頂顙劈下相似，「疑情」由此冰釋，遂「破關」圓具。明‧崇禎庚辰，師參弁山 雪于百丈，充園頭，一日茶次。

　　雪問：「如何是園房下事？」
　　師曰：「清明下種。」
　　雪曰：「佛法不是者箇道理。」
　　師曰：「二年一春。」
　　雪曰：「汝是法師家子孫，未離聲色在。」
　　師拈棗子曰：「者箇喚作色得麼？」
　　雪曰：「不喚作色，喚作甚麼？」
　　師曰：「青州有。」
　　雪笑曰：「此子甚堪雕琢。」
　　越明年，雪師付授之。

　　或人問：「如何是西來大意？」
　　師曰：「大旗峰頂當軒立。」

　　師賦性純潔，自百丈受法以後，屢欲崖居澗飲，不意鼎革之際。荊紫莖茆灰燼，師委身住持，叢林復其舊觀。清‧順治壬辰春正月，師染痘疹，至二月初二集眾，援筆書偈而逝，春秋三十六，塔于本山龍岡之左埠（瑞白 雪嗣）。
　　　　——《五燈全書‧卷一一四》。《卍續藏》第八十二冊頁694中。

# *30* 清·超徑大師

　　（1619—1678）。清·超徑大師，即廬陵 龍須 開一 徑禪師。浙江 烏程 朱氏子，幼失怙恃，隨祖父受經，日記數千言，弱冠能屬文。忽厭世相，白祖父，至吳門 靈瑞，禮融印師剃落，印師令讀《楞嚴》、《法華》，過目解義，恍悟夙因。乃辭印師，參焦山 乘，乘師一見器之，勉示「庭前柏樹子」話，疑情日發，既而到廬山，值天界 盛師開法圓通，便求進堂，提撕極切。

　　至第五日，徑師進方丈，跪問盛師：「弟子做工夫，請和尚示個入處？」適版鳴，盛曰：「版嚮了，喫粥去！」師起，擬出，未跨門，心中忽然踴躍，如輥出一輪紅日，便連禮數拜。盛曰：「我有甚指示？」師曰：「和尚老婆心切。」盛微笑，打一如意，從此徑師徧歷諸方。

　　　問：「如何是奪人不奪境？」
　　　師曰：「你是個死漢。」
　　　　　「如何是奪境不奪人？」
　　　師曰：「拂卻眼裏塵。」
　　　　　「如何是人境兩俱奪？」
　　　師便打。
　　　　　「如何是人境俱不奪？」
　　　師曰：「禮拜了退」。

　　徑師于清·康熙戊午秋季示微疾，動靜如常。至十月初二日，索浴剃髮更衣，命侍者進紙筆，書遺言與偈，一一詳切，擲筆而逝。世壽六十，僧臘四十，塔于本山之麓（眉庵 秀嗣）。
　　　　　——《五燈全書·卷九十三》。《卍續藏》第八十二冊頁 517 中。
　　　　　——震華法師遺稿《中國佛教人名大辭典》頁 699。

# *31* 清‧翼雲大師

清‧翼雲大師，即翼雲 鵬禪師。蜀西 漢安 馮氏子，母預夢「一僧」入舍，覺而有娠，及誕之。後齠齡間，父攜上般若，見佛像儼然，即願出家，父母不聽。又二載，師不樂俗務，父送往禮不 虛禪師薙髮，讀《楞嚴咒》，恍如舊識，將日課經典讀畢，送入學館三年，頗通儒。十九歲，上 昭覺 丈 師翁處圓具。

> 雲師出問：「如何是第一義？」
> 昭覺云：「鐘鼓分明。」
> 進云：「恁麼則金聲振出千松碧，祖庭春動起潛龍。」
> 昭覺云：「頂門上再亞一隻。」
> 昭覺當晚小參云：「諸佛說不著，祖師提不起，于中有一物，
> 　　　　　　　　無頭亦無尾，且道是甚麼物？吽！」
> 雲師答云：「一聲天際外，非將物可比。」

一日覺示眾，舉「庵溪水聲公案」考工，雲師仍頌：「千里迢迢忙未歇，溪聲聞舉心中瞥，猛然觸碎從前底，無奈家貧遇劫賊。」覺首肯之，遂書偈而荊焉，壬申春出峽徧參。

—《錦江禪燈‧卷十五》。《卍續藏》第八十五冊頁 196 上。

《楞嚴經‧卷六》云：

**今此娑婆國，「聲論」**（聲音的理論）**得宣明**（宣揚顯明）**。**
**眾生迷「本聞」**（本覺的聞性）**，「循聲」**（依循聲塵）**故流轉，**
**阿難從**（縱然）**強記，不免落「邪思」，**
**豈非隨**（追隨聲音）**所淪**（淪溺）**，「旋流」**（旋返回不生不滅之真性，入於能聞之自性之流）**獲無妄？**

## 32 清‧今沼大師

　　清‧今沼大師，字鐵機。俗名暐，字子昭。番禺（今屬廣東）曾氏。明諸生，明亡後子身漂寓，晚讀《楞嚴》，入雷峰閉關。後與石鑒同日受戒於天然 函昰。居東官芥庵。師善「行楷」，詩長於古，尤工駢麗之辭。有集行世。參見《海雲禪藻》。

——震華法師遺稿《中國佛教人名大辭典》頁94。

《楞嚴經‧卷五》云：
**若眾生「心」，憶佛念佛，現前**（今生；定中；夢中）**當來**（報終身壞）**，必定見佛。**

## 33 清‧續昌大師

　　清‧續昌大師，字永參。閩湖（浙江 嘉興）計氏。幼依見性於精嚴寺，參究釋典。母歿，哀毀逾常，日誦《楞嚴》懺悔。逾年寂。參見光緒《嘉興府志》六二。

——震華法師遺稿《中國佛教人名大辭典》頁1140。

《楞嚴經‧卷六》云：
**「迷妄」有虛空，依「空」**（虛空）**立世界，**
**想澄**（澄讀作「鄧」作「沉殿」解➜妄想沉殿）**成「國土」**（無情國土）**，**
**「知覺」**（妄知妄覺）**乃「眾生」**（有情眾生）**。**

## 34 清‧續法大師

　　（1641—1728）。清‧續法大師，一名成法，字伯亭，別號灌頂。仁和（浙江 杭州）沈氏。九歲禮杭城慈雲 祖源為師，年十六薙

染，十九圓戒。一日腹生一癰，跽大士前，諷《楞嚴咒》求之，未逾三晝夜，變毒為瘡而愈，三壇戒法，得以圓就。

年廿，參先師乳峰 德水 源和尚，於城山聽《楞嚴》。夙慧頓發，洞徹微旨。年廿二，研究賢家諸祖教部，內衡法師聽《楞伽》。年廿六春夏，上竺聽老師《楞嚴》，石公和尚聽《華嚴》懸談。

年廿七，因加「如意陀羅尼」百八徧於《楞嚴咒》後，晨夕病冗無間。迫誕辰，忽夢僧曰：「宜持釋迦、藥師、彌陀三佛名於《楞嚴》前，加『藥師、往生』二神咒於『如意』後，可免三十三歲之災」。

此後早晚課之不缺，更自號為灌頂，憶昔先師熟誦本文之囑，又將《楞嚴》、《法華》、《圓覺》、《梵網》、《金剛》、《藥師》、《華嚴》諸品、《四分律》、《起信論》、《唯識頌》、《法界觀》，一日五葉，細細記背，三晝一轉，練為常行。

年三十一，集諸學徒，講《楞嚴》三轉，時景淳和尚，來寺聞之……慧業彌高峻，芳聲更遠聞，流泓傳乳寶，雨密蘊慈雲，行見談經處，天花向座紛，外又撰《楞伽記》三十八卷。年三十四，撰《楞伽圓談》十卷。年三十五，講《楞伽引》，并五教儀。己未三十九歲，就於本寺慈雲，開為叢林，設無遮會，秋演《楞嚴》。年四十三，春講《楞嚴》，夏疏《觀經》二卷，冬解《金剛》四卷。

師遍研諸經，融會眾說，不拘泥一端。後每講說，四眾雲集，盛極一時。歷主慈雲、崇壽、上天竺諸剎。清・雍正六年示寂，世壽八十八。傳法弟子廿餘人，培豐、慈裔、正中、天懷四師最為著名。撰有《華嚴別行經圓談疏鈔記》、《楞嚴經序釋圓談疏》、《賢首五教儀》、《五教儀科註》、《五教儀開蒙》、《五祖略記》等共六百餘卷。參見《華嚴佛祖傳》、《五教儀開蒙增註》卷首圖序、《浙江通志》一九八。

　　　　　　　　——《伯亭大師傳記總帙》。《卍續藏》第八十八冊頁 393。

　　　　　　　　　——震華法師遺稿《中國佛教人名大辭典》頁 1140。

## 35 清·大咸大師

　　清·大咸大師，即東山 大咸 本咸禪師，長安(陝西 西安)任氏。幼閱《楞嚴》，年廿五，禮羊山 總持薙染。歷謁龍池 通微、古南 通門等，於天童 道忞座下得法。住金陵 東山 翼善寺。參見《新續高僧傳四集》九。

　　　　　　　　——震華法師遺稿《中國佛教人名大辭典》頁 25。

　　　　　　——《五燈全書·卷七十四》。《卍續藏》第八十二冊頁 370 上。

《楞嚴經·卷十》云：

　　**汝等存心秉**(秉持)**如來道，將此法門於我滅後傳示「末世」，普令眾生覺了**(覺悟明了)**斯義。無令「見魔」**(顛倒分別的邪見之魔。心魔指前六識。見魔指前七識)**自作沉孽**(自造作沉重罪孽)，

　　**保綏**(保護撫綏)**哀救**(哀愍救助行者)，**消息**(消除息滅)**邪緣**(邪見之緣)。

　　**令其身心入佛知見，從始成就，不遭歧路。**

## 36 清·明智大師

　　清·明智大師，字息為。江陵(湖北 荊州)李氏。幼於觀音寺薙染。年廿，從天皇寺 蓮月受具。枕石、大博為時禪德，相繼涖寺說法，乘機參請，頗獲進益。一日聞童子誦《心經》恍然契悟。因謁天鐘師，承印可。

　　清·康熙四十二年（1703 年），聞法沙市 東山。嘗一字一叩，跪誦《法華》、《華嚴》、《楞嚴》諸經十餘年。有《語錄》三卷。參見《新續高僧傳四集》二二。

——震華法師遺稿《中國佛教人名大辭典》頁367。

## 37 清・常柝大師

釋常柝，字五空，姓劉氏，衡陽人，衡州 西禪寺僧。賦性誠愨，本分自持，取予之嚴，甚於一介衡俗，八月男女相率朝嶽，三五七步手持香炷，拜於道左，勸孝歌詞高唱入雲。響應山谷，遠近化之。柝於光緒七年，欲報劬勞，積誠三載，遇果月師贈以《法寶壇經》、《佛祖心要》，及淨土文，讀之敬喜交并。乃詣羅漢寺求靜田開示，示以念佛法門，拳拳服膺。十四年始受具於南嶽 祝聖。精進毘尼，兼窮性相。嘗取藏中諸祖語錄切近日用者，節其大要，編入課本以為規式。行住坐臥字字指心，句句是佛，清晨合掌名佛千聲，迄於昏暮精神罔懈。或禮淨土懺，或誦「楞嚴咒」，迴向三歸，數十年中無或稍間。

庚申秋，北至燕都，居法源寺，主僧道階舊與同參，仰其清操，付以管鑰。勤勞三載，舉千日水陸，開無遮大會，功果圓成，更弘戒法，新徒四百，聚食萬指。庶務殷繁，而柝以積勌示羔。至壬戌正月四日說偈別眾，偈曰：「本來無有種，無種亦無生，不出亦不入，當生生不生；本來無有念，無念亦無生，不變亦不動，當念念不生。」又曰：「念本無念，彌陀全見；圓圓明明，不動不變。」闍維舍利瑩然，大者如豆，小者如粟，將歸塔衡陽云。
——《新續高僧傳・卷四十八》。《佛教藏》第一六一冊頁 750—752。

## 38 清・顯文大師

釋顯文，字魁印，姓楊氏，易人也，金陵 毗盧寺僧。幼有慈性，與群兒嬉戲，見草蟲躍躍，相誡勿傷。父知其有自，年十一送之永陽 高明寺投覺實祝髮，弱冠得戒於西域山 慈霞。自是識深力

果，每念出家，將求聞道，何敢自逸？迤遊溫陽 紅螺山，晝夜精勤，誦《楞嚴》、《法華》諸經，研窮六載，洞悉奧旨。然自以為囿於一隅，尤聞憾寡，欲徧名山以廓知識。遂造九華 翠峰，日趨講座，頓悟性海，受持《華嚴・如來出現品》。遊江乘赤山，依法忍參向上一宗，偶逢石子擊足，忽驚呼有省。由是深窺堂奧，結習盡除。

壬寅春結茅廬山，旦暮勤修脇不著席，幾出死生。劉觀察思訓耳其道譽，請主金陵 毘廬，斯時新學方行倡毀偶像，多假僧堂改為校舍，毘廬殿宇，蚤已佔去，神像遷移，蒙諸污穢。顯文至此，怒焉傷之，思所以救護，未得其端。會江南官吏公讌至寺，或詢法要或契禪機，顯文為具道學徒鴟張，佛地弗寧，慘雨淒風，目不忍睹，非賴大德莫由保持。諸公皆為動容，合詞以請制府魏公光燾，竟如其議，別建學堂。寺復舊觀，佛龕神貌更極尊嚴，群侶慶幸，歎其遭逢。而顯文但感善緣，愧無酬答，唯是大闡宗風，春夏演講，秋冬勤參，發明心地。時或弘戒一期，食眾數百人，而寺無蓋藏，前後制府若周公馥端公方皆分鹽餘助之，故無竭乏。

宣統初元臘將終，示微疾，與天台諦閑論慧命當體無生，俄而復曰：「色相雖圓，闡揚華嚴，心猶未已。」因問後事如何？乃曰：「心顯身中主，意隱兩家賓，火後一堆骨，且休認為真。」即說偈曰：「參透人間世事禪，半如雲影半如煙，有時得遇東風便，直向山頭駕鐵船。」言訖而寂。年五十有二。有法語一卷，弟子清池為之記錄，且刊行焉。

——《新續高僧傳・卷三十五》。《佛教藏》第一六一冊頁 579—581。

# 39 清·覺海大師

釋覺海，字慧寬，姓郭氏，臨清人也，燕京 潭柘 岫雲寺僧。

生而歧嶷，賦性聰穎。髫年多病，瘦骨嶙嶙，因甘澹泊，不茹辛腥。稍長，銳志讀書，而厭絕塵囂，超然有軼俗之致。父母知有夙緣，不以世務督責，送之大佛寺禮闊然禪師祝髮。研心經咒，深求佛旨，謹身清淨。年二十一，始發足游參，徧歷名勝，因詣京西潭柘山岫雲寺，稟尸羅於心純。

同治癸卯，授書記，更誦《法華》、《楞嚴》、《維摩》、《報恩》諸經，旁及三壇儀範。歷教授闍黎，訓誡後學悉中規矩。復思禪宗教義奧恉弘深，不得良師未易窺測，負笈京師賢良寺，任以維那，益加精進。未幾，慈雲眷念召之還山，證果倍蓰。光緒戊子年，傳授衣鉢，繼席領眾，宏濟之懷孜孜不倦，傳戒十壇，津梁益遠，深味古德語。重修天王、觀音、龍王、藥師諸殿，及廳堂、朝房、靜室、石路、龍潭塔院。餘力復及下院翊教寺後閣，輪奐並美，金碧交映。晚歲，見阜城門外海潮觀音庵，年久荒廢，頹垣破宇，惄焉傷之，發願興起。傾囊萬金，鳩工庀材，傑然崇構，光彩一新，皆覺海之功歷歷可徵者。

宣統三年秋冬之交示微恙，乃傳席覺正，養疴靜室。一日誡眾曰：「道在心，不在事；法由己，非由人。當勉力以達神用。」人以為解脫之詞也。明年春二月疾甚，念佛西去。世壽七十，僧臘五十。弟子建窣堵波於山之南塔崖下。

  ——《新續高僧傳・卷五十九》。《佛教藏》第一六一冊頁 908—909。

# 40 清・日照大師

釋日照，字信林，姓孫氏，維揚 福緣寺僧。生而穎異，託迹桑門。年十二，依福善庵 谷山薙染，內外經典銳志研求。光緒二十年，受具於金陵 寶華 浩淨，律學精勤，威儀無忒。旋於焦山講筵諦聽真義，金山宗匠參叩玄旨，由是教觀雙明，禪心獨印。復聞

通智法師講《楞嚴》於淮揚 萬壽寺，徑往相依。止息十年，忽生醒悟，刺指書《華嚴經》八十卷、《法華經》七卷，血痕猶在，悲願益深。更禮阿育王 釋迦舍利，然指兩度，信心澄澄了無慟苦。嘗慨念祖庭棟屋頹敗，力任修建，煥然改觀。尋徇眾請主席揚州 福緣，八載辛勤，重造山門、河堤、禪堂、經樓、淨室、廊廡七十餘間，將次落成。忽遇狂飆，樓閣傾覆，忿不欲生，赴水幾沒，以救得甦。復感檀助劬勞三載，卒復舊模。

以辛酉九月三日示寂。春秋四十有八，僧臘三十有六。照戒行森嚴生平無倦，《楞嚴》十卷晨夕諷誦，寒暑罔間，於禪教蓮宗皆得其奧。念佛利生望人甚深，開導法化如瓶瀉水，傾心造福財不私蓄，尤為僧所難云。

——《新續高僧傳·卷五十九》。《佛教藏》第一六一冊頁 909—910。

# 41 清 · 性瑩大師

（1628—1706）。清初僧，屬日本黃檗宗，福建 興化府 莆田人。俗姓陳，字獨湛，其家世代業儒，而師英敏卓絕，念誦《般若心經》，日日不輟，人稱「和尚子」。常感世事無常而惶惶不安，母喪後，乃投積雲寺出家。常讀《法華》、《楞嚴》、《高峰語錄》、《雲棲》之諸書，始知曉坐禪之要。師治律精嚴，並修淨土法門，日誦《阿彌陀經》四十八徧，恆持佛號不息。

元祿五年（1692）退隱，寶永三年示寂，世壽七十九。著有《語錄》三十卷、《扶桑寄歸往生傳》二卷、《當麻曼陀羅緣起》、《稱讚淨土詠贊》、《授手堂淨土詩》、《作福念佛圖說》等。（《續日本高僧傳·卷五》，《隨聞往生傳·卷二》、《黃檗譜略》）。

——《佛光大辭典》頁 3240。

# 42 清・悟開大師

　　（？—1830）。悟開字豁然，號水雲道人，姓張，蘇州 木瀆人。幼孤，讀書聰慧，喜經史根柢之學，而淡於功名，家貧棄儒為賈。一日，見僧背負警策生死文句，市中行魚，勸人念佛，即猛省，遂受三歸五戒。已而辭親，禮祥峰 文公脫白，旋秉具於高旻 如鑑和尚，留住過夏結冬，窮參力究，若不得入。一日偶觸踢破鐵鞋無覓處，得來全不費工夫語，本參一句，廓然頓現。復閱古德諸淆訛公案皆據實供通，旋開法於荊南 顯親寺，未幾引退，歷居雲間、練川、支硎等處，皆水邊林下。有所修建，檀施不足，即白罄其缽囊，不住，則包裹以行，無貪戀心也。後歸住靈巖之寶藏，庵所至白衣向化尤夥，一以淨土指歸，著有《念佛百問》，開示後學，自題偈曰：「我以大悲心，闡揚念佛法，仰祈三寶尊，慈悲加護我，假此螢火光，化作智慧燈，照耀於世間，引之深入佛，念佛願往生，還來度含識，西方不退轉，直至成菩提。」

　　道光十年，入夏疾作，寄書遠道諸友，諄諄以生死事大為勖，且有秋盡當西歸之語，常住事宜，以次了畢，絕藥食。九月二十日，陵晨，向西趺坐，合掌誦「楞嚴咒」竟，接佛號、觀音號，良久聲微，奄然而化。恰在立冬前二日，次日入龕頂相猶溫，送者數百人，咸讚歎焉。（詳於《染香續集》、《念佛百問》）。
　　——《淨土聖賢錄續編・卷一》。《卍續藏》第一三五冊頁402上—下。

　　**按**：筆者以為悟開大師乃臨終誦《楞嚴咒》，再接誦佛號、觀音聖號之第一人。

# 43 清・源通大師

　　釋源通，湖南人，峨嵋 臥雲庵僧。年二十，學道峨嵋山絕頂

臥雲庵中。居恒唯一蒲團，寒暑不易，蓋三十餘年，研閱釋典，《華嚴》、《楞嚴》諸經尤熟讀默識，了然心目，隨舉扣之，卷數篇第指說無誤。山中衲子多其徒黨，道風所扇，歸依者眾。年八十八，無疾而化。

──《新續高僧傳‧卷六十五》。《佛教藏》第一六一冊頁 985。

## 44 清‧了塵大師

清了塵大師，湖北人。同治中朝禮四大名山，最後至南海 普陀山，投洪筏禪院，乞司香燈事，時萬法上人主院事。許之，除清潔佛殿外，暇即拜經持佛號。居三年，聞山後有院屬寶山茅篷，適無人住，即乞居之。禮《華嚴》、《楞嚴》等經，誦佛名不輟，持過午不食齋，不倒單，二十餘年如一日。光緒二十五年十月中，搭衣至常住及前後各寺，一一告假，謂將歸，返篷即趺坐而逝。年七十二。（詳見《佛學半月刊》第 101 期）。

──《淨土聖賢錄四編‧卷上》頁 13。

## 45 清‧本蓮大師

本蓮，字理明，秦郵人，高郵 觀音菴尼。俗姓管，幼茹素，依小教場 觀音菴 緒修上人出家。及長受戒於乾明寺，歸則佐師裏理菴務。性甚慈和，善忍辱，強憐兇惡，多受其感化。每日作務之餘，密持「大悲咒」、「楞嚴咒心」、「彌陀」聖號，以為恆課，緒修極愛重之。時宛平 紅螺山 瑞安法師，為州牧 魏默深所信敬，促錫來郵，創建永清蓮社，修於六齋課畢，即入方丈問道，或移晷而後出，輕薄者造蜚語，謂與瑞公有染。

修無以自明，對佛立誓曰：「我坐脫必以六月，露尸五日，必不腐臭。若不然者，我即有玷清規，非佛弟子。」後果於盛夏圓寂，

坐尸五日，面目如生，酷暑蒸騰，毫無穢氣。五日中，瞻仰膜拜者，恆數百人，無不嗟歎驚異，前疑盡釋。蓮自師寂後，益勵苦行，精進無間，省節餘貲，購室西屠肆，建佛堂七間，從此不聞半夜悲聲。蓮嘗在佛前發願，弟子逝後，願幻軀不腐，留勸後學。

　　光緒八年八月二十日示寂，其徒奉龕三載，循例荼毘，舉火一晝夜龕頂未焦，起視則端坐如生，遐邇爭瞻，靡不敬異。爰擬裝金，以留聖蹟，時楚南 陳清泰督水師駐秦，輸金倡首。州人丁逢辰襄蕆是舉。工既竣，飾以木冠，城東有管嫗，素與蓮善，夢蓮苦冠壓首，乞易去。巫詣驗果然，遂訂冬則紙冠，夏則科首。淮山 孫硯齋撰碑誌之。

　　——《續比丘尼傳・卷五》。《佛教藏》第一六一冊頁 1115—1116。

# 46 清・鄂爾泰居士

　　（1680—1745）。清・鄂爾泰居士，字毅庵，號坦然。滿洲 鑲藍旗 西林覺 羅氏。康熙舉人。授侍衛。雍正時，屢官三省總督。喜讀《楞嚴》、《楞伽》諸經，會歸「無言」。有《禪課截句問答偶錄》等作，世宗編入《當今法會》，另有《西林遺稿》著作，卒諡文端。參見《清史稿》二八八。

　　——震華法師遺稿《中國佛教人名大辭典》頁 646。

《楞嚴經・卷五》云：
　　我即「**心開**」(眞心開悟)，見「**身微塵**」(自身體質之極微分子)與「**造世界所有微塵**」；**等無差別**(自身微塵與世界微塵無二無別，皆緣起無自性，亦隨眾生緣而顯現)，**微塵**(內外微塵)、**自性**(眞心自性)**不相觸摩**(兩者不即不離，色、心不二)。

# 47 民國・慧定大師

　　民國・慧定大師，俗名劉宗沛，乃四川 威遠縣人，廩生出身，自日本留學歸國後，初在北京任職，民國肇建（1912 年）後返回四川，歷任夔關坐辦、四川財政廳科長等職。時夔關監督朱芾煌，適自京師歸，勸宗沛皈佛，而成都 少城公園有佛學社之設置，舊友程芝軒、龔緝熙等均往聽講，這時宗沛外傷國政，內感川禍，回念初心，徒呼負負。遂發心長齋奉佛，日持聖號十萬為常課。

　　後日與程芝軒、龔緝熙等，以弘揚佛法為己任，凡遇刻經、放生善舉，恒隨喜捐資。民國十一年（1922 年），宗沛辭職回鄉，就祖遺老屋中辟靜室三楹，以誦《楞嚴經》為日課。民國十二年（1923年），乃依藏僧降巴喇嘛出家，法名慧定。爾後，他「舍產」改為彌陀道場，度女及戚屬四十人出家，遐邇從化，長齋持名者數百人。

—百度百科資料

# 48 民國・智性大師

　　民國智性大師，號聖靜。俗姓葉，臺灣 臺北人。年廿，禮福建 鼓山 振光和尚出家。年廿一，依古月和尚受「具戒」。後參訪諸山長老，足跡遍歷大陸各省及南洋等地。1928 年歸臺後修建關渡慈航寺，興辦臺中佛學院，培育僧才，常以「誠」、「習」、「專」三字勉眾，並擔任臺灣省佛教分會第二屆理事長。師禪淨雙修，終日念佛不懈，嘗開示：

　　「念佛可以增進智慧，如果沒有智慧，那人是多麼可憐；而且專心的念佛可以去妄想，增加無上的快樂。」

　　師日必誦《法華》、《楞嚴》，於此二經極具匠心。夜十一時方就寢，晨二時必起身，禮《大悲懺》，誦《地藏經》畢；再親自領眾，早晚二課，按時禮拜，不稍粗率，偶間缺亦必於次日補齊。佈

施放生，毫不遜人，嘗出資購烏龜數千隻放生。性師精通醫道，尤以治「癲狂病」聞名，己身甚少用藥，多採己加持之「唵嘛呢叭咪吽」濟人，靈驗異常。

1961 年病危，眾徒以老人將示寂，老人答：「大眾安心，吾至八十才走！」1964 年農曆四月廿九日，鐘鳴五響，老人高聲念佛數聲後，安詳示寂。異香滿室，頂尚溫暖。世壽八十有一，戒臘六十。茶毗獲五彩舍利數百。

——《僧寶之光》頁 91——100。臺中《慈明雜誌》34、35、36 期。

# 49 民國‧圓信大師

（1897——1976）。民國‧圓信比丘尼，俗姓汪，蘇州人。適曹某，生一女，成年病歿。因悟人世無常，遂出家。住蘇州 小倉口楞嚴庵。常持誦《楞嚴經》，念佛不輟。道心堅固，數十年如一日。

1976 年秋，身感不適，即臥床不起。病危時，有道友對信說：「往生西方，最關重要。」信師含笑點首，合掌稱謝。農曆八月廿九日下午八時，正念分明，安詳而逝。面貌如生，紅潤光澤。世壽七十有九。

——《近代往生隨聞錄》頁 48——49。

# 50 民國‧印心大師

印心，劉仲華居士之胞姊，某縣圓覺菴尼。年十七，適費觀察之次子，越三載，生女慧修。是歲冬，夫病逝，乃嗣幼姪為子，守節撫孤，其翁姑以心母女剋父為不祥，皆深疾視，姒娌小姑，復從而欺凌之。心含辛茹苦，忍受無怨言。及嗣子長成，竟不肖，媳尤悍，心稍加訓斥，即怒目反唇。乃歎曰：「有子若是，不如無子，

予本無子，而必以人子為子，本自尋煩惱。」既心冷望絕，癡夢頓覺，遂毅然攜女慧修，婢福修，同投圓覺菴披薙出家，求懺悔了生死，迨其家屬知之，則母女主婢三人，已俱現尼相，時心年三十五。

明春受具戒，即發願閉關，究閱《法華》、《楞嚴》、《圓覺》諸經。圓滿後，率慧、福二師，歷朝四大名山，旋遊杭，禮雲棲蓮池大師塔，歸後始日誦淨土諸經，晝夜念佛，專志淨土。心嘗定製菴規，凡願入菴修行者，必須遵佛制如法剃度，並規定早晚課誦外，每日必齊集念佛三次，每次兩炷香，每年打佛七四次，在七期中念佛，日以十四炷香為度。心善化度接引弟子，凡數十人，自課日以《彌陀經》七卷，「往生咒」二百十徧，佛號萬聲為定則。數十年中，雖病時亦不稍減，日中有事，則於深夜補足之，五十後，年必禁足三次，每次七日，於此期中日食一餐，不倒單，不放參，日夜禮拜作觀，加行修持，求生淨土。而以功德回向眾生。願一切俱得度脫。

民國二十四年正月示寂，福修以粥進，心微搖首，仍默念佛號，至晚十時半，口不動而面仍含笑，慧修以手試之，息已止而體仍溫，眾始信心功行之深為不可及，世壽七十六，臘四十一。荼毗時，燄發青蓮，異香四散，遠近見聞者，罔不讚歎欽仰，痛自策勵，有章、賀二女士，且因心生西之奇瑞，而感發大心，亦來菴投慧修出家焉！
——《續比丘尼傳‧卷六》。《佛教藏》第一六一冊頁 1136—1139。

# 51 民國‧能禪大師

能禪大師，浙江 黃巖人。早歲出家，弱冠受具，學秉天台，行歸淨土。嘗親式海於東湖，侍諦閑於甬邑，上海 世界佛教居士林之初創。應聘為導師，駐林主講者三年，滬上居士之聞法，皆由師啟之。十四年，應海鹽官紳之請，住持福業寺，整頓僧規，道風一振，師專以弘法為務，不遑暇息，和光靄洽，人喜親近。教人必

諄諄以戒殺放生，茹素念佛為勸，經筵之下，秉受皈戒者，動以百計，沾其化者甚多。

二十九年春，赴松講「大勢至念佛圓通章」，受堅請為張澤 種福寺住持。忽示疾，九月終，寓修啓庵，而病不起。施靜藏居士往問疾，預知時至，託付後事。含笑吉祥而逝，慈容逾生。（詳見《佛學半月刊》第 221 期）。

——《淨土聖賢錄四編·卷上》頁 42—43。

## *52* 民國·智筏大師

智筏大師，名慶慧，江蘇 鹽城 胡氏子，以耕為業。一日聞淨土，虔信不疑，遂皈依三寶，得入佛門。研誦內典，執持佛號，精進不懈，開蓮社於里閭，提倡佛化。至七十歲，忽恍然大悟，決心離塵，受剃度於安徽 懷遠 兜率庵之月槎老宿，受具足戒於寧波 天童寺。廿十八年己卯，慕靈巖道風，以年老恐難隨眾，擬通融其課業，以示優崇。竟堅請隨班，日常功課，不讓他人。且深知來日無多，子夜興起，勤修淨業，每日私課誦《金剛經》三卷、《楞嚴咒》三遍、《普門品》一卷，彌陀聖號萬聲，再修常課，數年如一日。卅一年五月廿一日，自知時至，是夜子時，安詳西逝於助念聲中。右手結印，左手直伸如接引佛，口尚作念佛狀。（見《弘化月刊》第15 期）。

——《淨土聖賢錄四編·卷上》頁 48—49。

## *53* 民國·賀國昌居士

民國賀國昌，字蓁生，江西 萍鄉人。祖父作宰，皆以廉潔稱。國昌，以知縣數遷，至江西民政長，政績詳國史本傳。民國二年秋，以預討袁事，遂避地湖南 南嶽某寺，改字衡樵，日持「準提」、「楞

嚴」諸咒。四年春,得有力者為謀道地,其夏又苦邑令誣侮,乃詣京自白,獄以解,有羅傑居士與國昌,皆難後相覿,樂與往還,輒見其茹蔬修禪,怡然自得。一日于定中,聞有人呼為寥空子,有句云:寥空識得來生路,又作人寰二次看,用是專修淨土,日誦《華嚴經》二卷,念佛二萬聲,禮佛百拜,撰持齋,念佛觀心,簡出四箴以自警。

八年春,還里,大旱,禱之即雨,水深數尺,設醮超拔先世,常於空中見諸佛菩薩像。又為南北戰死者設醮,施食時,共見佛身湧起空際,無數鬼魂作禮向西而逝,返京瀕行,示不復歸。戒家人于示寂後,弗殺生致祭。既至京,示疾,眾請延醫,卻之曰:「余心甚安適,生死殊了了,焉用藥?」念佛拜佛如平時,自是開目閉目。嘗云:「見佛菩薩現廣大身,彌滿空際,散則無量。」已而病銳減,念佛益勤,眷屬環立,循視一度,吉祥而逝。其初發菩提心也,見蓮華滿空,華各乘人,一惟虛一朵。

國昌問故,旁一人曰:「留待君乘者也。」甫返京其女公子瀠,則夢其乘蓮西邁,國昌雖白衣,持戒特嚴,將示寂時,其弟子彭憲等請訓,告之曰:「吾人夙業深重,欲斷生死根株,求生淨土,發願要真,懺悔要切,執持戒品,最要精密。若能三業清淨,許汝立見彌陀。」又謂:「戒是無上菩提,萬善之本,正法之根,此是汝大師,身口意三,慎自護持,勿令有犯。」即學佛入處。其兢兢行持如此。(見《近代往生傳》)。

—《淨土聖賢錄·下冊》頁 59—60。

# 54 民國·周明謙居士

民國周明謙,字志遜,周學熙公之第五公子也。幼隨侍津邸,性篤孝,天姿聰穎,博通經史,兼精釋典。年十五,遭大父喪,隆

冬嚴寒，日夜爇香，隨僧侶虔誠誦經，上薦冥福。及葬期，已嬰疾，猶步行烈風中十數里，恭送靈輀，歸即臥病，得異徵，自知不起。逾年，其母挈之入都就醫，聞拈花寺方丈梵行高潔，即皈依，法名顯禦。病榻中猶讀《楞嚴》、《法華》、《華嚴》諸經。及秋，病劇，恐傷父母心，堅請入醫院。越一日，其兄志俊往視，以其兄素不信淨土法門，謂之曰：「修淨土者，決生西方，兄宜諦信，弟已親蒙佛接引矣。」遂合掌，以極高聲，連稱佛號數聲，含笑而逝，其兄驚異，生正信心。時民國十一年，七月初八日也。（見《近代往生傳》）。

——《淨土聖賢錄・下冊》頁67—68。

# *55* 民國・童養正居士

民國童養正，字伯薪，法名蓮國，浙江餘姚人。賦性穎慧，才思敏捷，弱冠入邑庠。民國初年，兩次被選為省議員，凡關於地方除弊興利事，屢有建議，必達官廳執行而後已。未幾，積勞成疾，養病歸里，杜門謝客，研究丹訣，欲求長生術。忽一夕夢中有人指讀《楞嚴經》，時佛法未普，遍求始得，力疾誦竟，恍如夢覺。又得「決定生西」日課，讀之，始知淨土法門，圓頓超絕，三根普被，遂廣請淨典，及大乘經論，悉心研讀，益深信因果，悲喜交集，乃歎曰：「人身難得今已得，佛道難聞今已聞，此身不向今生度，更待何生度此身。」從此戒殺放生，茹素念佛，決志求生，更廣勸知己，同發菩提心，修淨業。復創蓮社，為禮敬念佛，研求修持之所。

甲子春，又建阿彌陀佛院，頗具規模。乙丑六月，抱病，勢劇，則招社友日夕輪流助念，或時稍疲倦，即囑社友誦往生正信偈等以提醒之，毫不談及家務世事。病中時以蓮池在前，鑊湯在後，不生佛國，便墮三途，以自勵。雖病苦，而一句阿彌陀佛，未嘗或失。至八月朔日未時，屏去家屬，向社友云：「時已至矣，緊要助念。」即翻身右脅而臥，泊然長逝，呼吸斷後，脣尚微動，及脣不動，猶

聞輕微念佛聲一分餘鐘，時年三十九。(見《近代往生傳》)。

# 56 民國·齊若農居士

民國齊若農居士，名振德，字穉卿，安徽 婺源人。十九歲喪父，事母及兄，孝友備至。清末入泮，民元後歷任鄉董、區董，及小學校長等職。自奉儉約，蔬食布衣，而廣行眾善不少懈。十八年，歸心樂邦，愛讀《龍舒淨土文》及《十大願行》、《擷淨土經論》之警策言句，輯錄成帙。時自省覽，常誦《楞嚴》、《圓覺》、《金剛》諸大乘經，考其音義，至老不衰。清晨禮誦雲棲諸經，日誦誠敬異常。廿年七月，成立翀田 佛光分社，齋期集會，為淨眾講淨土諸經論，多為感動。遊化他村，遠至數十里外，不辭勞瘁。

廿四年四月示疾，每日禮拜念佛無間，入冬瘦益不支。十月廿一至廿七日分社佛七，仍往禮拜如常，念佛不絕。十一月十八日後，臥床不起，仍默持佛號，不肯服藥，日惟飲佛前供水一杯。廿九日分社齋期，請眾到家為念大悲咒及觀音聖號三日，攝耳靜聽，隨眾默念，戒侍病者同聲念佛，眾退聲寂，復語家人，聞佛聲，覺清淨異常，仍續念大悲聖號。

至十二月初三日，即右脅而臥，頻作合掌禮拜狀，有來問候者，但頷之而已。正午，忽起坐床前，兩目上視，其子附耳念佛，求佛接引，遂安然坐逝。面對佛像，兩手結印，如入禪定，異香彌滿，助念至次日子時入殮。身冷頂溫，肢體柔軟，年六十四。(見《佛學半月刊》第 124 期)。

# *57* 民國・鄧含輝居士

鄧含輝居士，名瑛，法名勝曇，四川 仁壽縣人。早游泮水，工書法，以教童蒙為業。初入同善社，久覺無益。廿三年函子竹琴曰：「吾行道十餘年，終無所得，現已七十有三，行將入木，將何以求解脫乎。」子歸為講佛法，導歸安養，遂廣閱佛書，復函子云：「余先以同善社，倡言三教合一，為至高無上之道，及閱佛書後，方知謬說誤人。恨學佛太晚，從今佛誕日起，與汝母在佛前謹受五戒，長齋念佛，以求即生解脫。」並於次年佛誕日，與妻同受皈戒，自修精進，普勸社友，共出迷津，改同善社為佛社。

每日功課《金剛經》一卷、《彌陀經》二卷、《大悲》、《準提》、《藥師》、《楞嚴咒心》等各九遍，持佛名五萬，皆有日記，未嘗一日缺。雖病缺亦補，廿七年十月杪，患咳嗽，至彌陀聖誕已愈。十九日忽氣急汗出，而飲食未減，功課未缺。廿三日即絕食，告妻曰：「吾將去矣。」妻曰：病已愈，雖不食，亦偶然耳。」曰：「吾自知之，非汝所知也。」次日囑妻曰：「吾去後，一切須遵佛制。」廿五日，力疾移坐堂前，面向西，命懸西方圖，然燈焚香，著僧衣帽，囑諸眷屬高聲念佛，有圍繞背像者，囑立兩旁。至次晨子時，似覺疲倦，戴念珠於項，伏坐前橙凳上。寅時，忽舉首，正身直坐，急念佛，俄頃手靜而口猶動，漸氣絕而逝，年七十七。廿六日晚，猶直坐不偏，面紅頂溫，異香撲鼻。（《佛學半月刊》第179期）。評曰：「外道倡言三教合一或五教合一，皆謬說誤人，鄧居士可為殷鑒，望共出迷津，免誤人而自誤也。」

——《淨土聖賢錄四編・卷中》頁153—155。

# *58* 民國・聶雲生居士

聶雲生居士，名傳曾，江西 清江人。幼失怙，受母教養，端

重好學。清光緒甲辰進士，官湖北，兄喪返籍，被選為江西諮議局議員。民國初年，復被選為省議會議員，喜為古文辭，非有關世道大防，不苟作。晚年究心佛典，取《法華》、《楞嚴》、《金剛》、《圓覺》諸大乘經，循環持誦，而歸宿於「淨土五經」。長齋念佛有定課，讀《印光法師文鈔》，恨未親炙，著《思補堂詩文日誌》，多闡明淨宗教義。廿八年夏，屢患泄瀉，竟拒醫藥，篤志西歸。十月病益劇，屢夢佛菩薩示現，自知時至，口授遺囑，延僧侶戚友，率兒孫助念。十一月初一日，氣息漸微，猶金剛念，毫無痛苦，正念分明，一心不亂，捨報安詳，如入禪定。通身柔軟，頂門後冷，顏色悅豫，威儀如生，年七十一。(詳於《印光法師文鈔·續編》頁300)。

——《淨土聖賢錄四編·卷中》頁 159—160。

## 59 民國·唐榮康居士

（1900—1969）。民國·唐榮康居士，法名通樂，江蘇 無錫人，銀匠出身。中年信仰佛法，皈依印光大師。居士除修持淨土法門，恒喜研究教典，經常持誦《楞嚴》、《金剛》諸大乘經。嘗與葉通和等人，於西麒麟巷 染香庵內創設淨土法會，名為圓覺蓮社，每月定期念佛。一切費用，均由唐居士及同道三人負擔。當地如華嚴寺、師子山 法音寺，及妙香蓮院、佛學淨行社等，皆熱心贊助。唐居士生性剛直，沈默寡言。為人辦事，不辭勞苦，精進修持，毫不怠懈。

1969 年 12 月 27，臨終前一日，居士即對妻言：「吾要往生矣！」翌日 28 號，身無疾苦，安詳逝化。世壽六十有九。

——《近代往生隨聞錄》頁 90。

## 60 民國·張嗜仁居士

（1895—1975）。民國‧張嗜仁居士，法名德博，浙江 吳興人。皈依印光大師，常放生念佛，作諸功德。退休收入雖豐，自奉甚薄，每餐一菜，不食兼味。請人書寫大乘經典，則不惜以重資相酬。皈心淨土法門，以深信願，持佛名號。經常持誦《華嚴》、《楞嚴》、《圓覺》諸大乘經。日覽《華嚴》一卷，四十年不輟。

一日見有未曾裝訂之影印《宋磧砂版藏經》散頁十三箱，頁次凌亂，殘缺不全，塵封已久。痛念法寶受損，發心加以整理。缺者補齊，損者修復，裝訂成冊，歷數年始完成。年過八十，猶日誦《印光法師文鈔》，擇其警句，寫成單本施送，勸人念佛。

1975 年 1 月 7 日，張居士略示微疾，不思飲食，當夜見阿彌陀佛現身後，自知不起。8 日，再見阿彌陀佛及觀音、勢至二大士現高大身，喜告子言：「西方境界，就在眼前。」神態安適，朗聲念佛，並命其子助念。9 日晨八時半，正念分明，安詳生西。世壽八十。

——《近代往生隨聞錄》頁 95—96。

《楞嚴經‧卷十》云：
**若諸末世「愚鈍」眾生，未識「禪那」**(dhyāna)**，不知「說法」**(佛所說的五十陰魔之境)**，樂修「三昧」，汝恐**(恐誤入邪魔)**同邪**(同於邪見)**。**
**一心勸令持我「佛頂」**(uṣṇīṣa)**陀羅尼咒，**
**若未能誦，寫於禪堂或帶身上，一切諸魔所不能動。**
**汝當恭欽**(恭敬欽承)**十方如來，究竟修進**(從始至終，究竟修行精進法則)**，**
**最後垂範**(垂留典範)**。**

# *61* 民國‧尤智表居士

（1901—198？）。民國‧尤智表居士，江蘇 蘇州人。廿三歲

時畢業於上海南洋工業專門學校大學部電機科。旋入商務印書館
任編譯員，並從事譯述。後在滬辦無線電速成學校，以所得收入作
為留美學費，入哈佛大學讀無線電學科。回國後於杭州中央航空學
校任教官兼浙江大學教授。此後曾任中央機械學校高級教官，旋調
至交通部訓練所任職。抗戰勝利後曾任湖北省政府專門委員，兼任
開發神農架森林籌備處主任等職。

　　大學畢業後，受叔父尤景溪影響，讀謝蒙的《佛學大綱》、《楞
嚴經》等，始信佛。1926 年在上海 太平寺皈依印光師。旋往覺園
聽太虛師講法相典籍。後謁圓瑛於杭州，聽講《楞嚴》要旨和《金
剛經》，信佛更加虔誠。1948 年返故鄉蘇州，在家中設佛堂，誦經
念佛不輟。1949 年初到上海，謁范古農、陳海量等，並於佛教青
年會作佛學講演，在廣播電臺播講《佛法與科學》。有《一個科學
者研究佛經的報告》、《佛教科學觀》、《佛教是純理智的宗教》等。

　　　　　　　　——震華法師遺稿《中國佛教人名大辭典》頁 35。

# 62 民國·方聖照居士

　　（1881—1942）。民國·方聖照居士，方子藩居士之母，大陸
人。年三十餘，發心學佛。皈依諦閑法師，法名聖照。又皈依印光
大師，法名德裕。待人以仁，不慕紛華。順逆境緣，不動其心。但
思己失，不見人過。凡弘法利生之事，皆盡力贊助，一擲千金，毫
無吝嗇。淨圓寺及放生園，主要皆由居士布施興建。印送經書，周
濟親友，樂之不倦。晚年，維護道場，更為殷切。每日凌晨即起，
精勤課誦。方居士之臥鋪長不過四尺，未能伸足。被亦薄，故和衣
而睡。問其故，答言：「被暖榻寬，當然舒適，但易令人貪睡，不
肯早起。榻小被薄，利於早覺，不致影響課誦。」

　　方居士曾手書《大方廣佛華嚴經》二部，以《法華》、《楞嚴》

各數部。平日以《華嚴》、《法華》、《楞嚴》諸大乘經為常課，餘則念佛不斷。又嘗燃手、燈供佛，所有功德，悉以迴向西方。1942年，罹腹部病淋巴腺瘤。8月初，尚能強起禮佛。9月23日，癌細胞擴及肺部，病勢陡重，禮請興慈法師就病榻開示。居士問：「病逾數月之久，爲何業障如此深重？」慈師言：

「一切有爲法，如夢幻泡影。當觀此身如空。身爲無始以來業障所生，業障由於妄想而起。正念生，妄想滅，業障除。身且不實，病從何來？故當提起正念，憶佛念佛。憶佛以能觀想最佳，或單觀『佛』字。念佛六字好，四字亦好，乃至一字亦好。」

更爲說道：

「昔日金山寺有一僧，習禪定，後膺他寺住持，因此心分道弛。忽病，卻爲境緣所轉，作不得主。有昔年道伴前往視疾，問彼何不將昔日功夫拿出來。此僧經人喚醒，即提起正念，禪定現前，安詳往生。故知臨終正念，最爲緊要。倘不遇善知識，仍恐輪迴六道，眞可怖也。」

翌日，9月23日晨，方居士忽連稱：「觀音菩薩來矣！觀音菩薩來矣！」隨即合掌，厲聲念佛。逾一小時，囑侍疾者扶之坐起，面向西方，安詳西逝。世壽六十有一。

—《近代往生隨聞錄》頁139—140。

《楞嚴經・卷二》云：

**例閻浮提(Jambu-dvīpa)，三千洲中兼四大海，娑婆世界並洎十方，諸有漏國及諸眾生，同是「覺明」**(本覺妙明之心)**無漏妙心，「見、聞、覺、知」虛妄病緣，和合「妄生」，和合「妄死」。**
**若能遠離諸「和合」緣及「不和合」，則復滅除諸生死因。**
**圓滿菩提，不生滅性。清淨「本心」**(本元眞心)**，「本覺」**(本有清淨覺性)

常住。

## 63 民國·黃德春居士

　　(1873—1957)。民國·黃德春居士，大陸人，為吳德溫居士母。天性純孝，行世仁慈。憐苦恤貧，樂善好施。皈依印光大師受五戒。年近五旬，持報恩齋，念《往生咒》三十萬遍。圓滿後，始持長齋。居士雖不識字，經過勤苦學習，《地藏經》、《金剛經》、《普賢行願品》、《楞嚴經》等諸大乘經，俱能持誦。居士經常打佛七，凡遇法會，無不隨喜，平日一心念佛。

　　1957 年夏，某日午後，恍惚間見一大佛，住虛空中，高不見頂。是年深秋，肝膽病發，經醫療後稍轉好。乃謂其女言:「吾年已八十四，縱活百歲，也無甚奇，還是往生見佛好，無需服藥。」從此一心持名。其女因居士年歲已高，欲請道友助念。居士云:「無需勞煩他人，吾自己能念。」

　　1957 年 10 月 5 日，夜十二時，忽氣急目閉，但仍念佛如故。女問:「有無痛苦?」答:「略感氣促，並不難過。」其女跪下擊磬，高聲念佛相助。母對女言:「需念得慢些，要念四字佛，太快跟不上。」念至一、二百聲後，母言:「速速燃香，許多佛菩薩齊降臨矣!」眷屬中或有哭泣者，居士連連搖手曰:「勿泣，念佛要緊!」未幾，含笑西逝。逾三十六小時，面色紅潤，身體柔軟。世壽八十有四。

　　　　　　　　　　　　　　　——《近代往生隨聞錄》頁 142—143。

## 64 民國·徐益修居士

　　(1877—1953)。民國·徐益修居士，原名徐昂，近代著名學者。初字亦軒，易字益修，號逸休，南通人。1898 年以第一名秀

才入庠。後入江陰 南菁書院攻讀，與丁福保等同窗切磋，造詣日進。長期任職於通州師範、女子師範，教授國文、文字學、國文法、日語等課程。

篤學實踐，平生不作妄語，學佛以後，排夕靜坐，誦《楞嚴》、《法華》二大乘經至為純熟。念佛修持，很是至誠懇切。他五十七歲（1933 年）時，在端午節前一星期，生了傷寒症，在病榻上每晚聽到虛空中發出嘹亮的音樂聲和圓妙的唱讚聲，這樣接連六七晚都聽到這樣的聲音，益修先生就同時跟隨著一齊和唱，因此學會了空中所唱的音韻，並囑咐他的弟弟立蓀（南通有名的音樂家）依此製成了一通樂譜。

益修居士廿年前曾因病重而「神遊西方淨土」，復於 1953 年農曆十月初十日在大眾念佛聲中安詳西逝，臨終神志清明，略無痛苦；尤其難能的是在逝世前三十七分鐘還執筆寫了數十個字，內有「十月初一夜，到一廣大佛殿，念佛人很多，已見到觀世音菩薩，殿內清淨莊嚴，光明甚大……」寫的筆劃整齊而有神，毫無衰颯之象。正念往生。益修居士著作主要收在《徐氏全書》（共三十七種，一百二十萬言），包括《楞嚴咒校勘記》一卷（1949 年鉛印）、《普庵釋談章音釋》一卷（1949 年鉛印）

—《萬佛城》225 期‧鄭頌英「課餘隨筆（二十四）」。

# 65 民國‧陳智奇居士

（1892—1974）。民國陳智奇居士，蘇州人。皈依印光法師，法名智奇。後又皈依虛雲和尚，法名寬容。居士夙具善根，幼年即知隨母念佛。中年夫亡，無子女。生活極為清苦，但歡喜助人，不以經濟困難而吝嗇。秉性溫和，遇事能忍。日持《楞嚴咒》、《大悲咒》、《普門品》、《金剛經》，及《彌陀》諸大乘經典，從不間斷。

亦深知生死事大，精進懺悔，一心念佛，誓求往生。

1941 年 3 月 26 日，蓮友送來齋飯，居士言：「來得正好，請汝助吾揩身，換好淨衣。」蓮友見此，心中明白，即勸令念佛。陳居士即言：「無需多言，吾自知時至。」後在佛前焚香而坐，唱云：「垃圾送東方，吾即往西方。」言訖，含笑而逝。世壽八十有二。

——《近代往生隨聞錄》頁 164—165。

## 66 民國・孟幻吾居士

民國孟幻吾居士，名昭潛字明川，江蘇 蕭縣人。幼入泮，考入南京師範，選送東洋留學。回國後，創辦學校，造就甚眾。民國元年，任視學，至瑞雲寺，與冬嶺和尚締交，夜宿寺樓，夢有多數蓮花寶座，放金色光，留偈辭行。遂研究《法華》、《楞嚴》、《維摩》等經，頗有心得，初以《地藏經》、《金剛經》、《大悲咒》為常課，眷屬亦均皈依三寶。後以用心切，辭職專修，慕廬山 慧遠大師道場，暫住蓮花庵，靜坐念佛。嗣返里，襄助縣政，以無緣大慈，平等大悲，溥利眾生，所得薪金，悉辦善舉。尤以提倡佛法，護持三寶為己任。廿三年三月十五日夜，靜坐至寅時，忽含笑跏趺而逝。年六十四。(見《佛學半月刊》第八十一期)。

——《淨土聖賢錄四編・卷中》頁 122—123。

聽　經　篇

# 1 明·性慈大師

　　明·性慈大師，毗陵 潘氏子，生性喜離俗，童時聞月珠法師講《楞嚴》，遂發心出家，禮宇光法師於華山，求剃度，授以淨土法門，專心一志，雅修梵行。喜看老病，心無厭倦，習音聲佛事，後遇滇南僧性玉師，結伴遊南海，誅茅同居十餘載。

　　玉師患病頻年，慈師看侍殷勤，如事父母，略無怠容，玉師竟無恙。詩云：「兄弟鬩於牆。」世有骨肉而仇讎者多矣，況二姓乎，若慈與玉也，驀爾相逢，以道相親一心莫逆。看病十年如一日，慈能盡心力於生前，玉乃感恩義於身後，誠所謂一死一生，乃見交情者耶，予故次序其事，又以啓法門之義，當以「看病」為第一行也。慈師生於癸巳年正月十七日，世壽廿八歲，玉師為滇南 昆明 徐氏子，世業儒，故併記之，乃為銘曰。
　　——《憨山老人夢遊集·卷二十八》。《卍續藏》第七十三冊頁 664 下。

# 2 明·費隱大師

　　明·費隱大師，四十四年丙辰，隱師廿四歲自皖公山過金陵見古潭 禪德師，復又至蕭山，值湛然和尚講《楞嚴》，師與會，隨即受具。復隨湛師赴海鹽 天寧寺講期，散歸顯聖講《法華》、《楞嚴》，師俱與復講。師廿七歲，湛然和尚講《楞嚴》合論，立師為西堂，付大衣命代座，又講《華嚴》于大善寺，亦命代座。

　　師座下詰難辨駁，日夕靡間，湛師對眾稱云：「若不是我似汝者樣，魔頭實難支遣。」是年師著《心經斷輪解》。師廿八歲，龍居慧文法師、蘇州 化城 一雨法師先後講《楞嚴》，師俱與聽。出《心經斷輪解》。
　　——《費隱禪師語錄·卷十四》。《嘉興藏》第二十六冊頁 184 上。

# 3 明・智明大師

（1569—1631）。明・智明大師，字若昧。海陵（江蘇 泰州）毛氏。投東隱庵出家。避居京口 銀山庵聽雪浪講《楞嚴》，隨至金陵。若經若論，皆循序而進。遍走越、燕，訪問禪律，聞見既博，志在韜晦，息影匡廬 古黃巖十年。應請出世，自襄南，經秣陵，間或荊或吳或甌越，說法三十年。寂後得度弟子天童 道良撰行狀。參見《布水臺集》、《宗統編年》、《華嚴佛祖傳》、《賢首宗乘》、《秀峰寺志》、《廬山志》、《通州志》。

————霞華法師遺稿《中國佛教人名大辭典》頁 749。

# 4 明・通雲大師

（1594—1663）。明・通雲大師，「臨濟宗」僧，江蘇人，俗姓徐，字石奇，世稱石奇 通雲禪師。父諱調元，母孫氏，十歲失怙，寄養姊家，因篤疾間，陡現一境如夢，忽醒，曰：「**前途灼然有條大路，何故留滯於此？**」乃辭母，告以出家之志，遂脫白於本州南廣寺。

師學貫內外，嘗刺血書《華嚴經》，遇等慈老宿，令看《高峰語錄》，提究「父母未生前」一著，服膺弗替。因覽江蘇 嘉定 護國寺壁上中峰 明本師所書之偈有感，遂參顯聖寺之湛然 圓澄師，復謁密雲 圓悟師，屢呈所見，然皆為圓悟師所叱，一日入室尚未啟口，圓悟舉棒便打，師遂大徹大悟，頓脫疑滯。崇禎十四年（1641年），師出住於浙江 靈鷲禪寺，大弘法化。後往藤溪聽講《楞嚴》，聞法師舉「千日學慧，不如一日學佛」，憬然曰：「聽教非究竟也。」

師歷住天台 景星巖 淨居禪寺、浙江 雪竇山 資聖寺、普潤禪院、香山禪寺、浙江 永嘉 頭陀山之密印禪寺等。一日師東歸妙高，

未幾疾作，歷數日，命二侍舉時，皆以「子時」對，乃微點首，遂以是時逝。越數日，尚未合龕，顏色如生，瀕舉龕歸四明，忽寺西失火，僧寮俱燼，而龕獨巋然，人共異之。乃於五月十三日抵甬，窆於妙高峰之塔院，溯其生于萬曆甲午二月廿五日，卒于康熙二年正月初十，世壽七十，僧臘四十有五。其嗣法弟子一十二人。著有《雪竇石奇禪師語錄》十五卷。

——《雪竇石奇禪師語錄·卷十五》。《嘉興藏》第二十六冊頁540上。

## 5 明·無盡大師

無盡者，不知何許人。洪武間為虎邱藏主，文誘稱其戒簡冰清，禪誦勤勇，刺血書大乘經，攻苦行澹，備行三寶中事孜孜弗懈，學教觀於古庭，聽《楞嚴》於融室，又從行中究別傳之旨。及示身火聚灰燼，出舍利如粟，其行德之顯驗如此。

——《新續高僧傳·卷十八》。《佛教藏》第一六一冊頁354。

## 6 明·明玉大師

釋明玉，字無瑕，姓劉氏，西蜀龍居人也。燕都慈慧寺僧。居常以佛為念，每供養二親蔬食必絜，親亦以此安之，及雙暉並謝，即判然棄妻子從方外遊。時年四十六，長兒年十二，躑躅相隨至播州樓頭山東洋海庵，父子俱薙髮為沙彌，授具戒。明隆慶三年五月五日也。自爾攜兒行腳，即督課業為弟子。父子相從，雲遊萬里，徧歷名山，參叩知識，苦行絕倫。每日中一食，糠菜不糝，樹下塚間，隨遇順適，自是終身脇不至席。

萬曆初謁普陀，過金陵至都下遊，履五臺寓三塔寺，禮《華嚴經》六十萬字，一字一拜，每晝夜必稽首三千，如是者經三匝。至十二年復至京師碧峰寺，禮《法華經》六萬餘字，一字一拜，如前

者十二匝。終而復始，夙夜罔懈。長兒為沙彌者，年德日益長，多親講肆，聽習《華嚴》、《法華》、《楞嚴》、《圓覺》、《唯識》諸經論，善開曉發蒙。而事父日益謹，一時稱異，謂有弟子如此者，誠所罕覯。十七年，內監王太監欲開精舍，延其弟子為弘法，且為玉休老地。巧卜阜城門外二里許，捐貲創寺，寺成請額，聖母嘉之，賜曰慈慧。大宗 伯棠軒 李公記其事。

一日謂弟子曰：「吾以業繫娑婆七十二年，侵尋老病，久住何益？吾將歸矣。爾當以法為懷，勿生愛戀。」遂不食，念佛不絕者旬日，聲響如鐘，顏色不衰。弟子問生死大事，玉但曰：「嘻嘻呵呵，呵呵嘻嘻，不是妄念，不是真知。」良久云：「你說是如何？大通橋上交糧客，原是南方送米人。」臨化索浴更衣，端坐持珠，念佛益哀，促連聲大呼佛，佛聲絕而逝。時萬曆乙未春正月十九日也。世壽七十有二，僧臘二十有六。弟子真貴即玉長兒，為慈慧法師者，奉塔於黃村，乞憨山為之銘。

——《新續高僧傳・卷四十四》。《佛教藏》第一六一冊頁 691—693。

# 7 明・學蘊大師

（1613—1689）。明末臨濟宗僧，雲南 洱海人，俗姓王，號知空。十四歲（一說十歲）出家於雞足山 寂光寺，聽講修習《法華》、《楞嚴》、《圓覺》諸經。清順治五年（1648），於玉林軒之靜室中禮《萬佛名經》至第三卷，方舉稱「南無」二字，忽得大悟，遂往龍圲山參見水目 無住，得其印許；復參禮開峰 密行 寂忍，呈所悟而得嗣其法。歷住楚雄府（雲南）福城寺、九臺山 大方廣寺、廣通縣（雲南）仙羊院、淨樂院等諸剎。康熙二十八年五月示寂，世壽七十七。有《語錄》二卷及《草堂集》行世。（詳於《知空蘊禪師語錄附行錄》）。

——《佛光大辭典》頁 6218。

# *8* 明·**福登大師**

　　釋福登，字妙峰，姓續氏，平陽人。五臺山 聖光寺僧。續鞠
居之裔也。生秉奇姿，脣掀齒露，鼻昂喉結。七歲失怙恃，為里人
牧羊。年十二祝髮，攜一瓢至蒲坡，行乞村市，夜棲文昌閣廡下。
閣為山陰王所建。一日，王晨出遊，值登裹夜回階間，見而異之。
謂閣僧曰：「是子五官皆露，而神凝骨堅，他日造詣殊未可量，曷
善視之。」頃之地大震，屋宇傾覆，登壓於下，三日不死，王聞益
奇之。因修中條 棲嚴蘭若使居焉。登乃閉關習禪，取棘刺列四旁，
以絕依倚，不設床坐，晝夜鵠立，三年心忽開悟。始至介休山聽講
《楞嚴》，遂受具戒。策杖南走，遍參知識，浮南海禮普陀而歸。
復於中條深處，誅茆辟穀，日飲勺水。

　　又三年，大有會心，山陰王建梵宇於南山，延登居之。登每念
二親幽靈未妥，卜吉遷葬；刺舌血書《華嚴經》一部，欲報劬勞，
藉感人天。復下山設無遮大會，結文殊萬聖緣。一日微疾還山。他
日，鳥雀翻飛，繞簷喧噪，逐之不去。登曰：「百鳥哀鳴，吾將行
矣！」即命治龕，眾見紅光接引，端然而逝。壽七十有三。帝聞賜
葬祭，建塔于永明之西。御書封號「真正佛子妙峰高僧之塔」。大后
賜金千兩，布五百匹供葬事。登起于孤微，刻志苦修，終身脅不著
席，一納外無長物。足迹所至，屢有建立，動費億萬，天子、聖母、
王侯、卿相，皆樂助其成，豈偶然哉？

　　——《新續高僧傳·卷五十五》。《佛教藏》第一六一冊頁 840—842。

# *9* 明·**清蔭大師**

　　清蔭字宏泉，嘉興 蔡氏子。少聰敏，薙髮外麓，襲照業，以
醫鳴於時。而修持益力，因往平窰 聞谷大師所受具足戒，歸請徑
山 義航法師說《楞嚴》、《般若》諸經。有楚才者，重建圓通閣，

未畢而歿，蔭為勉力成之。復倡修大雄殿，木商倪作霖曾受病，幾瀕於危，為蔭所全活，因施三百金購大木，以畢其願。及蔭寂，塔於西山 月桂峰下。後數十年，開拓禪房猶用其遺材不盡云。

——《新續高僧傳‧卷六十二》。《佛教藏》第一六一冊頁 939—940。

# 10 清‧元徹大師

釋元徹，字壁山，姓侯氏，高淳人。燕京 觀音禪寺僧。襁褓失怙，煢煢孑立。年十六發心出家，依寧國 蓮花禪院 一枝剃度，復圓戒於溧陽 崇福寺 石鑑。尋至報恩作苦兩載，勤力參究，終無省發。因行腳吳越，踏徧禪叢。每觸雲山、煙水、花發、鳥啼，覺非境緣性靈絕待，雖不自信為有悟處，而隨響答機頗無滯相。歸首一枝，夜起廊下，舉頭見月直下，豁然一如身外無餘。有偈云：「通身即見大光明，猶是迷雲遮太清，明暗兩關俱打破，驢胎馬腹任縱橫。」時年二十有六己亥中秋也。

過溧水 塔下寺見永泰，互相勘發，亦有入處。為數日留，乃訪鐵舟 金陵 天隆，叩自間於宜興 芙蓉，更於福嚴謁費隱，各見機用，當仁不讓。隨至嘉興 萬壽寺，聽三宜講《楞嚴經》，頗新見聞，多落窠臼。聞太平 采石鎮 麓心寺，大咸 善誘方來，誨人不倦，往依杖履。視其語默時，或觸機點撥，生大慚愧。清夜感悲深懷悔責，咸見其真誠，因勉之曰：「眾生無邊誓願度，己身未度先度人者，菩薩發心；煩惱無盡誓願斷，斷一切煩惱，證一切菩提；法門無盡誓願學，佛稱種智修假多聞；佛道無上誓願成，虛空有盡，我願無窮，情與無情，同圓智種。」徹聆斯語，服膺拳拳。

淹忽三年，隨咸退歸東山，以聯芳 源流付之，勗其躬行實踐，深蓄厚養，以待時節因緣，不可輕出淺露。康熙丁未，將往盛京，道出維揚，與劉居士調元遇於舟中，萍水契合，受其約請，住古燕

觀音道場。六月望日入院云：「釋迦已過去，彌勒猶未來。」乃顧左右曰：「相逢不識面，著眼莫依稀。」著有《語錄》二卷。

　　——《新續高僧傳·卷六十三》。《佛教藏》第一六一冊頁 958—960。

# *11* 清·方誌大師

　　釋方誌，字觀如，姓馬氏，海陵人。杭州 上天竺僧。少持素，抵洛伽回參上竺，夙緣有待，因於竺之雨山居投歷庵為之薙染。萬曆庚子，竹亭 無塵 雨山 伴雲率合寺請歷菴建禪堂，誌戮力勤事，嘗持銀十六兩走龍游，更募助得材四百餘株，又乞榷關免稅，异歸畚築擔負，與眾不殊。往聽雲樓 似空講《楞嚴經》，歷菴促歸，誌念大事未明，辭游南都五臺，徧悉禪講。

　　乙巳回竺，聽明宗講《法華》於宋園。而歷菴以禪堂付僧自然，誌亦為之輔。明年臺山澄方大師，同內監張然送御藏至昭慶，與誌晤深相契合，比於函蓋。戊申得古心律師大戒，即請澄師，自華嚴而下所流通法寶，於竺徧演福田事，咸力主之閱藏。齋僧尤為恒課，送澄師北上返於楓嶺之陰，造中印庵以供地藏。甲寅冬，碧海 昭陽 李公請說《金剛》、《法華》於慧照寺，泰州 梁 垛諸處四期講香相接，道化盛矣。

　　丁巳澄師登皇壇，誌為阿闍黎。受神宗賜紫，又受光宗賜紫，大小衣服十一襲。天啓乙丑說皇戒，再受慈聖賜紫及金冠，密旨弘經。崇禎庚辰回竺注《法華正旨》，竟即受徑山請主席三載。甲申冬至泰州修西山寺。清順治戊子應撫院陳公講《華嚴》全部，逾年而畢。己丑冬就杭之慧林說《法華正旨》。庚寅夏還竺復講是經，期終疾作，歸中印庵。以順治七年七月二十六日示寂。別眾偈曰：「七十八年幻夢中，奔馳南北走東西，還歸天竺靈山國，統照元來色即空。」得法弟子：野松、松門、恒觀、野管、玄聞、隱生、清

白、石田、道燈、見明、朗生十一人。茶毘塔於中印山麓。
　　　——《新續高僧傳‧卷九》。《佛教藏》第一六一冊頁 206—207。

# 12 清‧印正大師

　　（1617—1694）。清代臨濟宗僧，四川 岳池人，俗姓姜，諱道正，號蓮月。嘗以刀自斷髮，初聽聞《楞嚴》、《唯識》等講說，後有志於禪，遂上萬峰，參訪破山 海明、象崖 性珽。後宴坐於夜郎山 懷白堂六年。順治十五年（1658）進住遵義府（貴州 遵義）九青山 東印寺，其後歷住覺林、寶輪、度達、保壽（以上位於四川）、龍興、景德（以上位於湖北）等寺。康熙三十三年示寂，世壽七十八。有《蓮月禪師語錄》六卷、《玉泉蓮月正禪師語錄》二卷行世。
　　　——《五燈全書‧卷七十》。《卍續藏》第一四一冊頁 461 下。

# 13 清‧省庵大師

　　（1686—1734）。清代淨土宗僧，蓮宗第九祖，江蘇 常熟人。俗姓時，字思齊，號省庵。世代習儒，夙有出塵之志。十五歲出家，經典過目不忘，二十四歲受具足戒，嚴持戒律，不離衣鉢，日僅一食，恆不倒單。後謁禮紹曇，聽講《唯識》、《楞嚴》、《摩訶止觀》，通達天台、法相等學說，紹曇傳為靈峰派四世天台正宗。更於真寂寺掩關三年，晝閱三藏，夕課西方佛名。後應諸方叢林之請，講經十餘載，江浙道俗皈依者甚眾。晚年，絕諸外緣，結集蓮社，專修淨業，人皆稱為永明再來。雍正十一年（1733）預告死期，晝夜念佛十萬聲。翌年四月示寂，世壽四十九。著有《淨土詩》一〇八首、《西方發願文註》、《續往生傳》一卷、《涅槃懺》、《勸發菩提心文》。
　　　——《新續高僧傳‧卷四十五》。《佛教藏》第一六一冊頁 710—711。

## *14* 清代朝鮮·義沽大師

（1746—1796）。清代朝鮮·義沽大師，據《桐華寺仁岳大師碑銘》載，俗姓李，號仁岳，達州人。早年習儒。十八歲於故鄉龍淵寺出家。從碧峰受戒，學《金剛》、《楞嚴》等大乘經典。歷參西岳 秋波、龍岩諸名師。再聽華嚴宗匠雪坡師講《華嚴》，披禪衣。

師廿三歲登壇說經，於琵瑟、八公、雞龍、佛靈諸山弘法，學者常達百餘人。著有《華嚴》、《圓覺》、《般若》、《起信》諸經論私記，至今為佛教講師所珍惜。正祖譽之為第一文章家。門下有度慶、戒昌、勝澄等弟子。

——任繼愈主編《佛教大辭典》頁 175。

## *15* 清·天聖大師

清·天聖大師，湖州 天聖 師王八(同「伊」)禪師。嘉興 項氏子。年十六，有出塵志，是歲避兵晟溪，值素華師講《楞嚴》，有所契，後禮悅閒師披剃，習「天台」教觀，聽愚庵 盂講法，次謁雪竇 雲師，究心三載，而雲師入寂後，乃徧參學。一日謁瓶山 謙師，謙以竹篦擊香几曰：「響從何處？」聖師曰：「從心起。」曰：「心在什處？」師曰：「聞在什處？」謙便謁。

一日師隨謙觀金明 進師。進問聖師：「汝做何工夫？」師曰：「無工夫。」問曰：「不空過也。」師曰：「好兒不使爺錢。」問曰：「汝字誰？」師曰：「師王。」問曰：「既是師王，為什卻被文殊騎？」師曰：「老老大大，作者般語話。」進顧謙曰：「出群須是英靈子。」師曰：「莫塗汙人好。」進便打，師禮拜，次日謙付偈印焉(牧公 謙嗣)。

——《五燈全書·卷一〇二》。《卍續藏》第八十二冊頁 614 上。

# *16* 清‧道奉大師

（1592—1670）。清‧道奉大師，即廣信府 博山 雪嶠 道奉禪師。建陽（今屬福建）龔氏子，字雪嶠。夙根敏異，幼不茹葷。年十七，聽《楞嚴》有感，遂投支提薙染。

一日參博山，山問：「甚處來？」

奉師曰：「窰中。」

山曰：「天不能蓋，地不能載，因甚卻埋在窰中？」

師曰：「今朝且喜，得見和尚。」

山曰：「向來作何所務？」

師曰：「看一歸何處？」

山曰：「即今看者何在？」

師曰：「伸手，只在縮手裡。」

山曰：「甚處學得者虛頭來？」

師曰：「某甲終不敢自瞞。」

後於勺菴，奉師聞雞鼓翅大叫，乃「頓悟」。述偈曰：

「栢子焚殘燄欲無，鄰雞忽聽一聲呼，
　昔年錯認驢窺井，今日方知井覷驢。」

清‧康熙己酉春，以院事託座元，明年六月廿日示寂，臨寂時，黃龍岑，按師身問：「屋破不蔽風雨時如何？」師曰：「乾坤翻轉更由誰？」曰：「與麼則一眾景仰有分也。」師拱手而逝，壽七十九，臘六十二，塔靈骨於本山蓮華峰之陽。有《六會語錄》。或參見《凜山正燈錄》。

　　——《續燈正統‧卷四十》。《卍續藏》第八十四冊頁637中。
　　——《五燈全書‧卷六十三》。《卍續藏》第八十二冊頁283上。

——震華法師遺稿《中國佛教人名大辭典》頁 807。

# 17 清 · 周昌治居士

　　清‧周昌治居士，法名通昌，號覲周，又號無依道人。鹽官（浙江 海寧）人。幼習儒，補博士弟子。以貢生入都，直言罹禍，遂棄儒歸釋。嘗於金粟聽《楞嚴》有省，參徑山 費隱師得悟。著有《祖庭指南》二卷。

——震華法師遺稿《中國佛教人名大辭典》頁 395。

《楞嚴經‧卷五》云：
　　**一切世間山河大地，生死、涅槃，皆即「狂勞」**(狂妄之塵勞煩惱)**顛倒「華相」。**

# 18 民國 · 澍培大師

　　（1897—1986）。民國‧澍培大師，名鴻運，法號念根，晚年自號臥雲庵主。蒙古族，遼寧 朝陽 包氏。1912 年在錦州 毗盧寺依洪寬薙度，1920 年於瀋陽 萬壽寺受具。1921 年入該寺佛學院隨倓虛學習十部佛經。三年畢業後，回錦州 毗盧寺。旋隨倓虛至北京聽講《楞嚴》，又入彌勒佛學院就讀。畢業後由倓虛推薦至普濟寺佛學院任教務主任。

　　1931 年，受倓虛付囑，為「天台宗」下第四十五代。後於東北各地弘法講經。1947 年到青島 湛山寺佛學院任主講。1949 年回東北，駐錫吉林 觀音堂、哈爾濱 極樂寺等。其後仍分赴各地講經。1980 年又回般若寺任住持，並任吉林省佛教協會會長，吉林省和長春市政協委員。1985 年在般若寺最後一次傳戒。能詩，擅畫蘭花和墨竹。

——震華法師遺稿《中國佛教人名大辭典》頁 1022。

# *19* 民國・宗律大師

宗律，姓楊，四川人。生而穎異，夙具慧根，幼年出家貴州某寺。民國十三年，依度咂法師聽《楞嚴經》、《起信論》等。未幾，隨度師至金陵 普照庵，入資生蓮社，專修淨行，以西方為歸，六時禮念，懇苦翹勤。十七年夏，於山東某寺講《地藏經》，圓滿，偶感微疾。八月十二日，見阿彌陀佛，放大光明，被其體，拈金蓮華與之，招手令去。十五早，沐浴更衣，面西拈香禮拜，既而曰：「俟塵空兄明日來再去。」十六日，塵師果來，律正在搭衣高聲念佛，喜曰：「弟往生時至，待兄久矣。」言訖，仍高聲念佛，至晚九點鐘，即跏趺端坐，手結彌陀印而逝，異香經日不散，獲堅固子數粒，光明瑩徹。（詳於《俞慧郁鈔集》）。

——《淨土聖賢錄・下冊》頁 32—33。

# *20* 民國・項子清居士

民國項子清居士，名本源，法名智源，安徽 歙縣諸生。國學造詣極深，尤精小學，世居蘇北 如皋。終身執教鞭，桃李滿大江南北，居常不苟言笑，道貌岸然，咸愛慕之。十三年，沙健庵居士，請諦閑法師至如皋講《阿彌陀經》，開經上香時，為向未見聞之莊嚴所感動，熱淚盈眶，如喪考妣，旋即函求皈依印光大師。與妻吳氏，長齋念佛，勇猛精進，門人受其潛移默化而學佛者，蔚為風氣。廿二年，往泰州 光孝寺受菩薩戒。

廿四年仁山法師至如皋講《楞嚴經》七旬，未虛一席。凡遇法會道場，無不如法作隨緣眾。尼僧常慧，創建廣慧庵，力助其成著，有「佛學劄記」甚多，皆弘揚淨土。廿五年，偶患微疾，自知不起，

請四眾道友,在榻前助念七晝夜,佛聲未斷,唇常微動,了無病苦。忽舉右手向西作禮佛狀,額出汗大如豆,側臥而逝,最後頂溫。年六十五。(《李濟華居士遺集》40頁)。評曰:「見開經上香時之莊嚴而感動,熱淚盈眶者,乃時節因緣,入佛機熱也。唇常微動者,隨眾念佛也,額汗頂溫者,乃熱氣自下而上爲超生瑞相也。」

——《淨土聖賢錄四編·卷中》頁141—142。

# 21 民國·楊文林居士

(1889—1976)。民國·楊文林居士,法名慧祥,蘇北人。生平精研醫術,以醫爲業。年三十八,感世事無常,始信仰佛法,斷葷茹素,專修淨土。曾赴寧波 普陀 皈依佛頂山 文質和尚。居山中三年半,聽講《楞嚴》,頗有心得。自皈信佛法,努力修持,十分精進。老實念佛,不換題目。四、五十年,始終如一。

1975年冬,楊居士罹患食道癌。歷時七十五日,亦不感痛苦,念佛如故。往生前數日,預知時至,言:

「吾已見到兩位童子前來接引往生西方。已爲時一周,不能讓他們久等,吾擇定正月廿三日往生。」後又言:

「所選日子不太好,決定提前三日,吾將準備於正月廿日往生。」

楊居士囑咐家人,預先打電報通知其女返家。待往生當日,沐浴淨身,換穿淨衣,穿上長衫,臥於床上,高聲念佛。下午三時許,其女方回。隨作手勢,令女坐於床前,一齊念佛。至下午七時,楊居士脈息漸停,唇猶微動,尚能聞極微細之念佛音聲。舉家合掌,在旁高聲念佛,遂於眾人念佛聲中,安詳示寂。全身俱冷,頂門獨溫。春秋八十有七。

——《近代往生隨聞錄》頁 125——126。

## *22* 民國‧王氏居士

民國王氏，名馥齡，適黃姓。幼奉耶教，然頗信佛，入寺見佛菩薩像，必膜拜。民國十九年，滬上法藏寺興慈法師講《楞嚴經》，偶隨觀音庵某尼聽講，大生感覺，自此每日往聽，至圓滿日，即皈依興慈法師，法名德參。復聽說淨土法門，即虔誠念佛，精進弗懈。後患瘡，久不瘉，病日劇，至二十一年冬，請如三 能修二法師，先後臨榻前開示，又請興慈法師，至家授優婆夷戒。興師勉以懇切念佛，並令王宅眷屬人等輪流助念，親友來視疾者，多憐其痛苦，王氏反無悲態，但請誠懇念佛。云：「大家可在極樂相會。」臨終前七日，即不服藥，謂早一日去，即早一日樂。

至十一月二十日，病益劇，氣息微弱，仍念佛不輟。忽命諸人遠離病榻，自行端坐，合掌念佛，聲雖微而不斷，向西點首者三次。助念諸人，見其如此，咸生歡喜，念佛聲愈暢亮。其兄等，一再問其已見佛及諸菩薩乎？王氏點首者再，并答謂親見彌陀，及菩薩云。延至二十三日午前，呼吸漸弱，猶微念佛號，復命扶起正坐，面含笑容，作合掌勢而逝。經六小時頂猶溫煖，大眾助念，佛聲達一晝夜，次日入殮，四肢柔輭，面色較生時明潤。(見《俞慧郁鈔集》)

——《淨土聖賢錄‧下冊》頁 170——171。

餘 事 篇

# *1* 唐·南嶽 惟勁大師

南嶽般若惟勁 寶聞禪師，福州人也。師雪峰而友玄沙，深入玄奧。一日問鑑上座：「聞汝註《楞嚴》，是否？」鑑曰：「不敢。」師曰：「二文殊作麼生註？」曰：「請師鑑。」師乃揚袂而去。師嘗《續寶林傳》四卷，紀貞元之後宗門繼踵之源流者。又別著《南嶽高僧傳》，皆行于世。

——《五燈會元·卷七》。《卍續藏》第一三八冊頁 270 下。

# *2* 唐·東明 遷大師

潭州 東明 遷禪師，久侍真如，晚居溈山。真如 庵忠道者高其風，每叩之。一日閱《首楞嚴》次，忠問：「如我按指，海印發光。佛意如何？」師曰：「釋迦老子好與二十棒。」曰：「為甚麼如此？」師曰：「用按指作麼？」曰：「汝暫舉心，塵勞先起又作麼生？」師曰：「亦是海印發光。」

——《五燈會元·卷十二》。《卍續藏》第一三八冊頁 460 下。

# *3* 唐·陸偉居士

陸偉居士，錢唐人，為州都掾。中年厭世念佛，率眾結「法華」、「華嚴」二社，各百許人。其法各人在家誦經一卷，日終就寺讀誦，終日而散，如是二十年，遂成大會。嘗手書《法華》、《華嚴》、《楞嚴》、《圓覺》、《金剛》、《金光明》等經。晚年子孫彫落，更無餘累，忽一日，易衣端坐，念佛而化。

——《佛祖統記·卷二十八》。《大正藏》第四十九冊頁 285 中。

# *4* 唐末五代‧<u>應之大師</u>

　　唐末五代‧<u>應之大師</u>，為<u>閩中 王</u>氏子。初習儒業，以書法冠<u>江左</u>。應試被黜，憤而出家。<u>南唐‧保大</u>中（約九四三年）授文章應制，遷右街僧錄。<u>南唐</u>中主<u>李璟</u>好《楞嚴經》，敕<u>應之</u>師書之鏤板，名益振。又善音律，嘗以禮讚之文，譜以宮商，其聲低平，而終歸梵響。為後世唱唸之祖。

　　　　　　──<u>明復</u>法師編《中國佛學人名辭典》頁654。編號5561。

《楞嚴經‧卷五》云：

**佛告阿難：「根**（六根）**、塵**（六塵）**」同源，「縛**（繫縛）**、脫**（解脫）**」無二，「識性」**（六意識）**虛妄，猶如「空華」**（虛空中之幻華）**。**

# *5* 唐末五代‧<u>馬裔孫居士</u>

　　唐末五代‧<u>馬裔孫居士</u>，字<u>慶先</u>，<u>棣州 商河</u>人。少時好古，嘗慕<u>韓愈</u>之為人，尤不重佛。及廢居里巷，追感<u>唐</u>末帝平昔之遇，乃依<u>長壽</u>僧舍讀佛書，冀申冥報，歲除枕籍黃卷中，見《華嚴》、《楞嚴》，詞理富贍，由是酷賞之，仍抄撮之，相形於歌詠，謂之《法喜集》，又纂諸經要言為《佛國記》，凡數千言。

　　或朝之曰：「公平生以付奕、<u>韓愈</u>為高識，何前倨而後恭，是佛佞公耶？公佞佛耶？」<u>裔</u>（胤）<u>孫</u>笑而答曰：「佛佞予則多矣」……每閉關養素，唯事謳吟著述，嗜八分書，往來酬答，必親禮以銜其墨跡。

　　　　　　──《舊五代史‧卷一二七‧孫<u>裔</u>（胤）孫傳》頁1670。
　　　　　　──《正史佛教資料類編‧卷二》。正史佛教資料類編第一冊頁142上。

## 6 北宋‧千光 瑰省禪師

　　杭州 千光王寺瑰省禪師，溫州 鄭氏子。幼歲出家，精究律部。聽天台文句，棲心於圓頓止觀。後閱《楞嚴》，文理宏濬，未能洞曉。一夕誦經既久，就案假寐，夢中見日輪自空而降，開口吞之。自是倏然發悟，差別義門，渙然無滯。後參永明，永明唯印前解，無別指喻。以忠懿王所遺衲衣授之表信。

　　住後，上堂：「諸上座，佛法無事，昔之日月，今之日月。昔日風雨，今日風雨。昔日上座，今日上座，舉亦了，說亦了，一切成現好！珍重。」開寶五年七月，寶樹浴池，忽現其前。師曰：「凡所有相，皆是虛妄。」越三日示疾，集眾言別，安坐而逝。闍維收舍利建塔。

　　──《五燈會元‧卷十》。《卍續藏》第一三八冊頁 379 上──下。

## 7 北宋‧洞山 曉聰大師

　　瑞州 洞山 曉聰禪師，遊方時在雲居作燈頭，見僧說泗州 大聖近在揚州出現。有設問曰：「既是泗州 大聖，為甚麼卻向揚州出現？」師曰：「君子愛財，取之以道。」後僧舉似蓮華峰祥庵主，主大驚曰：「雲門兒孫猶在。」中夜望雲居拜之。住後，僧問：「達磨未傳心地印，釋迦未解髻中珠。此時若問西來意，還有西來意也無？」師曰：「六月雨淋淋，寬其萬姓心。」曰：「恁麼則雲散家家月，春來處處花。」師曰：「腳跟下到金剛水際是多少？」僧無語。師曰：「祖師西來，特唱此事」。自是上座不薦。

　　問：「如何是佛？」師曰：「理長即就。」上堂：「教山僧道甚麼即得？古即是今，今即是古。所以《楞嚴經》道，松直棘曲，鵠白鳥玄。還知得麼？雖然如是，未必是松一向直，棘一向曲，鵠便白，

烏便玄。洞山道：這裡也有曲底松，也有直底棘，也有玄底鵠，也有白底烏。久立。」

師一日不安，上堂辭眾，述法身頌曰：「參禪學道莫茫茫，問透法身北斗藏。余今老倒尩羸甚，見人無力得商量。唯有钁頭知我意，栽松時復上金剛。」言訖而寂，塔于金剛嶺。

——《五燈會元・卷十五》。《卍續藏》第一三八冊頁586上—587上。

## *8* 北宋・修撰曾會居士

修撰曾會居士，幼與明覺同舍，及冠異途。天禧間，公守池州，一日會于景德寺。公遂引《中庸》、《大學》，參以《楞嚴》，符宗門語句，質明覺。覺曰：「這箇尚不與教乘合，況《中庸》、《大學》邪？學士要徑捷理會此事。」乃彈指一下曰：「但恁麼薦取。」公於言下領旨。

天聖初，公守四明，以書幣迎師補雪竇。既至，公曰：「某近與清長老商量趙州勘婆子話，未審端的有勘破處也無？」覺曰：「清長老道箇甚麼？」公曰：「又與麼去也。」覺曰：「清長老且放過一著，學士還知天下衲僧出這婆子圈【衣貴】不得麼？」公曰：「這裡別有箇道處。趙州若不勘破，婆子一生受屈。」覺曰：「勘破了也。」公大笑。

——《五燈會元・卷十六》。《卍續藏》第一三八冊頁605下—606上。

## *9* 北宋・王隨居士

宋代河陽（河南 孟縣）人，字子正，生卒年不詳。真宗時，以給事中知杭州，往興教寺謁小壽禪師，機語契合，竟明大法。曾為長水 子璿禪師之《首楞嚴義疏注經》作序，並刪次《景德傳燈

錄》三十卷為《傳燈玉英》集十五卷行世。明道年間，參知政事。
臨終書偈而逝。(詳於《宋史·卷三一一》、《宋史新編卷·九十七》)。

—《佛光大辭典》頁 1514。

# *10* 北宋·天彭大師

（？—1100）。北宋·天彭大師，即無演法師，天彭 張氏子，
幼英烈，不甘處俗，十五棄家，事承天院寶梵大師昭符，符記之曰：
「此子，他日法中龍象也。」廿以誦經，落髮，受《首楞嚴經》於繼
靜師，靜歿，卒業于惟鳳 文昭師，受《圓覺》、《肇論》于省身師，
受《華嚴》法界觀、《起信論》于曉顏師，受《唯識》、《百法論》
于延慶師，凡此諸師，皆聲名藉藉。

師必妙得其家風，然後已，又從諸儒講學，於書無所不觀，於
文無所不能，趙清獻公，挽師登法席，於《楞嚴》了義，指掌極談。
聞者，如飲醇酒，無不必醉，既於此經，心融形釋，復出入內外篇
籍，如風行電激，所向如志。北宋·元符三年三月，道出戎州，憩
渝州 覺林禪院，不疾而化。僧臘三十有七，其法子，奉師遺骨，
藏於寶梵塔之西。

—《卍續藏》第七十七冊頁 379 中。
—《補續高僧傳·卷二》。
—任繼愈主編《佛教大辭典》頁 203。

# *11* 北宋·清遠大師

（1067—1120）。北宋·清遠大師，為「臨濟宗」楊岐派僧，號
佛眼。蜀（四川省）臨層縣人。俗姓李。十四歲受具足戒，於習律、
學《法華》之外，復行參禪。後參舒州（安徽省）太平寺五祖法演，
嗣其法。師初於舒州 天寧 萬壽寺弘法。其後歷住龍門寺、和州 褒

山寺。因鄧洵武上奏，受賜紫衣及佛眼禪師號。與佛鑑 慧懃、佛果 克勤同稱「東山三佛」，或稱「東山二勤一遠」。

清遠師是一位「靜默自晦、澹泊寡言、但端居方丈傳道」的僧人，因此其名聲不及佛果 克勤，一般佛教史上也都著墨甚少。其實，清遠的思想在宋代還是有相當影響的。李彌遜說他「三領名剎，所至莫不興起」，學者雲集。南宋・賾藏主編《古尊宿語錄》中收清遠語錄達八卷之多（卷二十七至卷三十四），是該集子中所選《古尊宿語錄》中份量最重的一個人。

師又著《圓融禮文》；又摭（摘取）《楞嚴》、《法華》，著《普門禮字》，並行於世。其參學得法者，無慮數十人，士珪、善悟為之首，而宿松、無著、道人李法慧，頗臻其奧。北宋・宣和二年冬至前一日示寂，謂其徒曰：「諸方老宿必留偈辭世，世可辭耶？」且將安往，遂終無一言。享年五十四，法臘四十。有《佛眼禪師語錄》八卷行世。（參考資料詳於《聯燈會要》卷十六。《嘉泰普燈錄》卷十一。《續傳燈錄》卷二十五。《五燈會元》卷十九。《五燈嚴統》卷十九。《五燈全書》卷四十二）。

——《中華佛教百科全書》（七）/清遠。3947.1

# 12 北宋・黃庭堅居士

（1045—1105）。北宋・黃庭堅居士，字魯直，號山谷，蘇子瞻見其詩文，歎其獨立萬物之表，舉進士為著作郎。紹聖年間，為章惇、蔡京所嫉，謫涪州別駕，嘗參黃龍 死心 新禪師，有省。在黔時，止酒絕慾，讀《大藏經》三年，嘗曰：「利衰毀譽，稱機若樂，此八風於四威儀中未嘗相離，雖古之元聖大智，有立於八風之外者乎」。

公有發願文曰：

「我從昔來，因癡有愛，飲酒食肉，增長愛渴，入邪見林，不
得解脫。今者對佛發大誓願：
　願從今日盡未來世，不復飲酒。
　願從今日盡未來世，不復食肉。
　願我以此盡未來際，根塵清淨。具足十忍，不由他教。
　入一切智，隨順如來，於無盡眾生中現作佛事，稽首如空，
等一痛切。」

嘗答胡逸老書云：「君遂歸心於禪悅，何慰如之，可試看《楞
嚴》、《圓覺》二經，反觀自己，是何道理，既為大丈夫，須辦大丈
夫事耳。」

又與周才翁云：

「思公窮悴，守道不渝，蓋古人所難也，然已知求道於生死之
際，則世累目輕，但未直下撥塵見己耳。投子聰禪師，海會
演禪師，道行高重，皆可親近，若從文章之士，學妄言綺語，
只增無明種子也」。
　　　　　──《名公法喜志·卷四》。《卍續藏》第八十八冊頁345上。

# 13 北宋·杜衍（杜世昌）居士

北宋·杜祁公居士，即杜衍，字世昌，山陰人，慶歷中為宰相。
與富弼、韓琦、范仲淹同革弊事以修紀綱。而衍尤抑絕僥倖，凡內
降恩澤一切封還。後以太子少師致仕，封祁國公。卒諡正獻，時號
清白宰相。

祁公以張方平好佛，常竊怪之。時有醫者朱生遊二公間，一日祁公召朱生診脉，至遲，祁公詰之。朱生曰：「看《楞嚴經》未了。」祁公曰：「聖人微言，無出孔孟。《楞嚴》何等語耶？」朱生曰：「公未讀此經，何知不及孔孟？」因袖中出其卷，祁公觀之，不覺終軸。大驚曰：「方平知之，不以告我，即命駕見之。」方平曰：「譬如失物，忽已得之，但當喜其得，不必悔其晚也」。

　　——《林間錄‧卷二》。《卍續藏》第八十七冊頁260上。
　　——《名公法喜志‧卷三》。《卍續藏》第八十八冊頁340下。

## 14 南宋‧侍郎李浩居士

　　侍郎李浩居士，字德遠，號正信。幼閱《佛頂首楞嚴經》，如游舊國，志而不忘。持橐後，造明果，投誠入室。應庵搤其胸曰：「侍郎死後，向甚麼處去？」公駭然汗下。庵喝出，公退參，不旬日竟躋堂奧。以偈寄同參嚴康朝曰：「門有孫臏鋪，家存甘贄妻。夜眠還早起，誰悟復誰迷？」庵見稱善。有鬻胭脂者，亦久參應庵，頗自負。公贈之偈曰：「不塗紅粉自風流，往往禪徒到此休。透過古今圈橫後，卻來這裡喫拳頭。」

　　——《五燈會元‧卷二十》。《卍續藏》第一三八冊頁830上。
　　——《居士分燈錄‧卷下》。《卍續藏》第一四七冊頁925下。

## 15 南宋‧斯受大師

　　南宋‧斯受大師，字用堂，台黃巖楊氏子。年十四，入三童山香積寺，依存方上人為師受具，游歷諸方，咨叩耆宿，得心學要領。後自靈隱病歸三童，日行「首楞嚴三昧」，於「不離見聞緣，超然入佛地」語，致疑，力究無入。忽聞「春碓聲」，恍然自省，偈曰：「六祖當年不誦經，肩柴放下便傳燈，誰知千載今猶在，秋月長廊搗碓聲，自是行業日進。」受師善書，以黃金為泥，書《法華》、

《華嚴》、《楞嚴》、《圓覺》、《般若》及「方等」諸經。又於帛上，金書「法華塔」一座，極其精妙，當時稱希有，將終坐牀上，誦《法華經》，不輒卷畢，而逝。

——《補續高僧傳·卷二十四》。《卍續藏》第七十七冊頁 524 上。

# 16 南宋·善榮大師

南宋·善榮大師，字行甫，四明(浙江 寧波) 小溪 周氏。初從月堂師學教觀，既通其旨，即入觀堂修「長懺」、閱藏經。嘗金書《法華》、《楞嚴》、《淨名》、《圓覺》、《光明》五經，以施諸方。彫造彌陀佛像，拈施眾會。素善水墨，畫大士像以與人，前後莫計，以「音聲佛事」轉授諸人。今城社經咒，皆用師節度也。臨終往生之相，見宣行人傳。弟子默容 海印，以高行為鄉城所歸。

——《佛祖統紀·卷十八》。《大正藏》第四十九冊頁 239 下。

——震華法師遺稿《中國佛教人名大辭典》頁 786。

# 17 南宋·了宣大師

宋了宣，姓潘，明州 奉化人，明州 寶林寺僧。肆業於南湖，精究三觀十乘之旨。閱大乘經，無不通曉，修「法華懺」法二十七年。與釋善榮相善，凡所進修，必與榮偕，榮嘗金書《法華》、《楞嚴》、《淨名》、《圓覺》等經，宣助成之。或施人手畫觀音像，二人結誓往生，隨方勸誘，於是從而念佛者日眾。一日宣諧榮室曰:「歸期已迫，當重會淨土。」榮笑曰:「正欲見君作略爾。」宣即集眾告別，命誦經，唱佛號書偈曰:「性相忘情，一三無寄，息凰不行，摩訶室利。」合掌而逝。時正炎暑，停龕七日，顏色紅潤，口流微涎，異香噴人。時嘉泰元年五月十日也。闍維，舍利無算，宣入寂三年，榮取經像，分施故舊，諷《普賢行法經》、《小彌陀經》。令眾助稱佛號。乃跏趺曰:「我赴宣公之約。」言畢蛻然而化。(詳於《佛

祖統記》和《明高僧傳》）。

    ——《新續高僧傳・卷三》。《佛教藏》第一六一冊頁 113—114。

     ——《大明高僧傳・卷一》。《大正藏》第五十冊頁 602 中。

    ——《佛祖統紀・卷二十八》。《大正藏》第四十九冊頁 281 中。

# *18* 南宋・覺如居士

  南宋・覺如居士，手書《心經》。覺如居士，公務餘暇，手書《法華》、《楞嚴》、《圓覺》、《金剛》等經，仍集古今諸家解說，布於章句之下，末後收功於《心經》，其微意不言可知。余展卷一觀，見諸家所註，一言是一言一句。居士所書，一畫是一畫，一字是一字，不免合掌贊嘆。奇哉《心經》也，若離此別求可乎！淳祐己酉，端午後五日，靈隱住山某跋。

  ——《石溪心月禪師雜錄・卷一》。《卍續藏》第七十一冊頁 79 上。

# *19* 遼・耶律楚材居士

  （1190—1244）。遼・耶律楚材為蒙古帝國大臣，字晉卿，號玉泉，法號湛然居士，蒙古名為吾圖撒合裡。出身于契丹貴族家庭，生長於燕京（今北京），世居金中都（今北京），是遼太祖 耶律阿保機的九世孫。時有一居士為李全，字稚川，弘州 襄陽（今河北 陽原）人，其父為李純甫，字之純，號屏山居士，乃金末著名之文學家，著有《楞嚴絕解》。當時之耶律楚材便為李純甫之《楞嚴》作品作序，名《楞嚴外解序》。

  ——陳兵《新編佛教辭典・人物》頁 540。

# *20* 元・識里大師

　　釋識里者，本名必蘭納識里，北庭感木嚕國人，燕都 廣寒院僧。止行二字略也。生而穎異，幼習輝和爾及西域書。長能貫通三藏，曉西北諸國語言。大德六年，奉敕從帝師，受戒於廣寒殿，代帝出家，更賜今名。蓋初名只剌瓦彌旳里也。皇慶中，命譯諸梵經。延祐初，特賜銀印，授光祿大夫。時諸番朝貢，表牋文字無能識者，皆令識里譯進。會有以金刻字為表，諸吏愕然，乃遣識里視之。廷中睽睽觀所以對，識里取案上墨汁塗金葉審其字，左右執筆以待，乃口誦表中語，及使人名氏與貢物之數，書而上之。明日廷獻有司察其物色，與所譯書無少差異。眾莫不服其博洽，亦莫測所從受。或以為神悟云。尋賜開府儀同三司，仍賜三台銀印兼領功德，使司事厚其廩膳。

　　至治三年，更賜金印，特授沙津阿古齊，且命為諸國引進使。至順二年，又賜玉印，加號「普覺圓明廣照宏辯三藏國師」。三年，坐安西王子事死焉。其所譯經漢字則有《楞嚴經》，西竺梵書則有《大乘莊嚴寶度經》、《乾陀殷若經》、《大涅槃經》、《稱讚大乘功德經》，番書則有《不思議禪觀經》，都若干卷。

　　　　——《新續高僧傳·卷二》。《佛教藏》第一六一冊頁83—84。

# 21 元·舍藍藍大師

　　舍藍藍，高昌人，京師 妙善寺尼。其地隸北庭，風尚好佛，故為苾芻者多。太祖皇帝龍飛漠北，其王率所部以從，帝嘉其義，處之諸國君長之上，待以子壻之禮，海都之叛，國人南徙，師始八歲，從其親至京師，入侍中宮。真懿順聖皇后，愛其明敏，恩顧尤厚。成宗之世，事皇太后於西宮，以侍從之久，勤勞之多，詔禮帝師迦羅斯巴斡即兒為師，薙染為尼。服用之物，皆取給於官。又視宮官例，繼以既廩。武宗繼統，仁宗以太弟監國，師朝夕於太后之側，入而侍，出而從，所言必聽，所諫必從，睠寵之隆，猶子姪焉！

內而妃主，外而王公，皆敬以師禮，稱曰八哈石。北人之稱八哈石，猶漢人之稱師也。

仁宗之世，師以桑榆晚景，自謂出入宮掖數十餘年，凡歷四朝事三后，寵榮兼至，志願足矣！數請靜退，居於宮外，求至道以酬罔極，太后弗聽，力辭弗已，詔居妙善寺，以時入見，賜予之物，不可勝紀。師以其物，創寺於京師曰妙善。又建寺於臺山曰普明，各置佛經一藏，恆業有差。又以黃金繕寫番字藏經《般若》八千頌，《五護陀羅尼》十餘部，及漢字《華嚴》、《楞嚴》，畏元字《法華》、《金光明》等經二部。

嘗製僧伽黎衣數百，施番漢諸國之僧，其書寫佛經，凡用金數萬兩，創寺施捨所用幣以萬計。其積而能散、施予不吝，期積福於來生，必至於地者，皆人所不能也。英宗之明，以其有靜退之高，眷遇尤至，每稱之賢，以為知幾。文宗即位，皇太后居中宮，以皇姊魯國太長公主愛重於師，有兄弟之義，尤加敬焉！至順三年二月廿一日歿，年六十四，葬南成之陽，賜號真淨大師。

——《續丘尼傳‧卷三》。《佛教藏》第一六一冊頁 1049—1050。

# 22 元‧趙魏公

題跋趙魏公之書《楞嚴》長偈。梵語《首楞嚴》，此翻一切事究竟堅固，良由慶喜未全道力，求佛方便故。世尊示之，以十方如來，一門超出，妙莊嚴路，乃至多方，決擇真妄，發明陰入七大，皆如來藏。使悟器界萬法，當體全真，銷億劫顛倒妄想，獲究竟堅固法身，於是說偈，讚佛，發願度生，虛空可亡，心無動轉，實為微妙章句。

松雪居士趙魏公，大書特書（此《楞嚴經》），以傳不朽，書法之

妙，大海為口，須彌為舌，贊莫能及。而公出處光大，名滿天下，碩德盛業，不可思議，得非「楞嚴」會上，菩提薩埵，乘大願輪，一來人間，遊戲者歟？

公非獨書是偈，至若《金剛般若》、《圓覺》諸大乘經，皆勵精書寫，鋟梓流布，將此身心奉塵剎，是則名為報佛恩，浮俗闡提觀此，亦當自化。

　　——《愚菴智及禪師語錄·卷十》。《卍續藏》第七十一冊頁 697 下。

# 23 元·書《楞嚴》經僧

贈書《楞嚴》經僧。

此經初到自神龍，常恨「天台」不得逢（指智顗大師遙拜十八年無緣見《楞嚴經》）。
惟佛宣揚多撫諭，羨君書寫廣流通。
莫隨演若狂迷鏡，須聽羅睺細擊鐘。
堅固願幢無怠墮，祇園樹樹正秋風。
　　——《月江正印禪師語錄·卷三》。《卍續藏》第七十一冊頁 149 上。

# 24 元·日藏主居士

勉日藏主書《楞嚴》。

銀鈎鐵畫胸中有，得譽多因寫外書。
何似回心歸內典，《楞嚴經》卷著工夫。
　　——《雲外雲岫禪師語錄·卷一》。《卍續藏》第七十二冊頁 177 中。

# 25 元代高麗·李資賢居士

（1061—1125）。元代高麗·李資賢居士，為高麗佛教代表人

物之一。居士為文宗時代（1047—1082）宰相李顗之長子李資賢，字真精，號息庵、希夷子。廿九歲辭去官職，隱居於清平山 文殊院。清平山原名慶雲山，李顗擔任春川道監倉使時，興建普賢院於此山。後李資賢改山名為清平山，並重修普賢院。因曾二度感得文殊菩薩冥應，遂改院名為文殊院。

資賢專研禪學，尤重《雪峰語錄》與《楞嚴經》，與惠昭（鼎賢）、大監（擔然）諸僧交往密切，大監則以李資賢之門人自居。又，睿宗因渴仰資賢禪風，二度遣使迎資賢至宮中，資賢皆婉辭。睿宗十二年（1117 年），資賢始至南京（漢城）謁見，與王談論禪理。仁宗即位後，嘗遣使慰問之，並詔國醫為資賢療病。資賢於仁宗三年謝世，享年六十五，諡號真樂公。著述有《心要》一篇、《禪機語錄》一卷等，然均已不傳。（參考資料詳見《東文選》.《破閑集》.《高麗史》）。

——《中華佛教百科全書》（五）/李資賢。2592.2

## 26 元・琛上人

琛上人血書《楞嚴》。

七處徵心，八還辨見，提獎嬌兒，窮盡口業，老瞿曇曲於愛弟之情也。嘉定 琛上人，瀝其指血，從而筆之，然續佛慧命，血脉不斷，盡在是矣，後之賢者，毋墮安公破句之轍。

——《樵隱悟逸禪師語錄・卷二》。《卍續藏》第七十冊頁 309 中。

《楞嚴經・卷四》云：
**是故阿難！汝雖歷劫「憶持」如來秘密妙嚴，**
**不如一日脩「無漏業」，遠離世間「憎、愛」二苦。**

## 27 明・清琪大師

明·清珙大師，即百屋禪師，又稱石屋禪師，諱清珙。常熟人，族姓溫，母劉氏，生有異光。依崇福 永惟出家祝髮受具。嘗登天目見高峯師。峯師問：「汝爲何來？」師曰：「欲求大法。」峯曰：「大法豈易求哉？須然『指、香』可也。」師曰：「某今日親見和尚，大法豈有『隱』乎？」峯師默契之，授「萬法歸一」話。

珙師一生持戒特別精嚴，常用《楞嚴經》「四種清淨明誨」告誡大眾不可輕戒。高麗國師太古愚，嘗侍珙師得旨。王聞欽渴，表達朝廷，敕諡佛慈 慧照禪師。仍乞移文江浙。請淨慈 平山林入天湖，分師舍利，歸國供養。有《法語詩頌》行世。壽八十一，臘五十四。

——《釋鑑稽古略續集》。《大正藏》第四十九冊頁 916 中。
——《石屋清珙禪師語錄》。《卍續藏》第七十冊頁 663 下。

## 28 明·廣詢大師

明·廣詢大師，字明宗。會稽（浙江 紹興）人。早入雲棲大師之門，繼參雪浪師，性相經論，一一按習，《法華》尤稱獨擅。與耶溪師為法門昆季，時人號為「耶（溪）楞嚴、明（宗）法華」。能詩，有《語錄》。後居武林山終。參見《華嚴佛祖傳》、《賢首宗乘》。

——震華法師遺稿《中國佛教人名大辭典》頁 941。

《楞嚴經·卷五》云：
「根結」(喻六根之結)若除，「塵相」(喻六塵之相)自滅，諸「妄」銷亡，不「真」何待？

## 29 明·密行大師

明·密行大師，即密行 寂忍禪師，滇宜 良縣 谷氏子。年十四即入竹子山 竹林寺，從順語和尚剃度，隨侍三年，漸通經論，乃

辭往雲臺，拜讀《楞嚴經》。

年十九，忽感念無常，欲離生死，偶遇禪客自雞足山來，示以「無字」話頭，參究無入處，又于濟凡禪師開發，打失鼻孔。得戒于燕居和尚，機投雙桂老人，住衡州 開峰 南雲禪寺。

昔日趙州示眾云：「老僧三十年前，在南方，火爐頭有箇無賓主話，及至如今無人舉著？」

師云：「趙州老人，有年無德，驀拈拄杖畫一畫云：大眾會麼？于斯薦得，便可起死回生，烹佛烹祖；其或未委，縱然覓火和烟得，猶恐寒灰燒殺人。」喝一喝！靠拄杖下座，後駐錫衡州 南雲寺，更弘法於雲南 會城、妙音、慈雲諸剎，寂年五十八，有《語錄》數卷。

——《錦江禪燈・卷十》，《卍續藏》第八十五冊頁 173 中。
——《密行忍禪師語錄・卷三》，《嘉興藏》第三十八冊頁 912 下。
——《新續高僧傳四集・卷二十一》。

# 30 明・照衣大師

（1605—1673）。明末臨濟宗僧，四川 綦江人，俗姓熊，號慧覺。三十歲於華銀山參禮普賢大士，值遇常白，乃依之剃髮受其足戒。半年後，常白示寂，遂繼主院務，四年後請辭，遊學於江南，遇四川之劉三德，受請至湖山 白衣閣。後參禮破山 海明，遊峨嵋山，連坐七剎，與眾論《楞嚴經》、《圓覺經》、《金剛經》等。順治元年（1644），值甲申之變，隱於四川 夜郎八年。順治十年，聞破山住四川 金城寺，遂前往禮謁，後隨侍破山至雙桂寺，機緣成熟，為其法嗣。未久辭歸渝州（四川），住重慶 崇因寺，其後歷住湖山治平寺、太公 山石寶寺、江津 圓通寺、珠林 洪福寺、巴縣 寶蓮

院。康熙十二年九月示寂,世壽六十九。有《慧覺衣禪師語錄》三卷行世。

——《五燈全書·卷七十》。《卍續藏》第一四一冊頁 462 下。

## 31 明·大瑞大師

（？—1626）。明·大瑞大師,本姓王,出家和州,寄居平湖洋瀆廟十餘年。放蕩不羈,人目為「王痴」。托鉢乞錢米,隨獲隨散。書《法華》、《楞嚴》數十帙。參見《平湖縣志》。

——震華法師遺稿《中國佛教人名大辭典》頁 30。

《楞嚴經·卷四》云:

如是「迷因」(迷癡之因),因「迷」(迷妄)自有,識(認識)迷「無因」(沒有固定真實可得之因),妄「無所依」(迷妄本無處所,無真實體性),尚無有「生」(真實的生),欲何為「滅」?

得菩提者,如「寤」(醒也)時人說「夢中事」,心縱「精明」,欲何因緣取「夢中物」?

## 32 明·明照大師

明·明照大師,墨書《華嚴》、《楞嚴》各一部,雖用墨不若用血。然其最初一念不欺之力,未始不同焉。

予登峨嵋 道夔之萬縣,見一老僧書《華嚴》,以精懇虔篤,不覺暗中「書經」達旦。偶隣僧說破,即不能書。《楞嚴》曰:「因明有見,暗成無見,不明自發,則諸暗相永不能昏。」若然者,隆師焚身之際,火光亘空,與夔之老僧,暗中眼光不昧,皆「不明自發」之光也,照上人書經時,能猛加精懇,以增上之緣,熾薰自心,則此光之發,不獨前人有之,上人當勉之。

——《紫柏尊者別集・卷一》。《卍續藏》第七十三冊頁 406 上。

## 33 明・智空大師

（？—1577）。明・智空大師，字妙有，太和 雲南 大理 葛氏。生點蒼山之陽，遂自號蒼山野衲。年十三禮曹溪 普通師。及長，遊南嶽、匡廬，東至徑山，於萬松 行秀師座下得法。

明・隆慶元年（1567 年）至松江 超果寺，授《楞嚴咒心》及《法界圖》。行苦禮恭，色和語莊，士庶德之。寂後徐文貞為塔銘。參見嘉慶《松江府志》六三。

——震華法師遺稿《中國佛教人名大辭典》頁 751。

## 34 明・一水大師

書一水上人書《楞嚴經》第五卷後。貝葉齋一水上人書《首楞嚴經》一部，取墨於其友六。上座之舌端，字畫清勁，見者讚歎。

癸未秋日，余歸吳門，晤其師培公話夙昔，燈下出以示余，而一水已逝世。余深為歎惜，嗟嗟一舌一手，本來同體。一生一死，書此了義，血可作墨，字可作經。究竟堅固，何死何生？我知常寂光中。佛問圓通？當以「根塵同源，縛脫無二」為第一。

——明・牧雲 通門禪師《牧雲和尚嬾齋別集・卷二》。《嘉興藏》第三十一冊頁 547 下。

## 35 明・雲浦大師

跋雲浦上人書《華嚴》、《楞嚴》二經。佛以一音演說法，眾生

隨類各得解。一代時教,其有異音耶?譬若明珠走盤,了無定跡,而或者執一隅以盡之,得無謬乎?亦類其解而已。

《楞嚴》之為經,交光法師以為得《華嚴》氣分,雲浦上人書《華嚴》後,續書此經,抑亦本於其論耶?余謂閱經者,當求經之要,勿先於時味較異同可也。《華嚴》曰:「有大經卷在一微塵。」有智者破塵而得經,獨不思此經者為《華嚴》耶?為《楞嚴》耶?為理耶?為事耶?每見疏解,談何容易?是坐睡,於毒鼓聲中而笑談自若,不幾於戲論哉。使遇長慶當破「七蒲團」以參之。

——明·牧雲 通門禪師《牧雲和尚嬾齋別集·卷二》。《嘉興藏》第三十一冊頁 548 下。

# 36 明·明勳大師

明·明勳大師,徽人,原名胡文柱。明·天啓時,為中書舍人,以不從魏璫書經命褫官,至丙戌,忽患「人面瘡」,痛不可忍。辛卯冬,暈絕,恍惚聽「瘡」作人言曰:「予梁時盧昭容也,在雒陽宮中,遭賊戕命,今已六百餘年,尚滯鬼籍,而君即當日戕予者,今既轉身為男子,當書《法華》等經以自救救予。」文柱哀祈住痛,即書,時居儀真,立具紙筆,書《法華》、《華嚴》、《金剛》、《楞嚴》等經及「水懺」。

每書時,痛輒止,停筆復痛。踰年,書經完,患遂愈。丁酉夏,遇堆山於德慶,詳述斯事,但未辨為蕭梁?為朱梁?李太史明睿,王子猷定,諸人題跋,亦皆不及審定,堆山曰:「此朱梁也,蕭梁時,雒陽屬魏,且昭容亦唐宮人位號,乃擁護昭宗而被害者,君非朱友珪?即氏叔琮耳。」遂訂而題其冊,見薛公案,今堆山道者米筆記,按堆山考據最悉,但如此,則梁昭容,應作唐昭容,或胡君憒絕中,唐、梁聲近而訛,未可知也,周石續志。

——《法華經持驗記·卷二》。《卍續藏》第七十八冊頁 89 上。

## *37* 明．胡覺性居士

血書《楞嚴》為胡覺性題。

《佛頂楞嚴》義甚深，言言戛玉又鏗金。
如來演暢三摩地，菩薩修成萬行林。
見不見時名正見，心非心處是眞心。
指頭一滴娘生血，流出尤能冠古今。

——《南石文琇禪師語錄．卷三》。《卍續藏》第七十一冊頁 724 上。

## *38* 明．顧敬修居士

跋顧敬修居士手書《法華》、《楞嚴》二經。《楞嚴》「一切事究竟堅固」，即《法華》「世間相常住」也。《法華》「心生大歡喜，自知當作佛」，即《楞嚴》「狂心不歇，歇即菩提，方悟神珠，不從外得」也。

敬修居士手書二經，貯供芸居。蓋自挂冠，與玄公篤方外之誼。玄公，余知友也，丁亥夏舟過吳門居士，以個中事相扣，招余天宮寺齋。而玄公出是經時，綠陰在庭，葵芳滿砌爛然，耀人心目。余指謂居士曰：「此世間相常住也。」凝睇久之，啜茶而別。

——明．牧雲 通門禪師《牧雲和尚嬾齋別集．卷二》。《嘉興藏》第三十一冊頁 547 下。

## *39* 清．道昉大師

清．道昉大師，初事禪法，妙悟本地，後修「淨土」，多見靈異。并廣通經論，能撰文。曾參訂智旭大師《楞嚴經玄義》及《文句》。

　　　　　　　　—明復法師編《中國佛學人名辭典》頁 511。編號 4091。
《楞嚴經・卷七》云：

**妄性**「**無體**」(沒有真實存在或獨存的自體性)**，非**「**有所依**」(妄心本無處所，真心不落思惟也)**。**

**將欲**「**復真**」(回復真如自性)**，欲**「**真**」**已非真**(真正的)「**真如**」**性，**
「**非真**」(生滅妄心)**求復**(回復真如自性)**，宛成**「**非相**」**。**(狂心若歇，歇即菩提。

真如自性「非真、非妄」也)

# *40* 清代朝鮮・**有一大師**

　　（1720—1799）。清代朝鮮・有一大師，俗姓千，字無二，號蓮潭。湖南 和順縣（全羅 南道）人，自幼學經史，十八歲依僧達山 法泉寺之性哲師出家，翌年祝髮受戒，學禪要。廿歲從大芚寺之碧霞學《楞嚴經》，又從寶林寺 龍岩習《起信論》及《金剛經》。後隨侍海印寺 虎巖 體淨，參內藏 圓通菴 雪坡 尚彥。英祖十七年（1741 年）入尚彥之室，復歷參楓裏山 楓岩、法雲菴 霜月諸僧。英祖四十四年（1768 年）住羌黃寺，主持講席三十年；正祖廿二年（1798 年）移居寶林寺三聖菴，翌年示寂，世壽八十，法臘六十二。傳禪弟子有四十二名。

　　著書頗多，有《大教遺忘記》五卷、《蓮潭大師林下錄》四卷、《玄談私記》二卷、《拈頌著柄》二卷、《圓覺私記》二卷、《四集手記》、《起心蛇足》、《金剛蝦目》、《諸經會要》及《禪源諸詮集都序科目序》等書。(參考資料詳見《東師列傳》卷四。《蓮潭大師自譜行業》。《韓國佛書解題辭典》，東國大學校佛教文化研究所編)。
　　　　　—《中華佛教百科全書》（四）/有一。2099.2

# *41* 清・**洞初大師**

（1667—1728）。清‧洞初大師，字澄林，武清（今屬天津）張氏。端州 月山 洞初 度禪師，初投京師 觀音閣薙染，復從潭柘 振寰受具。遍歷講肆，討論性相；兼叩禪宗，參究心要；律身端嚴，語不妄發。衣鉢事自隨，過午不食，後歸潭柘。

清‧康熙六十一年（1722 年）師繼法席，建「楞嚴壇」，宣講《梵網》，規範學子。參見《新續高僧傳四集》三〇。

　　　　　—震華法師遺稿《中國佛教人名大辭典》頁 523。
　　　　　—《正源略集‧卷十三》。《卍續藏》第八十五冊頁 78 上。

# 42 清‧道實大師

（1620—1692）。清‧道實大師，字惟一，侯官（今屬福建）鄭氏。投黃檗 隱元師薙髮，住鎮海寺。赤足露頂，苦志潛修。

明‧永曆八年（1654 年）東渡，翌年回棹。寬文元年（1661 年）與高泉等再往，依隱老人於普門 黃檗，次居雙鶴亭。日瀝指血，書《華嚴》八十一卷，人稱華嚴菩薩，改亭為華嚴院。又書《法華》、《楞嚴》等經。有《幻居草》一卷。參見《黃檗東渡僧寶傳》。

　　　　　—震華法師遺稿《中國佛教人名大辭典》頁 827。

# 43 清‧德堂大師

清‧德堂大師，字天然，湖南 清泉 劉氏的子弟。從小聰明過人，胸懷出世之願。時常恭敬禮拜觀世音菩薩，而且喜好靜坐。清‧光緒廿二年（1896 年），年廿三歲，出家于南嶽的磨鏡臺，在海岸長老座下為徒孫。不久之後，前往上林寺受具足戒。接著遇到上仁默庵法師講《楞嚴經》，及《淨土生無生論》，德堂法師於是在祝聖寺，振奮心志研究教典。隱居數年後，經、律、論三藏深奧的妙旨，

無不契悟，而其中尤以律學為最精通。

　　嘗至浙江 天童山，禮密祖塔，與寄禪 杜多和尚（自稱八指頭陀），相遇契合，傳為法子。清·光緒三十三年（1907 年）春天，再度于阿育王寺禮拜舍利子，因志誠懇切之心，感得舍利子放大光明，照耀身心。

　　師一日示現些微疾病，見到空中有「化佛」來迎接，而清淨的梵音不絕於耳。臨終時對大眾說：「人命無常，光陰迅速。你們應當專注心念於西方淨土，以期儘早證得不退轉之位。我在此五濁惡世的塵緣已盡，極樂蓮邦的因緣已熟，不能與你們長久共遊了！」於是面向西方端坐而往生。時為西元 1912 年 6 月 29 日子時（夜十一～一時），世壽三十九歲，僧臘十八年。

——《近代往生傳》。

——《淨土聖賢錄·三編》卷一。

# 44 清·三世若必多吉大師

　　清·三世若必多吉大師，又名益西丹貝仲美。以康熙五十六年（1717 年）降誕多麥宗喀（青海 湟中）北部。幼多靈異，能知「生前事」，五十九年被迎入佑寧寺坐床。

　　清·雍正元年（1723 年）羅卜藏丹津亂起，年羹堯師軍，焚寺屠僧，佑寧亦罹厄難，時師被俘送京師，清帝命住嵩祝寺，與皇子弘曆同就土觀二世學法。故其學養得能兼通內外，擅漢滿蒙諸族語文。

　　清·雍正十二年（1734 年），十七歲，清帝依例封為「灌頂普惠廣慈大國師」，送達賴喇嘛由泰寧返拉薩。因得親近之，從學「勝

樂密集灌頂法」，二大乘師道規及達賴五世之多種著作，十三年
（1735年），更謁班禪五世於扎什倫布寺，從受具足戒。次年返京，
乾隆帝任為管理京師喇嘛扎薩克掌印喇嘛，並翻譯「丹珠爾部」藏
經為蒙文。

　　清・乾隆十四年（1749年）返多麥故里，復協同清帝整建熱
河行宮外八寺。三十六年（1771年）奉敕譯「甘珠爾」為滿文，譯
《大佛頂首楞嚴經》為「藏文」。以五十一年（1786年）四月二日
午後於五台山坐遷。世壽七十，著作百七十種。
　　　　　——明復法師編《中國佛學人名辭典》頁410。編號3080。

《楞嚴經・卷三》云：
　　**是諸大眾各各自知「心遍十方」。見十方「空」**(虛空世界)**，如觀手中
　　所持葉物。**
　　**一切世間諸所有物，皆即菩提「妙明」**(勝妙明淨)**元心**(本元所具真心)**。**
　　**「心精」**(純精真心)**遍圓，含裏十方。**

# *45* 清・克圖大師

　　釋克圖者，章嘉呼土克圖也，蒙古 多倫泊彙宗寺僧。西藏人，
生有異徵，不迷本性，相傳為達賴第二世呼畢勒罕轉生，種種異徵，
眾所欽企。幼育于寺，乃居第五世達賴弟子。清康熙時，寰宇載寧，
重譯來朝。聖祖晚歲頗耽禪理，屢詣法典，歎為玄識，特錫灌頂普
慧廣慈之號，命主蒙古 多倫泊彙宗寺。克圖博貫宗教，梵行精純，
諦誼圓妙，西藏 蒙古諸王尤相崇信，多所歸依。世宗在藩邸時，
傾心仰慕，及總萬機，廣搜禪集，取其語列入御選，歎為真再來人，
古今希有。為造善因寺居之，恩禮有加，純廟登極。

　　膺召入京，翻譯大藏中一切咒語，以滿文、漢字、梵書三體並

列，使讀者瞭然，不限方域，刊入藏經，用廣流傳。嘗言其國有狼達爾瑪漢者，滅法毀教，其後補綴未全，而經已佚，因假《楞嚴》善本四譯而歸之；又佐莊親王修《同文韻統》。晚年病目，與人講論，能以手數經卷篇目，而指其文往往不爽，群相驚歎，非記誦嫺熟，未易臻此。以乾隆四十一年寂于京師。

——《新續高僧傳·卷二》。《佛教藏》第一六一冊頁 91。

按：章嘉 呼圖克圖（西藏名 Lcaṅ-skya，蒙古語 Xutuqtu）在當時被歎為「真再來人，古今希有」，亦是達賴二世呼畢勒罕轉生，種種異徵，眾所欽至。其在清高宗 乾隆十七年至二十八年，將《楞嚴經》重譯成藏文，並刊成漢、滿、藏、蒙四體合璧的《首楞嚴經》全帙（藏文《楞嚴經》事詳於《中華佛教百科全書》第八冊頁 4706 右）。

## 46 清·應慈大師

（1873—1965）。安徽 歙縣人，俗姓余，字顯親。光緒二十四年（1898），投南京 三聖庵出家。越四年，受戒於浙江 天童寺，以「八指頭陀」為戒和尚。後參禪於常州 天寧寺 冶開和尚座下，頗有領悟。光緒三十四年，與月霞法師同時受法於冶開和尚。後嘗繼月霞領導「法界學院」。民國十二年（1923），掩關於杭州 西湖 菩提寺，未久開講於常州「清涼學院」。師畢生以弘揚《華嚴》為職志，以參禪為心宗，倡刻《華嚴經》三種譯本、法藏《華嚴五教章》、澄觀《華嚴大疏演義鈔》，及《法華》、《楞嚴》、《楞伽》等諸經疏。五十四年八月於上海示寂，世壽九十三。

——《佛光大辭典》頁 6435。

## 47 清·陳寅居士

清·陳寅居士，即鳳陽太守陳寅，字靖共，號鐵僧，大興人。

官內翰，時掌制詔，便留心宗乘，凡著詩古文辭，每多出塵之想。一時<u>弘覺 忞</u>師，<u>大覺 琇</u>師，及<u>靈巖 儲</u>師，皆極稱賞。後任<u>金陵 司馬</u>，謁<u>東山 咸</u>師，示「無夢無想時，如何是大用現前話」。士參十年，不得悟，後與<u>卞孝 旨</u>，日夕提警，遂與前參語句，默然有契。忽一日，于<u>長江</u>舟中，憑檻觀流，因憶「受不知報，報不知受」句，猛得徹證，遂作頌曰：

「十載鑽研道路賖，笑將己屋認他家，

　　而今打破㮇櫑看，始信梅開是舊花。」

一日<u>棲賢</u>問<u>陳寅</u>居士：「一粒米，大似須彌山，如何被螻蟻拖去？」

居士曰：「蓋天蓋地，和尚如何道？」

<u>賢</u>曰：「死水不藏龍。」

居士振威一喝。

<u>賢</u>便休。

　　居士嘗與<u>高隱 李中房</u>，為法求人，究心果位之學。每手錄《楞嚴》大義，以及《華嚴》、《法華》、《維摩》、《圓覺》諸經，而于「相宗」，獨窺堂奧。會謂座主曰：「相不自相，因我而成相，我不自我，因相而成我。」一時講席，傳為妙語云。

　　——《五燈全書‧卷九十四》。《卍續藏》第八十二冊頁 528 下。

## *48* 清末民初‧*靜寬法師*

　　（？—1943）。師諱惟道，字靜觀。又字淨寬，別號池蓮。<u>永嘉 瑞安 臺石 金罍 翁</u>氏子。三歲能稱觀音聖號。年十三至佛寺，不假思索，課誦法器自如，如宿習然，眾皆奇之。年十五披剃，十八受具。復從<u>諦閑</u>、<u>成蓮</u>、<u>諦閎</u>、<u>諦受</u>諸師，精研《楞嚴》、《圓覺》、《天台四教儀》等內典。

　　于光緒二十九年冬，掩關專禮《大悲懺》，精誦《圓覺》。一夕誦《圓覺・清淨慧章》：「居一切時，不起妄念。於諸妄心，亦不息滅。住妄想境，不加了知。於無了知，不辨真實」句，豁然大悟。出關後開演《法華》、《楞嚴》。後往謁青權法師半載，得蒙證印，付衣拂矣。自此十方請師講經，相蹤於道，遂大開法席，講演《楞嚴》、《法華》、《彌陀》、《地藏》、《梵網》、《行願品》、《發菩提心文》、《仁王護國》諸經。晚年居淨圓寺，刻香代漏，虔修淨業，開示淨土要義，廣緣淨緣。

　　民國三十二年癸末三月二十二日，略示微疾。本空法師往謁，師謂：「吾年已七十有二，遠道特來訪尋汝等，豈無意乎？只願汝輩，腳踏實地，不慕虛榮」。復曰：「臨危持戒難，此語切記毋忽。吾去年遭滾湯之厄，數旬不能轉動。惟專作西方觀，今將成熟矣」。通善居士問：「師今夙業空了，臨終必定好好去」。師云：「玄奘法師，於圓寂前亦有微疾」。再求最後開示，曰：「汝當堅持彌陀聖號，修牧牛行，《大智度論》，可細看」！寺主入視，亦請示法要。師搖手示意云：「無法可說」。續曰：「不用忙，一概都不要」。言訖含笑而化。二七荼毗，獲舍利十三顆。世壽七十有二，法臘五十九。著《語錄》二卷、《效顰》、《巴歌》、《年譜》各一卷。

——《僧寶之光》頁 12—17。

## 49 清末民初・念性法師

　　（1869—1951）。念性，湘潭人。自幼出家，曾參禮普陀 印光法師，日誦《金剛經》。參禪之餘，並研習《梵網》、《楞嚴》、《法華》諸大乘經。駐錫天童五十餘年，身處閑寮，默默自參。究心律部，梵行高潔。1950 年臘八日，自知世緣將終，遂囑香燈請昌修至，將己所藏《傳戒科儀》一部相贈，告以明春歸家，所留衣物，

請代分贈結緣。翌年新春初四日，略示不適。午後，復請<u>昌修</u>至，詢<u>修</u>何日下山？<u>修</u>答，約在初八九。乃留<u>修</u>過十二日再去。十一日晚，<u>昌修</u>復來探詢，<u>性</u>唯勉以盡心維護常住。並云：「吾將於中夜二時往生淨土」。至夜半，<u>性</u>請眾助念彌陀聖號，從容搭衣坐床上。於二時正，含笑化去。頭頂熱氣升騰。世壽八十有二。

——《近代往生隨聞錄》頁 19。

# *50* 清末民初‧**根慧法師**

（1881—1951）。根慧，<u>浙江 平陽</u>人。俗<u>金</u>氏，名<u>學田</u>。諱<u>今覺</u>，字<u>根慧</u>，別號<u>瑞光</u>。年十四從<u>普陀 半山庵</u> <u>了崇</u>法師披剃，旋至<u>普濟寺</u>受具戒。一日赴<u>常州 天寧寺</u>途中，患病幾殆。二足浮腫，數日不食，力疾抵寺。壁題云：「到這裏來，就要放下」。即時萬緣頓空，病竟霍然。試以「念佛是誰」話頭，息心參究。疑情陡發，不斷者數月。後隨<u>諦閑</u>法師習天台教觀，諦公以師解行相應，擢任<u>觀宗寺</u>住持，兼傳天台宗印，以續法脈。<u>慧</u>承<u>法智</u>大師暨諦公遺規，依教修行，依法明宗，禪淨雙修，教觀並運。常年建法華三昧七，二十一日。十六觀彌陀七，各七日。

自春徂秋，依次講《法華》、《楞嚴》、《觀無量壽經》。孜孜屹屹，未或稍息。一日<u>根師</u>講《楞嚴》至「解六結」文，突有一巨蛛墜《楞嚴》經文上，宛轉爬行，師為說三皈，並祝發菩提心，速脫苦報，早生西方。蛛即寂然不動，蜷伏諦聽。翌日師展經卷視之，已生西矣！徒<u>本空</u>師賦二絕誌感焉：勾心鬥角苦經營，錦繡河山不夜城。法網森羅工鍛納，多生積習現分明。山來緩戒最憐君，幸賴多生般若熏。聽到楞嚴解六結，一靈西去絕塵氛。

師隆冬祁寒，猶露頂行道，盛夏溽暑，亦不免衣，不揮扇。午夜危坐，過中不食，一衲數十年不易。自 1935 年夏起，以迄圓寂，

月禮《法華三昧懺》，祈世界和平。1951 年秋，略感微疾，預知時至，搭衣持具，至各寮告別，諄諄勉後學扶持叢林，續佛慧命。

　　九月初三日子時，說偈云：「安安安安安，無無無無無。安、無安、無所安。安無安、無無無、安安」。時靜權法師適在座，詢曰：「可速往西方，速來娑婆，廣度眾生」。師即首肯，吉祥而逝，頂相猶溫。荼毘日，天空瑞光一道，狀如白練，復有五色祥雲繞日，大似車輪，歷四時方散。復檢得舍利八顆，餘碎舍利無數。世壽七十一，法臘四十七。著《法華妙德玄記》八卷、《楞嚴權實疏》十卷、《五味玄記》、《彌陀性樂義味》、《谷音》、《經筵拾零》行世。

　　　　　　　　　　　　　　——本空禪師著《煙水集》頁 133—138。

# 51 清末民初・慈舟法師

　　（1877—1957）慈舟，湖北 隨縣人。俗梁姓，法名普海，字慈舟。自幼即從父母學佛。年三十三，與妻室同時出家，禮隨縣 佛垣寺 照元法師剃染，是年于漢陽 歸元寺受具戒。民國二年，遠赴揚州 長生寺從元藏法師習《楞嚴經》。後隨侍華嚴宗大德月霞法師。生平講授《華嚴》、《楞嚴》、《起信論》、《普賢行願品》、《般若經》、《地藏》、《圓覺》、《四分律》等，闡揚戒律，弘化甚廣。自律甚嚴，持比丘戒，修淨土行，行法界觀。其說法度人，一任本真，絕不談玄說妙，虛飾文詞。民國九年，創辦「華嚴大學」、「明教學院」，致力僧材教育；並應虛雲和尚之請，於福州 法海寺籌辦「法界學院」，後遷至北平 淨蓮寺。

　　民國十八年，應印光、真達法師請，接任靈巖山寺住持，啟建「常年打七」念佛堂。民國三十五年，住極樂庵，單雙日輪講《楞嚴經》與《四分律》。民國四十三年二月夢月霞老法師，囑令弘法，乃于觀音七中，力疾開示「尊重」、「恭敬」、「不輕慢」等要義。語極

微弱，自課拜佛彌勤不輟。民國四十六年十一月十七日，晨七時，目睹接引佛像，于大眾助念聲中，微合雙目，安詳捨報，示寂於安養精舍。茶毗檢得舍利數千，均五色繽紛。世壽八十一，僧臘四十八。

著《毘尼作持要錄》、《阿彌陀佛講記》、《菩薩戒本疏》、《大乘起信論述記》、《普賢行願品親聞記》、《八大人覺經淺釋》、《增訂自修日課簡錄》等。今有《慈舟大師法彙》行世。

——《慈舟大師法彙》。

## *52* 清末民初‧智性法師

（1884—1964）。智性，臺灣 臺北人，俗葉姓。法名智性，號聖靜。年十八，禮福建 鼓山 振光和尚出家，年二十于鼓山 湧泉寺受具戒。後參訪諸山長老，足跡遍歷大陸各省及南洋等地。一九二八年歸臺，先後重建北投 慈航寺，興辦臺中佛學院，培育僧才，常以「誠」、「習」、「專」三字勉眾，並擔任台灣省佛教分會第二屆理事長。師禪淨雙修，終日念佛不懈，嘗開示：「念佛可以增進智慧，如果沒有智慧，那人是麼可憐，而且專心的念佛可以去妄想，增加無上的快樂。」日必誦《法華》、《楞嚴》，于此二經極具心匠。夜十一時就寢，晨二時起身，禮《大悲懺》，誦《地藏》畢。再親自領眾，早晚二課，按時禮拜，不稍粗率，偶間必于次日補齊。布施放生，毫不遜人，嘗出資購烏龜數千隻放生。師精通醫道，尤以治癲狂病聞名，老人甚少用藥，多採己加持之「唵嘛呢叭咪吽」濟人，靈驗異常。

1961 年病危，眾徒以老人將示寂，老人答：「大眾安心，吾至八十才走！」1964 農曆 4 月 29 日，鐘鳴五響，老人高聲念佛數聲，安詳示寂。異香滿室，頂尚溫暖。世壽八十有一，法臘六十一。茶

毗獲五彩舍利數百。

——《僧寶之光》頁 91—100。或見台中《慈明雜誌》第 34、35、39 期。

## *53* 清末民初 · 了願法師

（1889—1975）。了願，俗姓陳，湖北 黃崗縣人。年十九歲捨俗為僧。父某，見子出家，亦捨俗；平時隨眾坐香，默念佛號；臨終預知時至，身無病苦，作務如常，安詳坐脫。願見其父精進念佛，歸宿如此，大為感動。是故懇切持名，日課一二萬以為常。師於禪教俱有深造，而歸心淨土。

歷任揚州 高旻寺首座十餘年，及上海 靈山寺、龍華寺住持。於滬、杭、蘇、常各地，弘法三十餘載。常講《楞嚴》、《彌陀》諸大乘經，法雨遍灑江、浙兩省，善信皈依者甚眾。師待人接物，和藹可親。凡來謁者，普勸吃素念佛，求生彌陀淨土。晚年居佛子園，二六時中，持念聖號不輟。文革時，忽病中風，言語蹇澀，手足拘攣，經醫治療略瘥。

1975 年 11 月 24 日，偶感風寒，勞倦欲臥。對弟子曰：「吾已親見阿彌陀佛。身無病苦，心不迷亂，必當往生極樂。」至半夜，復言：「佛來！」遂高聲念佛。漸漸聲低，唇猶微動，安詳逝化。春秋八十有六。

——《近代往生隨聞錄》頁 24—25。

## *54* 民國 · 大可法師

（？—1977）。大可，俗姓任，河北 正定人。年三十，禮贛縣通天岩 廣福寺 明志老和尚剃染。年三十六，受具戒于南京 寶華山隆昌寺。翌年至觀宗寺研究社，學習台宗教理。可信深解徹，戒行

嚴潔。居安養堂近三十載，搭衣禮佛，雖酷暑嚴寒，晝夜不輟。禮經如《華嚴》、《法華》、《楞嚴》《金剛》、《地藏》、《梁皇》、《水懺》等，一字一禮，竭誠盡敬。檀施之資，輒隨喜放生，或濟助貧乏。每飯後歸寮，從不與人雜談，並持非時不食戒。

　　1977 年略示微疾，遂敦請同參念觀世音菩薩聖號。並請以淨沙置佛前，加持「不空絹索毗盧遮那佛大灌頂光明真言」及「大悲」、「往生」等神咒七天，用以散布棺中及屍體之上。並云：「以後諸臨終者亦宜如法爲之。」更對阿彌陀佛莊嚴聖像，諦觀熟視。發願言：「我決定往生西方。」連稱者三。時靜慧法師在旁，答曰：「恭喜法師，觀世音菩薩決定來接引往生西方極樂世界。」亦三應之。七月五日，彌留之頃，要靜慧法師以觀世音菩薩聖號附耳聲稱，藉策正念。氣斷後，歷時其久，遍體既冷，而頂門猶溫。世壽八十，僧臘四十有四。

——《中國近代淨土聖賢錄・第四冊》頁 58。

## 55 民國・茗山法師

　　（1914—2001）。民國・茗山法師，俗姓錢，名延齡，江蘇省鹽城縣人，西元 1914 年（民國三年）出生。他自幼隨母信佛，十九歲在家鄉寺廟剃度出家，廿歲到鎮江 焦山 定慧寺受具足戒，正遇上定慧寺開辦焦山佛學院，茗山於當年秋天考入佛學院第一屆肄業，時為 1933 年。在佛學院三年畢業，1936 年負笈武昌，考入太虛大師所設立的武昌世界佛學苑研究班深造。1947 年春，茗山法師出席中國佛教會代表大會，當選為中國佛教會理事。

　　1989 年，茗山法師參加「中國佛教協會赴美國弘法團」，到美國三藩市 萬佛城，參加了三壇大戒傳戒法會，參觀並訪問了洛杉磯的西來寺等寺院。1994 年春夏間，八十一歲的茗山老法師到臺

灣講經、傳戒、達五十三天。他在臺灣看望了闊別了五十七載，早年在武昌的世界佛學苑研究班的老學長，高齡八十九歲的印順法師。

茗山法師於 1980 年冬，當選為中國佛協常務理事。1992 年，老法師不顧年邁體弱，九月十二日至十月五日，在隆昌寺恢復中斷了三十五年的傳戒大典，戒子近千人，老法師擔任得戒和尚。老法師晚年駐錫焦山 定慧寺，他佛學造詣高深，精詩文、擅書法，著有《茗山文集》行世。此外尚有《華嚴經普賢行願品講義》、《彌勒上生經講義》等流通，并刊印手抄本《大佛頂首楞嚴經》和《金剛般若波羅蜜多心經》。茗山法師於 2001 年 6 月 1 日下午五時五十分示寂。世壽八十八歲，僧臘六十八年，戒臘六十七年。

—任繼愈主編《佛教大辭典》頁 890。

# 56 民國·大可法師

（1898—1977）。民國·大可法師，俗姓任，河北 正定人。年三十，禮贛縣 通天岩 廣福寺 明志老和尚剃染。年三十六，受「具戒」於南京 寶華山 隆昌寺。翌年至觀宗寺研究社，學習台宗教理。年四十二，掛錫國清寺。可師信深解徹，戒行嚴潔。居「安養堂」近三十載，搭衣禮佛，雖酷暑嚴寒，晝夜不輟。禮經如《華嚴》、《法華》、《楞嚴》、《金剛》、《地藏》、《梁皇》、《水懺》等，一字一禮，竭誠盡敬。檀施之資，輒隨喜放生，或濟助貧乏。每飯後歸寮，從不與人雜談，並持「非時不食戒」。

1977 年略示微疾，遂敦請同參念「觀世音菩薩」聖號。並請以淨沙置佛前，加持「不空絹索毗盧遮那佛大灌頂光明真言」及「大悲」、「往生」等神咒七天，用以散佈棺中及屍體之上，並云：「**以後諸臨終者亦宜如法為之。**」更對阿彌陀佛莊嚴聖像，諦觀熟視。發願言：

「我決定往生西方。」連稱者三。時靜慧法師在旁，答曰：「恭喜法師，觀世音菩薩決定來接引往生西方極樂世界。」亦三應之。

夏曆七月五日，可師彌留之頃，要靜慧法師以「觀世音菩薩」聖號附耳聲稱，藉策正念。氣斷後，歷時甚久，遍體既冷，而頂門猶溫。世壽八十，僧臘四十有四。

——《中國近代淨土聖賢錄・第四冊》頁 58。

《楞嚴經・卷五》云：

「知見」（喻真知真見之性）立「知」（空有二知），即「無明」本。

「知見」（喻真知真見之性）無「見」（空有二見），斯即「涅槃」。

# *57* 民國韓國・金吞虛大師

（1913—1983）。民國韓國・金吞虛大師，為韓國近代禪僧，在未入佛門以前，師精研儒學，受教於畿湖學派崔益鉉之派下。嘗與高僧方漢岩書信往來，以解疑惑。廿四歲決心入山。入山後十五年間，杜門不出，默言參禪，勇猛精進。後任月精寺祖室及五台山練修院長等職，指導雲水衲子。此外，又任中央譯經院首任院長，致力於韓文大藏經之刊行。

1983 年寂於江原道 五台山 月精寺 方山窟，享年七十一。師知識賅博，尤精於東洋哲學，嘗應聘於日本東京大學、台灣大學開設講座，為國際知名學者。譯有《華嚴經》、《楞嚴經》、《起信論》、《般若經》、《圓覺經》等書。

——《中華佛教百科全書》（六）/金吞虛。頁 3063.2

# *58* 民國朝鮮・金南泉大師

（1868—1936）。民國朝鮮·金南泉大師，慶南 陜川郡伽□伎面舊源洞人。名翰圭，自號牛頭山人、白岳山人。師幼時通曉詩書百家三語，十六歲入伽□伎山，從趙信 海出家，後住錫海印寺 白蓮庵精進修道，十八歲時受玩虛 伏涉之印可。其後，嘗就金泉 青岩寺 混元、桐華寺內院晦應等人，學習「四集、四教」、《楞嚴經》、《般若經》、《起信論》、《華嚴經》及《禪門拈頌》、《傳燈錄》。師三十七歲，擔任海印寺總攝，糾正僧風，整修寺剎，致力宣揚禪宗。翌年，於東萊 梵魚寺、五台山 上院禪院安居參禪。年四十一，在海印寺金剛戒壇從金霽山受具足戒及菩薩戒。後成為東萊布教所與梵魚寺「臨濟宗」中央布教所之布教師，並決心藉布教師之身份籌款興建禪學院。及五十四歲，乃與釋王寺 康道 蜂、梵魚寺 金石頭、吳惺 月等禪友，於漢城 安國洞創建禪學院。年六十九示寂於漢城禪學院。弟子有寶峰、俊杓、昔珠、正一、一夫等人。（參考資料參閱《南泉禪師文集》）。

— 《中華佛教百科全書》（六）/3064.2

## *59* 民國朝鮮·白龍城大師

（1864—1940）。民國朝鮮·白龍城大師，全北 長水郡 磻岩面竹林里人，俗姓白，名相奎，號龍城或白龍。十六歲入海印寺 極樂殿，以華月、相虛 慧造為師而出家。廿一歲，於通度寺從禪谷受比丘及菩薩戒，成為七佛庵 大隱禪師之正脈。其後，因讀《傳燈錄》而有悟，乃繼承喚醒之法。1926 年提出「禁止僧侶娶妻食肉」，要求回歸「傳統韓國佛教」之請願書。又為佛教之未來，提倡「禪農並行說」，在咸陽 白雲山 華果院與北間島開設農場。並設「參禪萬日」結社會，教化河東七佛寺、道峰山 望月寺、千聖山內院寺等眾多衲子。師曾於漢城 大覺寺翻譯《華嚴經》、《圓覺經》、《金剛經》、《起信論》、《楞嚴經》。1940 年 2 月入寂。著作與翻譯有《歸源正宗》、《覺海一輪》、《修心論》、《晴空圓日》、《語錄》等二十一卷，

以及《首楞嚴經鮮漢演義》、《鮮漢文新譯大藏經》、《覺頂心觀音正土總持經》等書。(參考資料參閱《三・一運動祕史》。《龍城禪師語錄》。《朝鮮佛教通史》。《龍城禪師研究》)。

——《中華佛教百科全書》(四)/白龍城。1826.1

# *60* 民國・素密法師

（1873—1925）。民國・素密比丘尼，字定佛。俗姓陳，香山人。密師天資聰穎，好習宗教，曾學道教運氣法，有所心得，更以傳人。1906 年至日本，見佛教於彼國極盛，於鐮倉 回春院，讀誦經書，參究禪旨。訪圓覺、建長諸寺，詳知佛法精義，至高無上，方悔昔日所習為世間唾餘，盡行捨棄，並頓萌出家之念。1909 年回國，禮清涼 霧山長老披薙，於金陵 千華律院受「具戒」。戒期滿，至鎮江得雨華、圓通二庵，招五妹素浩、七妹證行共修持。修「般舟三昧」一期，精苦卓越。

密師提倡「十聲念佛」，其法簡便易行，人多奉其教。1913 年，師再往日本宏揚佛法。1920 年，移居香港 鳳凰山，啟建「楞嚴壇」。1922 年，假民園主持「佛七道場」，恭誦彌陀聖號，居士環集，最多達四、五千人，聞法生信，紛求皈依。此「佛七道場」之舉，乃為港地開風氣之先，並於港建立鹿野苑。1925 年 6 月 7 日，密師於念佛聲中安詳示寂。世壽五十有二。

——《續比丘尼傳・卷六》頁 118—119。

# *61* 民國・靈源大師

（1902～1988）。民國・靈源大師，浙江省 台州府 臨海縣人氏，父傳映庚，母謝美雲。幼年多災病，出世不到週歲，頭頸上長了一個「大毒瘡」，弄得醫生束手無策百藥罔效，最後因母親虔信佛教，在長期不斷地誦念觀世音菩薩聖號下，奇蹟似的不藥而癒。靈

源法師歸心佛教，事實上是在十六歲時無意中得《楞嚴經》抄寫閱讀，而激發起向佛之心，關於此中過程，靈源法師回憶道：

「十三歲的時候，我發生了痘症，幾經寒熱之後，生起滿身的天花（臨海俗語出牛痘曰「開天花」）初如番米（即玉蜀黍）相似，繼則全體潰瀾流膿，苦不可言。痘瘡癒後，全身如反面的石榴皮相似，白胖的我變成了一個黑而又醜的麻子……十六歲在回浦小學畢業，考入浙江第六中學借得一部《楞嚴經》，課餘閱讀不覺得意之際，手不釋卷而至忘了正課，相繼自己抄寫一部，視作珍寶似的看待。不久滿面的麻皮不覺全退，到了十八歲時人們已不知道我原是個麻子……」

靈源法師在抄寫《楞嚴經》及時常閱讀之下，興起了學佛的念頭。1922 年，靈源法師畢業於浙江第六中學，是年結婚，旋任故鄉中小學之教席。廿五歲那一年，潛往天台山出家，被知悉後追回。三十歲時，厭離心大熾，始辭父母別妻子。由武夷山至鼓山，見湧泉寺殿宇莊嚴，風景幽美，遂決志出家。

民國廿二年春鼓山 湧泉寺傳戒，聘應慈法師（1873～1965）為羯磨，退明和尚為教授，靈源法師即是於此春期中受具足戒的。爾後又至常熟 寶岩寺親近應慈老法師學《四十華嚴》及《楞嚴》，興福寺學「五教儀」。禪淨雙薰，即心即佛，唯心大淨土。民國三十八年奉虛雲老和尚之命代南華寺住持。

1953 年，受南懷瑾居士及基隆佛教講堂 普觀法師邀請，經周至柔將軍之助，至台灣弘法，靈源法師見基隆沒有佛教寺院，發願建寺，建立十方大覺寺。靈源法師「禪淨雙修」，為近代禪宗泰斗虛雲老和尚徒孫，法接「臨濟」正宗五十七代法脈。平日以《梵網經》、《立教儀開蒙》、《大乘起信論》、《八識規矩頌》、《楞嚴經》等為修習。法師於民國七十七年七月十七日上午四時，在四眾弟子念佛聲

中安祥捨報示寂，距生於民前十一年四月初八日享世壽八十有七，僧臘五十六，戒臘五十五。

——「禪宗虛雲法脈在台灣，記靈源法師的行誼」。闞正宗《台灣高僧》菩提長青出版社，1996，頁121—140。靈源《靈源夢話集》，基隆十方大覺寺，1982。

## 62 民國‧彭德安居士

（1887—1959）。民國‧彭德安居士，漢口人。勤儉慈慧，待人真誠和藹。其子智朗居士，常親近太虛大師、妙善大師親聆法要，並於妙善大師叮囑下茹素。彭居士見子於弱冠之年即能茹素，遂亦持齋，並皈依三寶。居士常聽聞隆淨法師講解佛法，並授以《楞嚴》、《大悲》等咒之修法，亦禮拜《華嚴經》，於是智慧漸開。後於歸元寺受五戒，遂將其珍貴之物，悉分與家人，僅攜布衣數件，至牯嶺山中修行，遺塵向道，意志堅決。每日五堂功課，讀經、拜《華嚴》外，日夜念佛不斷。曾作一偈：「積善堂前無限樂，念佛蓮中有餘香。」

1959年一月罹病，醫藥罔效。二月八日，於全山寺法師助念下，正念分明，安詳生西。逾三日，身軟如綿。春秋七十有二。
　　——《菩提樹》78期。《優婆夷列傳》頁25—29。

## 63 民國‧宋果定居士

民國‧宋果定居士，江蘇 高郵縣人。父親早逝，十五歲又喪母，因而獨自撫養弟妹三人。年十九歲時死而復蘇，於是感悟世間如空花，立志守貞不嫁，持齋念佛。隔年皈依寶華山 聖祖老人于本城的壽佛寺，受持戒律及念佛求生西方之法門，拳拳服膺，不敢忘失。壽佛寺每年佛七，居士必定前往念佛聽經，大獲饒益。於是

與高郵縣 古觀音庵的昌德尼師、揚州 益壽庵的麗善尼師，結成同參道友，決志同生淨土。

三十七歲，居士偕同昌德、麗善二位尼師到高旻寺，受五戒于朗輝老人，獲聞禪宗法要，雖不能徹底見性，但覺身心清淨。從此定課程，每日持名三萬聲，禮經千餘拜，並參禪宗向上事，數十年精進不懈怠。

居士凡是《華嚴經》、《楞嚴經》、《法華經》、《地藏經》、《金剛經》、《報恩經》等經典，均一字一拜。于高郵縣各寺院道場，常為護法。尤其喜好放生，培植福德。1933 年 6 月初，剛開始感染腹瀉，不久感覺精神疲憊。然後自知時至，囑咐家人，她臨終往生時不得哭泣，以免擾亂正念。到了十八日晚上，跟隨大眾的念佛聲中，安詳而往生。往生後，全身冰冷，而頭頂仍有溫暖。

——《佛學半月刊》第 72 期。

《楞嚴經‧卷五》云：

　　佛告阿難：「根(六根)、塵(六塵)」同源，「縛(繫縛)、脫(解脫)」無二，「識性」(六意識)虛妄，猶如「空華」(虛空中之幻華)。

# 64 民國‧張清臣居士

民國‧張清臣居士，字蓮友，法名淨覺，吳縣人，寓上海 大西路五十七號。幼秉祖母遺教，篤信佛法。年十六，皈依慧達法師。閱十載，始持十齋。四十餘歲，遂長素。跪誦《華嚴》、《法華》、《般若》、《楞嚴》諸大乘經，達數年之久。研究經論，頗多領悟。1931 年，印光大師為居士授五戒。清臣知見純正，專修淨土。

六十三歲春季，病咳多痰，醫罔見效。自知不起，乃一心念佛求生西方。惟時患昏沈，深恐臨終，正念難提。乃命其子，請示於

慧海法師。法師開示說:「此乃平時功夫不足所致。須時時提起正
念,專誠念佛,必得往生。並應多請同道助念。」云云。臨終前,
神志清明。請慧海法師至榻前,師為說法要,略謂:「世事虛假,
人命無常。四大假合,離幻即覺。要一切放下,一心念佛。」並為
摩頂說:「你隨我念三聲阿彌陀佛,自然心開見佛。」清臣即合掌隨
念三聲,安祥而逝。遺體四肢皆冷,惟頂猶溫。

——寬律法師撰錄《近代往生隨聞錄‧往生男居士》

## 65 民國‧胡定覺居士

　　民國胡定覺居士,字瀅波。原籍安徽 涇縣,寄籍湖北 荊門。
生而穎慧,幼習群書,中年多病,始留心醫學,及精神修養諸書。
頻與上海 醫學書局往來,得閱其出版之各種佛乘,即深信廣究,
旋赴沙市 章華寺,禮淨月上人。詢決疑義,即皈依,受菩薩戒。
平日虔持午齋,刺血書經,閉關專修,持名禮佛,廣讀大乘,普行
法施,竭誠以倡佛會。售產以請《藏經》,造佛形像,結「楞嚴壇」,
和惠接人,忍辱處事等,皆能堅忍卓絕,持以毅力。後乃專一持名,
力求打成一片之念而無念,無念而念境界,其自行精進如此。而在
家化及家人,在會化及會友。廿一年臘月初四日,忽安詳捨報,毫
無耽念痛苦。年四十五。(見《佛學半月刊》第61期)。

——《淨土聖賢錄四編‧卷中》頁 110—11

# 引　用　書　名

# 一、傳記書籍部份

1. 藍吉富主編《中華佛教百科全書》。台南中華佛教百科文獻基金會。1994 年。

2. 震華法師遺稿《中國佛教人名大辭典》。上海辭書出版社。1999 年11 月。

3. 明復法師編《中國佛學人名辭典》。高雄市太谷文化出版。1998 年。

4. 任繼愈主編《佛教大辭典》。江蘇古籍出版社。2002 年12 月。

5. 黃有福，陳景富編著《海東入華求法高僧傳》。中國社會科學出版。1994 年。

6. 高振農，劉新美著《中國近現代高僧與佛學名人小傳》。華東師範大學出版。1990 年。

7. 佟傑主編《宗教名人傳記》。吉林文史哲出版。1991 年。

8. 陳兵《新編佛教辭典》。中國世界語出版社。1994 年11 月。

9. 《四百八十位禪宗大德悟道因緣》。網路版電子書。
   (http://www.fodian.net/hanchuan/480czddwdyy.pdf)

10. 《楊仁山居士遺著》。台南和裕。1996 年1 月。

11. 《印光法師文鈔全集》。台北佛陀佛教基金會印。

12. 《虛雲老和尚年譜法彙增定本》。大乘精舍印經會。1986。

13. 知定大師《虛雲老和尚略史》。慈心佛經流通處。1998。

14. 宣化大師《楞嚴經五十陰魔淺釋》。台北法界佛教印經會。1996。

15. 《諦閑大師遺集》全五編。台南 南天台般若精舍印。1988 年。

16. 《斌宗法師遺集》一書。台北中華佛教文獻編撰社。1992 年。

17. 太虛大師《楞嚴經攝論》。台北善導寺佛經流通處印行。1969 年。

18. 《李炳南老居士全集·佛學問答類編（上中下)》。台中蓮社。2006 年。

19. 《佛光大辭典》。佛光書局。電子版。

20. 《近代往生傳》。台中蓮社。1996 年。

21. 《四大名山志》。台南和裕印。1993 年。

22. 《淨土聖賢錄四編》。台中蓮社。
23. 《賢首傳燈錄》。台北大乘精舍。
24. 《蓮池大師全集》（一至八冊）。台北法輪雜誌社。
25. 《蕅益大師全集》（全二十一冊）。台北佛教書局。
26.

## 二、藏經資料部份：

1. 《五燈全書》。CBETA, X82, no. 1571。
2. 《佛祖綱目》。CBETA, X85, no. 1594。
3. 《南宋元明禪林僧寶傳》。CBETA, X79, no. 1562。
4. 《五燈會元續略》。CBETA, X80, no. 1566。
5. 《增集續傳燈錄》。CBETA, X83, no. 1574。
6. 《宗鑑法林》。CBETA, X66, no. 1297。
7. 《補續高僧傳》。CBETA, X77, no. 1524。
8. 《續武林西湖高僧事略》。CBETA, X77, no. 1526。
9. 《為霖道霈禪師餐香錄》。CBETA, X72, no. 1439。
10. 《入就瑞白禪師語錄》。CBETA, J26, no. B188。
11. 《黔南會燈錄》。CBETA, X85, no. 1591。
12. 《正源略集》。CBETA, X85, no. 1587。
13. 《盤山了宗禪師語錄》。CBETA, J40, no. B474。
14. 《錦江禪燈》。CBETA, X85, no. 1590。
15. 《楞嚴經圓通疏》。CBETA, X12, no. 281。
16. 《楞嚴經疏解蒙鈔》。CBETA, X13, no. 287。
17. 《楞嚴經指掌疏懸示》。CBETA, X16, no. 307。
18. 《嘉泰普燈錄》。CBETA, X79, no. 1559。
19. 《林間錄》。CBETA, X87, no. 1624。
20. 《居士分燈錄》。CBETA, X86, no. 1607。
21. 《人天寶鑑》。CBETA, X87, no. 1612。
22. 《萬松老人評唱天童覺和尚拈古請益錄》。CBETA, X67, no. 1307。

23. 《指月錄》。CBETA, X83, no. 1578。
24. 《新編諸宗教藏總錄》。CBETA, T55, no. 2184。
25. 《繼燈錄》。CBETA, X86, no. 1605。
26. 《天如惟則禪師語錄》。CBETA, X70, no. 1403。
27. 《增集續傳燈錄》。CBETA, X83, no. 1574。
28. 《慶忠鐵壁機禪師語錄》。CBETA, J29, no. B240。
29. 《高僧摘要》。CBETA, X87, no. 1626。
30. 《建州弘釋錄》。CBETA, X86, no. 1606。
31. 《山菴雜錄》。CBETA, X87, no. 1616。
32. 《法華經持驗記》。CBETA, X78, no. 1541。
33. 《南嶽單傳記》。CBETA, X86, no. 1596。
34. 《密雲禪師語錄》。CBETA, J10, no. A158。
35. 《曹溪一滴》。CBETA, J25, no. B164。
36. 《徑石滴乳集》。CBETA, X67, no. 1308。
37. 《居士傳》。CBETA, X88, no. 1646。
38. 《宗統編年》。CBETA, X86, no. 1600。
39. 《屾峰憲禪師語錄》。CBETA, J34, no. B298。
40. 《憨休禪師敲空遺響》。CBETA, J37, no. B384。
41. 《丹霞澹歸禪師語錄》。CBETA, J38, no. B409。
42. 《觀音經持驗記》。CBETA, X78, no. 1542。
43. 《釋鑑稽古略續集》。CBETA, T49, no. 2038。
44. 《憨山老人夢遊集》。CBETA, X73, no. 1456。
45. 《淨土聖賢錄》。CBETA, X78, no. 1549。
46. 《續佛祖統紀》。CBETA, X75, no. 1515。
47. 《紫竹林顓愚衡和尚語錄》。CBETA, J28, no. B219。
48. 《宗寶道獨禪師語錄》。CBETA, X72, no. 1443。
49. 《錦江禪燈》。CBETA, X85, no. 1590。
50. 《伯亭大師傳記總帙》。CBETA, X88, no. 1656。
51. 《費隱禪師語錄》。CBETA, J26, no. B178。
52. 《雪竇石奇禪師語錄》。CBETA, J26, no. B183。

53. 《續燈正統》。CBETA, X84, no. 1583。

54. 《正史佛教資料類編》。CBETA, ZS01, no. 1。

55. 《名公法喜志》。CBETA, X88, no. 1649。

56. 《愚菴智及禪師語錄》。CBETA, X71, no. 1421。

57. 《月江正印禪師語錄》。CBETA, X71, no. 1409。

58. 《雲外雲岫禪師語錄》。CBETA, X72, no. 1431。

59. 《樵隱悟逸禪師語錄》。CBETA, X70, no. 1385。

60. 《石屋清洪禪師語錄》。CBETA, X70, no. 1399。

61. 《南石文琇禪師語錄》。CBETA, X71, no. 1422。

62. 《牧雲和尚嬾齋別集》。CBETA, J31, no. B267。

63. 《敕修百丈清規》。CBETA, T48, no. 2025。

64. 《聯燈會要》。CBETA, X79, no. 1557。

65. 《景德傳燈錄》。CBETA, T51, no. 2076。

66. 《續傳燈錄》。CBETA, T51, no. 2077。

67. 《續指月錄》。CBETA, X84, no. 1579。

68. 《釋氏稽古略》。CBETA, T49, no. 2037。

69. 《釋鑑稽古略續集》。CBETA, T49, no. 2038。

70. 《淨土聖賢錄續編》。CBETA, X78, no. 1550。

71. 《大明高僧傳》。CBETA, T50, no. 2062。

72. 《五燈嚴統》。CBETA, X80, no. 1568。

73. 《佛祖統記》。CBETA, T49, no. 2035。

74. 《佛祖歷代通載》。CBETA, T49, no. 2036。

75. 《鐔津文集》。CBETA, T52, no. 2115。

76. 《往生集》。CBETA, T51, no. 2072。

77. 《紫柏尊者全集》。CBETA, X73, no. 1452。

78. 《徹悟大師語錄》。CBETA, X62, no. 1182。

79. 《新續高僧傳》。《佛教藏》第 161 冊。

80. 《續比丘尼傳》。《佛教藏》第 161 冊。

# 三、專書及期月刊類：

1. 《近代往生隨聞錄》。寬律法師撰錄。台北世樺出版。1995 年。

2. 《寶靜大師全集》。台北佛教出版社。1975 年。

3. 《僧寶之光》。陳慧劍編。龍樹菩薩贈經會。1993 年。

4. 《興慈法師開示錄》。上海道德書局出版。1936 年。

5. 《金剛菩提海萬佛城》月刊。美國萬佛聖城。

6. 《靈源夢話集》。基隆十方大覺寺印。基隆十方大覺寺印。1982 年。

7. 《佛學半月刊》。

8. 《台州佛教》期刊。

# 《楞嚴經》之「非因緣」義研究

--本論文於 2011 年 5 月 21 日發表於華梵大學第一屆「楞嚴學會研討會」，當天與會學者為本文提供諸多寶貴意見，經筆者多次修潤後已完成定稿！

### 《楞嚴經》之「非因緣」義研究

【全文摘要】

《楞嚴經》在前三卷半重複……「非自然」義，如《卷二》云：「佛言：阿難！我說世間諸因緣相，……《卷三》云：「世間無知，惑為因緣及自然性。皆是識心分別計度，……實義」。《卷四》云：「若悟本頭，識知狂走，因緣、自然俱為戲論……入、十二處、十八界」諸法皆為「非因緣、非自然」，此與《中論》「未曾有一法，不從因緣生，是故一切法，無不是空者」是否有衝突？本文將詳細探討《楞嚴經》之「非因緣」義，並列舉藏經證明「非因緣」即指「非真實可得的因緣、非固定不變的因緣、非獨立單一的因緣、不執著於因緣法則」，故「因緣法，即非因緣法，是名因緣法」。

【關鍵詞】楞嚴經、非因緣、自然、緣起性空、不即不離

## 【全文摘要】

《楞嚴經》在前三卷半重複述說「非因緣、非自然」義,如《卷二》云:「佛言:阿難!我說世間諸因緣相,非第一義」。《卷三》云:「世間無知,惑為因緣及自然性。皆是識心分別計度,但有言說,都無實義」。《卷四》云:「若悟本頭,識知狂走,因緣、自然俱為戲論」。故「五陰、六入、十二處、十八界」諸法皆為「非因緣、非自然」,此與《中論》「未曾有一法,不從因緣生,是故一切法,無不是空者」是否有衝突?本文將詳細探討《楞嚴經》之「非因緣」義,並列舉藏經證明「非因緣」即指「非真實可得的因緣、非固定不變的因緣、非獨立單一的因緣、不執著於因緣法則」,故「因緣法,即非因緣法,是名因緣法」。

【關鍵詞】楞嚴經、非因緣、自然、緣起性空、不即不離

# A Study on the "Non Pratītya-Samutpāda" of the śūrāṅgama sūtra

## Abstract

In the first three and a half scrolls of the śūrāṅgama sūtra , we are repeatedly told the description of "non-pratītya-samutpāda (non-dependent-origination) and non- natural law." Another description in the second scroll goes thus, "The Buddha told Ananda that among the varieties of pratītya-samutpāda in this mundane world, we find no Paramartha-satya or the Absolute Truth." In the third scroll, we again are told that "the ignorant people are often confused by 'pratītya-samutpāda' and 'nature.' These two ideas belong to the discriminating consciousnesses, bearing no absolute truth." Moreover, in the fourth scroll, we encounter that "if one can attain enlightenment, then one understands that the ideas of 'pratītya-samutpāda' and 'nature' are merely illusions." Thus the Buddha sees all phenomena as "non-pratītya-samutpāda" and "non-natural-law." Is this in conflict with the saying in madhyamaka-kārikā that goes thus--"There is no any dharma that is not born from pratītya-samutpāda. Every dharma, thus, is 'sunyata,' is emptied of selfhood?"

This paper aims to delve into the "non- pratītya-samutpāda" of the śūrāṅgama sūtra. The author will also list various quotations from the Taisho Tripitaka to demonstrate that "non- pratītya-samutpāda" refers to the " 'pratītya-samutpāda' that is not to be really gotten, not fixable, not autonomous, and not to be attached." Hence, "the so-called pratītya-samutpāda is not the real pratītya-samutpāda. It is pratītya-samutpāda by expediency."

# 一、前言

有關「因緣、因果、緣起、緣生」的定義以及相關論著非常的多，簡單說「因」(hetu)是產生結果的內在直接原因；「緣」是資助「因」的外在間接條件。「因」與「緣」並稱名為「因緣」(hetu-pratyaya)；或言「因」即是「緣」；或言「因緣」即是「緣起」(pratītya-samutpāda)的另一譯名，因為 samutpāda 的意思是「生、起」[1]，所以「緣起」亦有譯作「緣生」一詞。[2]

佛所說的「緣起」義是非常深廣的，這法則不是釋迦牟尼所創立或定制，而是佛陀所親證、所體悟的宇宙真理，如《雜阿含經》上說：「緣起法者，非我所作，亦非餘人作，然彼如來出世及未出世，法界常住。」[3]這是宇宙萬法間必然的普遍原則，也是任何因果現象所不可違背的。「緣起」是大乘佛法中最常引用的名詞，從原始佛教到大乘佛教，幾乎所有佛典都是以「緣起說」作為中心思想，萬物、萬事都是「依緣而起」，是「藉著種種條件而產生現象的一種原理」，是「**此有故彼有，此生故彼生**」[4]的一種生起(因)與存在(果)。

但這種諸法的「緣起性空」義理並不容易了解，佛陀自己就曾說：「**此甚深處，所謂『緣起』，倍復甚深難見**」。[5]也因為如此，有些

---

[1] 詳《梵和大辭典》頁 1427。

[2] 如隋·吉藏撰《中觀論疏》作：「因緣生」即無生。詳《大正藏》第四十二冊頁 24 下。元·文才述《肇論新疏》作：「緣生」性空。詳《大正藏》第四十五冊頁 220 上。

[3] 詳《大正藏》第二冊頁 85 中。

[4] 這段經文出自《雜阿含經·卷十》：「迦旃延(kātyāyana)！如來離於二邊，說於中道，所謂『此有故彼有，此生故彼生』，謂緣無明有行。乃至生、老、病、死、憂、悲、惱苦集。所謂『此無故彼無，此滅故彼滅』，謂無明滅則行滅。乃至生、老、病、死、憂、悲、惱苦滅」。詳《大正藏》第二冊頁 67 上。

[5] 詳《雜阿含經·卷十二》。詳《大正藏》第二冊頁 83 下。

佛學研究者對「緣起法」了解不夠透澈，甚至誤解了《楞嚴經》的「非因緣」義，如前人一篇研究論文云：

> 《楞嚴經》卻大破因緣……非因緣，無疑是根本否定因緣，不承認因緣，照此經的主張，依據《中觀論》偈：「因緣所生法……」所生的天臺一宗，根本不能成立。[6]

「緣起法」是佛教的重心，沒有了「緣起法」就沒有了佛法。然而「緣起法」的自身是「空性」的，即在主觀上雖有形相生起，但在客觀上根本沒有一個獨立的存在與之相應，這就是「空」，「緣起」的當下就是「性空」，就是「無自性」的意思。如龍樹的《中論·卷四》云：「眾因緣生法，我說即是空(śūnyatā)，亦為是假名(prajñapti)，亦是中道義。未曾有一法，不從因緣生，是故一切法，無不是空者」[7]。龍樹在這兩首偈頌中將「空」定義為「因緣生」，凡是由「因緣」生起的種種事物都沒有真實的「自體性」(svabhāva)，所以稱它為--空性(śūnyatā)，進而強調一切法皆不離「緣起性空」之理。類似這樣的名

---

6 詳於保賢法師之「三談楞嚴問題」一文，見張曼濤編《大乘起信論與楞嚴經考辨》一書。現代佛教學術叢刊第35冊。台北：大乘文化出版。1980年10月，頁378～380。

7 詳《大正藏》第三十冊頁33中。鳩摩羅什原譯文作：我說即是「無」字，青目的譯文則作「空」字。又唐·波羅頗蜜多羅譯《般若燈論釋》亦作「空」字。詳《大正藏》第三十冊頁126上。

詞還有「緣起不起[8]、緣起性空[9]、緣生性空[10]、因緣生即無生[11]、因緣性空寂[12]……」等。

有關「緣起」義註解最多的資料可參照唐·玄奘譯之《分別緣起初勝法門經》，本經卷下有世尊宣講的十一種「緣起義」，如下經文云：

> 世尊告曰：諸緣起義，略有十一，如是應知。
> ❶謂無作者義，是緣起義。
> ❷有因生(指眾因緣而生)義，是緣起義。
> ❸離有情義，是緣起義。
> ❹依他起義，是緣起義。
> ❺無動作義，是緣起義。
> ❻性無常義，是緣起義。
> ❼剎那滅義，是緣起義。
> ❽因果相續，無間絕義，是緣起義。
> ❾種種因果品類別義，是緣起義。
> ❿因果更互相符順義，是緣起義。

---

[8] 「緣起不起」的名詞見於龍樹菩薩撰、唐·波羅頗蜜多羅譯《般若燈論釋》，詳《大正藏》第三十冊頁 54 下。

[9] 「緣起性空」的名詞見於唐·一行記《大毗盧遮那成佛經疏·卷二》，詳《大正藏》第三十九冊頁 601 下。

[10] 「緣生性空」的名詞見於唐·澄觀述《大方廣佛華嚴經隨疏演義鈔·卷九》，詳《大正藏》第三十九冊頁 67 下。唐·法藏述《十二門論宗致義記》，詳《大正藏》第四十二冊頁 218 中。北宋·延壽集《宗鏡錄·卷四十一》，詳《大正藏》第四十八冊頁 656 上。元·文才述《肇論新疏·卷二》。詳《大正藏》第四十五冊頁 215 中。

[11] 「因緣生即無生」的名詞見於隋·吉藏撰《中觀論疏·卷二》，詳《大正藏》第四十二冊頁 24 下。

[12] 「因緣性空寂」的名詞見於唐·菩提流志譯《大寶積經·卷一百一十一》，詳《大正藏》第十一冊頁 626 下。

⓫因果決定，無雜亂義，是緣起義。

如是應知「緣起」略義。[13]

若依據《分別緣起初勝法門經》中的「十一種緣起義」，再對照佛典藏經的研究分析，筆者將《楞嚴經》的「非因緣」作出四種詳細的解釋，分別是「非真實可得的因緣、非固定不變的因緣、非獨立單一的因緣、不執著於因緣法則」，這四種「非因緣」義的解釋為本論文的研究核心，預計撰寫的章節安排如下：

一、前言

二、即因緣義

三、非因緣義

    (一)非真實可得的因緣

    (二)非固定不變的因緣

    (三)非獨立單一的因緣

    (四)不執著於因緣法則

四、即因緣與非因緣的「不即不離」義

五、結論

## 二、即因緣義

《楞嚴經》十卷經文中到處都可見佛陀對「因緣法」的教導，底下將按卷數逐一例舉《楞嚴經》中所討論到的「因緣」論。首先從第一卷開始就宣說「楞嚴咒」為《楞嚴經》的起教之「緣」，如近代高僧美國萬佛城宣化上人(1918～1995)嘗言：「佛說《楞嚴經》，其因緣為阿難被摩登伽女，用先梵天咒所迷，婬躬撫摩，將毀戒體，佛敕文殊持咒往護，攝阿難還，故知『楞嚴咒』乃《楞嚴經》之主

---

[13] 詳《大正藏》第十六冊頁841中。

體，若無『楞嚴咒』，則不應有《楞嚴經》。」[14]

到了《楞嚴經》第二卷，佛即不斷宣說「五陰、六入，從十二處至十八界，『因緣』和合，虛妄有生；『因緣』別離，虛妄名滅」[15]的道理，此與《佛說華手經·卷六》的經義完全相同，如彼經云：

善知「五陰、十二入、十八界、十二因緣」，從「緣生法」。是白是黑，是好是醜，分別揀擇，皆入法性、法相、法位。如是通達，名為正念……唯有如來能方便說「陰、界、諸入、十二因緣」，從「緣生法」，餘無能者。[16]

《楞嚴經》第三卷在敘說「七大」生起之因時，云：「阿難！火性無我，寄於諸緣。」意指「火性」沒有真實獨存的「自體性」，火性是「無我」的，火性需寄託於「眾因緣」方能生起作用。此說亦與後魏·菩提流支(公元508年至洛陽譯經)譯《彌勒菩薩所問經論·卷第一》相同，經云：

一切法「依因依緣」和合而生……
不依「我」者，此義云何？以依「種種因緣法」生。
不依「我」生，以無實「我體」故。
如「眾緣」生火，火體有熱，熱「無實體」，而因緣和合名「火有熱」。[17]

另一部由西晉·竺法護(Dharmarakṣa 生卒年不詳，譯經時間位於265～274)所譯的《佛說胞胎經》也說明「火性」生起的因緣必須「完全具足」才能生起火源，如彼經云：「有目明眼之人，若『摩尼珠、陽燧

---

[14] 詳清·續法大師撰《楞嚴咒疏》一書之「序文」。台北大乘講堂印。81、9。
[15] 詳《大正藏》第十九冊頁114上。
[16] 詳《大正藏》第十六冊頁168中。
[17] 詳《大正藏》第二十六冊頁236上。

(凹鏡)』向日盛明，正中之時以燥牛糞，若艾、若布，尋時出火，則成光焰……『因緣』合會，『因緣』俱至等不增減(指種種眾因緣皆不缺時)；而火得生。」[18]

　　《楞嚴經》第四卷則說明「世界、眾生、業果」三種相續的「因緣」論，首先講「世界相續」的因緣是從「覺明空昧」開始，後面的《卷六》文也說：「空生大覺中，如海一漚發，有漏微塵國，皆依空所生」[19]。接著因彼此「動搖相傾」之力而有了「風輪」，逐漸次第再產生「金輪、火輪、水輪」等，如彼經云：

　　　　覺明空昧，相待成搖，故有「風輪」執持世界。
　　　　因空生搖，堅明立礙，彼金寶者，明覺立堅，故有「金輪」保
　　　　持國土。
　　　　堅覺寶成，搖明風出，「風、金」相摩，故有「火光」為變化性。
　　　　寶明生潤，火光上蒸，故有「水輪」含十方界……
　　　　交妄發生，遞相為種，以是因緣「世界相續」。[20]

　　以上是《楞嚴經》所談到「世界相續」的因緣，在《大方廣佛華嚴經‧卷第五十》亦說世界成立的種種「因緣相」，彼經云：「世界初成時，先成色界天宮殿，次及欲天，次人處，乾闥婆宮最後成……『水』緣『風力』起世間，宮殿山川悉成立」[21]。這個說法與《楞嚴經》雖然不同，但都屬於「世界成立」的「眾多因緣」其中之一緣。

---

[18] 詳《大正藏》第十一冊頁 887 上。
[19] 詳《大正藏》第十九冊頁 129 下。另《佛說寶雨經‧卷第四》亦說到「風力」確能執持地大之「金輪」，如經云：「復次善男子！譬如『風力』廣能安立一切世界種種莊嚴。謂『風』能持『金剛輪』等，七寶洲渚、輪圍山、大輪圍山、四大洲渚、蘇迷盧山……」，詳《大正藏》第十六冊頁 299 下。
[20] 詳《大正藏》第十九冊頁 120 上。
[21] 詳《大正藏》第十冊頁 265 上。

*22*

　　其次講「眾生相續」的「因緣」論，如經云：

　　同業相纏，合、離成化。見明色發，明見想成。異見成「憎」，
　　同想成「愛」，流愛為種，納想為胎，交遘發生，吸引同業，故
　　有因緣(慈想愛憎為親因緣，父母交遘為助緣)，生羯羅藍」(kalala 入胎第七天)、
　　遏蒲曇(arbuda 入胎第十四天)等。胎、卵、溼、化隨其所應⋯⋯情、
　　想、合、離，更相變易⋯⋯以是因緣「眾生相續」。*23*

　　經文說眾生相續的因緣來自「憎、愛」之心，有這兩種心是造
成「生死相續」之主因，故《楞嚴經》於卷四中亦勸修行應遠離「憎、
愛」二苦，如云：「是故阿難，汝雖歷劫憶持如來祕密妙嚴，不如一
日修無漏業，遠離世間『憎、愛』二苦。」*24*藏經中以「愛、憎」心為
生死輪迴的「因緣」論非常多，茲舉如下：

　　《大聖妙吉祥菩薩說除災教令法輪》云：
　　一切有情，無始已來，流轉生死，妄業纏覆，互相「愛、憎」，
　　感種種業報，招種種災難。*25*

---

*22* 關於宇宙四輪的生起次第仍有異說，除了《楞嚴經》風輪➜金輪➜火輪➜
　　水輪的次第外，另有二種說法。第一種是：地輪➜(依於)水輪➜火輪➜風輪
　　➜空輪。此說詳見《大法炬陀羅尼經・卷第二、卷四》、《供養十二大威
　　德天報恩品》、《增壹阿含經・卷第三十七》⋯⋯等。第二種說法缺少「火
　　輪」，生起的次第是：地輪➜(依於)水輪➜風輪➜空輪(虛空)。此說詳見《大
　　方廣佛華嚴經・卷第五十》、《大般涅槃經・卷上》、《佛說長阿含經・
　　卷第二》、《中阿含經・卷第九》、《佛般泥洹經・卷上》、《大乘阿毘
　　達磨集論・卷第三》、《大乘密嚴經・卷中》⋯⋯等。
*23* 詳《大正藏》第十九冊頁 120 上。
*24* 詳《大正藏》第十九冊頁 121 下。
*25* 詳《大正藏》第十九冊頁 342 中。

《大法炬陀羅尼經‧卷六》云：

若能如是除滅「愛、憎」，不取法相，當知即是「無相解脫門」。[26]

《佛說長阿含經‧卷十》云：

佛告帝釋，「貪、嫉」之生，皆由「愛、憎」，「愛、憎」為因，「愛、憎」為緣，「愛、憎」為首，從此而有，無此則無。[27]

《大方等大集經‧卷十八》云：

若有「憎」有「愛」則有「魔界」。若有菩薩去離「憎、愛」，平等行者，於諸法中則無二想，得入不可思議。是為菩薩能過「魔界」。[28]

《雜寶藏經‧卷六》云：

佛時答曰：「貪、嫉」二結使，繫縛人、天、阿修羅、乾闥婆等，并與一切類。皆為「貪、嫉」自縛，此事實爾。天中天！「貪、嫉」因緣，能縛一切……「貪、嫉」因「憎、愛」生，「憎、愛」為緣，有「憎、愛」必有「貪、嫉」。[29]

　　《楞嚴經》第四卷最後是講「業果」的因緣論，所有的業均不離「殺、盜、婬」三種緣，如彼經云：

　　想愛同結，愛不能離，則諸世間父、母、子、孫相生不斷。是

---

26 詳《大正藏》第二十一冊頁 686 中。
27 詳《大正藏》第一冊頁 64 上。
28 詳《大正藏》第十三冊頁 123 上。與此經義相同亦見於《大集大虛空藏菩薩所問經‧卷七》云：「以有『愛、憎』則墮魔行，若離『憎、愛』，名住平等。若住平等，則於諸法種種相離。離諸相故，平等思維，得是平等，名『超魔境』」。詳《大正藏》第十三冊頁 641 中。
29 詳《大正藏》第四冊頁 477 上。

等則以「欲貪」為本……隨力強弱,遞相吞食。是等則以「殺貪」
為本……十生之類,死死生生,互來相噉,惡業俱生,窮未來
際。是等則以「盜貪」為本……汝愛我心,我憐汝色,以是因
緣,經百千劫常在纏縛。惟「殺、盜、婬」三為根本,以是因
緣「業果相續」。[30]

《楞嚴經·卷六》又重復宣說「殺、盜、婬」為眾生生死相續
輪迴的根本,如云:「若諸世界六道眾生其心『不婬』,則不隨其生
死相續……其心『不殺』,則不隨其生死相續……其心『不偷』,則不
隨其生死相續。」[31]這樣的說法也同樣出現在《佛說大乘隨轉宣說
諸法經·卷二》中,如經云:「一切眾生,從無始劫來妄想顛倒,
貪嗔癡三為因,造「殺、盜、婬」業無量無邊,墮落諸趣,輪迴生
死,受大苦惱,無有休息」。[32]

《楞嚴經》第四卷中阿難對佛說自己是從「因緣法」中而得開
悟,而大會中的大目犍連(Mahā-Maudgalyāyana)、舍利弗(Śāriputra)、須
菩提(Subhūti)等,也是跟隨沙然梵志(sañjaya-vairaṭī 刪闍夜毘羅胝)而學習佛
的「因緣教法」,最後才開悟成就無漏果位,如經云:

阿難……起立白佛……我從「因緣」,心得開悟……今此會中
大目犍連及舍利弗、須菩提等,從老梵志(sañjaya-vairaṭī),聞佛
「因緣」,發心開悟得成無漏。[33]

關於大目犍連和舍利弗跟隨沙然梵志(sañjaya-vairaṭī)學習佛教
導的「因緣法義」在《四分律·卷三十三》中有詳細記載,如彼經
云:

---

30 詳《大正藏》第十九冊頁 120 中。
31 詳《大正藏》第十九冊頁 131 下~132 中。
32 詳《大正藏》第十五冊頁 776 下。
33 詳《大正藏》第十九冊頁 121 下。

時城中有刪若梵志(sañjaya-vairaṭī)，有二百五十弟子，優波提舍(Upatiṣya 舍利弗)、拘律陀(Kolita 大目犍連的別名)為上首……拘律陀見優波提舍來，便作是語：

汝(舍利弗)今顏色和悅，諸根寂定。如有所得，將不見法耶？

(舍利弗)答曰：如汝所言！(大目犍連)問言：得何等法？

(舍利弗)報言：彼如來說「因緣」生法，亦說「因緣」滅法。若法所因生，如來說是因。若法所因滅，大沙門亦說此義。

拘律陀(Kolita 大目犍連)聞是語已，即時諸塵垢盡，得法眼淨。[34]

《楞嚴經》卷四末，阿難讚嘆佛陀能以無量種種的「因緣法」教導眾生，甚至度化摩登伽女(Mātaṅgī，其女名 prakṛti 鉢吉提)，如彼經云：「阿難及諸大眾……白佛言：無上大悲清淨寶王，善開我心，能以如是種種『因緣』，方便提獎，引諸沉冥出於苦海。」[35]眾生若有八萬四千煩惱，佛度眾生亦有八萬四千種種方便的「因緣法」，如《妙法蓮華經·卷一》佛陀告訴舍利弗說：「吾從成佛已來，種種『因緣』，種種『譬喻』，廣演言教無數方便，引導眾生令離諸著」[36]及《勝天王般若波羅蜜經·卷二》的經文中，佛亦言：「如來說法無盡，普為十方一切眾生，一劫百劫千劫，若無量劫，種種『因緣』，說法無盡。」[37]

《楞嚴經》卷五，佛對阿難開示說：所有的佛法皆從「因緣生」，但這「因緣」並非是指世間麤糙的一種「和合」相，世人隨著「因緣」變化的事相而起執著，於是生出「和合」與「不和合」的兩邊邪見。如彼經云：

---

[34] 詳《大正藏》第二十二冊頁 798 下~799 上。

[35] 詳《大正藏》第十九冊頁 121 下。

[36] 詳《大正藏》第九冊頁 5 下。

[37] 詳《大正藏》第八冊頁 700 上。

阿難！我說佛法從「因緣生」，非取世間「和合麤相」。如來發明世、出世法，知其本因，隨「所緣」出。[38]

　　眾生不知凡是「緣生之法」皆如「夢幻泡影」，如卷五所云：「緣生故如幻」。[39]所有蘊界處法皆「隨眾生心，應所知量」，[40]諸法皆隨著眾生所思量的業感方式而起隨緣之用，但愚癡凡夫誤將這些「如幻」的隨緣業用當作是「真實可得的因緣」或「自然」論。如彼《大般若波羅蜜多經·卷第三百七十九》所云：「汝等當知蘊、界、處等一切法性，皆從『眾緣和合』建立，顛倒所起，諸業異熟之所攝受」。[41]

　　《楞嚴經》卷五又再舉舍利弗與大目犍連皆從迦葉波三兄弟習得「因緣」的法義，而體悟真心乃周遍法界的境界，如彼經云：「舍利弗……我於中路逢迦葉波，兄弟相逐，宣說『因緣』，悟心無際」。及「大目犍連……我初於路乞食，逢遇優樓頻螺(Uruvilvā-kāśyapa) [42]、伽耶(Gayā-kāśyapa) [43]、那提(Nadī-kāśyapa) [44]三迦葉波(kāśyapa)，宣說如來『因緣』深義，我頓發心，得大通達。」[45]

---

[38] 詳《大正藏》第十九冊頁 125 上。

[39] 詳《楞嚴經·卷五》，《大正藏》第十九冊頁 124 中。

[40] 詳《楞嚴經·卷三》，《大正藏》第十九冊頁 117 中。

[41] 詳《大正藏》第六冊頁 960 上。

[42] 優樓頻螺迦葉又譯作：優樓頻螺、漚樓頻螺迦葉、憂樓頻螺迦葉、優樓頻蠡迦葉、欝鞞羅迦葉、漚樓頻螺、優為迦葉、優婁頻螺、優僂頻螺、欝俾迦葉、欝鞞羅迦葉、耆年迦葉、上時迦葉。

[43] 三弟伽耶迦葉又譯作：伽耶迦葉、迦夷迦葉、竭夷迦葉。

[44] 二弟那提迦葉又譯作：難提迦葉、曩提迦葉、捺地迦葉波、江迦葉、河迦葉、治恆迦葉。那提迦葉為優樓頻螺迦葉之弟，伽耶迦葉之兄。

[45] 詳《大正藏》第十九冊頁 127 上。

關於三迦葉波宣說「因緣」法要的記載可見於《佛說千佛因緣經》，彼經記載佛與大比丘眾五千人及八萬四千的大菩薩俱會，法會裡面有迦葉波三兄弟、舍利弗、大目犍連等[46]，每人都各自論說自己宿世修道聞法的種種「因緣」觀，如彼經云：

> 一時，佛在王舍城 耆闍崛山中，與大比丘眾五千人俱，其名曰：尊者阿若憍陳如、尊者優樓頻螺迦葉、尊者伽耶迦葉、尊者那提迦葉、尊者摩訶迦葉、尊者舍利弗、尊者大目犍連……尊者阿難等……菩薩摩訶薩八萬四千人……各各自說過去「因緣」……
>
> 爾時，世尊從石室出，問阿難言：今諸聲聞、諸菩薩等，皆何講論？
>
> 阿難白佛言：世尊！諸菩薩眾，各各自說宿世「因緣」。[47]

《佛說千佛因緣經》經文最後的海慧如來即說偈頌：「智者應諦觀，本末『因緣』義。本性實際空，縛著橫見有，若能達解空，無願無作處。無相無所依，必得道如佛。」[48]雖然所有的羅漢、聲聞、菩薩都宣說宿世修道的「因緣法」，但有智慧的人應該觀察前因

---

[46] 有關迦葉波三兄弟、舍利弗、大目犍連在佛的法會中一起出現的經典記載非常的多，如：《大乘本生心地觀經》、《佛本行集經‧卷五十三》、《妙法蓮華經》、《無量義經》、《大寶積經‧卷六十一》、《大寶積經‧卷一百一十一》、《大方廣三戒經》、《父子合集經》、《佛說觀佛三昧海經‧卷八》、《大方廣如來藏經》、《佛本行集經‧卷五十三》……等。

[47] 詳《大正藏》第十四冊頁65下~66上。另外在《根本說一切有部毘奈耶藥事‧卷十七》亦記載三迦葉波宣說往昔種種業力「因緣」的故事，如經云：「爾時諸大聲聞者宿苾芻，告具壽優樓頻螺迦葉、那提迦葉、伽耶迦葉等，作如是言：具壽尊者！已說昔業報，次至仁等當說。爾時三人，共以伽他，而說頌曰：我等昔為三商主，與諸兄弟同遊戲……優樓頻螺迦葉等，於諸耆宿尊者前，自說往昔業『因緣』，無熱池中處蓮坐」。詳《大正藏》第二十四冊頁83上。

[48] 詳《大正藏》第十四冊頁71中。

後果的「本末因緣義」，一切都是「實際空性」的，這就是《楞嚴經·
卷五》中如來所宣說的「因緣深義」[49]，若能悟解「因緣性空」義而達
到「無願、無作、無相、無依」境界，必能得成佛果。

　　《楞嚴經》卷七佛宣講阿難與摩登伽女(Mātaṅgī, 其女名 prakṛti 鉢吉
提)歷劫的恩愛「因緣」習氣，而摩登伽女聽完佛所說的法義後證得
四果羅漢。如經云：「且汝宿世與摩登伽(Mātaṅgī)歷劫『因緣』恩愛習
氣，非是一生及與一劫，我一宣揚，愛心永脫，成阿羅漢」。[50]此段
經文亦是佛講「因緣法」的證據之一。

　　《楞嚴經》卷十佛陀為了凸顯《楞嚴經》的功德利益而以「七
寶遍滿十方虛空」作比喻，佛問：「於意云何？是人以此施佛『因緣』，
得福多不？」[51]可見整部《楞嚴經》到了卷十最後的「功德流通分」
時；佛仍不忘宣說修學《楞嚴經》所得功德的種種「因緣」法。[52]這
種「功德因緣」是非常重要的，如《摩訶般若波羅蜜經·卷二十七》
就說諸佛之莊嚴身皆是從「無量功德」的種種因緣而生，如彼經云：

---

[49] 詳《大正藏》第十九冊頁 127 上。另據《分別緣起初勝法門經·卷下》有云
「緣起」法具有五種「甚深」之義，如經云：「緣起甚深！云何應知如是『緣
起甚深』之相？世尊告曰：即依十一緣起略義，應知『緣起』五甚深相。何
等為五？一、因甚深。二、相甚深。三、生甚深。四、差別甚深。五、流
轉甚深，應知緣起甚深之相。復有五種，何等為五？謂：❶相甚深、❷引發
因果諸分甚深、❸生起因果諸分甚深、❹差別甚深、❺對治甚深，應知緣
起。復有五種甚深之相，何等為五？謂：❶攝甚深、❷順次甚深、❸逆次甚
深、❹執取甚深、❺所行甚深，是名無明等起殊勝」。詳《大正藏》第十六
冊頁 841 中。

[50] 詳《大正藏》第十九冊頁 133 上。

[51] 詳《大正藏》第十九冊頁 155 上。

[52] 《楞嚴經·卷十》云：「佛告阿難：諸佛如來語無虛妄。若復有人身具四重、
十波羅夷，瞬息即經此方、他方阿鼻地獄，乃至窮盡十方無間，靡不經歷。
能以一念將此法門，於末劫中開示未學。是人罪障，應念消滅，變其所受
地獄苦因，成安樂國。得福超越前之施人，百倍、千倍、千萬億倍，如是
乃至算數譬喻所不能及」。詳《大正藏》第十九冊頁 155 上。

「善男子！諸佛身亦如是，從『無量功德因緣』生。」[53]而《大方廣佛華嚴經·卷四》亦載普莊嚴童子因宿世的種種「功德因緣」故而得「一切法具足三昧」。[54]《大般涅槃經·二十八》更云眾生雖具佛性，但需種種「功德因緣」的「和合」方能見佛性，而得佛果位。[55]

　　整部《楞嚴經》從卷首的「楞嚴咒」因緣說起，接著是第二卷的「陰入處界」皆：「因緣」和合，虛妄有生；「因緣」別離，虛妄名滅……一直到最後第十卷的「無量功德因緣論」。足見《楞嚴經》十卷皆不離「因緣法」的論點，誰能再說《楞嚴經》只有「非因緣」的理論呢？況且以「因緣」為諸法生起的觀點在佛典中比比皆是，茲舉如下：

《別譯雜阿含經·卷第十一》云：
一切眾生悉是有為，從「諸因緣和合」而有。[56]

《大般若波羅蜜多經·卷第三百四十七》云：
以一切法如幻事等，「眾緣和合」相似有故。[57]

《大智度論·卷第一百》云：
一切法皆從「因緣和合」生，無有「無因緣」……若從因緣生，則無自性。[58]

---

[53] 詳《大正藏》第八冊頁 422 上。
[54] 如《大方廣佛華嚴經·卷四》云：「爾時，普莊嚴童子聞是經已，宿世『功德因緣』故，得一切法具足三昧」。詳《大正藏》第九冊頁 417 中。
[55] 如《大般涅槃經·卷二十八》云：「眾生佛性不名為佛，以諸『功德因緣和合』得見佛性，然後得佛」。詳《大正藏》第十二冊頁 533 上。
[56] 詳《大正藏》第二冊頁 448 下。
[57] 詳《大正藏》第六冊頁 783 下。
[58] 詳《大正藏》第二十五冊頁 753 上。

《大方等大集經·卷第二十五》云：
一切法悉是空無，無受、無受者，無作、無作者。從「緣」而生；從「緣」而滅。[59]

《大方廣佛華嚴經·卷第二十四》云：
是菩薩觀諸法不生不滅，「眾緣」而有。[60]

《大方廣佛華嚴經·卷第二十八》云：
解了一切法，悉從「眾緣」起。[61]

《十住經·卷第二》云：
是菩薩爾時觀諸法不生不滅，「眾緣」而有。[62]

《大寶積經·卷第三十五》云：
一切諸法不實，分別之所生起，依於「眾緣」，羸劣無力，從「眾緣」轉(生起)。[63]

《大方等大集經·卷第六》云：
諸法皆從「因緣」有，離於「眾緣」(則)無法界。若能了知如是者，當知是有不退印。[64]

《大方等大集經·卷第二十七》云：
一切諸法本，其性無有我。譬如山谷響，皆從「眾緣」生。[65]

---

[59] 詳《大正藏》第十三冊頁 177 中。
[60] 詳《大正藏》第九冊頁 522 中。
[61] 詳《大正藏》第九冊頁 583 上。
[62] 詳《大正藏》第十冊頁 508 中。
[63] 詳《大正藏》第十一冊頁 199 中。
[64] 詳《大正藏》第十三冊頁 38 下。
[65] 詳《大正藏》第十三冊頁 184 中。

《佛說首楞嚴三昧經・卷上》云：
又如諸文字、音聲、語言，無處、無方、無內、無外、無有所
住，從「眾緣」有。一切諸法，亦復如是。[66]

## 三、非因緣義

《楞嚴經》中有三次提到阿難懷疑佛之「非因緣」理，第一次
出現在卷二經文。如來說明吾人的能見之性並非「自然」發生的，
故阿難便質疑說：能見之性既是「非自然」理，則必屬「因緣」理，
如《卷二》云：

阿難言：必此妙見，性「非自然」，我今發明，是「因緣」生。
心猶未明，咨詢如來，是義云何，合因緣性？[67]

如來的答覆是：若能見之性必為「因緣」理，則是據「光明、黑
暗、空間、阻塞」而有能見之性嗎？能見之性是「離一切相」的，故
非屬「光明、黑暗、空間、阻塞」四種物質現象，這都不是能見之
性的「因緣」。如經文云：

佛言：汝言因緣，吾復問汝：汝今因見，見性現前。此見為
復：因明有見？因暗有見？因空有見？因塞有見？
阿難！若因明有，應不見暗；如因暗有，應不見明；如是乃至
因空、因塞，同於明、暗……當知如是精覺妙明，「非因、非
緣」，亦非自然、非不自然，無「非、不非」，無「是、非是」。
離一切相，即一切法。

---

66 詳《大正藏》第十五冊頁 636 中。
67 詳《大正藏》第十九冊頁 112 下。

汝今云何於中揣心,以諸世間戲論名相,而得分別?[68]

阿難第二次懷疑佛之「非因緣」理出現在卷三經文。阿難首先引用佛昔常說「眾因緣和合」之理,為何如來今將「因緣」理放棄?如《楞嚴經·卷三》云:

阿難白佛言:世尊!如來常說和合「因緣」,一切世間種種變化,皆因四大和合發明。云何如來,「因緣、自然」二俱排擯?我今不知斯義所屬!惟垂哀愍,開示眾生中道了義無戲論法。[69]

如來則舉「七大」皆為吾人真心所現,色即是空,空即是色,故七大皆「清淨本然」的「離一切相」,但隨眾生種種思量及因果業感而能「周遍法界」無所不在。世間無知的愚人便將這種「色即是空、空即是色」義理迷惑為「因緣」或「自然」理,其實這都是眾生「無明妄識」[70]下所現的暫時假象罷了,如《楞嚴經·卷三》云:

汝元不知如來藏中,性色真空,性空真色。清淨本然,周遍法界。隨眾生心,應所知量,循業發現。世間無知,惑為因緣及自然性,皆是識心分別計度,但有言說,都無實義。[71]

阿難第三次懷疑佛之「非因緣」理出現在卷四經文。阿難認為殺盜婬三種「因緣」能生「世間、業果、眾生」相續之由,故「因緣」之理非常清楚;又說自己乃由「因緣」法而得開悟,另外目犍連、舍利弗、須菩提、沙然梵志(sañjaya-vairaṭī)等也都是聽聞佛講的「因

---

[68] 詳《大正藏》第十九冊頁 112 下。

[69] 詳《大正藏》第十九冊頁 117 中。

[70] 宋·子璿集《首楞嚴義疏注經·卷十》云:「不知『無明妄識』變影似真,執此妄心遍十方界」。詳《大正藏》第三十九冊頁 957 下。

[71] 詳《大正藏》第十九冊頁 117 中。

緣」法而證得無漏。既然最高的菩提果位不從「因緣」所得，難道是從「自然」發生？《楞嚴經‧卷四》云：

> 阿難……白佛：世尊！現說殺、盜、婬業三緣斷故，三因不生，心中達多(Yajñadatta)狂性自歇，歇即菩提，不從人得。斯則「因緣」皎然明白，云何如來頓棄「因緣」？
>
> 我從「因緣」，心得開悟。世尊！此義何獨我等年少有學聲聞；今此會中大目犍連及舍利弗、須菩提等，從老梵志，聞佛「因緣」，發心開悟得成無漏。
>
> 今說菩提不從「因緣」。則王舍城(Rājagṛha)拘舍梨(maskarī-gośāli-putra)等所說「自然」成第一義？唯垂大悲開發迷悶。[72]

如來則舉舍衛城中的演若達多(Yajñadatta)為例，說明演若達多的頭明明是存在的，因為有了「無明」的狂怖而覺得自己的頭不見了。如果能體悟到自己的頭乃「不生不滅、不來不去」，則所謂的「因緣、自然」義理都是戲論罷了！如《楞嚴經‧卷四》云：

> 佛告阿難：即如城中演若達多(Yajñadatta)，狂性因緣若得除滅，則不狂性自然而出，因緣、自然理窮如是……本頭不失，狂怖妄出，曾無變易，何藉「因緣」？……未狂之際，狂何所潛？……頭本無妄，何為狂走？若悟本頭，識知狂走，「因緣、自然」俱為戲論。[73]

除了《楞嚴經》的「非因緣」義外，在藏經中有關「非因非緣」的論述也非常多，茲舉如下：

《入楞伽經‧卷第十》云：

---

[72] 詳《大正藏》第十九冊頁121下。
[73] 詳《大正藏》第十九冊頁121下。

如心不自見，其事亦如是。非他、「非因緣」。[74]

《無量義經》云：
其身非有亦非無，「非因、非緣」、非自他。[75]

《金剛三昧經無相法品·第二》云：
善男子！是法「非因、非緣」，智自用故。非動、非靜，用性空故。[76]

《大乘離文字普光明藏經》云：
諸法不來不去、「非因、非緣」、不生不滅、無取無捨、不增不減。[77]

《大方廣佛華嚴經·卷第八》云：
法無所依處，云何而「緣」合？作者及所作，二俱無所有。[78]

《說無垢稱經·卷第六》云：
真如境智，其性俱離。非因所生，「非緣」所起。非有相、非無相。[79]

《大乘入楞伽經·卷第七》云：
諸緣既「非緣」，非生、非不生。我宗離有、無，亦離「諸因緣」……世間如幻夢，因緣皆無性……「因緣」俱捨離，令心悉清淨。

---

[74] 詳《大正藏》第十六冊頁 578 下。
[75] 詳《大正藏》第九冊頁 384 下。
[76] 詳《大正藏》第九冊頁 371 中。
[77] 詳《大正藏》第十七冊頁 873 中。
[78] 詳《大正藏》第九冊頁 443 下。
[79] 詳《大正藏》第十四冊頁 584 上。

*80*

足見「非因緣」義並非是《楞嚴經》的招牌，亦非是《楞嚴經》的「獨說」，據《大寶積經・卷第二十三》云諸法以「眾緣和合」，故皆為「無自性」，既為「無自性」，故「眾緣」即是「空性」，所以「眾因緣」就是「非因緣」；就是「緣起性空」之理，如下經文所示：

> 諸法以「眾緣和合」而共起，眾緣和合故，自性無所有。菩薩能觀察，了「眾緣」亦「空」。眾緣「自性空」，自性無有相，亦無有生起，亦非有所作……
> 諸起無體故，「眾緣」亦「非緣」……觀諸色受想行識亦如是，皆以「眾因緣」，由斯諸蘊起，諸蘊無有實，自性「本來空」。[81]

藉由佛典藏經的研究分析，吾人可得出「非因緣」義至少有四種解釋，如「非真實可得的因緣、非固定不變的因緣、非獨立單一的因緣、不執著於因緣法則」，底下分成四小節來逐一說明這些道理。

## (一)非真實可得的因緣

「非因緣」的第一種解釋為「非真實可得的因緣」，此種解釋見於《佛說如幻三摩地無量印法門經・卷上》所云：

> 一切法悉從「緣生」，於緣生法中，無有少法而「實積聚」。何以故？
> 以彼諸緣皆「不實」故，是中云何有法可生？

---

[80] 詳《大正藏》第十六冊頁634上。
[81] 詳《大正藏》第十一冊頁131上。

> 若法「緣生」，即是「無生」，是故一切法皆悉「無生」。[82]

諸法是從「緣」而生的，但於「緣生法」中並沒有真實的「積聚」可得，因為所有的「緣生法」都是「不實」的。如《大智度論·卷第一百》云：「一切法皆從『因緣和合』生，無有『無因緣』……若從『因緣』生，則『無自性』……諸法性不可得，故『眾因緣』亦不可得，『眾因緣』亦不可得，故皆是無所有。」[83]《大智度論》對「因緣法」本「空」有很多論述，比如說「火」這個因緣時，會變成真實的「火」而燒嘴巴嗎？說「有」這個因緣時，會變成真實的「有」而堵塞嘴巴嗎？所以當佛宣說「因緣」二字時，並非為真實可得的「因緣」。如《大智度論·釋集散品第九》云：

> 若「因緣」中有名字者，如說火則燒口，說有則塞口。若名字不在法中者，說火不應生火想，求火亦可得水……以是故，說名字義；非住、非不住……「因緣」無所有故。是名字；非住、非不住。[84]

「因緣」只是一種「假名有」[85]，本無所有，亦無真實可得，故《楞嚴經·卷二》即云：「佛告文殊及諸大眾：十方如來及大菩薩，於其自住三摩地中，『見』與『見緣』，並所想相，如虛空華，本無所有。」[86]《楞嚴經·卷八》亦云：「旁為畜生，此等亦皆自虛妄業之所招引，

---

82 詳《大正藏》第十二冊頁 358 上。

83 詳《大正藏》第二十五冊頁 753 上。

84 詳《大正藏》第二十五冊頁 365 上。

85 有關「假名有」的解釋，可參《大智度論·卷十二》所云：「『假名有』者，如酪有『色、香、味、觸』四事因緣合故，『假名』為酪。雖有，(四種)不同因緣法有；雖無，亦不如兔角、龜毛無；但以『因緣合』故，假名有酪」。詳《大正藏》第二十五冊頁 147 下。

86 詳《大正藏》第十九冊頁 112 中。

若悟菩提，則此『妄緣』(虛妄的眾因緣業感)，本無所有。」[87]甚至《楞嚴經·卷二》中，佛明確的説：「阿難！我説世間諸『因緣相』，非第一義。」[88]因為無論是「因緣」法，或是「自然」法，這都是「眾生妄心計度」[89]下的「假名有」。

　　從《楞嚴經》卷二開始，佛便一再宣説「五陰、六入、十二處、十八界」皆是虛妄，本非「因緣」，非「自然」性，這樣的經文義理亦見於《合部金光明經》，該經説五陰並非從「真實的因緣」生，若一定從「真實的因緣」而生的話，那究竟是屬於已經生？正在生？還未生？如果是屬於「已經從因緣得生」的話，那「未從因緣得生」這句話亦可成立。只能説五陰是「眾生無明虛妄」下的「諸多因緣」而生，並非真實，亦不可得，所以「五陰不從因緣生」，非為「真實因緣」。如《合部金光明經·卷四》云：

> 五陰不從因緣生。何以故？若從因緣生，已生故得生，未生故得生……未生諸法則是不有。無名、無相，非算數譬喻之所能知，「非因緣」所生……
> 是故五陰非有、非無，不從「因緣」生故，非不有五陰。不過聖境界故，非言語之所能及。[90]

　　《楞嚴經》宣説「因緣」本不可得的義理外，在《奮迅王問經》中也詳細探討「十二因緣」及「非十二因緣」的道理，如最先的「無明」緣「行」，但「無明」卻不作是念：我是真實能生「行」，沒有能生，也沒有所生。最後的「生」緣「老死」，但「生」亦不作是念：我是真實能生「老死」，無能生、無所生。如果能以這樣的方法去觀察十二因

---

87 詳《大正藏》第十九冊頁 145 上。
88 詳《大正藏》第十九冊頁 113 上。
89 《楞嚴經·卷十》云：「因緣自然，皆是眾生妄心計度。」詳《大正藏》第十九冊頁 154 下。
90 詳《大正藏》第十六冊頁 380 中。

緣，推求十二因緣的「不可得」，就不會落入「斷、常」的邪見中。如
《奮迅王問經·卷上》云：

> 「無明」緣「行」，「無明」不念：我能生「行」……「生」緣「老死」，
> 「生」亦不念：我生「老死」。
> 奮迅王！菩薩如是觀察因緣，則無諸見，無有斷見，無有常
> 見。彼如是知一切諸法皆「因緣」生。彼人如是推求「因緣」，
> 亦不可得……
> 一切諸法因緣平等，如是因緣則「非因緣」。[91]

故《楞嚴經》廣說五陰、六入、十二處、十八界皆「非因緣」，
亦如《合部金光明經》所說的「彼人如是推求因緣，亦不可得……
如是因緣則『非因緣』。」[92]另外在《大般若波羅蜜多經》中亦闡釋
「因緣」的本性是沒有繫縛、沒有解脫，其餘的「等無間緣、所緣緣、
增上緣」本性亦如此，沒有繫縛與解脫，這四種緣都是畢竟「清淨」
不可得，皆為「非因緣」也。如《大般若波羅蜜多經·卷第三百八
十二》云：

> 善現！「因緣」本性，無縛無脫。「等無間緣、所緣緣、增上緣」
> 本性，亦無縛無脫。「因緣」本性，無縛無脫，則「非因緣」。
> 「等無間緣、所緣緣、增上緣」本性亦無縛無脫，則非「等無間
> 緣、所緣緣、增上緣」。
> 何以故？「因緣」乃至「增上緣」；畢竟淨故。[93]

由上述經典的引證，可知「非真實可得的因緣」即為《楞嚴經》
「非因緣」義的第一種解釋。

---

91 詳《大正藏》第十三冊頁 941 下。
92 詳《大正藏》第十三冊頁 941 下。
93 詳《大正藏》第六冊頁 973 上。

### (二)非固定不變的因緣

《楞嚴經》中曾舉了二個例子說明「火」生起的因緣，第一個例子舉「火」的生起因緣有「日、鏡子、蒿艾草」三個，如《楞嚴經‧卷三》云：

> <u>阿難！火性無我，寄於諸緣……手執陽燧</u>(凹面銅鏡)，<u>日前求火。</u>
> <u>若此火性，因和合有，彼手執鏡，於日求火，此火為從「鏡」</u>
> <u>中而出？從「艾」出？為於「日」來？……</u>
> <u>汝又諦觀：鏡因手執，日從天來，艾本地生。火從何方，遊歷</u>
> <u>於此？</u>
> <u>日鏡相遠，非和、非合，不應火光無從自有。</u>[94]

火性是無我、無自體性的，故需要三種因緣--日、鏡子、蒿艾草。然而這三種緣都不能獨立而行，火不能單獨只從「日」來、或單獨只從「鏡子」來、或只從「蒿艾草」來，至少要這三緣和合才能有火。

第二個「火」生起的例子在《楞嚴經‧卷四》中說：我們的本覺妙明真心，因「晦昧」與「無明」的搖動相待下而產生了「風輪」；由無明的妄覺而產生堅礙相的地大「金輪」；由「風輪」與「金輪」的相撞擊摩擦而產生了「火光」。所以「火光」產生的因緣是從「風輪」與地大「金輪」摩擦撞擊而產生的。如《楞嚴經‧卷四》云：

> <u>覺明空昧，相待成搖，故有「風輪」執持世界……故有「金輪」</u>
> <u>保持國土……「風、金」相摩，故有「火光」為變化性。</u>[95]

---

[94] 詳《大正藏》第十九冊頁 117 下。
[95] 詳《大正藏》第十九冊頁 120 上。

　　以上《楞嚴經》中的兩個例子都說明了「火」生起的因緣並非是「固定不變」的方式，有可能需要「日、鏡子、蒿艾草」三緣，有可能只需「風輪」與地大「金輪」摩擦撞擊就會有「火」。至於在藏經中，則有更多「火」生起的因緣論，試舉如下：

　　(1)火需「日、蒿艾、牛糞屑、兜羅綿」四種緣：

　　北宋・日稱(於 1046 年至汴京從事譯經)所譯之《父子合集經・卷第十六》云火可由「太陽、蒿艾、牛糞屑、兜羅綿」等諸緣而生，即「兜羅綿」(tūla 草木所生之花絮)亦成為生火的因緣之一，如彼經云：

　　　若復有人於曠野中尋求火緣，或以「蒿艾」，或「牛糞屑」，或「兜羅綿」引火生已。[96]

　　(2)火需「日、鑽木、燧鏡、乾草、人手功力」五種緣：

　　元魏・佛陀扇多所譯之《金剛上味陀羅尼經》云火可由「太陽、鑽木、燧鏡、乾草、人手功力」等諸緣而生。如果鑽木不得火，則用「燧鏡、乾草」，還有一樣必備的「人手功力」因緣才能得火，如彼經云：

　　　佛言：文殊師利！譬如鑽火、有燧、有草、人手功力；眾緣具故，先有煙出，然後火生。而火不在「燧」中、「鑽」中，非「草、手」中。眾緣和合而生於火。[97]

　　在龍樹所造的《十住毘婆沙論》中，亦有與《金剛上味陀羅尼

---

96 詳《大正藏》第十一冊頁 965 上。
97 詳《大正藏》第二十一冊頁 851 中。

經》相同的義理，如《十住毘婆沙論・卷第十七》云：「如火非『人功』，亦不在『鑽木』。和合中亦無，而因和合有。薪盡則火滅，滅已無所去。諸緣合故有，緣散則皆無。」[98]

(3)火需「日、摩尼珠、陽燧、燥牛糞、艾、布」六種緣：

西晉・竺法護所譯之《佛說胞胎經》云火可由「太陽、摩尼珠、陽燧鏡、乾燥牛糞、蒿艾草、布」等諸緣而生。如果沒有燥牛糞，則用「蒿艾草、布」去替代生火，如彼經云：

阿難！有目明眼之人，若「摩尼珠、陽燧」向日盛明，正中之時以「燥牛糞」，若「艾」、若「布」，尋時出火，則成光焰。計彼火者，不從「日」出，不從「摩尼珠、陽燧、艾」生，亦不離彼。又，阿難！因緣合會，因緣俱至等不增減；而火得生。[99]

以乾牛糞取火的方式在《大寶積經・卷第五十五》亦有說明，如經云：「譬如明眼之人，持『日光珠』置於日中，以『乾牛糞』而懸其上，去珠不遠，火便出生。」[100]如果沒有「摩尼珠」，則改成「日愛珠」亦可取火，如《坐禪三昧經・卷下》云：

如「日愛珠」，有「日」有珠(日愛珠)，有「乾草、牛屎」，眾緣和合於是火生。一一推求，火不可得，緣合有火。[101]

及《坐禪三昧經・卷下》又云：

---

98 詳《大正藏》第二十六冊頁 117 上。
99 詳《大正藏》第十一冊頁 887 上。
100 詳《大正藏》第十一冊頁 323 上。
101 詳《大正藏》第十五冊頁 279 上。

譬如「日愛珠」，因「日、乾牛屎」和合方便，故火出。[102]

上述所舉的生火因緣都是來自佛典記載，若以現代人類生活而言，火生起的因緣還有更多，諸如：瓦斯、汽油、柴油、打火機、化學藥劑、紙、火柴、火種、木炭、火媒棒、魔術化學生火……等。另更有以「氣功」方式生火，如大陸少林寺海燈大師弟子雲海法師(1951~山東濟南)，現擔任白雲寺方丈。雲海法師曾在「大陸尋奇·少林寺」紀錄片中表演以「氣功」方式發火而將報紙燒掉，這招叫做「少林童子功」[103]。

由以上的經典論敘說明，可知能生起「火」的因緣並非是「固定不變」的，因緣法則中總是充滿著「無常、變數、生滅」，如《佛說華手經·卷第六》云：「如來方便演說『五陰』；而『非五陰』……說『十二因緣』而『非因緣』。說法從『緣生』而『無定相』，為度眾生作如是說。」[104]故「非固定不變的因緣」即是《楞嚴經》「非因緣」義的第二種解釋。

### (三)非獨立單一的因緣

《楞嚴經·卷四》中說「世界、眾生、業果」相續皆有無量因緣，如世界形成的相續因緣先從「空昧」開始，接著是➔搖動➔風輪(風大)➔金輪(地大)➔火光(火大)➔水輪(水大)。[105]「眾生相續」則以「情、

---

[102] 詳《大正藏》第十五冊頁283中。

[103] 雲海法師表演「少林童子功」，能以「氣功」方式引發「火源」將報紙燒掉，表演過程詳見「普照寺」的影片網址。http://www.youtube.com/watch?v=LtYLUP6gDlM 。

[104] 詳《大正藏》第十六冊頁168中。

[105] 詳《楞嚴經·卷四》經文言：「覺明空昧，相待成搖，故有風輪執持世界。因空生搖，堅明立礙，彼金寶者，明覺立堅，故有金輪保持國土。堅覺寶成，搖明風出，風金相摩，故有火光為變化性。寶明生潤，火光上蒸，故

想、合、離」四緣造成「胎、卵、溼、化」的眾生相續相，[106]誠如《大方廣佛華嚴經‧卷五十九》所云：「菩薩知眾生，廣大無有邊；彼一眾生身，『無量因緣』起。」[107]而「婬、殺、盜」則為「業果相續」之緣由。[108]

《大法鼓經》中言：「諸佛世尊常以『無量因緣』顯示解脫。」[109]而《楞嚴經‧卷五》在講述二十五圓通修行法門時，每位證聖者的修行都不是單一因緣，或唯一的行門。每人雖有主修的法門，尚須加上其它「無量因緣法則」而成就佛道，底下逐一例舉。

如跋陀婆羅(Bhadra-pāla 賢護)以「觸塵」法門而得圓通，但如果沒有「浴僧、水」的其它因緣，也不能成就其「觸塵」圓通。

舍利弗(Śāriputra)以「眼識」法門而得圓通，但如果沒有遇到三迦葉波(kāśyapa)，並從其學習「因緣」法義，則亦不能成就其「眼識」圓通。

大目犍連(Mahā-Maudgalyāyana)以「意識」法門而得圓通，但如果沒有去「乞食」，沒有遇到三迦葉波(kāśyapa)所宣說的「因緣」法義，則不得出家，亦無法成就其「意識」圓通。

---

有水輪含十方界……交妄發生，遞相為種，以是因緣世界相續。」《大正藏》第十九冊頁 120 上。

[106] 詳《楞嚴經‧卷四》經文言：「色香味觸，六妄成就。由是分開，見覺聞知……胎卵濕化，隨其所應。卵唯想生，胎因情有，濕以合感，化以離應。情想合離，更相變易，所有受業，逐其飛沈，以是因緣眾生相續。」《大正藏》第十九冊頁 120 上。

[107] 詳《大正藏》第十冊頁 316 上。

[108] 詳《楞嚴經‧卷四》經文言：「唯殺、盜、婬，三為根本，以是因緣，業果相續。」《大正藏》第十九冊頁 120 中。

[109] 詳《大正藏》第九冊頁 292 下。

持地菩薩(Pṛthivī-bodhisatva)以「地大」法門而得圓通，但如果沒有遇到普光如來及毘舍浮佛(Viśvabhū-buddha)，亦無法成就其「地大」圓通，無法體悟自身微塵與大地微塵乃不一不異的道理。

月光童子(Candra-prabha)以「水大」法門而得圓通，但如果沒有遇到他的弟子故意丟棄瓦礫於水中，沒有遇到山海自在通王(giri-sagara-mati-ṛddhi-vaśitā-rāja 山海慧自在通王佛)如來，亦無法成就其「水大」圓通，無法體悟「空即是水、水是即空」的道理。

故唐·實叉難陀譯之《大方廣佛華嚴經·卷第五十》中即詳細說「因緣法則」並非是「單一」事件，必有「眾因緣」而成，如經云：「譬如世界初安立，非『一因緣』而可成，無量方便『諸因緣』，成此三千大千界。110而東晉·佛馱跋陀羅所譯之《大方廣佛華嚴經·卷三十三》亦云：「如來應供等正覺，亦復如是。非『少因緣』成，以『無量因緣』成等正覺，出興于世。111」。同樣的經文義理亦出現在《佛說佛母出生三法藏般若波羅蜜多經·卷二十五》中，如云：

善男子！諸佛如來亦復如是，從一切相應善根，種種因緣，如理出生。非「一因、一緣、一善根生」，亦不「無因緣」生。緣合故生，生而無來。緣散故滅，滅而無去。112

《大智度論·卷九十九》亦云：

如聲不以「一因緣」，亦非無因緣；佛身亦如是，不從無因緣，亦不從「少因緣」，諸善法因緣具足故，生諸佛身。」113

---

110 詳《大正藏》第十冊頁 265 中。
111 詳《大正藏》第九冊頁 612 下。
112 詳《大正藏》第八冊頁 674 中。
113 詳《大正藏》第二十五冊頁 747 下。

《大方等大集經・卷第三十三》下云：

眾生應以「種種因緣」調伏，不以「一緣」。憍陳如！一切眾生非實「一乘、一行、一貪、一念、一欲、一解、一信」，是故如來宣說種種句偈、名字，種種法門。[114]

從上述的經論皆可證明「眾因緣生法」並非是「單一因緣」，因緣法中有無數的法義，如在龍樹所造的《十二門論》中更有「外因緣」與「內因緣」之詳細說明，茲舉如下：

「眾緣所生法」有二種。一者內。二者外……
「外因緣」者：
　　如泥團、轉、繩、陶師等和合，故有瓶生。
　　又如縷、繩、機杼、織師等和合，故有氎生。
　　又如治地、築基、樑、椽、泥、草、人功等和合，故有舍生。
　　又如酪器、鑽、搖、人功等和合，故有酥生。
　　又如種子、地、水、火、風、虛空、時節、人功等和合，故有芽生。
　　當知「外緣」等法，皆亦如是。
「內因緣」者：
　　所謂「無明、行、識、名色、六入、觸、受、愛、取、有、生、老死」，各各先因而後生。
如是「內、外」諸法，皆從「眾緣」生……因緣生法，皆亦如是「不可得」。[115]

---

[114] 詳《大正藏》第十三冊頁225上。
[115] 詳《大正藏》第三十冊頁159下。

故「非獨立單一的因緣」即是《楞嚴經》「非因緣」的第三種解釋。

### (四)不執著於因緣法則

《楞嚴經》的「非因緣」義第四種解釋是「不執著於因緣法則」，如《楞嚴經·卷二》中云：「若能遠離諸『和合』緣及『不和合』，則復滅除諸生死因。」[116]前文已舉證《楞嚴經》的「即因緣」說，故「非因緣」說並非是「放棄」因緣，或成為「無因緣論」；而是要遠離對種種「緣起法」的執著，要捨離「法執」。在《入楞伽經·卷第二》也有云：「觀察諸因緣法故，不著諸因緣法故。」[117]相同的說法亦見於《大般若波羅蜜多經·卷五十四》云：

> 復次，善現！菩薩摩訶薩住第七遠行地時，應遠離二十法。何等二十？一者、應遠離我執、有情執……十一者、應遠離「緣起執」。[118]

及《不空羂索神變真言經·卷第十八》云：

> 如是真言大悲心觀觀世音，如法受持。應當遠離二十種法。何等二十？一、應遠離「我執、有情」執……十一、應遠離「緣起執」，謂觀「諸緣起」性都不可得。[119]

這些「因緣法」皆是「眾生妄心計度」[120]下的「假名相」，故《楞

---

[116] 詳《大正藏》第十九冊頁 113 中。

[117] 詳《大正藏》第十六冊頁 527 上。

[118] 詳《大正藏》第五冊頁 304 上。

[119] 詳《大正藏》第二十冊頁 321 上。

[120] 《楞嚴經·卷十》云：「因緣自然，皆是眾生妄心計度。」詳《大正藏》第十九冊頁 154 下。

嚴經‧卷四》即明確的說：「因緣、自然俱為戲論」[121]，甚至「但有言說，都無實義」。[122]佛於《摩訶般若波羅蜜‧卷二十四》中也清楚的說：「世諦故，分別說有果報，非第一義諦，第一義中不可說因緣果報」。[123]在「第一義諦」中是「離言絕相」的，故種種的「因緣果報」皆是「不可說」的；若以「世諦」的觀點來看，則有種種的「因緣果報」。

在《持世經‧卷第三》中，世尊在教導眾生「十二因緣法」時卻又說：「如是觀十二因緣法，不見因緣法」。[124]這個「不見」就是「不執著」的意思，而不是放棄「十二因緣」法，因為「從本已來，一切法無所有故」[125]，所以「十二因緣法」亦非真實而有。《持世經‧卷第三》經文後面又說：「若菩薩能如是通達十二因緣合散，是名菩薩善得無生智慧……是人得近現在諸佛。」[126]另一部《佛說佛母出生三法藏般若波羅蜜多經‧卷第十七》中也詳細說明「十二因緣法」，但經文最後也是要我們對「因緣」所生起的種種法悉皆「離相、離諸所緣」，如彼經云：

<u>舍利子</u>！諸緣法「離相」，是相亦離，如是無明緣行、行緣識；乃至生緣老死等，因緣諸法皆悉「離相」，是故佛說一切法「離諸所緣」。[127]

佛陀教導我們遠離「因緣」而不住於「因緣」，就如同鳥於虛空

---

[121] 《楞嚴經‧卷四》云：「因緣、自然，俱為戲論」。詳《大正藏》第十九冊頁 121 下。

[122] 此句出自《楞嚴經‧卷三》，詳《大正藏》第十九冊頁 117 下。

[123] 詳《大正藏》第八冊頁 397 中。

[124] 詳《大正藏》第十四冊頁 657 中。

[125] 詳《大正藏》第十四冊頁 657 中。

[126] 詳《大正藏》第十四冊頁 657 中。

[127] 詳《大正藏》第八冊頁 647 上。

中飛翔，雖然依著「虛空」，卻不被「虛空」所執礙而能自由飛翔，誠如《大般若波羅蜜多經・卷第五百五十》所云：

> 堅翅鳥飛騰虛空，自在翱翔，久不墮落，雖依「空」戲，而不住「空」，亦不為「空」之所拘礙，應知菩薩亦復如是。雖習「空、無相、無願解脫門」，而不住「空、無相、無願」。[128]

佛法三藏經教不離「因緣」二字，既能活在「因緣法」中，亦能不受「因緣法」的拘礙，方是菩薩修學最高境界。由上述經文的論證，故可得出「不執著於因緣法則」即是《楞嚴經》「非因緣」的第四種解釋。

## 四、即因緣與非因緣的「不即不離」義

前面二節分別討論了《楞嚴經》的「即因緣義」及「非因緣義」，這節要探討《楞嚴經》中有關「即因緣」與「非因緣」之間的「不即不離」義。「不即不離」，猶言「不一不異」之意，如水與波，兩者有別，故謂「不即」；水、波之性無別，故謂「不離」，[129]亦如《圓覺經》云：「不即不離，無縛、無脫」[130]。佛典中多援引「不即不離」一語形容兩種對象不至於太接近，亦不至於太疏離。或說兩個人既不親密，亦不疏遠。[131]或說兩種道理既「不相同」，如冰與水不同；又既「相

---

[128] 詳《大正藏》第七冊頁834下。相同經文亦可參見《摩訶般若波羅蜜經・卷第十八》云：「譬如有翼之鳥，飛騰虛空而不墮墜，雖在空中，亦不住空。須菩提！菩薩摩訶薩亦如是。學空解脫門，學無相、無作解脫門，亦不作證。以不作證故，不墮聲聞、辟支佛地」。詳《大正藏》第八冊頁350上。

[129] 「波水」之說可參考宋・永明 延壽撰《宗鏡錄・卷四十四》云：「如水起波，波不離水」。詳《大正藏》第四十八冊頁673下

[130] 詳《大正藏》第十七冊頁915上。

[131] 以上論述引用《佛光大辭典》頁979。

同」，如冰與水皆同水性。[132]或說兩者並非「完全一樣」--不一、不即；這兩者又並非「完全不一樣」--不異、不離。同理，《楞嚴經》中也同時出現「即因緣」與「非因緣」的義理，分別引敘如下：

　　《楞嚴經·卷二》在討論「行陰」時曾以「波流水」作比喻，經文說「波流水」並非單獨從「虛空(空間)」來，亦非從「水流」來，非從「水流之性」來，但又不離「虛空」與「水」，底下將經文改成圖表方式：[133]

　　　行陰當知，亦復如是。阿難！如是流性，

| 不因「空」生。 |  |
| 不因「水」有。 | 非「因緣」➜不即因緣 |
| 亦非「水性」。 |  |
| 非離「空、水」。 | 即「因緣」➜不離因緣 |

　　此段經文很清楚的說明「波流水」的生起「因緣」並非來自獨立的「虛空、流水、水性」因緣，這就是「非因緣」之義。但後面又說如果離開「虛空、流水、水性」因緣，則「波流水」也無從生起，這就是「即因緣」之義。龍樹所撰的《中論》亦常用這樣的筆法，如《中論·觀法品·第十八》云：

　　　若法從緣生，不即、不異(不離)因(因緣法)，是故名實相，不斷亦不常。不一亦不異，不常亦不斷，是名諸世尊，教化甘露味。[134]

---

[132] 如《楞嚴經·卷三》云：「阿難！如水成氷，氷還成水」。詳《大正藏》第十九冊頁 117 中。

[133] 詳《大正藏》第十九冊頁 114 中。

[134] 詳《大正藏》第三十冊頁 24 上。另外波羅頗密多所譯的《般若燈論·卷第十一》作：「從緣所起物，此物『非緣體』，亦『不離彼緣』，非斷亦非常。不一亦不異，不斷亦不常，是名諸世尊，最上甘露法。」詳《大正藏》第三

《佛說華手經・卷第三》亦有同樣的經文，如云：[135]

汝等觀是心……是心屬諸因緣，無一決定相。如是不定心，
能得大果報。
是心不在緣，〕非「因緣」➔不即因緣
亦不離眾緣。〕即「因緣」➔不離因緣
非有亦非無，而能起大果報。
是心及眾緣，皆空；無自性。〕非「因緣」➔不即因緣

《楞嚴經・卷四》講「如來藏心」時，佛陀提出「離即離非，是
即非即」的義理，若改以「因緣」字詞，則可言：離「即因緣」、離「非
因緣」，是「即因緣」、是「非因緣」，底下將經文改成圖表方式：[136]

如來藏妙明心元。
離即、〕離「因緣」➔不即因緣
離非，〕離「非因緣」➔不離因緣
是即、〕是「因緣」➔不離因緣
(是)非即〕是「非因緣」➔不即因緣

《楞嚴經・卷四》還說有關「離」義與「合」義皆要「俱非」，方
能達到「無戲論法」，如經文言：[137]

離、〕離「因緣」
合 〕合(即)「因緣」
俱非〕非離「因緣」➔不離因緣。非合「因緣」➔不即因緣

---

十冊頁 108 中。
[135] 詳《大正藏》第十六冊頁 142 上。
[136] 詳《大正藏》第十九冊頁 120 下。
[137] 詳《大正藏》第十九冊頁 121 下。

此句方名無戲論法。

　　《楞嚴經‧卷八》的十迴向位之第八--真如相迴向，也說「即」與「離」兩邊皆不能執著，這個不執著就是指「不即不離」之義，如此才能達到「真如相迴向」的境界，如經文所云：「惟『即』與『離』，二無所著，名真如相迴向」。[138]這種兩邊都不著的論點亦見於佛常講的「十二因緣」之法，也就是佛一方面宣說「即十二因緣」，一方面又說「非十二因緣」之理。如《大乘舍黎娑擔摩經》中說「十二因緣」乃「非因非緣」，又「非不因緣」，如彼經云：[139]

　　舍利子白言：以何故名為「十二緣」？
　　菩薩告言：以「有因有緣」名「十二緣」。
　　舍利子！是法亦「非因、非緣」，〕非「因緣」➜不即因緣
　　亦非「不因緣」，〕不離「因緣」
　　又從「緣有」。〕不離「因緣」

　　這種兩邊都不著的「十二因緣」理是「甚深無底、難見難知、深奧難逮」[140]的，故《放光般若經‧卷十三》即云：「世尊！十二因緣起『甚深』！不以初發意得阿耨多羅三耶三菩，亦不離初發意因緣；亦不用後意得阿耨多羅三耶三菩，亦不離後意而成阿耨多羅三耶三菩。」[141]

---

138　詳《大正藏》第十九冊頁142中。
139　詳《大正藏》第十六冊頁821下。
140　這三句話出自《達摩多羅禪經‧卷二》云：「佛告阿難：十二緣起，甚深無底，難見難知。」詳《大正藏》第十五冊頁324上。及《佛說無言童子經》云：「十二緣起，深奧難逮，巍巍如是」！詳《大正藏》第十三冊頁525下。
141　詳《大正藏》第八冊頁91中。類似的經文說法亦見《大般若波羅蜜多經‧卷三三○》云：「具壽善現白佛言：世尊！如是『緣起』，甚深！甚妙！謂諸菩薩摩訶薩，非用初心證得無上正等菩提，非離初心證得無上正等菩提；非用後心證得無上正等菩提，非離後心證得無上正等菩提，而諸菩薩摩訶

　　《楞嚴經‧卷五》記載香嚴童子(gandha-alaṃ-kṛta)是以「香塵」而得圓通，他的修法是觀「沉水香氣」非從「沉木、虛空、香煙、燃燒的火」中來，但「沉水香氣」仍能來入鼻中的「不即不離」之理，如經文言：[142]

　　　見諸比丘燒沉水香，香氣寂然，來入鼻中。⌐不離「因緣」→不
　　　　　　　　　　　　　　　　　　　　　　　　　　　離香氣

　　　我觀此氣「非木、非空、非煙、非火」。⌐不即「因緣」→香氣非
　　　　　　　　　　　　　　　　　　　　　　　　　　從木空煙火來

　　　去無所著，來無所從，由是意銷，發明無漏。

　　《大寶積經‧卷第五十五》中則舉「酥」為例，說明「酥」不從不從「器、酪、繩」來，但若離開「器、酪、繩」等緣，也不能產生「酥」，經文言：[143]

　　　譬如以「器」盛「酪」，及以「繩」等，即便出「蘇」(酥) ⌐不離「因緣」
　　　諸緣之中皆不可得。⌐不即「因緣」→酥非從「器、酪、繩」來
　　　和合力故，「蘇」(酥) 乃得生。⌐不離「因緣」

　　《楞嚴經‧卷五》提到藥王(Bhaiṣajya-raja-bodhisattva)、藥上(bhaiṣajya-samudgata-bodhisattva)所修的「味塵」圓通，乃是悟到「味性」與「身心」是「不即不離」的境界，如經文云：

---

　　薩證得無上正等菩提」。詳《大正藏》第六冊頁 690 下。
[142] 詳《大正藏》第十九冊頁 121 下。
[143] 詳《大正藏》第十一冊頁 322 下。

<u>藥王、藥上</u>二法王子……承事如來，了知味性「非空、非有」，

非「即身心」，┐「味性」不即「身心」→不即「因緣」

非「離身心」。┐「味性」不離「身心」→不離「因緣」

分別「味因」，從是開悟。

《佛母寶德藏般若波羅蜜經・卷中》亦舉「燈光」並非從「膏油、燈芯、火」來，但亦不能離開「膏油、燈芯、火」，否則無法生起「燈光」，兩者乃處在「不即不離」的關係。如經文云：[144]

譬如「燈光」從眾緣，假以「膏油、芯、火」等 ┐不離「因緣」

光非「芯、火」及「膏油」。 ┐不即「因緣」

非「火」、非「芯」；「光」不有。┐不離「因緣」

《楞嚴經・卷五》講到<u>跋陀婆羅</u>(Bhadra-pāla)所修的「觸塵」圓通是在沐浴中體悟到「水」與「身體」是「不即不離」的境界，如經云：

我等先於威音王佛聞法出家，於浴僧時，隨例入室，┐身體與水不離

→不「因緣」

忽悟「水因」，既「不洗塵」，亦「不洗體」，┐身體與水不即

→不即「因緣」

中間安然，得無所有。

《大般涅槃經・卷第二十二》則舉了「眼見色相」只有「即因緣」與「非因緣」二種道理。「色相」是能讓眼睛所見的一種因緣，若離開「色相」，則眼亦無所見，故「色相」為眼能見的一個因緣。但菩薩雖見「色相」，卻不生出「色相」的執著，所以「色相」又非為眼能見的因緣。如經文云：[145]

---

[144] 詳《大正藏》第八冊頁681上。

[145] 詳《大正藏》第十二冊頁505上。

菩薩摩訶薩……雖見他方恆河沙等世界色相，不作色相，不作常相、有相、物相、名字等相……唯見「因緣、非因緣相」。云何「因緣」？色是眼緣，若使是色非因緣者，一切凡夫不應生於見色之相。以是義故，色名「因緣」〕不離「因緣」
「非因緣」者：菩薩摩訶薩雖復見色，不生色相，是故「非緣」〕
　　　　　　　　　　　　　　　　　　　不即「因緣」

《楞嚴經·卷五》中記載憍梵缽提(Gavāṃpati)以「舌根」為圓通法門，修法是觀照「味覺」並非來自「舌根」，亦非來自「甜苦諸物」；但亦非離開「舌根、甜苦諸物」而有「味覺」，兩者仍是「不即不離」的境界，如經云：

觀「味」之知，　　〕不離「因緣」
非體(舌根體)、非物，〕不即「因緣」
應念得超世間諸漏。

類似的義理亦同見於《摩訶般若波羅蜜經·法尚品第八十九》中，經文以「箜篌聲」當比喻，「箜篌聲」不從「絃槽、絃頸、絃皮、琴弦、弦棍、人手」來，但若離開「絃槽、絃頸、絃皮、琴弦、弦棍、人手」亦不出「箜篌聲」，經文分析如下：[146]

譬如「箜篌聲」，出時無來處，滅時無去處，眾緣和合故生，有槽、有頸、有皮、有弦、有柱、有棍，有人以手鼓之，眾緣和合而有是聲〕不離「因緣」
是聲亦不從「槽」出，不從「頸」出，不從「皮」出，不從「弦」出，不從「棍」出，亦不從「人手」出。〕不即「因緣」
眾緣和合爾乃有聲，是因緣離時，亦無去處。〕不離「因緣」

---

[146] 詳《大正藏》第八冊頁421下。

　　藏經中有大量的經文都是同時宣講「即因緣」與「非因緣」這兩種法，例舉如下：

《大乘瑜伽金剛性海曼殊室利千臂千鉢大教王經・卷第七》云：
自性中本來空慧，「非因、非緣」，亦非「無緣」。[147]

《大般若波羅蜜多經・卷第一百三十五》云：
若波羅蜜多非二、非不二。非有相、非無相……非「因緣」、非「非因緣」……如是義趣有無量門。[148]

《大般若波羅蜜多經・卷第三百八十五》云：
法界「非因緣」，亦「不離因緣」。法界非「等無間緣、所緣緣、增上緣」，亦不離「等無間緣、所緣緣、增上緣」。[149]

《大般若波羅蜜多經・卷第五百八十四》云：
「一切智智」非「因緣」，不離「因緣」。非「等無間緣、所緣緣、增上緣」，不離「等無間緣、所緣緣、增上緣」。[150]

《大方廣佛華嚴經・卷第四十六》云：
一切諸佛，知一切法本性寂靜、無生……非「因緣」、非「無因緣」。[151]

---

[147] 詳《大正藏》第二十冊頁 760 中。
[148] 詳《大正藏》第五冊頁 736 下。
[149] 詳《大正藏》第六冊頁 991 下。
[150] 詳《大正藏》第七冊頁 1020 中。
[151] 詳《大正藏》第十冊頁 245 下。

《合部金光明經·卷第六》云：
其陀羅尼，非方處、非不方處。非法、非不法……非「緣」、非「不緣」……無有法生，亦無有滅。但為利益菩薩故，如是說是陀羅尼。[152]

佛陀一方面宣講「因緣法」，但恐眾生又產生對「因緣法」的著執，所以「即因緣」與「非因緣」同時宣講是最殊勝的法義，在《大寶積經·卷第二十八》中佛陀曾舉了事奉「火神」的道理，經文云：

善男子！譬如有人奉事於火，彼事火已，尊重敬順，善將護之，而不生於如是之心：我供養火，尊重讚歎，善將護故，二手「捉之」。[153]

如果有人事奉「火神」，只需要尊重、敬順、護持「火神」，但卻不必為了事奉「火神」而用二手去捉摸它而傷殘自身。若將「火神」換成「因緣法」來說，我們眾生永處於迷暗，故需「火」來導引光明，火即是「眾因緣」也。沒有火，眾生永不得光明，但若將「二手捉火」，則無異是「自殘」。永處迷暗的眾生與「火的因緣」就處在「不即不離」的哲理中，眾生「不離」火，但亦「不即」火。眾生若修行而得證覺，則永無迷暗，此時亦不需火之因緣，如《大法鼓經》所說的：「迦葉！若見義者，則不須因緣；若不見義，則須因緣。」[154]那麼以火為因緣的研究主題，將成為戲論；與火「不即不離」的理論，亦將成為戲論。套用《金剛經》的邏輯哲學，此「因緣」句法亦可改成--「佛說因緣，即非因緣，是名因緣」。或改成『「因緣法」尚應捨，何況『非因緣法』』？

---

[152] 詳《大正藏》第十六冊頁386上。
[153] 詳《大正藏》第十一冊頁153中。
[154] 詳《大正藏》第九冊頁292下。

## 五、結論

　　本文詳細探討了《楞嚴經》的「即因緣、非因緣、即因緣與非因緣的不即不離義」，如果以圖表做個整合，可發現這三種義理的份量是「相當」的。圖解如下：

| 卷數 | 經文例舉(這只是大略例舉，並非是全部) |
|---|---|
| 第一卷 | 爾時阿難，因乞食次，經歷婬室，遭大幻術，摩登伽(Mātaṅgī)女以娑毗迦羅(kapila 黃髮外道)先梵天咒，攝入婬席……如來知彼婬術(摩登伽邪術)所加……頂放百寶無畏光明……宣說神咒。敕文殊師利將咒往護，惡咒銷滅，提獎阿難及摩登伽(其女兒缽吉提 Prakṛti)，歸來佛所。 |
| 第二卷 | 五陰、六入，從十二處至十八界，「因緣」和合，虛妄有生；「因緣」別離，虛妄名滅。 |
| 第三卷 | 阿難！火性無我，寄於「諸緣」。 |
| 第四卷 | 交妄發生，遞相為種，以是「因緣」，世界相續。 |
| 第四卷 | 流愛為種，納想為胎，交遘發生，吸引同業，故有「因緣」，生羯羅藍(kalala 入胎第七天)、遏蒲曇(arbuda 入胎第十四天)等……以是「因緣」，眾生相續。 |
| 第四卷 | 汝負我命，我還汝債，以是「因緣」，經百千劫常在生死。<br>汝愛我心，我憐汝色，以是「因緣」，經百千劫常在纏縛。<br>惟殺、盜、婬三為根本，以是「因緣」，業果相續。 |
| 第四卷 | 世尊！現說殺、盜、婬業「三緣」斷故，「三因」(三種相續之因)不生……斯則「因緣」皎然明白……<br>我從「因緣」，心得開悟……<br>今此會中大目犍連及舍利弗、須菩提等，從老梵志聞佛「因緣」，發心開悟得成無漏。 |
| 第四卷 | 長跪合掌而白佛言：無上大悲清淨寶王，善開我心，能以如是種種「因緣」，方便提獎，引諸沉冥出於苦海。 |
| 第五卷 | 阿難！我說佛法從「因緣生」，非取世間「和合麤 |

即因緣義（計十三處）

| | | |
|---|---|---|
| | | 相」。如來發明世、出世法，知其本因，隨「所緣」出。 |
| | 第五卷 | 我於中路逢迦葉波(kāśyapa)，兄弟相逐，宣說「因緣」，悟心無際。 |
| | 第五卷 | 大目犍連即從座起……三迦葉波(kāśyapa)，宣說如來「因緣」深義，我頓發心，得大通達。 |
| | 第七卷 | 且汝宿世與摩登伽(Mātaṅgī)歷劫「因緣」恩愛習氣，非是一生及與一劫，我一宣揚，愛心永脫成阿羅漢。 |
| | 第十卷 | 阿難！……於意云何？是人以此施佛「因緣」，得福多不？ |

| 非因緣義（計十一處） | 卷數 | 經文例舉(這只是大略例舉，並非是全部) |
|---|---|---|
| | 第二卷 | 佛言：汝言「因緣」，吾復問汝……此見又復緣明有見？緣暗有見？緣空有見？緣塞有見？……如是精覺妙明「非因非緣」，亦「非自然」、非「不自然」。 |
| | 第二卷 | 見與「見緣」，並所想相，如虛空華，本無所有。 |
| | 第二卷 | 佛言：阿難！我說世間諸「因緣相」，非第一義。 |
| | 第二卷 | 若能遠離諸「和合」緣及「不和合」，則復滅除諸生死因。 |
| | 第二卷 | 阿難！汝雖先悟本覺妙明，性非「因緣」，非「自然性」。 |
| | 第三卷 | 世間無知，惑為「因緣」及「自然」性，皆是識心分別計度。 |
| | 第四卷 | 若悟本頭，識知狂走，「因緣、自然」俱為戲論。 |
| | 第五卷 | 真性有為空，「緣生」故如幻。 |
| | 第五卷 | 菩薩……觀此世界及眾生身，皆是「妄緣」(無明妄緣)風力所轉。 |
| | 第八卷 | 若悟菩提，則此「妄緣」(虛妄的眾因緣業感)，本無所有。 |
| | 第十卷 | 妄元無因，於妄想中立「因緣性」。迷「因緣」者稱為「自然」……「因緣、自然」，皆是眾生妄心計度……說「妄、因緣」元無所有。 |

| 不即不離義 | 卷數 | 經文例舉(這只是大略例舉，並非是全部) |
|---|---|---|
| | 第二卷 | 行陰當知，亦復如是。阿難！如是流性，不因「空」生。不因「水」有。亦非「水性」。非離「空、水」。 |
| | 第三卷 | 如水成冰，冰還成水。 |
| | 第四卷 | 如來藏妙明心元，離即、離非，是即、(是)非即。 |

| | | |
|---|---|---|
| （計九處） | 第四卷 | 「離、合」俱非，此句方名無戲論法。 |
| | 第五卷 | 見諸比丘燒沉水香，香氣寂然，來入鼻中。我觀此氣「非木、非空、非煙、非火」。去無所著，來無所從，由是意銷，發明無漏。 |
| | 第五卷 | 藥王、藥上二法王子……承事如來，了知味性「非空、非有」，非「即身心」，非「離身心」。分別味因，從是開悟。 |
| | 第五卷 | 我等先於威音王佛聞法出家，於浴僧時，隨例入室，忽悟水因，既「不洗塵」，亦「不洗體」，中間安然，得無所有。 |
| | 第五卷 | 觀味之知，非體(舌根體)、非物，應念得超世間諸漏。 |
| | 第八卷 | 惟「即」與「離」，二無所著，名真如相回向。 |

　　從《楞嚴經》的「即因緣、非因緣、不即不離」義中；可見本經已完整展示諸佛所證「離即離非，是即非即」[155]最高的「不思議界」法義，這個「不思議界」就是「般若」空性，就是「不生不滅、真如、不二界」之義。[156]如《大般若波羅蜜多經·卷第五百七十五》所云：

　　爾時曼殊室利童子聞是語已即白佛言：諸佛無上正等菩提，定由「因緣」而證得不？
　　佛言：不爾！
　　曼殊室利復白佛言：諸佛無上正等菩提，不由「因緣」而證得

---

[155] 出自《楞嚴經·卷四》，詳《大正藏》第十九冊頁120下。

[156] 此說詳見《文殊師利所說摩訶般若波羅蜜經·卷二》云：「『般若波羅蜜界』即『不思議界』，『不思議界』即『無生無滅界』，無生無滅界即不思議界」。詳《大正藏》第八冊頁729下。另《佛說寶雨經·卷六》亦云：「善男子！如是名為『真如』，亦名『實際』；名一切智，亦名一切種智；名『不思議界』，亦名『不二界』」。詳《大正藏》第十六冊頁310上。

不？

佛言：不爾！所以者何？

「不思議界」不由「因緣」及「非因緣」；而可證得諸佛無上正等菩提，當知即是「不思議界」。[157]

　　如果我們四眾弟子對《楞嚴經》「即因緣、非因緣、不即不離因緣」三種義理能深入了解，不生疑惑、懈怠、驚怖；則出家者，已真「從佛出家」；在家者，已成就「真歸依處」了[158]。最後期待這篇專門研究《楞嚴經》的「非因緣」義論文，能讓大家重新認識「非因緣」義的「甚深無底、難見難知、深奧難逮」[159]之處；不至於入《楞嚴》寶山「華屋」[160]，卻空手而回之憾！

---

[157] 詳《大正藏》第七冊頁972下。另《文殊師利所說摩訶般若波羅蜜經·卷二》亦有相同經義，如云：「佛言：得阿耨多羅三藐三菩提，不以『因』得，不以『非因』得。何以故？『不思議界』不以『因』得，不以『非因』得」。詳《大正藏》第八冊頁731下。

[158] 以上諸語引用《文殊師利所說摩訶般若波羅蜜經·卷二》所云：「若善男子、善女人，聞如是說(指佛菩提非以「因、非因」而得的義理)，不生懈怠。當知是人，已於先佛種諸善根。是故比丘、比丘尼，聞說是甚深般若波羅蜜，不生驚怖，即是『從佛出家』。若優婆塞、優婆夷，得聞如是甚深般若波羅蜜，心不驚怖，即是『成就真歸依處』」。詳《大正藏》第八冊頁731下。

[159] 這三句話出自《達摩多羅禪經·卷二》云：「佛告阿難：十二緣起，甚深無底，難見難知。」詳《大正藏》第十五冊頁324上。及《佛說無言童子經》云：「十二緣起，深奧難逮，巍巍如是」！詳《大正藏》第十三冊頁525下。

[160] 此語詳見《楞嚴經·卷四》經文云：「我今猶如旅泊之人，忽蒙天王賜以『華屋』，雖獲大宅，要因『門』入。」這個『門』就是進入《楞嚴》大法的重要鑰匙。詳《大正藏》第十九冊頁122上。

# 參考書目

1. 張曼濤編《大乘起信論與楞嚴經考辨》。現代佛教學術叢刊第 35 冊。台北：大乘文化出版。1980 年 10 月。

2. 清・續法大師撰《楞嚴咒疏》。台北大乘講堂印。81、9。

3. T.R.V.Murti 著、郭忠生譯《中觀哲學》。台北華宇出版。73、11。

4. 梶山雄一著，吳汝鈞譯《佛教中觀哲學》。高雄佛光出版社。67 年。

5. 吳汝鈞著《印度中觀哲學》。台北圓明。82、8。

6. 宣化上人《楞嚴咒句偈疏解》五冊。中美佛教總會法界大學出版。1980。

7. 圓香語釋《大佛頂首楞嚴經》。板橋無漏室印經組。71、2。

8. 南懷瑾撰《楞嚴大義今釋》。台北老古文化。1996、3。（台灣六刷）

9. 莫正熹譯述《楞嚴經淺譯》。台北正一善書出版。85、5。（新刷）

10. 果濱撰《楞嚴經傳譯及其真偽辯證之研究》。2009 年 8 月。萬卷樓圖書股份有限公司發行。

11. 慈怡主編《佛光大辭典》。台北佛光文化公司。光碟第三版。2003 年。

12. 中華電子佛典協會。《CBETA閱藏系統》。台北中華電子佛典協會。光碟3.9版。2010年4月版。

13. 《大正藏》100 冊。台北新文豐印。

14. 《梵和大辭典》。台北新文豐印。

# 果濱其餘著作一覽表

一、《大佛頂首楞嚴王神咒·分類整理》(國語)。1996 年 8 月。大乘精舍印經會發行。➔書籍編號 C-202。

二、《生死關初篇》。1996 年 9 月。大乘精舍印經會發行。
➔書籍編號 C-207。

三、《雞蛋葷素說》。1998 年。大乘精舍印經會發行。
➔ISBN：957-8389-12-4。

四、《生死關全集》。1998 年。和裕出版社發行。
➔ISBN：957-8921-51-9。

五、《大悲神咒集解(附千句大悲咒文)》。2002 年 9 月。臺南噶瑪噶居法輪中心貢噶寺發行。新鳴遠出版有限公司製作。
➔ISBN：957-28070-0-5。

六、《唐密三大咒修持法要全集》。2006 年 8 月。新鳴遠出版有限公司發行。
➔ISBN：978-957-8206-28-1。

七、《楞嚴經聖賢錄》（上下冊）。2007 年 8 月及 2012 年 8 月。萬卷樓圖書股份有限公司發行。
➔ISBN：978-957-739-601-3(上冊)。〈註：此為「直排書」〉
➔ISBN：978-957-739-765-2(下冊)。〈註：此為「直排書」〉

八、《楞嚴經傳譯及其真偽辯證之研究》。2009 年 8 月。萬卷樓圖書股份有限公司發行。
➔ISBN：978-957-739-659-4。

九、《果濱學術論文集(一)》。2010 年 9 月。萬卷樓圖書股份有限公司發行。
➔ISBN：978-957-739-688-4。

十、《淨土聖賢錄·五編》(合訂版)。2011 年 7 月初版。萬卷樓圖書股

464

份有限公司發行。

→ISBN：978-957-739-714-0。

十一、《穢跡金剛法全集》(增訂本)。2012 年 8 月再版。萬卷樓圖書股
份有限公司發行。

→ISBN：978-957-739-766-9。

十二、《漢譯《法華經》三種譯本比對暨研究》(全彩本)。2013 年 9
月。萬卷樓圖書股份有限公司發行。

→ISBN：978-957-739-816-1。

十三、《楞嚴經》聖賢錄(合訂版)〈註：此為「橫排書」〉。2013 年 12 月。萬卷
樓圖書股份有限公司發行。

→ISBN：978-957-739-825-3。

✠大乘精舍印經會。地址：台北市漢口街一段 132 號 6 樓。電話：
(02)23145010、23118580

✠和裕出版社。地址：台南市海佃路二段 636 巷 5 號。電話:(06)2454023

✠新鳴遠出版有限公司。地址：708 台南市安平區建平三街 216 巷 15
號。電話：(06)2976459

✠萬卷樓圖書股份有限公司。地址：臺北市羅斯福路二段 41 號 6 樓之
3。電話：(02)23216565．23952992

## 果濱佛學專長

一、漢傳佛典生老病學。二、漢傳佛典死亡學。三、悉曇梵咒學。

四、楞伽學。五、維摩學。六、十方淨土學。七、佛典兩性哲學。

八、般若學(《金剛經》+《大般若經》+《文殊師利所說般若波羅蜜經》)。

九、佛典宇宙天文學。十、中觀學。十一、唯識學(唯識三十頌+《成唯識論》)。

十二、楞嚴學。十三、唯識腦科學。十四、敦博本六祖壇經學。

十五、佛典與科學。十六、法華學。十七、佛典人文思想。

十八、《唯識双密學》(《解深密經+密嚴經》)。十九、佛典數位教材電腦。

二十、華嚴經科學。

國家圖書館出版品預行編目(CIP)資料

《楞嚴經》聖賢錄(合訂版) / 果濱 編著. -- 初版. –
臺北市：萬卷樓, 2013.12
　　　面；　公分
ISBN 978-957-739-825-3(軟精裝)

1.密教部

　　221.94　　　　　　　　　　　102022044

## 《楞嚴經》聖賢錄（合訂版）

2013 年 12 月初版 軟精裝　　　　　　　定 價：新台幣 600 元

ISBN 978-957-739-825-3

編 著 者：陳士濱（法名：果濱）
　　　　　　現為德霖技術學院通識中心專任教師
發 行 人：陳滿銘
封 面 設計：張守志
出 版 者：萬卷樓圖書股份有限公司
編輯部地址：106 臺北市羅斯福路二段 41 號 9 樓之 4
電話：02-23216565
傳真：02-23218698
E-mail：wanjuan@seed.net.tw
萬卷樓網路書店：http://www.wanjuan.com.tw
發行所地址：106 臺北市羅斯福路二段 41 號 6 樓之 3
電話：02-23216565
傳真：02-23944113
劃撥帳號：15624015
作 者 網站：http://www.ucchusma.net/sitatapatra/
承 印 廠 商：中茂分色製版印刷事業股份有限公司
新聞局出版事業登記證局版臺業字第 5655 號
（如有缺頁、破損、倒裝，請寄回本公司更換，謝謝）